21世纪高等教育会计通用教材

财务管理案例

Caiwu Guanli Anli

刘端　杨艳　王荣昌　刘桂良　编著

东北财经大学出版社
Dongbei University of Finance & Economics Press
大连

图书在版编目（CIP）数据

财务管理案例 / 刘端等编著. —大连 ：东北财经大学出版社，2023.8
（21世纪高等教育会计通用教材）
ISBN 978-7-5654-4916-1

Ⅰ. 财… Ⅱ. 刘… Ⅲ. 财务管理-案例-高等学校-教材 Ⅳ. F275

中国国家版本馆CIP数据核字（2023）第147699号

东北财经大学出版社出版
（大连市黑石礁尖山街217号 邮政编码 116025）
网 址：http：//www.dufep.cn
读者信箱：dufep@dufe.edu.cn

大连雪莲彩印有限公司印刷 东北财经大学出版社发行

幅面尺寸：185mm×260mm 字数：453千字 印张：19.75 插页：1
2023年8月第1版 2023年8月第1次印刷

责任编辑：高 铭 刘慧美 责任校对：那 欣
封面设计：原 皓 版式设计：原 皓

定价：53.00元

教学支持 售后服务 联系电话：（0411）84710309

如有印装质量问题，请联系营销部：（0411）84710711

前言

财务管理类课程是财经类学生培养过程中不可缺少的一环，能帮助学生在实践应用中作出决策，树立管理思维。它既有较强的理论性，又有较强的实务性。目前，这类课程在教育模式上主要是理论教学，教学方法相对单一，往往使学生对财务管理的认识停留在纸上谈兵阶段。

基于此，编者针对财务管理专业人才培养模式提出了“教师讲授+自主学习+翻转课堂”的创新教学方法，进行教学性的综合改革，在学生培养过程中推行案例教学方法，将案例穿插于知识点的教学中，通过纵向和横向的企业知识拓展，培养学生收集、分析和理解企业案例材料的能力，也进一步增强学生理论联系实践的逻辑和辩证思维，提高学生的综合素质。

目前，国内外教材以财务管理类课程的理论教材为主，与课程配套的系统性教学案例较少，不能满足教师在该类课程中对案例教学的大规模实践和应用。各大案例库中的案例在课堂上直接进行系统化使用也存在诸多不便：大量案例分布于不同的专业领域，缺乏学科理论和课程安排的系统性，无法直接对应和嵌入财务管理类课程的教学知识点，不利于案例教学标准的制定；同时，案例质量良莠不齐，没有系统性地融入课程思政、专业思政元素，需要更有效地体现财务管理类科学方法的中国立场、中国智慧和中国价值，尤其是党的二十大精神中“坚持中国特色社会主义道路”的思想。

本书共分为10章，涵盖了成本管理、营运资本管理、企业价值、财务分析、融资决策、并购重组、风险管理和股权激励等多个财务管理课程的重点教学领域，共20个案例。本书结合财务管理类课程的教学内容及对案例应用的实际需求，以翻转课堂的方式调动学生学习的积极性，针对财务管理类课程的教学内容和理论知识点，对相关案例进行了系统性的改编和整合，既有基础财务管理的相关实务决策案例，又有进阶版的公司高级财务管理案例，能满足财务管理教学和学习的大部分需求，适用于MBA、EMBA财会方向研究生，以及相关专业的本科生，可以作为配合课程理论教学使用的案例用书。

本书案例板块设计兼具系统性和灵活性，每章分布2个大中型案例，完整呈现企业财务管理决策的过程。教师和学生可以根据需要自行选择案例进行搭配和整合。每个案例均有案例正文和案例使用说明两个部分：案例正文介绍案例的整体情况；案例使用说明则引出案例相关背景及思考题并给出解答，串联案例整体思路。同时，每个案例使用说明配有课堂组织时间、课堂计划、黑板计划和课堂详细提问等建议方案，有助于教师快速掌握和使用案例教学方法，深入理解相关案例的教学组织程序。

书中的案例问题分析部分精练为提示性内容，详细的分析及附加材料以二维码形式放在书中，任课教师及学生可扫描使用，教师会员也可登录东北财经大学出版社网站（http：//www.dufep.cn）下载。这样既能让学生充分获取案例分析素材，进行自主深度思考，又能保证教师在案例教学中有效掌控分析方向和教学重点。此外，本书的每个案例均注重知识点与课程思政的结合，设置了“政策思考”栏目，发散学生思维，引导学生从更高的层面思考财务问题。

本书作者均为财会类课程教师，在财务管理学科领域有多年的教学经验。本书将教学案例纳入日常教学中，多篇案例改编自编写团队获得奖项的国内著名案例或入选国家案例库的优秀案例，其中，案例2、3、7、8、17、19改编自中国管理案例最高奖项“全国百篇优秀管理案例”的获奖案例，案例1、11、13、14、15改编自入选中国专业学位教学中心会计专业学位案例库的优秀案例。湖南大学刘端教授负责策划、组织、审阅和校对全书，并编写了第4章及第1、6、9章的部分内容；湖南大学刘桂良教授编写第1、2、9、10章的部分内容；湖南大学杨艳教授编写了第7章及第6、8、10章部分内容；华南理工大学的王荣昌副教授编写了第3、5章及第2、8章的部分内容；湖南大学研究生袁语馨、左涛等参与了本书案例的改编，并协助审阅校对，在此一并感谢！同时，我们也诚恳地希望读者对本书的不当之处提出宝贵意见。

作　者

2023年5月

目　录

第一章 成本管理与营运资本管理

案例1 二手设备处置异同的成本控制方案①

案例导读

"十一五"期间，工程机械市场需求急速上升，工程机械制造企业纷纷通过"零首付、融资租赁"等方式抢占市场。然而，市场盛极而衰，前期激进的销售政策导致企业回收大量二手设备，二手设备处置成为工程机械行业的重大难题。ZL公司积极响应《"十四五"循环经济发展规划》，利用新技术盘活公司二手设备价值。ZL公司通过对二手设备处置决策方案的分析，利用大数据，从二手设备功能情况与恢复程度、市场价格、处置成本等多维度进行博弈分析，寻找二手设备处置决策中的成本控制途径，选择最合适的二手设备处置方案，解决二手工程机械价值创造问题。

关键词

二手设备　处置模式　二手设备功能　处置成本

案例正文

一般而言，二手设备包括已使用过、仍保留原有使用价值的设备以及经过再制造或者翻修恢复原有技术性能的设备。二手设备市场有别于新机械设备市场，其市场价格的影响因素有经济环境、制造厂商、使用年限、设备状况、市场成熟度、目标客户群体与客户需求。与新设备的处置有所不同，二手设备的处置是企业将从客户手中回收的已经使用过的设备，通过实勘评估、处置决策等方式进行判断与处置的过程。这一过程最关键的是处置决策判断是否准确。所谓处置决策不外乎对二手设备进行勘察、分析、测算之后，对二手设备作出直接低价出售、维修后出售，或"再制造"后以理想价格出售或出租的决定。而客户并不关注企业在处置二手设备过程中投入的成本以及功能的修复，只希望以较低的价格购买满足自身业务的具有特定功能的二手设备。《"十四五"循环经济发展规划》②提出，鼓励"互联网+二手"模式发展，我国二手设备市场体量庞大，已形成较为完整的产业链，然而市场依然存在不规范、二手设备价格不透明、二手设备行业标准不统一的现象，特别是二手设备检测标准、二手设备评估标准和二手设备流通标准等。

---

① 本案例由刘桂良改编自刘桂良、朱巧灵、范梦雨、张美佳、张慧梁撰写的入选中国专业学位教学案例库的《ZL公司二手设备处置模式与成本控制决策》。

② 国家发展改革委. 国家发展改革委关于印发"十四五"循环经济发展规划的通知［EB/OL］.［2021-07-01］. https://www.ndrc.gov.cn/xxgk/zcfb/ghwb/202107/t20210707_1285527.html?code=&state=123.

一、公司简介

（一）公司基本情况

ZL公司创立于1992年，是国内工程机械制造行业的龙头企业，由原长沙建设机械研究院改制而来，是中国工程机械首家A+H股上市公司。目前，ZL公司正积极推进战略转型，打造集工程机械、农业机械、环境产业和金融服务于一体的高端装备制造企业。经过20多年的创新发展，ZL公司先后并购了英国、德国、荷兰、意大利等国家的工程机械行业的品牌企业，其下设的分公司、子公司遍布40多个国家和地区，客户分布于六大洲、八十多个国家，其销售和服务对象已经做到在世界范围内完全共享。

ZL公司作为工程机械行业的龙头企业，1992—2012年年均营业收入保持着50%以上的复合增长率，2012年营业收入达到了巅峰期的480.7亿元（见二维码1-1）。2013年，受宏观经济影响，我国工程机械行业开始告别高速增长的黄金时代，进入行业收缩期。在“寒冬期”，ZL公司采用融资租赁的信用经营模式，应收账款从2012年的189亿元一路增长到2016年的301.16亿元，存货也从2013年的87亿元增至2016年的127亿元，同期的存货周转天数由218天增至538天。应收账款和存货两项流动资产项目的数额激增，导致公司计提的坏账准备金额不断增加，截至2016年年底，ZL公司的坏账损失达7.72亿元，占营业收入的3.86%。公司经营活动现金流自2013年正流入7亿元后，2014年经营现金流急转为-76.90亿元，2015年收窄到-33.34亿元。在这段时间里，ZL公司回收的二手设备量越来越大，公司业绩开始直线下滑。2014年，混凝土机械、起重机械两大主要产品市场需求进一步萎缩，营业收入下滑至258.51亿元，较2013年下降了33%，营业利润同比下降85.38%，它们曾经是ZL公司的王牌产品，如今则渐成包袱。2015年ZL公司的营业收入继续缩减至207.53亿元，较2014年下降了近20%。

1-1 2012—2019年ZL公司主要财务数据

（二）二手设备业务发展概况

随着国家再次加大基建发展力度，工程机械行业回春而呈现井喷式发展，国内工程机械主要产品保有量约为690万~747万台，巨大的市场保有量为二手设备市场的繁荣发展提供了可靠、必需的资源基础。同时，“供给侧结构性改革”不断深入，为响应制造业产业升级的需要，国家频繁出台了制造业行业标准、规范，对于维护二手市场经济秩序具有重要意义。按照机械设备使用周期规律预测，从2020年开始，工程机械行业年报废量将高达120万台，工程机械二手设备的流通、工程机械零部件交易需求将不断扩大。为了实现公司价值损失的减少以及价值创造，公司目前正将二手设备处置业务作为发展战略重点之一，下设隶属于总部的职能管理部门——二手设备管理部，由二手设备业务线分管领导进行总体规划。当前公司二手设备业务定位在工程机械板块，包括三种类型：混凝土机械、起重机械以及土方机械，其中泵车是创造最大价值的二手设备，占总价值比例达到80%，二手设备的种类、数量及价值分布情况见表1-1。

2018年年底，公司抓住国家推行绿色环保制造政策的机遇，在二手设备直接销售和整修出售两种处置模式的基础上，开始打造二手设备再制造处置模式，重心向主机事业部的售后服务机构倾斜。

表1-1 ZL公司二手设备种类、数量及价值具体分布情况

二手设备产品分类	二手设备产品类型	数量占比	价值占比
混凝土机械	泵车	20%	80%
	搅拌车	10%	7%
起重机械	汽车起重机	10%	5%
土方机械	挖掘机	60%	8%

（三）二手设备处置模式

ZL公司将二手设备收回公司之后一般会有三种处置模式：第一种是直接销售，将二手设备相关信息上传至二手设备商城进行销售；第二种是整修后销售，将二手设备进行相应的功能恢复，按照恢复程度的不同分为完全整修、基本整修以及功能性恢复；第三种是再制造后销售，再制造是指仅仅留下二手设备的底盘，整个上装进行重修装配，再制造模式分为一级再制造与二级再制造。三种处置方式的特征见表1-2。

表1-2 二手设备处置方式与标准

处置方式	整修等级	整修标准
直接销售	无	无
整修后销售	完全整修	设备整体进行整修，主要性能参数达到新机85%以上，外观成新率达到新机80%以上
	基本整修	设备主体进行整修，主要性能参数达到新机85%以上，外观做基本清洁
	功能性恢复	设备底盘进行恢复性维修，达到安全行驶的性能标准，上装进行简单整修，恢复基本作业功能
再制造后销售	一级再制造	主要性能参数达到新机90%以上，外观成新率达到新机95%以上
	二级再制造	主要性能参数达到新机90%以上，外观成新率达到新机90%以上

二、主要内容

（一）二手设备经营现状

截止到2018年，公司共计回收1.2万台设备，销售量达9 500台，交易额接近38亿元。2016年，公司存货相比年初下降13.13亿元，2017年公司存货相比年初下降38.84亿元，公司新机成品库存下降四成。由于二手设备市场价格一定，二手设备处置过程成本过高，导致二手设备业务发展遇到瓶颈。二手设备处置成本得不到有效控制（二手泵车的营业成本率见表1-3）。

表1-3 二手泵车的营业成本率

处置方式	2018年	2017年
直接销售	87.87%	88.46%
整修后销售	74.95%	77.67%
再制造后销售	69.14%	—

（二）二手设备处置业务成本控制流程

公司二手设备处置是从回收设备到重新销售的过程，主要包括回收实勘、评估判断与处置等步骤。二手设备处置流程如图1-1所示。

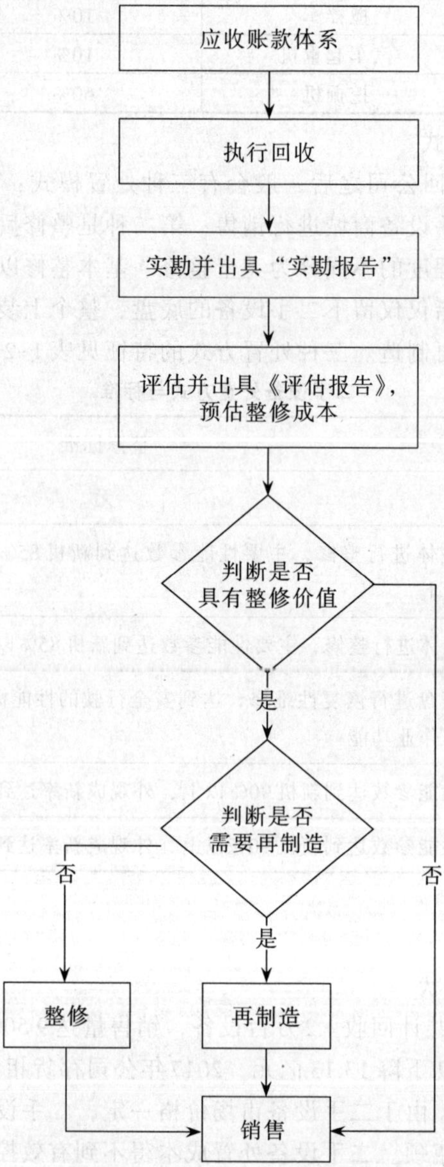

图1-1　二手设备处置流程图

1-2 二手设备交接及实物管理流程

在回收实勘环节，清欠人员会进行二手设备的回收，并运送到就近的维修中心或者分库。在二手设备入库时会安装贴片式GPS，对二手设备的地理位置进行追踪记录（见二维码1-2）。在设备回收入库后，实勘员会对二手设备进行静态实勘，对二手设备的缺件与损毁情况进行记录、打分，对二手设备状况进行拍照并编制“实勘报告”。“实勘报告”样本见表1-4和表1-5。

表1-4　　　　　　　　　　　　“实勘报告”样本（1）

物料号			维修状态	□已修 □未修		出厂编号	
生产厂家		厂牌型号		米段		支腿形式	□X腿 □摆腿
底盘名称		车架号				发动机编号	
出厂时间		泵送方量（方）	实显		预估	行驶里程（km）	
排放标准		牌照号				是否上牌	□是 □否
实勘时间		实勘地点				实勘状态	□静态实堪 □动态实堪

表1-5　　　　　　　　　　　　“实勘报告”样本（2）

分类	实勘项目	实勘内容	实勘情况说明（除正常外都必须进行说明）	大件缺损说明（缺损必须说明）	权重	单项分	实堪得分	功能性恢复评估	预估整修得分
整机外观	上装外观	□仿新、□正常、□变形、□锈蚀、□龟裂、□油漆脱落、□变色、□缺失						□原态 □维修 □换新	
	底盘外观（含驾驶楼）	□仿新、□正常、□变形、□锈蚀、□龟裂、□油漆脱落、□变色、□缺失						□原态 □维修 □换新	

在评估判断环节，评估员会根据“实勘报告”编制“评估报告”。“评估报告”样本见表1-6。通过对二手设备的评估，评估员综合考虑同类型新机价格等多种因素，能够预估二手设备的价值及整修成本。

表1-6　　　　　　　　　　　　“评估报告”样本

计算项	取值	相关证明附件
同类型新机价格		
设备年限		
设备状态		
权证因素		
市场因素		

在确定二手设备目前的状况后评估员会根据实勘报告中对二手设备成新率的判断来确定二手设备的处置方式（见表1-7）。

表1-7　　二手设备处置决策判断标准

成新率	处置方式
0~30%	直接出售
31%~50%	再制造
51%~60%	功能性整修
61%~75%	基本整修
76%~90%	完全性整修
90% 以上	直接出售

对于毁损严重、成新率很低、没有维修价值的二手设备和功能完善的二手设备，企业会选择直接出售（见二维码1-3）；成新率在31%~50%、发生重大事故或锈蚀严重、破损严重的二手设备，虽然有维修价值，但是要基本换新，企业一般选择再制造，将设备性能恢复到新机的90%以上；成新率在51%~60%的二手设备，部分功能丧失，缺损一般，企业对其进行功能性整修，恢复基本功能；成新率在61%~75%的二手设备，功能基本正常，修复部分缺损件，完成基本整修；成新率在76%~90%的设备，功能正常，关键结构件良好，企业对其进行完全性整修，使主要性能达到新机的85%以上，外观成新率也达到新机的80%以上。

1-3 二手设备直接出售业务流程图

二手设备的处置流程采用标准成本法，分为四个步骤：确定处置方式、确定标准成本、成本差异分析以及标准成本考核（处置成本管理流程如图1-2所示）。

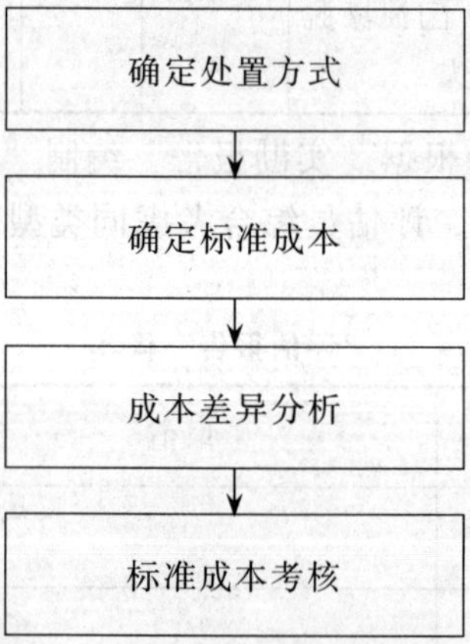

图1-2　处置成本管理流程

第一步是确定处置方式。评估员需要根据二手设备的成新率判断二手设备的处置方式。首先确定二手设备是要进行进一步价值增值还是直接销售，需要直接销售的二手设备直接将销售信息上传至二手设备商城，并进行仓储管理，直至二手设备销售；需要进一步处置的二手设备应确定进行整修或者再制造，并判断完成程度，出具整修方案。

第二步是确定标准成本。评估员需要根据整修方案确定标准成本，在确定标准成本的过程中，根据整修方案中需要的材料消耗数量与材料的市场价格确定直接材料的标准成本。根据整修方案中的工序状况，确定需要的人工工时，同时根据事先确定的不同工人的薪资标准来确定直接人工的标准成本。制造费用根据单台二手设备维修的总工时进行分配，由制造费用的分配率标准和工时消耗情况来确定。

第三步是成本差异分析。在整修或者再制造结束后，根据记录的处置成本的实际发生额，对照之前制定的标准成本，将两者差异产生的原因进行分析。企业从量差与价差两方面分析成本产生差异的原因，并将成本差异产生的原因落实到相关责任部门，由部门负责对超额差异进行分析，制定相应的改进措施，在下一次成本分析会议中汇总改进措施的实施情况。

第四步是标准成本考核。确定成本差异之后，财务部门需要对成本控制的结果进行考核。成本考核以各部门为单位，根据规章制度对成本管理的效果进行考察，分析造成成本差异的原因。在此基础上财务部门应当密切关注二手设备市场的变化情况，比如国家政策的变动或者上下游产业的变化等，以此来调整生产计划等。

（三）二手设备处置过程成本控制

二手设备的不同处置方式的后续处理对成本的控制难度差异较大。对于要直接出售的二手设备，在出售前主要会发生仓储费用；对于需要整修和再制造的二手设备则有较高的修复费用。

整修后出售的二手设备，其维修环节的工艺流程主要分为三步：动态实勘、维修及验收。动态实勘主要是对二手设备进行相应操作，测试其运行状况。在动态实勘环节下能发现静态实勘环节发现不了的问题，而整修成本是在静态实勘下制定的，所以实际发生的修复成本偏离标准成本。这种“偏离”是由实勘过程对二手设备的故障判断造成的。同时，整修过程中维修人员对设备性能与外观的恢复关注度高，而缺失成本控制观念。按照目前的产能，大概需要一个月才能完成对二手设备的整修，整修会产生物料成本、人工成本、折旧与摊销成本，三者比例大致为8：1：1。

再制造后销售的二手设备，其流程与整修后销售的流程大致相同。每台二手设备再制造生产周期约为45天，因为每一台二手设备的损伤部位与程度不同，根据“台位法”需要按照不同的维修顺序进行维修，再制造流程不能够实现同时维修多台二手设备的情况，所以生产周期长，再制造的产量远跟不上市场的需求（见二维码1-4）。按目前产能来看，二手设备再制造所产生的物料成本、人工成本、折旧与摊销成本比例大致为7：2：1。

1-4不同功能恢复程度二手设备市场需求

（四）二手设备处置成本控制决策

按照现在的二手设备处置决策，处置成本偏离标准成本，导致二手设备增值的幅度小。那么，应该用何种更科学的方法来取代对二手设备的实勘、评估的主观判断？如何控制二手设备处置成本，挖掘二手设备价值？

方案一：目前的二手设备整修与再制造成本控制效果差，应将适合整修的二手设备尽量进行完全性整修或者再制造，最大可能恢复功能以提升其售价，以价格优势去弥补整修成本。

方案二：以目标市场为导向，采用目标成本法，对市场情况进行充分调查（见二维码1-5），获取不同功能恢复程度的二手设备市场价格，确定相应的目标利润，从而制定目标成本。这一方案重点注意：（1）二手设备相同的处置方案、达到相同的功能恢复程度，可能所需要投入的成本不同；（2）在确定目标成本时，要“一机一策”，同时，生产部的员工在作业的时候也要认识到成本补偿比恢复功能更重要；（3）综合比较每一种处置方式下的整修或者再制造成本、市场价格和设备回收时的评估价值，做预估差值，选择其中价值最大化的处置方案。

1-5 不同功能恢复程度二手设备市场价格

方案三：依据二手设备回收时的成新率、不同二手设备的市场价格和为恢复不同功能需要投入的成本，进行综合考虑。不同的处置方式的成本耗费、功能恢复程度与市场价格各不相同，需在考虑成新率的基础上将不同成新率状态下的不同处置方式的成本、价格与功能进行对比分析，以判断二手设备的处置标准成本（见二维码1-6）。

1-6 调研类型、参加人员及内容

以上方案，都要综合考虑二手设备回收入库的价值、市场上不同功能二手设备的价格，以及根据目前二手设备状态评估的处置成本。这一系列工作，如果靠人工来完成是非常困难的，如何利用大数据和云计算技术，对二手设备市场对产品的功能需求与价格需求进行深入的分析，对二手设备实勘评估进行优化以提升二手设备处置决策的准确性，是一项艰巨的工作。

【政策思考】

“十四五”时期我国进入新发展阶段，大力发展循环经济，推进资源节约集约利用，构建资源循环型产业体系和废旧物资循环利用体系。国家发改委在《“十四五”循环经济发展规划》中提出，鼓励“互联网+二手”模式发展①。

请依据国家发展规划，以ZL公司二手设备再造业务为例，说明二手设备再造对保障国家资源安全，推动实现碳达峰、碳中和，促进生态文明建设的重大意义。

案例使用说明

一、教学目的

通过对ZL公司二手设备处置决策的分析，达到以下教学目标：

1.通过对ZL公司二手设备处置决策方案的选择，引导学生思考如何从成本管理视角去参与规划经营管理业务；

2.通过对ZL公司二手设备处置管理决策的分析，让学生掌握功能价值分析、成本控制等方法的应用；

3.通过对ZL公司二手设备的直接销售、整修和再制造后销售等诸多处置方案的分析，锻炼学生的综合决策能力；

4.结合大智移云技术和成本管理理论，引导学生思考如何利用大智移云技术对二手设备处置进行成本控制。

二、思考题

1. 在ZL公司二手设备处置判断的决策中，成本控制面临的问题是什么？

① 国家发展改革委.国家发展改革委关于印发“十四五”循环经济发展规划的通知［EB/OL］.［2021-07-07］. https://www.ndrc.gov.cn/xwdt/tzgg/202107/t20210707_1285530.html.

2.请说明ZL公司的二手设备处置决策应如何实现成本控制（可从三种处置模式的成本控制途径切入思考）。

3. ZL公司二手设备业务应当选择标准成本管理模式还是目标成本管理模式？请说明理由及具体措施。

4.如何利用大智移云技术对二手设备处置进行成本控制？

三、分析思路

1.在ZL公司二手设备处置判断的决策中，成本控制面临的问题是什么？

根据正文提供的ZL公司二手设备处置判断决策的相关资料，基于BOP市场理论和成本控制理论，结合二手设备处置特点，运用比较法、目标管理法、功能价值法等分析方法发现ZL公司二手设备处置判断的决策中存在的问题。基于此，从成本控制目标、成本控制方法以及成本控制途径等方面提出ZL公司二手设备处置判断决策中成本控制面临的问题。

2.请说明ZL公司的二手设备处置决策应如何实现成本控制（可从三种处置模式的成本控制途径切入思考）。

ZL公司的二手设备处置决策模式主要分为三种，分别为直接销售、整修后销售、再制造后销售。不同的处置模式对应不同的成本控制环节，也存在不同的成本控制问题，这些都会对相应的成本控制途径产生影响。在实际工作中，二手设备的个性化特点又决定了其成本控制的灵活性，即便在同一处置模式之下，也存在多种成本控制途径的选择方式。因此，在探讨二手设备不同处置模式各自成本控制的途径与关键节点时，可以依据BOP市场理论、价值工程理论等相关理论，结合三种模式的特点展开分析、解决问题，切忌生搬硬套。应因“机”制宜，立足实际情况与价值实现目标，灵活选择适合的成本控制途径。

3.ZL公司二手设备业务应当选择标准成本管理模式还是目标成本管理模式呢？请说明理由及具体措施。

判断二手设备业务的成本控制模式需要结合二手设备市场特征、价格特征与成本特征。二手设备市场价格不因企业投入成本的增加而增加，因此不能根据企业投入成本的多少来定价。二手设备市场中的价格与二手设备能够实现的功能紧密相关，企业只能根据市场价格来判断应当投入多少成本，而不能根据成本决定销售价格。综上所示，最适合二手设备业务的成本管理模式为目标成本管理方法。

4.如何利用大智移云技术对二手设备处置进行成本控制？

从ZL公司二手设备功能情况与恢复程度、市场价格、处置成本的多维度博弈的过程出发，结合数据赋能的理论思想，运用大智移云的科学技术，建立相应的智慧管理平台，整合公司内外部数据资源，与企业现有SAP系统、RMP系统对接，在ZL公司二手设备处置判断决策的各个关键节点，实现数据赋能，用数据与人工智能共同支撑公司二手设备处置模式的成本控制。

1-7 参考答案

参考答案见二维码1-7。

四、理论依据

（一）BOP市场理论

“金字塔底层”（BOP，Bottom of Pyramid）理论由Prahalad与Hart（2002）[1]提出，与以往主要针对中高端收入群体的研究不同，其发现占全球绝大多数人口的位于经济金字塔底层的低收入群体（BOP群体）蕴含巨大的商业潜力。企业如果能够通过创新产品或服务满足其需求，或有效利用企业拥有的各种资源与能力，便能既满足BOP群体的经济需要，又为企业创造经济效益与社会价值（邢小强、仝允桓和陈晓鹏，2011）[2]。BOP群体对产品性能与技术的需求并不敏感，对他们而言，过高的产品功能增值只会产生性能冗余，并不会给生产商和企业带来产品溢价和边际效应（常禾雨、冯立杰和岳俊举，2017）[3]。这说明，企业针对BOP群体的细分产品投入应当考虑其对可负担性（affordability）与可接受性（acceptability）的要求（Anderson和Markides，2007）[4]。对于工程机械市场来说，旧机与新机相比，价格更低、性能恢复更少。二手设备面向的细分客户，正是该市场中对产品性能与技术需求更小的BOP群体。

（二）价值工程理论

价值工程是以功能分析为核心，以适当的成本实现产品必要的功能，从而使产品价值最大化的一种活动。价值工程涉及了价值、功能与成本三个要素，其基本思想是以最少的费用换取所需的功能。价值工程的核心是产品的功能分析，从用户的角度出发研究，企业可以发现产品的必要功能与不必要功能。在满足产品的必要功能的情况下，降低企业的成本，能够实现技术与经济的一体化，实现产品的市场竞争力。

五、背景信息

（一）行业背景

在最近10年里，工程机械行业从繁荣到“寒冬”，再到逐渐复苏，度过了一个完整的周期。在繁荣时期，各大工程机械制造厂商为了抢占市场，扩大市场份额，纷纷提出“0首付”的信用销售模式，工程机械行业风光一时无两。2012—2016年，我国基础设施建设步伐放缓，宏观经济增长显现疲态，工程机械行业大受影响，步入“寒冬期”，各大工程机械企业因前期激进的信用销售方式导致强制回收的设备基量越来越大。随着“供给侧结构性改革”的深入推进，以及实施非道路移动机械第四阶段的排放标准出台和我国绿色制造理念的推行，二手设备价值再造成了机械制造业的又一新市场。工程机械行业市场规模逐年扩大，截止到2017年年底，中国工程机械主要产品市场保有量约为690万~747万台，二手工程机械的交易规模也在不断扩大。2009年以来，中国二手工程机械交易额由600亿元上升到2 000多亿元人民币，年增长速度超20%。

（二）ZL公司二手设备处置方式

ZL公司的二手设备主要来源于应收账款抵账的“法务机”和少数来自正常租赁业务所产生的“租赁机”。在过去，ZL公司对二手设备的处置方式主要是直接销售和整修后销售，对于一些没有整修价值或者成新率较高的设备作直接销售处理，对于一些虽有毁损但尚有整修价值的二手设备作整修后销售处理，视情况进行功能性恢复、基本整修或完全整修。

随着绿色制造理念的深入人心和一些政策的出台，加上再制造技术的不断成熟，二手设备再制造也成了ZL公司一种重要的处置方式。再制造与整修的设备最大的不同之处在于，再制造后的设备几乎是全新的设备，并且拥有新的编号和铭牌，可以正常过户和上市流通。

六、参考文献

［1］PRAHALAD C K，HART S L. The fortune at the bottom of the pyramid［J］. Revista Eletronica de Estrategia & Negocios，2002，26：54-67.

［2］邢小强，仝允桓，陈晓鹏. 金字塔底层市场的商业模式：一个多案例研究［J］. 管理世界，2011（10）：108-124+188.

［3］常禾雨，冯立杰，岳俊举. 面向BOP市场的商业模式创新与企业绩效的作用机理［J］. 企业经济，2017，36（7）：134-140.

［4］ANDERSON J，MARKIDES C. Strategic innovation at the base of the pyramid［J］. MIT Sloan Management Review，2007，49（1）：83-88.

案例2　M照明的应收账款管理之道[①]

案例导读

应收账款是企业的必要经营性资产之一，但是大量的应收账款会占用企业的营运资金从而影响企业的经营发展，因此如何对应收账款进行优化管理一直困扰着企业。M照明的前任管理团队急于拓展市场，导致大量应收账款出现，公司的营运资金情况并不理想。新上任的王经理对公司进行了详细的分析，通过实施应收账款的全过程管理，使得营运资金情况得到了极大的改善，并进一步提高了M照明在行业中的核心竞争力。通过本案例的学习，可以了解企业应收账款的产生和其对经营活动的影响，并理解应收账款管理的意义和必要性，为其他企业管理应收账款提供有益的参考和借鉴。

关键词

应收账款　营运资金　信用体系　坏账风险

案例正文

2016年的企业年会对王经理来说是很有意义的，他被评为M集团年度风云人物。听到自己名字的那一刻，王经理想起了自己一年前临危受命的情景。2015年4月在公司的一次高层管理会议中，董事会宣布，由于M照明原管理团队经营不善导致公司资金紧张，没有实现公司既定的经营目标，集团决定任命王经理为M照明的新任总经理。

一、公司简介

（一）企业背景

M集团成立于1968年，是一家全球领先的科技集团，提供多元化的产品服务：以厨房家电和各类小家电为代表的消费电器业务；以家用空调、中央空调、供暖及通风系统为代表的暖通空调业务；以库卡集团、安川机器人合资公司等为核心的机器人及工业自动化系统业务；以安得智联公司为集成解决方案服务平台的智能供应链业务。目前，M集团已建立全球平台，在世界范围内拥有约200家子公司、60多个海外分支机构及12个战略业务单位。

M集团坚守“为客户创造价值”的原则，致力于创造美好生活。M集团专注于持续的技术革新，提升产品及服务质量，令生活更舒适、更美好。

（二）历史沿革

1. 投入期：2010—2014年

2010年6月30日，M照明电气公司正式并购江西G照明电器公司，并宣布将在江西贵溪市投入5亿元打造M照明光源产品的新基地，全面启动照明产业的多元化市场战略。江

① 本案例由刘端、袁语馨、左涛改编自刘端、杨雪松撰写的入选第九届“全国百篇优秀管理案例”的《M照明的应收账款管理之道》。本案例主要适用于“财务管理”“公司理财”等相关课程中的“应收账款管理”、“营运资金管理”和“客户信用管理”等章节的学习。本案例属于描述型案例。

西G照明有限公司成立于1985年，是一家集科研、生产、贸易于一体的节能灯生产的专业厂家，是中国最早专业生产绿色节能照明产品的企业之一。其拥有28个产品系列，1 000多个产品品种，并在我国电光源行业率先通过ISO9001—2000质量保证体系认证，同时获得美国UL、FCC，欧洲CE、GS，加拿大CSA等30多项国际标准认证，在国内照明领域一直处于领先地位。尤其是近年作为国际知名品牌（飞利浦、东芝）的光源供应商，和它们共同合作开发的节能照明产品可以说代表了国际节能照明的发展方向。其新开发的产品获“国家级重点保护新产品”称号，同时获得“中国专利新技术产品博览会特别金奖”称号。

二十年来，在以人为本、心铸精品和顾客至上的经营理念的引导下，G照明已发展成拥有净资产1.26亿元、员工2 697人、占地19.95万平方米、2005年生产节能灯具9 000万套、销售收入3.8亿元的国家高技术产业化示范工程企业，也是照明行业的龙头企业。

2.成长期：2014年至2016年

2014年，M照明品牌被授予江西省名牌及著名商标。同年，公司再次通过国家高新技术企业认定。2015年，M照明正式舍弃毛管与传统节能灯，全面转型LED，正式成为无汞企业。

2016年，M照明开始整合内部渠道资源，将国内营销部并入国内销售公司，营运中心并入暖通销售中心。同年，M照明成为中国灯饰（照明）行业十大家居照明品牌之一。

二、主要内容

（一）机遇背后的挑战

照明电器产品是国民经济发展和人民生活的必需品，随着经济的发展和人民生活水平的提高，市场对照明电器产品的需求也在不断增加。近20多年来照明电器行业得到了快速而稳定的发展。

照明行业潜力巨大、空间广阔，但是照明行业内的竞争十分激烈。中国照明电器协会的资料显示，截至2015年，全国照明行业企业数量已超过两万家。国际照明品牌有飞利浦、通用电气、欧司朗等，一线照明品牌包括雷士、欧普、佛山照明等。而其中最高市场占有率也仅为5%左右，因此各大品牌均在努力争取照明市场的领导地位。

M照明虽然在照明行业是后起之秀，但是有着M集团的优秀基因，其同样在努力争取照明市场的话语权。正值成长期的M照明为了进一步扩大市场占有率，在2013年由幼稚期转入成长期时，就已经在不断扩宽销路，在各省增设销售公司。由于当时经营团队的激进作风，公司为客户提供了非常丰厚的优惠政策，包括销售折扣和授信额度等。这样的方式尽管确实在一定程度上提高了M照明的市场占有率，但同样为公司的经营带来了新问题。

（二）M照明危机重重

时至今日，王经理依旧记得自己第一次走进M照明办公室时的感受。尽管那天是在M照明上班的第一天，但走进这个新的办公室，王经理没有感到丝毫的轻松。看着桌上厚厚的资料，他知道自己需要努力改进的地方还有很多。简单地翻阅资料后，财报中的一些数据引起了王经理的注意。

2014年度，M照明虽然实现了转亏为盈，但除了利润总额、净利润和应收账款外，其他项目金额均出现了不同程度的下降。其中，应收账款5 700万元是去年同期的1.50倍；经营活动产生的现金流量净额已经达到了-1 300万元，是去年同期的5.43倍；而营业收入2 500万元，仅为去年同期的85.56%。看到这里，王经理用纸巾擦了一下头上的汗，看来M照明的问题必须尽快解决。他拿起桌上的电话，打给财务部的张经理："小张啊，我看了你今天送来的年报，麻烦你把近年来我们所有财务信息整理一下，明天上午跟我汇报一下吧。"

第二天上午，王经理推开办公室的门，就看到张经理已经准备好资料在等他了。王经理说道："辛苦你了小张，我们快看看你准备的资料吧。"

张经理："结合近年的财务数据（见二维码2-1），我认为我们公司目前有以下方面的情况。首先，公司的资金流情况并不理想，流动比率仅为0.68，而流动资产和期末现金及现金等价物余额也均为2010年以来的最低值。其次，公司的销售收入质量不高，销售商品、提供劳务收到的现金比去年同期降低了15.40%，应收账款却比去年同期增长了49.51%。最后，我们公司的销售情况堪忧，销售额自2011年出现显著上涨后逐年降低，而且下降速度越来越快，今年已是近5年来的最低值。"

2-1 M照明财务数据

王经理若有所思地说："不仅营业收入不断下降，而且应收账款还有所增长，我们营运资金的紧张情况可想而知啊。"张经理点了点头，"是的王经理，我这里还有佛山照明的对比数据（见二维码2-2），请您过目"。看完这组数据王经理点了点头："看来我们的应收账款确实存在亟待改进的问题啊。"

2-2 佛山照明财务数据

（三）王经理上任解决难题

为了解决应收账款的问题，王经理进一步了解了M照明之前的应收账款管理情况。前任管理团队激进地开拓市场，迫切希望可以接触更多的客户，因此只要是有意向合作且经营情况良好，公司就愿意对该客户进行授信。并且公司所提供的授信额度一般较大，收款期也多在半年以上。更甚者，前任经营团队为了凸显自己的工作成果，对未收回的呆死坏账计提不足。王经理结合已经掌握的信息，在公司内进行了一次全新的改革，即应收账款从产生到最后消失的全过程管理。

1.事前控制：信用体系建设

对于M照明来讲，新信用体系的建设无疑是首要的一环。一方面，公司需要通过授信的方式进一步扩大自己的销量；另一方面，也需要通过合理的信用体系，提高应收账款质量，以防止出现过多的坏账损失。

在新的信用体系中，公司将客户分为三类，即新客户、普通合作客户以及合作良好客户。M集团以白色家电起家，该行业内大多采用先收款后发货的方式。基于这样的特征，公司并不会对前两类客户授信。尽管这样的方式似乎有点不近人情，但这无疑是提高应收账款质量的一个好办法。

对第三类客户即合作良好的客户，公司会为其提供授信，授信额度是上年度发生业务总额的月平均值。AA公司多年来一直是M照明的重要客户。2014年M照明与AA公司的业务总额为720万元，因此2015年其可用的信用额度为60万元。

2.事中控制：避免坏账的产生

除授信额度有所规定外，为了避免坏账的产生，公司对授信金额的偿还同样有着严格的要求，即授信不过月。所有相关的授信金额都必须在月底前偿还，否则降低该公司的信用级别，不予授信。如果出现逾期未还的现象，公司有关部门会进行每周甚至每日催收。

另外，为了应对客户公司可能出现的突发财务问题，公司会为其提供相应的帮助。当突发状况出现时，公司首先会对客户进行专门的评估。如果其财务问题的主要原因是销售不畅，那么在对存货采取动态管理的基础上，公司会派销售部和市场部等部门，协助客户加大分销和促销力度；如果客户是因为账款无法回收，而产生资金问题，那么公司也可以帮助客户催收货款；如果是其他问题，无法通过以上方法解决，公司会积极地帮助客户引入投资人，进行股权改革；当然，集团也设有相关的金融公司，在客户愿意接受的情况下，可以为客户提供相关的服务，帮助客户走出困境。

3.事后控制：坏账损失确认

为了对公司的资金作出更准确的预测，以避免出现财务问题，基于以上事前和事中的控制，公司对事后应收账款的坏账确认也作出了严格规定：应收账款的计提以一个季度为标准，一旦出现一个季度仍未偿还的现象，就开始计提坏账准备。一年期的坏账计提率规定为80%。为了严格控制坏账，公司对内建设坏账控制系统，进行动态监控；对外积极谈判，争取对坏账进行快速回收。

（四）危机解除

一个晴朗的早晨，王经理迎着阳光走进了自己的办公室，张经理同样已经抱着资料在等他："王经理，这是今年的财务报告，请您过目。"

公司的盈利能力显著提高。2016年M照明实现了转亏为盈，净利润达到了1 100万元，营业收入为39 300万元，比去年同期增长了2.90%，流动资产比去年同期增长了60.83%，达到27 700万元，公司总资产已经达到35 600万元（见二维码2-3）。

2-3 M照明2016年报表数据摘录

公司的营运资金情况得到了极大的改善，销售商品、提供劳务收到的现金为45 500万元，是去年同期的1.28倍；经营活动产生的现金流量净额为6 700万元，是去年同期的2.83倍；期末现金及现金等价物余额为13 800万元，是去年同期的4.63倍。

公司经营状况的改善，主要是由于对应收账款进行的全面管理。自2015年进行改革后，近两年来公司的收入质量得到了明显的提高。2016年应收账款为1 300万元，相比2015年同期减少54.48%，相比2014年减少76.80%，应收账款占流动资产比例从2015年的16.05%降到4.54%。应收票据相比2015年同样减少了37.73%。在应收账款的管理上，公司在行业内已经处于绝对的领先水平。

（五）后记

在公司年会的现场，主持人宣布："下面有请集团年度风云人物王经理上台。"王经理走上台，激动地拿起话筒："谢谢大家，能获得年度风云人物实在是我的荣幸。今年我们M照明取得了巨大发展，并获评'中国照明灯具十大品牌'，这些成就不只是我一个人的功劳，更是大家兢兢业业一起努力的成果。"王经理坚定地举起手："我相信在每一个M照明人的努力下，M照明一定会为我们照亮美好生活。"台下顿时掌声响起，久久没有停止。

【政策思考】

2022年3月，国务院办公厅发布了《关于推进社会信用体系建设高质量发展促进形成新发展格局的意见》①，专门指出："围绕市场经济运行各领域各环节，对参与市场活动的企业、个体工商户、社会组织、机关事业单位以及自然人等各类主体，依法加强信用建设。""充分发挥信用在金融风险识别、监测、管理、处置等环节的作用，建立健全'早发现、早预警、早处置'的风险防范化解机制。支持金融机构和征信、评级等机构运用大数据等技术加强跟踪监测预警，健全市场化的风险分担、缓释、补偿机制。"

请阅读相关材料并思考：企业应如何进行有效的客户信用管理？企业应收账款产生的原因和其对经营活动的影响有哪些？企业实施应收账款全过程管理的意义何在？

案例使用说明

一、教学目的

通过本案例对M照明发展过程的学习，了解企业应收账款的产生原因和其对经营活动的影响，理解应收账款管理的意义和必要性，以及实施应收账款管理的具体方法。

二、思考题

1.你认为在王经理刚上任时，M照明的营运资金存在什么问题？

2.为了解决以上问题，王经理采取了怎样的解决方案？

3.请你对王经理的解决方案进行评估。

三、分析思路②

1.你认为在王经理刚到任时，M照明的营运资金存在什么问题？

根据企业生命周期，可将企业的发展分为四个阶段，即初创期、成长期、成熟期和衰退期。结合企业生命周期理论对M照明进行分析，可知目前M照明处于成长期。M照明在该阶段整合销售渠道，但快速的市场扩张带来了诸多问题。由于前任经营团队过于激进，公司为客户提供了非常丰厚的优惠政策。这样不但使公司的营业收入受到影响，更导致大量应收账款出现，占用了企业的营运资金。

通过计算M照明的营运资金，可以发现2014年M照明应收账款额比当年的营运资金缺口金额还大。计算应收账款占流动资产的比重，可以看出应收账款对M照明的流动资产有极大的影响。同时，使用佛山照明的同年数据对比发现，M照明和佛山照明的比例差别极大。从应收账款周转率的角度对M照明应收账款管理水平进行对比分析，同时比较2014年照明行业平均应收账款周转率，发现尽管M照明的应收账款管理水平优于行业平均水平，但与行业领军者佛山照明还是存在一定的差距。

因此，M照明营运资金紧张的问题，主要是由应收账款引发的，其对应收账款的管理

① 中共中央办公厅 国务院办公厅．关于推进社会信用体系建设高质量发展促进形成新发展格局的意见［EB/OL］.［2022-03-29］．http：//www.gov.cn/xinwen/2022-03/29/content_5682283.htm.

② 教师可以根据自己的教学目标灵活使用本案例。这里提出本案例的分析要点，仅供参考。

水平亟待提高。

2.为了解决以上问题，王经理采取了怎样的解决方案？

M照明在2014年所遇到的问题，是由于激进的市场开发行为导致大量的应收账款产生，占用了企业的营运资金，影响了企业的经营效率。

对M照明2014年的应收账款、营业收入、应收账款占营业收入比例、流动资产，以及应收账款占流动资产比例进行分析，可以看出应收账款占用营运资金的问题。为了进一步分析如何解决该问题，可对以上提到的与应收账款具有相关性的科目近年来的变动情况进行分析，可得由于应收账款过多占用营运资金，企业的资金情况和经营效率都令人担忧。再从授信情况、优惠政策及坏账计提情况对M照明进行分析，可以看出M照明应收账款管理欠佳。

为了解决以上出现的问题，王经理实施了应收账款的全过程管理。在具体实施的过程中，整个管理过程被分为三个阶段，即事前管理、事中管理和事后管理。

（1）事前管理

M照明进行了信用体系建设，将客户进行详细的分类。只有长期合作良好的客户，才符合授信条件，其授信额度为上年业务量的月平均值。

一方面，公司通过这种方式从根本上避免了应收账款的产生，而月平均值的授信额度也在公司可以承担的风险范围内；另一方面，这样的信用管理体系简单易行，不会造成附加的管理成本。

（2）事中管理

M照明要求所有的授信账款必须在月底前偿还，否则直接降低该公司的信用级别，不予授信。对没有偿还的授信账款，根据逾期时间的不同，相关部门会进行每周甚至每日催收。

为了应对客户公司可能出现的突发财务风险，M照明会对客户进行专门的评估，并提供相应的帮助。通过对应收账款的回收管理和建立突发情况的应对机制，M照明进一步保证了应收账款的质量，减少了坏账出现的风险。

（3）事后管理

M照明实施了严格的坏账计提标准。一旦账款逾期一个季度，立即开始计提坏账准备。在集团内部建设坏账控制系统，实现坏账动态管控。以谨慎性原则为根本的坏账确认体系，帮助公司更精确地把握营运资金的具体情况，从而提高资金的使用效率和公司的经营效率。

3.请你对王经理的解决方案进行评估。

结合M照明2013—2016年应收账款的变动情况可以看出，M照明的应收账款自2014年以来，逐年显著下降。

结合M照明2016年相关财务数据（如净利润、营业收入等）的变动进一步分析，可以看出在净利润转亏为盈的基础上，营业收入和主营业务收入都获得了增长，而应收票据和应收账款则大幅减少。

针对应收账款的管理，再次将M照明和佛山照明进行对比分析，可以看出M照明的应收账款周转率大幅提升并超过佛山照明。

通过以上分析，可以看出M照明实施的应收账款全过程管理效果显著，公司的营运资金情况得到了极大的改善，经营效率也显著提高。

参考答案见二维码2-4。

2-4 参考答案

四、理论依据

（一）应收账款全过程管理

应收账款管理是指赊销业务中，从企业将货物或服务提供给授信方、债权成立开始，到款项实际收回或作为坏账处理结束，授信企业采用系统的方法和科学的手段，对应收账款回收全过程所进行的管理，如图2-1所示。

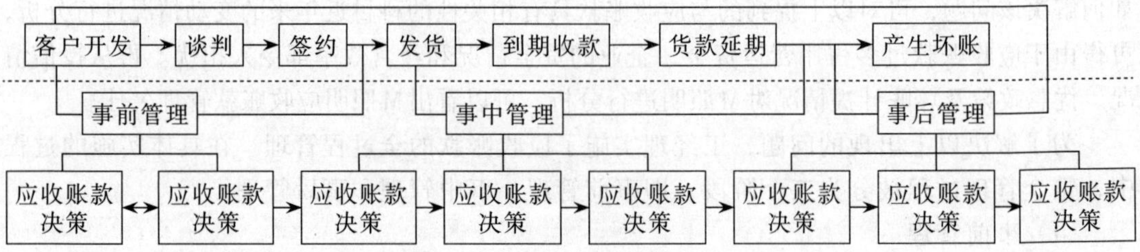

图2-1 应收账款全过程管理

（二）应收账款成本

企业进行应收账款投资可以扩大产品销路，增加企业的销售额，进而增加收益；但也增加了企业的经营风险和信用成本，要付出一定的代价。而这些代价主要表现在以下三个方面：

（1）机会成本，企业将资金投放于应收账款而丧失的其他投资收益。因为应收账款要占用企业的资金，企业资金如果不投放在应收账款上，便可以用于其他投资创造收益。例如，企业投资于有价证券便会有利息收入，投资于生产经营就会有经营利润收入。

（2）管理成本，应收账款发生后会大大增加企业对其的管理成本。一旦应收账款发生，财务部门对顾客信用情况的调查、各种信息的收集，以及后续的收账，都会产生相应的成本。

（3）坏账成本，企业所有的应收账款都有转变为坏账的可能，即坏账成本意味着企业可能承受一定的经济损失。对企业来讲，这种损失是一种不可避免的成本，应收账款金额越大，逾期拖欠越久，坏账损失就越大。

（三）信用政策

信用政策又称应收账款管理政策，是企业为了对应收账款投资进行规划与控制而确定的行为准则，包括信用标准、信用条件和收账政策。

信用标准是企业向客户提供商业信用所要求达到的最低标准，它规定了企业应向什么样的客户提供商业信用。在设定客户的信用标准时，一般通过5C系统来进行评估。5C指品质、能力、资本、抵押和条件。信用条件是指企业要求客户支付赊销款项的条件，包括信用期限、折扣期限和现金折扣。收款政策是指企业对客户违反信用政策拖欠应收账款所采用的收账策略。

（四）企业生命周期理论

马森·海尔瑞（1959）最早提出“企业生命周期”概念，指出企业发展也符合生物学中的成长曲线。他认为企业就像有机体一样，从诞生、成长、成熟、衰退至死亡，存在着明显的周期现象。

在初创期，企业的生产规模小，固定成本大，产品市场份额低；因为盈利能力弱，也没有足够的资金支持，往往会有现金流转不顺、出现财务困难的情况。

在成长期，企业已经基本形成了自己独特的产品系列，市场份额稳步提高，市场竞争力逐渐增强，业绩增长速度加快。由于在行业中已经有了比较明确的市场定位，企业会进一步寻求新的业务，提高市场占有率，寻求新的利润增长。

在成熟期，企业资金雄厚，技术先进，市场占有率稳定，人才资源丰富，具有很强的生存能力和竞争能力。通过各种资源的整合和有效配置，企业可以高效地处理和协调各业务流程。

在衰退期，企业的产品市场份额逐渐下降，盈利能力下降，资金难以周转，管理问题凸显。

五、背景信息

我国照明行业经过多年发展，特别是近二十年持续、稳定、快速的发展，其规模在全球已占有绝对优势，国内企业开始加大产品研发投入，市场推广更加注重品牌的宣传，并向品牌化方向发展，在近年形成了一批有品牌、有规模的照明灯具生产企业，部分企业已开始采用自主品牌进军国际市场。

我国LED产业发展日趋蓬勃。2016年，我国LED产业整体产值达到5 216亿元，较2015年同比增长22.8%。LED照明产品国内市场渗透率达到42%，同比增长10%。2016年我国LED照明产品产量约80亿只，同比增长33%；销量约38亿只，同比增长35%。

六、关键要点

1.分析应收账款问题的产生原因

截至2015年，我国照明行业内企业数量已超过两万家，飞利浦、欧普和佛山照明等一线品牌中，最高市场占有率也仅为5%。在竞争激烈的照明行业内，作为新兴力量的M照明还面临着众多挑战。

为了在行业内站稳脚跟，M照明的前任管理团队激进地进行市场开拓，迫切地希望接触到更多客户。凡有意向合作且经营状况良好的客户，公司都愿意对其授信，并且授信额度一般较高，收款期也较长。正是管理团队过分激进地进行市场开发，却并没有建设与之相匹配的管理体系，导致了应收账款问题的发生。

2.发现应收账款对企业的潜在影响

首先，过多的应收账款会极大地增加企业的管理成本；其次，由于应收账款存在变为坏账的可能，企业面临着承受经济损失的风险；最后，应收账款大量占用了企业的资金，导致企业丧失了将该资金用于投资可能带来的收益。

3.理解应收账款全过程管理的积极意义

由于M照明的应收账款问题产生的原因是前任管理团队激进地开拓市场，却没有相应的管理体系，因此，对M照明进行应收账款管理体系建设是非常有必要的。

应收账款全过程管理体系，是对应收账款从产生到最后消失的全过程管理。

（1）事前管理

事前控制主要涉及客户开发、谈判和签约环节。在这个阶段，公司必须建设一套完整合理的信用体系。M照明所建设的新信用体系将客户分为三类，即新客户、普通合作客户以及合作良好客户。公司不会对前两类客户提供授信，而仅对第三类客户即合作良好的客户提供授信，授信额度是上年度与其发生业务总额的月平均值。

这种方式一方面降低了应收账款产生的可能性，另一方面简单易行，不会造成附加的管理成本。

（2）事中管理

事中管理主要涉及发货、到期收款和货款延期环节。M照明要求所有的授信账款必须在月底前偿还，否则直接降低该公司的信用级别，不予授信。另外，为了应对客户可能出现的突发财务风险，M照明会对其进行专门的评估，并提供相应的帮助，包括协助促销、催收货款、提供金融服务和引入投资人等。

（3）事后管理

事后管理主要涉及坏账的确认和管理环节。M照明对原有的坏账计提标准进行了改进，实施了更严格的计提标准：一旦账款逾期一个季度，立即开始计提坏账准备；一年期的坏账，规定计提比例为80%。同时，M照明在集团内部建设坏账控制系统，实现坏账动态管控。

七、参考文献

[1] 肖雨晴，范英杰．应收账款全过程管理在企业中的应用研究［J］．商业会计，2019（15）：88-90.

[2] 潘斌．企业应收账款管理现状分析［J］．财会通讯，2014（05）：65-68.

[3] 陈少华，陈爱华．企业生命周期划分及度量方法评析［J］．财会月刊，2012（27）：77-78.

第二章　企业价值与盈利模式

案例3　类营销代理模式价值创造之路①

案例导读

企业品牌的打造是提升企业价值的重要途径，而企业品牌的延伸管理，既可能带动子/副品牌的价值提升，也可能使母品牌资产价值贬损。M公司为国内白酒行业的龙头企业，一直在探索与实践品牌延伸战略，但效果不佳。直到2015年，公司推陈出新，类营销代理模式打破了以往的平静，成为公司品牌延伸管理的关键策略，一举实现公司系列品牌价值的整体提升。

关键词

企业价值创造　品牌延伸　类营销代理

案例正文

M公司主导产品M酒是“世界三大蒸馏名酒”之一，M公司利用M酒的强大品牌效应，逐步布局品牌延伸战略。2012年以来，受行业下行的影响，公司收入增长陷入僵局，延伸品牌业绩不断下滑。2014年年底，M公司有高管列席的董事扩大会议决定进行延伸品牌的管理模式变革。

一、公司简介

M公司成立于1999年，并于2001年在上交所挂牌交易，其主营业务为酱香型白酒产品的生产与销售。M公司产品在高端、次高端、中端和低端四个价格层级均有涉猎。其中，主导产品M酒占据了白酒市场的制高点，一直领跑高端酒市场。

二、主要内容

（一）公司品牌延伸管理

2003—2012年白酒行业历经了“黄金十年”，白酒市场的需求泡沫不断膨胀。自2012年以来，白酒市场的泡沫被迅速挤出，白酒市场经历从“高端”急剧下降、“腰部”突起

① 本案例由刘桂良改编自刘桂良、邱张妍、杨婷婷、张晗撰写的入选“全国百篇优秀管理案例”的《乘风破浪的类营销代理模式能实现价值创造吗》。本案例适用于“公司财务”“营销管理”“战略管理”等课程中有关价值管理等内容的教学。

的浪潮。其中，高端白酒市场容量从2012年度的近1 000亿元，大幅缩减至2013年度的600亿元左右，2014年进一步萎缩至450亿元左右，而2014年度大众酒市场规模扩大至4 500亿元以上，中端、低端酒市场全面开花。M公司的主导产品M酒占据了白酒市场的制高点，一直领跑高端酒市场；在中低端系列酒方面，竞争对手B公司和C公司都拥有十亿元级的系列酒产品，2014年上半年，B公司和C公司的中低端产品销售额已达数十亿元，而M公司系列酒的销售收入总额仅有5.6亿元（见二维码3-1）。

3-1 M公司产品产销情况

M公司在2015年以前的品牌延伸管理中，其控股子公司销售公司同时负责M酒及系列酒的销售，即由销售公司共同管理M酒品牌和系列酒品牌，没有针对延伸品牌建立专门的品牌管理模式。销售公司的工作重点是M酒的订单管理，而品牌营销团队的工作重点是提高品牌的强势度。在实际销售中，系列酒经常被当作M酒的附庸，借助于M酒的稀缺性进行配额销售。

（二）类营销代理的崛起

根据M公司《第二届董事会2014年度第八次会议决议》，其于2015年出资20 000万元投资设立全资控股酱香酒营销子公司（以下简称“酱香酒公司”），专门负责系列酒的销售工作，母公司与子公司的会计核算完全独立。

1.类营销代理模式的机构设置

根据公司章程，酱香酒公司不具备自行生产包装成品酒的权力，主要负责系列酒的营销管理，也就是将系列酒剥离出来，实行类营销代理模式，如图3-1所示。

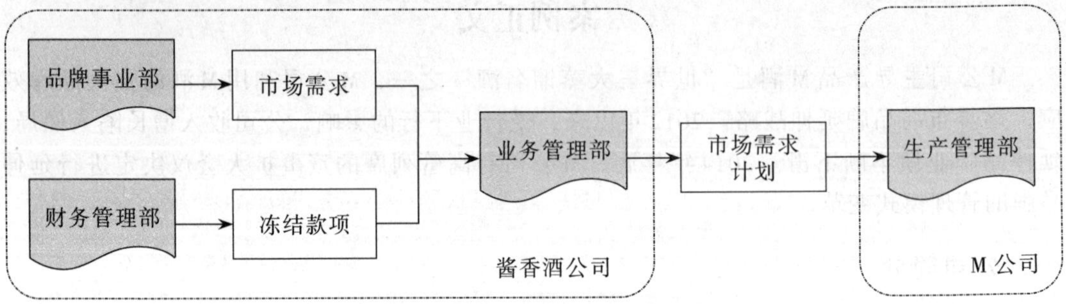

图3-1　类营销代理模式基本运作图

酱香酒公司依据M公司制定的总体营销规划，将销售目标任务细分至各个子品牌，并定期反馈市场数据，以供M公司调整生产计划。为此，酱香酒公司设立了业务、市场、渠道、客户四个专项部门，并针对旗下延伸品牌设立了同级的六个品牌事业部，具有市场调研、战略制定、营销策划、品牌运营等职能，进行精细化管理。此外，酱香酒公司取消了大区制，实行省区经理责任制，对于之前所属销售公司管辖的30个省区，酱香酒公司将其整理划分为48个区域，分级分类对经销商实施“点对点、一对一”的精准服务。

2.类营销代理模式价值链

酱香酒公司的盈利模式依靠品牌和渠道双驱动，在类营销代理中，M公司对应营销活动和企业这两个主体构建了价值流动的线性链条：从品牌延伸战略开始，营销活动价值链过程依次为营销决策、组织影响、市场影响、财务影响、对企业价值的影响，而与之对应的企业主体的价值流动路径依次为营销资产、组织绩效、品牌权益、沉淀收益、企业价值，最终形成价值流动的环路，如图3-2所示。

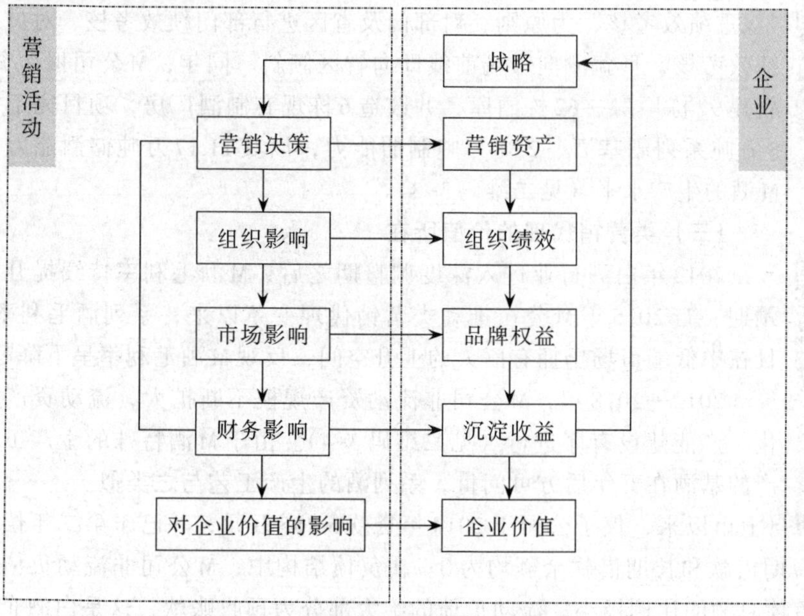

图3-2 类营销代理模式的价值链图

3.类营销代理模式行动策略

（1）品牌整合升级

M公司于2015年提出“做强M酒，做大系列酒”的整体战略定位。在坚定M酒高品质、高品位的路线，确保高端酒市场稳定增长的基础上，对下属品牌进行有机整合、升级，针对集团层面延伸出的各类系列产品进行梳理，专注酱香型白酒这一品类对M品牌的延伸。因此，M公司制定了“133”品牌发展战略：①1个世界性核心品牌：M品牌，以世界第一蒸馏酒品牌的高度，引领高端白酒消费；②3个全国性知名品牌：以社群培育为主，盘活和整合渠道资源，优化市场布局，实现品牌渠道下沉，打造同价格段领袖品牌；③3个区域性核心品牌：以团购培育为主，实施品类占位，实现区域市场精耕和深耕。

（2）营销资源配置

自2016年以来，M公司增设“酱香系列酒营销顾问团”，推出了市场化的司员工薪酬激励与预算方案》和“未来3年允许酱香酒公司政策性亏损”指导意见，并承诺维持“市场政策不变，投入力度不减”的预算政策，按照营业收入19%以内安排市场费用（见二维码3-2）。

3-2 2018年系列酒市场投入费用明细

为落实延伸品牌的市场基础建设，M公司还提出“建网络，抓陈列，搞品鉴”三大工程，开创了与M酒品牌截然不同的管理策略：①推进“千商工程”，经销网络全面下沉到地、县级市场，实现地级市场全覆盖，搭建M品牌所不具备的特殊优势渠道；②扩大终端铺市率和陈列面，尤其是商店超市、烟酒店、KA卖场、酒店等；③开展“酱香万家共享”大型品鉴会、“一桌式”品鉴、消费体验及宴席等活动，进一步培育酱香酒消费群体，提高市场占有率。

2018年，酱香酒公司进一步构建了“预付+考核+年终结算”相结合的薪酬模式，以“双重绩效考核”为原则，对部门及省区进行部门绩效考核、对员工进行岗位绩效考核，且薪酬向市场前线即向省区倾斜。同年，M公司拟斥资83.84亿元新建92栋厂房、62栋酒库，并改造6栋现有制酒厂房，项目完工后预期新增3万吨系列酒基酒、2.88万吨制曲能力，以及11.17万吨储酒能力，力争达到M酒的生产水平（见二维码3-3）。

3-3 系列酒产能建设情况

（三）类营销代理的价值所在

2012年白酒行业进入深度调整期之后，M酒毛利率持续提升已经进入瓶颈期。自2015年M公司推动类营销代理变革以来，系列酒毛利率逐年提升，且在中低端市场仍拥有巨大的上升空间，反观M酒毛利率呈下降趋势。

2012—2018年，M公司非流动资产规模不断扩大，流动资产结构不断优化，产能建设有序进行（见二维码3-4）。由于M酒特殊的生产工艺，当年生产的基酒在五年后方可问世，系列酒的生产工艺与之类似。

3-4 M公司2014—2018年度财务数据

M公司自上市以来，仅子公司于2014年贷款6 255万元，并已于第二年偿还，其余年份企业的短期借款和长期借款余额均为0。在负债结构中，M公司非流动负债全为专项应付款，占负债总额的比例极小；流动负债的绝大部分为预收账款，这是白酒企业销售政策导致的行业普遍现象；吸收存款及同业存放金额在流动负债中占比也较大，这是M公司控股子公司吸收集团成员单位存款所致；而实施类营销代理模式之后，M公司预收款项正在发生巨变。

（四）后记

M公司在类营销代理模式下建立起立体、多层次、多渠道，高端酒、中端酒、低端酒相对分离的新营销网络体系，使得系列酒的独立运作风生水起，令人不禁思考：公司价值创造焕发出的新生机与活力，是否全部得益于类营销代理变革？类营销代理模式的投入是否伤害了原品牌价值？当前白酒市场正在进入良性且更加健康的增长轨道，公司品牌延伸战略管理还有很长一段路要走。

【政策思考】

“十四五”规划纲要指出：“开展中国品牌创建行动，保护发展中华老字号，提升自主品牌影响力和竞争力，率先在化妆品、服装、家纺、电子产品等消费品领域培育一批高端品牌。”因而，企业应在重视品牌管理的价值创造过程中，坚持诚信管理，促进品牌资产增值，把我国传统品牌打造成国际知名品牌，既实现企业价值创造，又实现民族振兴。

请结合本案例分析企业的品牌价值和公司价值的创造路径。

案例使用说明

一、教学目的

围绕公司类营销代理模式的价值创造途径，帮助学生掌握品牌延伸管理的方法。启发学生从品牌价值管理的角度去分析著名品牌价值与系列品牌价值的关系以及其不同的实现途径，从财务角度了解公司价值创造的分析与计量方法。

二、思考题

1.分析类营销代理模式的价值创造途径。

2. M公司类营销代理变革是否创造了价值？是否只是原品牌价值的转移？

3.通过对M公司类营销代理变革的分析，你认为公司品牌延伸战略中原品牌价值与延伸品牌价值有什么关系？

三、分析思路

本案例分析思路如图3-3所示。

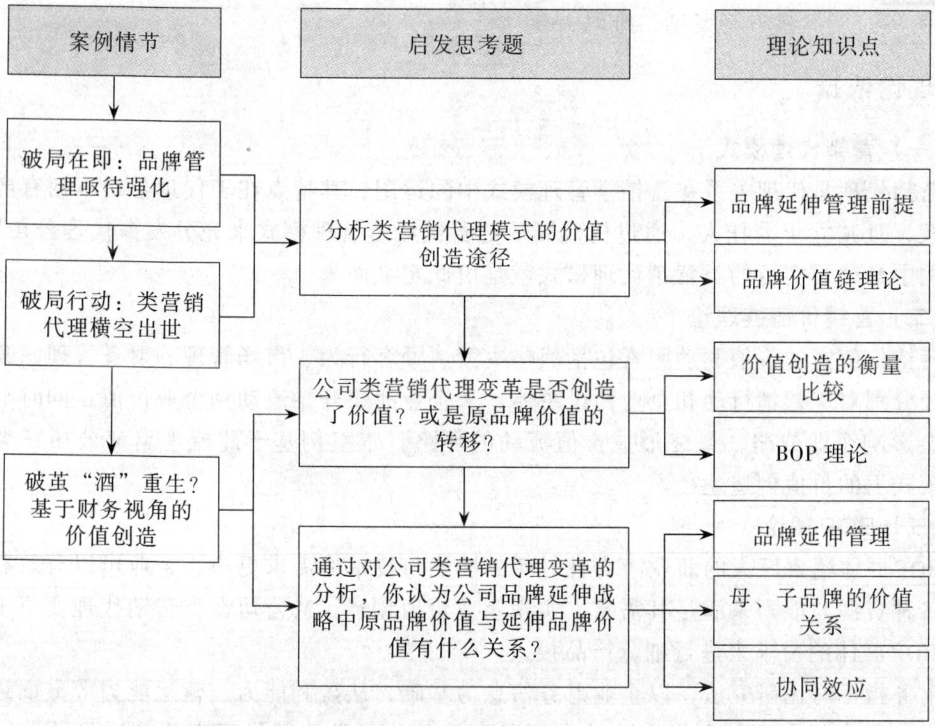

图3-3 本案例分析思路

1.分析类营销代理模式的价值创造途径。

顺着M公司类营销代理模式的价值链，结合公司战略布局与具体举措，分四个维度、从上至下来分析价值创造途径。在战略层面，可以从品牌资产和市场资产两个方面来分析营销资产；在组织层面，可以结合组织结构和制度体系来分析组织绩效；在市场层面，可以从市场份额和产品价格角度来分析品牌权益；在财务层面，可以选取关键性的价值要素来分析沉淀收益的产生源泉与途径。

2.公司类营销代理变革是否创造了价值？还是原品牌价值的转移？

依据BOP理论从财务层面分析类营销代理模式的价值创造效果时，可以从盈利能力、营运能力入手，选取白酒企业被重点关注的报表项目，如营业收入、销售费用、存货等科目来剖析，对比系列酒和M酒的价值变化，从而得出类营销代理模式拉动了系列酒的业绩上升，而又没有伤害到原品牌M酒的价值的结论。此外，还可以选取同行业内规模可比的其他白酒巨头（如B公司）作为对标企业，分析类营销代理模式给M公司系列酒带来的财务效应（见二维码3-5）。

3-5 行业竞争对手公司财务指标

3.通过对公司类营销代理变革的分析，你认为公司品牌延伸战略中原品牌价值与延伸品牌价值有什么关系？

原品牌价值能萌生延伸品牌价值，但延伸品牌价值的发展不能仅依靠原品牌价值；延伸品牌价值对原品牌价值会产生正反两方面的效应。可以从类营销代理变革前后，M公司延伸品牌价值的变化着手分析，不同的延伸品牌价值对原品牌价值的影响也不同。

3-6 参考答案

参考答案见二维码3-6。

四、理论依据

（一）营销代理模式

营销代理是代理关系在营销学管理模式中的运用，其特点在于代理公司不拥有产品的所有权，且独立于委托人，通过构建高效的营销渠道管理模式来充分发挥代理公司职能。本案例中M公司实行的类营销代理模式就是由此定义而来。

（二）营销价值链理论

营销价值链的价值驱动因素包括战略决策、顾客行为、市场管理、财务管理，其影响链路径分别对应营销行动和企业两个主体，从企业战略开始流动到企业价值，同时财务地位也会影响企业战略，最终形成价值流动的环路。本案例基于此梳理出M公司在类营销代理模式下的价值创造途径。

（三）BOP理论

BOP群体蕴含巨大的商业潜力且对产品性能与技术的需求更小，企业可以有效利用已有的各种资源与能力来满足其需求，实现企业价值创造。M公司在类营销代理变革中便考虑了BOP群体的要求来进行细分产品投入。

财务指标对比研究法：以企业财务信息为基础，从盈利能力、营运能力等方面进行定量研究，结合横向比较和纵向比较，可以衡量M公司类营销代理变革前后经营业绩的表现情况，以此评价类营销代理模式下M公司价值创造的效果。

（四）品牌延伸管理

成功的品牌延伸能强化原品牌的顾客记忆，吸引新消费群体；失败的品牌延伸则会降低原品牌的顾客忠诚度和顾客预期。

（五）协同效应

企业将现有的资源与能力有效地加以整合，创造出新的竞争优势，从而产生协同效应，为企业创造价值。品牌延伸管理目标之一就是要促成原品牌和延伸品牌间的协同效应。

五、背景信息

白酒行业销售收入变化趋势如图3-4所示。

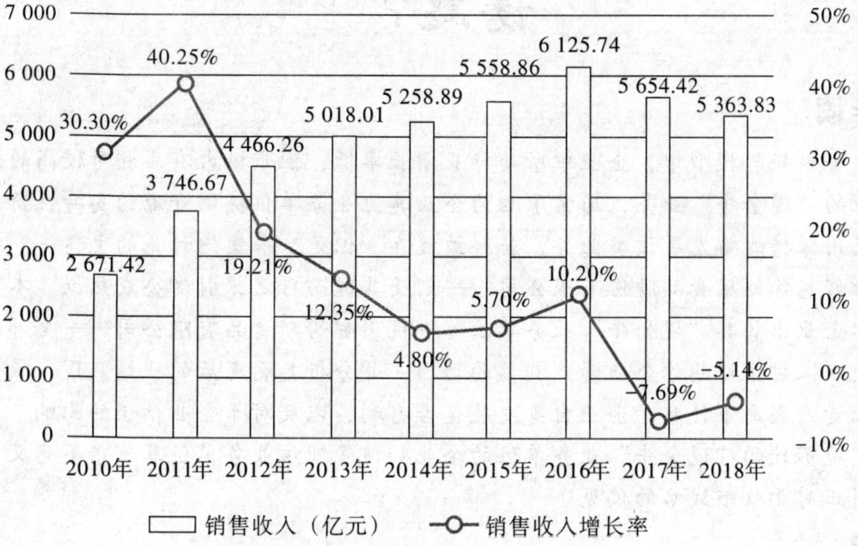

图3-4　白酒行业销售收入变化趋势①

六、参考文献

[1] 唐晓婷，孟丽，倪良新. 移动互联网环境下营销转型决策模式研究［J］. 华东经济管理，2015，29（12）：139-143.

[2] 陈双群. 企业营销价值创造活动优化研究——基于价值链会计导向视角［J］. 财会通讯，2014（25）：22-24.

[3] 邢小强，周平录，张竹，等. 数字技术、BOP商业模式创新与包容性市场构建［J］. 管理世界，2019（12）：116-136.

[4] 孙国辉，梁渊，李季鹏. 品牌延伸类型选择：不同品牌概念下契合度和真实度对延伸产品态度的影响研究［J］. 管理评论，2019（03）：102-115.

① 根据白酒行业各上市公司年报数据整理得到。

案例4 挥别“现金牛”，只因红枣的诱惑？[①]

案例导读

在波士顿矩阵模型中，企业中所处行业增长率低，但市场占有率相对较高的业务单位属于企业的“现金牛”业务，通常承担为企业其他业务单位提供资源的支持性角色，故而企业多采用保持战略发展该类业务，其鲜被放弃。但是，本案例讨论的主体——红枣行业龙头企业好想你健康食品股份有限公司——则反其道而行之，引发公众热议。本案例描述了好想你企业出售其“现金牛”业务单位——杭州郝姆斯食品有限公司——全部股权的全过程，重点探讨了好想你企业资产剥离的动因，并分析其剥离后的业绩表现，最终探讨好想你企业资产剥离事件对于企业自身发展是否有利，以及对于企业估值的影响。本案例对于拥有处境不佳的“现金牛”业务单位的企业如何管理该业务单位具有借鉴意义，且有利于公众纠正对于收缩战略的偏见。

关键词

资产剥离　战略规划　企业估值　现金牛

案例正文[②]

2016年，好想你健康食品股份有限公司（以下简称“好想你”）完成了对杭州郝姆斯食品有限公司（以下简称“百草味”）100%股权的收购，以期尽快推动好想你铺设线上渠道及丰富产品品类，提升公司盈利能力。该并购被称为“休闲食品电商并购第一案”。在好想你完成对百草味的并购后，百草味迎来了迅猛的发展，年创收节节攀升，稳稳占据所处休闲食品电商行业的龙头地位，逐渐成长为好想你合并报表年度利润的贡献主体，成为好想你的“现金牛”战略业务单位，使得公众普遍认为现在的好想你离不开百草味。

然而，好想你董事长石聚彬先生并不这么想，他带领着好想你在红枣市场上拼搏数十年，依然保留着发展红枣业务的热忱，难以割舍，同时还坚守着打造健康食品的理念，而

---

① 本案例由华南理工大学工商管理学院王荣昌、魏雪撰写。本案例适用于“财务管理”“企业战略管理”等课程。

② 本案例数据来源于好想你2016—2021年年度财务报告：

好想你. 好想你健康食品股份有限公司2016年年度报告. [EB/OL]. [2017-04-20]. http://www.cninfo.com.cn/new/disclosure/detail?plate=szse&orgId=9900019704&stockCode=002582&announcementId=1203335164&announcementTime=2017-04-20.

好想你. 好想你健康食品股份有限公司2017年年度报告. [EB/OL]. [2018-04-27]. http://www.cninfo.com.cn/new/disclosure/detail?plate=szse&orgId=9900019704&stockCode=002582&announcementId=1204803988&announcementTime=2018-04-27.

好想你. 好想你健康食品股份有限公司2018年年度报告. [EB/OL]. [2019-04-27]. http://www.cninfo.com.cn/new/disclosure/detail?plate=szse&orgId=9900019704&stockCode=002582&announcementId=1206055031&announcementTime=2019-04-19.

好想你. 好想你健康食品股份有限公司2019年年度报告. [EB/OL]. [2020-04-25]. http://www.cninfo.com.cn/new/disclosure/detail?plate=szse&orgId=9900019704&stockCode=002582&announcementId=1207607568&announcementTime=2020-04-25.

好想你. 好想你健康食品股份有限公司2020年年度报告. [EB/OL]. [2021-04-29]. http://www.cninfo.com.cn/new/disclosure/detail?plate=szse&orgId=9900019704&stockCode=002582&announcementId=1209855515&announcementTime=2021-04-29.

好想你. 好想你健康食品股份有限公司2021年年度报告. [EB/OL]. [2022-04-29]. http://www.cninfo.com.cn/new/disclosure/detail?plate=szse&orgId=9900019704&stockCode=002582&announcementId=1213207137&announcementTime=2022-04-29.

百草味毕竟主要经营休闲食品业务，若将其作为经营主体，难免使好想你偏离其一直努力的赛道。为此，石聚彬先生陷入两难的抉择：若维持现状不变，好想你的未来会不会离红枣业务越来越远，自己多年的心血是否就此付之东流？可是，假设剥离业务表现极佳的百草味，好想你未来主业的经营是否会陷入窘境？为充分评估剥离百草味的决策的有效性，石聚彬先生召开了董事会会议。

在该会议上，各与会董事都就此议题畅所欲言，支持者与反对者势均力敌，场面十分胶着。石聚彬先生倾听着不同立场的董事表达的观点，不断翻阅着手里有关百草味及其所处行业的分析报告，以及好想你主业自并购百草味后的发展经营数据，一言不发，微蹙着眉思索着……

一、公司简介

好想你于1992年在河南省郑州市新郑市成立，历经近三十年的发展，成为全国红枣行业规模最大、市场占有率最高的企业，是中国红枣行业的龙头企业，于2011年在深圳证券交易所中小板挂牌上市，股票代码为002582。好想你通过多年的辛勤耕耘改变了人们吃枣的方式，在改善红枣食品品质的同时带领我国红枣食品进入品牌时代，刻画了一张河南省的亮丽名片，打造了中国红枣上市第一股，并推动了红枣品类期货的上市进程。这是好想你所取得的成就。

好想你的主要经营业务为红枣及其相关产品、蜜饯果干、冻干食品等健康产品的原料采购、产品研发、生产、销售。好想你对于生产环节非常重视，已相继在河南省、河北省、新疆维吾尔自治区建立了5个生产加工基地，牢牢把控产品的供应品质。此外，好想你无论是在自建基地还是合作基地都执行了严格的质检程序，对于产品从原料一步步加工成为产成品，到最后送到消费者手里的每一个关键流程都精准把控，以期给消费者带来健康、无污染、高价值的产品。好想你对于产品品质数十年如一日的追求，体现在其已通过了ISO9001：2008国际质量管理体系认证，并导入HACCP食品安全管理体系认证，建立了更为高效完善的ISO22000食品卫生安全管理体系上，最终使其成为消费者心中高端红枣的代名词。

二、主要内容

（一）发展受限，寻求调整

随着互联网的快速发展，线上购物成为20世纪公众所青睐的购物方式。受限于相对单薄的产品品类给企业创造的狭窄的利润空间，以及多年积累但与时代并不十分契合的线下渠道铺设经验，面对日益下降的销售额，好想你意识到了危机，为尽快迎合时代趋势、丰富产品品类、巩固红枣行业龙头企业的地位，好想你于2016年完成了对从事休闲食品电商业务的百草味的并购。

在随后的4年里，市场充分证明了这一决策的正确性。一方面，在好想你并购百草味之后，双方以百草味的年营业收入和年净利润为对赌标的达成了一份3年的对赌协议，百草味需逐年完成业绩对赌目标。百草味若未完成既定的业绩目标，则需对实际业绩与目标业绩之间的差额对好想你进行赔偿。但得益于白草味在互联网电商上势如破竹的发展势头以及管理者高瞻远瞩的布局，百草味这3年都圆满完成了业绩目标，无论是年营业收入还是年净利润的实际增长速度都明显高于好想你预测的增长速度，具体见表4-1、表4-2。

表4-1　好想你与百草味的年营业收入对赌目标及完成情况①　金额单位：万元

年度	目标额	目标增长率	实际完成额	实际增长率
2015	—	—	126 365.71	—
2016	191 600.00	51.62%	232 474.50	83.97%
2017	251 800.00	31.42%	307 773.07	32.39%
2018	304 100.00	20.77%	390 004.66	26.72%

表4-2　好想你与百草味的年净利润对赌目标及完成情况②　金额单位：万元

年度	目标额	目标增长率	实际完成额	实际增长率
2015	—	—	2 623.53	—
2016	5 500.00	109.64%	5 567.57	112.22%
2017	8 500.00	54.55%	8 668.05	55.69%
2018	11 000.00	29.41%	12 088.38	39.46%

另一方面，即使简单通过财务匡算来评价好想你并购百草味后的财务绩效，也可以非常直观地观察到百草味对好想你的合并净利润所作出的突出贡献，见表4-3。这主要是得益于百草味前期所构建的强大的线上渠道体系以及其可供销售的丰富的产品品类。百草味所具备的这些特点无一不符合了“电商时代”的需求，这使得其轻而易举地赢得了消费者的青睐，整体企业规模迎来了飞速发展时期。因此，百草味的销售额与利润额在被好想你收购后连年飞速上涨，其强大的创收能力使其成为好想你的“现金牛”业务，在满足自身企业发展的同时还为好想你其余战略业务单位提供了资源。

表4-3　2016—2019年好想你与百草味归属于母公司股东的净利润③　单位：万元

年度	好想你合并报表	百草味	占比
2016	3 927.24	6 452.85	68.46%
2017	10 689.57	9 736.77	91.09%
2018	12 957.15	13 904.43	107.31%
2019	19 262.27	17 135.09	88.96%

① 数据来源：作者根据好想你并购百草味公告及后续完成情况公告整理而成。
② 数据来源：作者根据好想你并购百草味公告及后续完成情况公告整理而成。
③ 百草味2016年度归属于母公司的股东净利润为6 452.85万元，但由于其于2016年8月并入好想你合并报表，则假设百草味的年净利润为均匀产生，简单匡算认为2016年百草味为好想你贡献的归属于母公司的股东净利润为2 688.69万元（6 452.85×5÷12），则以此为基础计算占比。

（二）竞争加剧，坚守主业

然而，就在公众都对这“休闲食品电商并购第一案”表示认可，甚至认为好想你离不开百草味之时，石聚彬先生却有不同的打算。虽然他无法否认百草味给好想你带来的巨额利润，但他心中十分清楚，正是因为大众这种认知，好想你若继续在这个赛道发展下去，最终有可能会被百草味吞噬，他多年以来为发展红枣事业所做的努力可能会付之东流。这是他及与其一同奋斗数十年的创业伙伴们都不愿意看到的结局。于是，他们仔细考量并购后好想你与百草味各自的发展情况，认为当初并购百草味的目的已基本实现，开始筹划剥离百草味，而此时似乎是一个最佳的时点。

1.政策支持

近年来，中央及地方政府部门已开始大力提倡企业重新审视自身的业务组合，集中资源投入核心业务。中央及地方政府部门的一系列政治举措表明了推动国企集中资源发展主业、剥离非核心业务的决心。虽然好想你不是国有企业，受这一系列的监管措施限制的力度不大，但是其作为河南省的代表性企业，深受农业农村部的重视，在规划未来发展方向时其不可避免地承担起更多的社会责任，积极响应国家政府的号召，这也符合好想你自身的发展需求。

2.主业需求增长

随着生活水平的提高，消费者的健康消费意识亦在持续提升，人们越来越注重健康的生活方式，对于健康食品的关注程度显著提高。从2019年百度指数搜索增速来看，消费者对“健康生活、享受生活”的关注度明显提升，而《2020年新健康消费趋势报告》显示健康服务业的整体市场规模已于2020年突破8万亿元人民币，预计在2030年翻倍，这展现了健康消费市场需求量的迅猛增势。特别是自2020年新冠疫情发生以来，消费者的健康消费意识加速觉醒，对于健康食物的需求暴涨。而红枣作为补血补气的佳品，其中含有多种生物活性物质，如环磷酸腺苷，被称为生命信息传递的“第二信使”，对于改善心血管功能、肝功能，增强机体免疫力具有重要作用，深受消费者的青睐。

中国人口老龄化问题严重，国家统计局第七次全国人口普查结果显示，全国60岁及以上人口占总人口的18.70%，与2010年相比上升了5.44个百分点，说明人口老龄化程度进一步加深。老龄化人口基数大，其天然对于自身健康的管理意识强，对于健康食品的追求力度大，这有助于稳固好想你的客户基础。除此之外，根据《2019年中国大健康消费发展白皮书》，购买体检套餐以进行定期体检在部分一线城市已呈现常态化趋势，消费群体的年龄段有明显年轻化的趋势。这说明年轻人群的健康消费意识正在逐步提高，进一步扩大了好想你的客户群体。

综上所述，好想你主业的需求正在稳步增长，且客户基础亦在逐步扩大。

3.休闲食品电商行业发展速度放缓

我国休闲食品市场规模自2012年开始连续增长，如图4-1所示，但增速逐渐放缓，市场饱和度逐步提升。休闲食品虽然是一种冲动性购买的非必要消费品，但因其兼具方便、美味的特点深受消费者喜爱，其在我国消费者食品消费支出中所占的比例仅次于主食。该行业巨大的利润空间吸引着潜在进入者，再加之电子商务的发展为从业者节省了大量的渠道铺设成本，导致该行业的进入壁垒较低，进入该行业瓜分市场份额的企业越来越多。市场规模的增速跟不上市场参与者增加的速度，致使行业竞争程度愈加激烈。此外，虽然休闲食品的品类很多，但由于其生产成本与技术含量相对较低，导致其产品的同质化问题较为严重、可替代性强，尤其在中低端市场的表现更加明显。随着近年来我国人民生活水平的提高，健康生活的意识不断强化，消费者对休闲食品的要求越来越高，导致行业内企业寻求新的利润增长点越来越难，极大地限制了行业的发展速度。

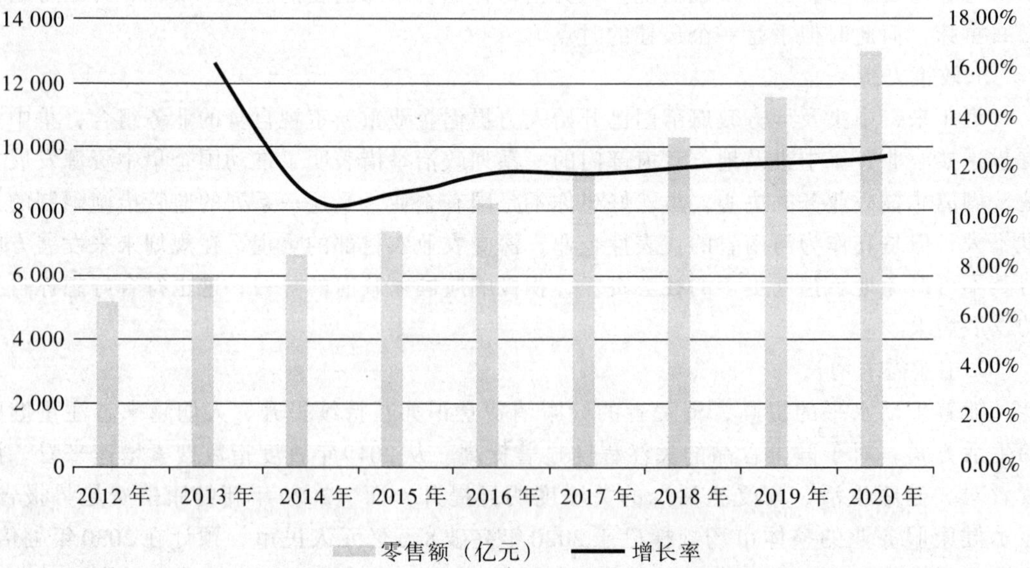

图4-1　2012—2020年我国休闲食品市场规模概况[①]

虽然百草味现在是休闲食品电商行业的“三巨头”之一，但是随着行业发展放缓，该市场的竞争者越来越多，蚕食着平稳不增的市场份额，百草味已占据的市场份额中势必会有部分被争夺。此外，休闲食品电商行业另外“两巨头”亦相继上市，进一步加剧了该行业本就激烈的竞争程度。因此，百草味即使具备强大的创收能力，但仍面临着与之相匹配的一定程度的经营风险。

（三）壮士断腕，直面争议

4-1 好想你对深交所《关于对好想你的重组问询函》之回复

最终，在这场关键的董事会会议中，石聚彬先生力排众议，充分向持不同意见的与会董事说明出售百草味的必要性，最终达成出售百草味的决议。经过近一年的探索与交涉，好想你于2020年2月24日公布《重大资产出售报告书（草案）》及其摘要，宣布将其所持有的百草味的100%的股权全部出售给百事饮料（香港）有限公司（以下简称“百事饮料”），交易对价约合人民币491 822.10万元，与2016年好想你并购百草味时的交易对价96 000.00万元相比有近40亿元的收益。

① 数据由作者整理自弗若斯特沙利文咨询公司的《中国休闲食品市场研究报告》。

该公告一经发布，引起了资本市场及新闻舆论的热烈关注。无论是深圳证券交易所就该事件向好想你发出的问询函，（见二维码4-1、4-2、4-3）还是国内各主流媒体所撰写的文章，都对好想你资产剥离百草味这一举措提出质疑，而好想你早已料到这般局面，并未因此而惊慌失措，沉着冷静地作出回应，称该举措是公司高层经过深思熟虑、百般权衡后所作出的决定，未来好想你将依然坚定发展主业——红枣业务——的决心，对于好想你的未来经营状况持乐观态度。

4-2 好想你对深交所《2020年年报问询函》之回复一

4-3 好想你对深交所《2020年年报问询函》之回复二

一方面，好想你通过运用从这笔交易中获得的丰厚现金对价偿还了大部分银行借款，使得其合并报表层面的资产负债率从2019年年末的47.03%降低至2020年年末的11.74%，极大地改善了企业的资本结构，降低了融资成本，进而提高了企业抵御风险的能力，其银行借款变动情况见表4-4。

表4-4 **好想你2020年报告期内银行借款变动情况** 单位：万元

项目	期末余额	期初余额	变动比例
短期借款	30 000.00	112 252.78	-73.27%
其中：质押借款	—	15 000.00	-100.00%
保证借款	—	47 452.78	-100.00%
信用借款	30 000.00	49 800.00	-39.76%
长期借款	—	13 000.00	-100.00%

此外，为了维护股东利益、构建长期稳定的投资者群体，好想你还进行了高额分红和股份回购，稳固了企业股东的信心，向资本市场传递了正向的信号，有助于企业股价的提升，现金股利分配方案见表4-5。

表4-5 **2016—2020年好想你现金股利分配方案**

年度	方案
2016	每10股派0.63元
2017	每10股派0.63元
2018	每10股派0.79元
2019	每10股派0.86元
2020	每10股派10.00元

另一方面，好想你运用从百草味所学的线上运营经验推动主业红枣业务的发展，比如进行线上直播带货、发布IP形象“枣帝”进行营销、签约知名演员赵丽颖为其首位品牌代言人、升级线下专卖店以向消费者提供线下沉浸式体验、植入热播剧《理想之城》吸引消费者等，充分适应红枣市场正处于从卖方市场向买方市场转变的阶段，从推式营销转为

拉式营销，将产品带到消费者眼前以吸引其购买并回购。

在产品品类上，好想你始终坚持“红枣+食药同源”的战略布局，发现冻干产品这一蓝海市场并大力投入以抢先攻占市场，聚焦目前容量巨大、增长速度快的国内婚庆市场，开发了喜枣、喜糖、高端婚庆礼盒等婚庆产品线。好想你在坚持自身战略布局的同时，不断观察相关市场，找寻时机进入，并不断进行研发与创新，进而增加了产品品类的丰富度。

虽然好想你在剥离百草味之初的季度利润一度降为负值，但是在惨淡业绩的压力下，好想你稳步推进企业经营战略的实施，取得了一定的成效。经过一年多的发展，好想你各项财务数据逐渐好转（见表4-6至表4-8）。除了有好想你所采取的有效经营措施的功劳之外，还应考虑到好想你在红枣市场前期所积累的良好口碑及打造的良好形象向消费者传达了积极正向的信息，提升了市场对好想你的预期。

表4-6　2016—2021年三季度好想你盈利能力指标情况表

报告期	2021-09-30	2020-12-31	2019-12-31	2018-12-31	2017-12-31	2016-12-31
净资产收益率	0.27%	48.34%	5.66%	3.29%	3.01%	1.71%
资产经营利润率	-1.37%	-4.46%	3.67%	4.14%	3.39%	-0.22%
经营利润率	-6.46%	-6.16%	2.76%	3.59%	3.53%	-0.34%
研发费用率	3.39%	1.13%	0.59%	0.61%	0.00%	0.00%
销管费用率	37.95%	29.49%	24.69%	24.31%	25.77%	33.01%
营业成本率	67.85%	74.77%	72.38%	71.52%	70.96%	66.27%
净经营资产周转率	21.25%	72.38%	132.83%	115.20%	96.14%	65.43%

表4-7　2016—2021年三季度好想你偿债能力指标情况表

报告期	2021-09-30	2020-12-31	2019-12-31	2018-12-31	2017-12-31	2016-12-31
流动比率	4.22	7.15	1.14	1.43	1.75	2.00
速动比率	3.69	6.32	0.40	0.73	0.82	1.02
应收款项周转率	8.89	11.73	13.88	12.03	11.59	7.79
存货周转率	1.50	2.19	3.01	2.99	2.55	1.85
应付款项周转率	4.19	1.29	4.24	5.00	5.21	6.78
资产负债率	18.77%	11.74%	47.03%	39.62%	36.46%	36.83%
利息偿还倍数	27.08	11.48	15.14	12.50	4.91	-7.93

表4-8　　2016—2021年三季度好想你成长能力指标情况表

报告期	2021-09-30	2020-12-31	2019-12-31	2018-12-31	2017-12-31	2016-12-31
营业收入增长率	-74.62%	-49.65%	20.44%	21.59%	96.47%	86.14%
经营利润增长率	73.35%	-212.22%	-7.45%	23.78%	2 145.12%	49.09%
净利润增长率	-99.37%	1 024.13%	75.32%	11.94%	149.07%	1 309.11%
总资产增长率	-12.92%	-3.27%	16.00%	7.47%	2.14%	112.21%
权益资本增长率	-19.85%	61.17%	1.77%	2.12%	2.72%	130.62%

尽管目前好想你的业绩表现与其拥有百草味时期的业绩表现相比仍有较大的距离，但根据目前好想你的业绩恢复速度、产品品类开发能力，以及已享有并持续积累的口碑声誉，其尚有较大的成长潜力。

（四）业绩恢复，仍有挑战

好想你剥离百草味后的惨淡的业绩表现已逐渐开始恢复，且基本完成了对百草味先进线上运营经验的吸收并与企业实际情况进行了较好的融合，使得企业平稳地回到了自己擅长且热爱的轨道上，前景光明。但是，红枣行业的集中度低、产品良莠不齐，也对好想你主业未来的发展造成一定的制约，而如何在维持企业现有经营节奏之上最大程度地降低这方面的不利影响，也对好想你提出了新的挑战。

未来的好想你是否会如石聚彬先生所想完全摆脱剥离百草味后的负面影响，继续坚守在红枣行业中发光发热，还有待时间的检验。

【政策思考】

2017年1月，在国务院国资委修订发布的《中央企业境外投资监督管理办法》①和《中央企业投资监督管理办法》②中明确限制了中央企业未来的投资方向，要求其进一步聚焦主业，严格把控非主业投资，原则上不允许其在境外开展非主业投资。2018年3月，习近平总书记参加十三届全国人大一次会议山东代表团审议时指出，凡是成功的企业，要攀登到事业顶峰，都要靠心无旁骛攻主业。2020年1月，国务院国资委发布《关于中央企业加强参股管理有关事项的通知》，文中明确提出将对央企未来的投资方向提出严格的限制，不允许其出于规避主业监管的目的，通过参股等方式开展央企投资项目负面清单所明确规定的禁止类业务，如商业性房地产等。同年，"聚焦主责主业，提高核心竞争力"的方针亦第一次出现在国务院的《政府工作报告》之中。中央及地方政府部门的一系列举措表明了其推动国企集中资源发展主业、剥离非核心业务的决心。

请根据以上材料结合本案例内容分析好想你出售百草味是否符合集中资源发展主业、剥离非核心业务的要求，为什么？

① 国务院国有资产监督管理委员会. 中央企业境外投资监督管理办法［EB/OL］.［2017-01-18］. http://www.gov.cn/xinwen/2017-01/18/content_5160911.htm#1.

② 国务院国有资产监督管理委员会. 中央企业投资监督管理办法［EB/OL］.［2021-08-11］. http://www.sasac.gov.cn/n2588035/n2588320/n2588335/c20164244/content.html.

案例使用说明

一、教学目的

首先，围绕波士顿矩阵模型，帮助学生判断企业不同战略业务单位对于企业自身的意义，并根据不同战略业务单位的特征选取适合的战略。引导学生正确看待收缩战略，认识到收缩战略并非企业因经营不善而被动实施的战略，而是企业为自身可持续经营而主动采取的手段。其次，通过对好想你的经营管理实践的学习和讨论，带领学生了解资产剥离这一战略手段，并对资产剥离后企业应采取的经营管理措施产生一定的认识。最后，基于对好想你所采取的措施的利弊以及其未来面对的行业困境的分析，提出有利于企业未来发展的优化方案，从而更好地完善企业的盈利模式。

二、思考题

1.结合好想你实施资产剥离的背景及内部管理目标，分析好想你资产剥离的动因。

2.分析好想你资产剥离后的整体财务表现以及公司估值情况。

3.对于好想你目前的发展状况以及未来可能面对的行业困境，请提出几点建议以帮助其加速业绩的回升、稳固原有的盈利模式。

三、分析思路

本案例的分析框架如图4-2所示。

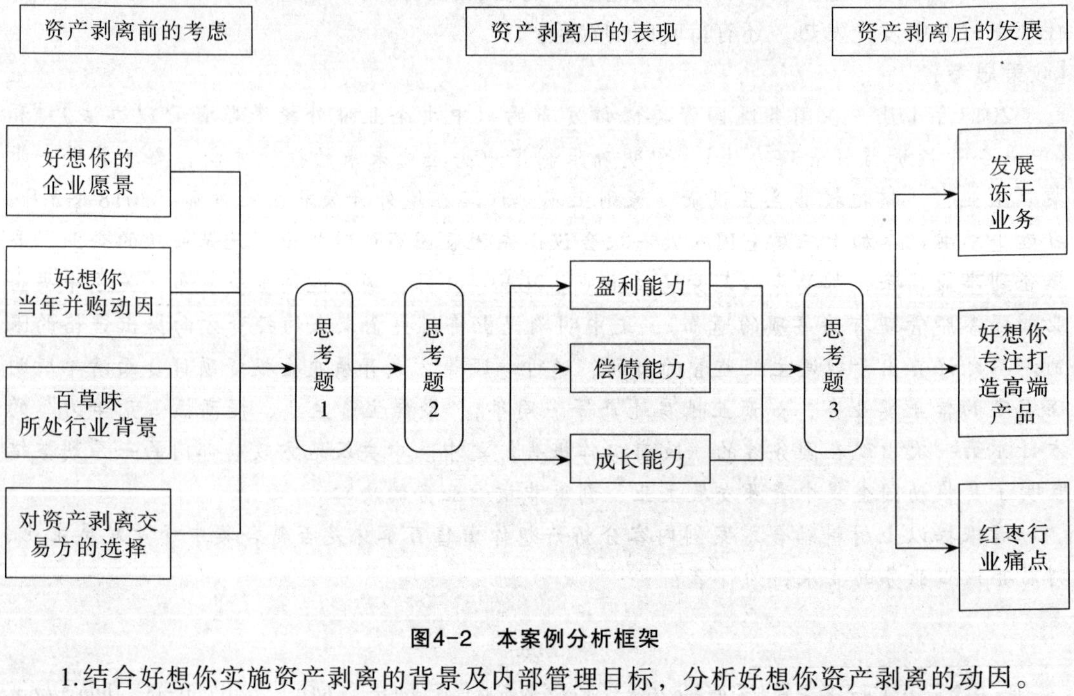

图4-2　本案例分析框架

1.结合好想你实施资产剥离的背景及内部管理目标，分析好想你资产剥离的动因。

好想你剥离百草味这一举动是顺应好想你自身的战略安排，有助于好想你与百草味实现共赢的行为。

（1）回归主业发展。从好想你一贯坚持的成为“新时代健康食品的引领者”战略出发，可以发现好想你对于在健康食品行业发展有着旁人无法比拟的热情，再兼之其经过近三十年的发展，已建设成为红枣行业的领军企业，其应继续通过一系列经营措施发展主业以稳固自身的地位，而非转投其他赛道。此外，好想你当年并购百草味是因看到了企业自身在线上营销和多品类开发能力上的缺陷，无法较好地适应电商经济，发展受阻，故想通过并购在这两方面有绝对优势的百草味并加以学习来弥补企业的缺陷。经过近四年的融合，好想你并购百草味时所做的经营规划均已完成，为集中优势资源继续发展主业、建设以红枣为中心的大健康食品体系，好想你决定剥离百草味，这是顺应企业自身战略安排的体现。

（2）规避潜在风险。虽然百草味在被好想你收购后高速发展，逐渐成为好想你的“现金牛”业务，但这主要是由于百草味所处的休闲食品电商行业处于高速增长期带动百草味的营业收入迅猛增长所致。随着该行业逐渐发展成熟，行业整体增速开始放缓，导致该行业的竞争愈加激烈，而行业进入门槛较低、产品同质化问题严重更是挤压了行业内企业的生存空间，这说明百草味存在较大程度的经营风险，为规避此类风险，好想你决定出售百草味。

（3）助推标的企业。百草味由于遇到行业发展瓶颈，亟须寻求下一个利润增长点来应对更加激烈的行业竞争。百草味虽然是好想你的“现金牛”业务，但好想你没有足够的能力及资源推动其继续发展。与其将百草味牢牢攥在手里，为好想你提供几年利润后再看着它由于没有更好的资源推动而逐渐没落，不如当机立断地将其出售，让百草味在新的环境中获取与之更加匹配的资源从而进一步得到提升。从这场资产剥离交易的最终交易方来看，好想你在这方面进行了严格的甄选，以期百草味在“易主”后可以更好地发展。好想你也可以利用从这笔交易中获得的巨额现金对价改善资本结构，优化股东回报，继续助推主业发展，进而与百草味实现“双赢”。

2.分析好想你资产剥离后的整体财务表现以及公司估值情况。

（1）盈利能力。首先从净资产收益率来看，好想你在资产剥离后的整体盈利能力直线下滑，特别是在2020年表现如此突出的情况下。但好想你在2020年有如此高的净资产收益率，主要是因为有这笔资产剥离交易产生的一次性收益。从资产经营利润率来看，经过了9个月的调整，好想你的资产经营利润率虽然依然为负，但有明显的好转。因此，好想你未来的盈利能力是值得期待的。

（2）偿债能力。好想你从资产剥离百草味这场交易中获得的巨额现金资源，为其偿还借款提供了支持，不难推测好想你的偿债能力较资产剥离前有明显好转，其反映短期偿债能力的静态指标和反映长期偿债能力的财务指标都有明显的改善。从反映短期偿债能力的动态指标来看，好想你除存货周转率之外，其他周转率指标整体表现平均，说明好想你自身的信用管理能力及与上游的议价能力较强，但销售能力相比百草味较弱，这是未来好想你所要发展的主要方向。

（3）成长能力。从终结性指标营业收入增长率来看，虽然2020年好想你因剥离百草味而导致营业收入增长率迅速下降，但是2016年至2019年百草味的营业收入增速受行业因素制约而逐渐放缓，未来再实现爆发性增长的可能性不大；而从好想你的成长潜力来看，其经营状况有所改善并在持续进步，因此具备一定程度的成长潜力。

3.对于好想你目前的发展状况以及未来可能面对的行业困境，请提出几点建议以帮助其加速业绩的回升、稳固原有的盈利模式。[①]

本案例将提供以下三种思路：

（1）加强成本管理。虽然好想你在剥离百草味后的营业成本率有明显的下降，但是好想你不能有所懈怠，应持续加强对成本的管控力度，保持自身优势，以应对行业越来越激烈的竞争形势。此外，好想你在剥离百草味后致力于开拓处于蓝海市场但本身具备高成本特性的冻干产品业务，虽凭借资本的力量可在该市场早期占据一定的优势，但该项技术并无壁垒，很快会引发其他企业进行模仿生产，故好想你无法在此类产品上实施差异化战略，需要加强成本管理，转而实施成本领先战略，以低成本的优势维持其在冻干食品市场的地位。

（2）合理布局业务发展。一方面，好想你为改善企业销售状况从红枣单品向外辐射，开发了多种产品品类，以为消费者提供更多的选择。但新增的产品品类对好想你的企业管理提出更高的要求，好想你应及时调整组织机构，多线并行推动不同产品品类的发展，避免顾此失彼。另一方面，好想你关注到人们生活中的礼品需求，目前的产品战略以打造高端礼盒为主，但休闲食品市场汇聚了更加庞大的消费者群体，好想你不能随便放弃这一市场，应及时调整产品战略，在休闲食品类的产品业务线中研发更多的新产品。

（3）寻求突破卖点。由于红枣行业已完成了从卖方市场向买方市场的转变，从供不应求变成供过于求，导致行业竞争激烈，红枣价格直线下降，压缩了行业内参与者的利润空间，一度出现“枣贱伤农”的情况。好想你虽然凭借多年积累的口碑以及数十年如一日对产品品质的坚守在这产品良莠不齐、竞争激烈的市场中占据了较大的市场份额，但行业的发展不景气必然会制约好想你的发展。因此，好想你需要找到新的利润增长点，实行差异化战略，争取更多的市场份额。

四、理论依据

本案例采用的理论依据及其与案例思考题的关系如图4-3所示。

（一）波士顿矩阵模型

波士顿矩阵是一种分析和规划企业产品组合的方法，其核心在于使企业的产品品种及结构适合市场需求的变化，并将企业有限的资源有效地分配到合理的产品结构中去，以保证企业收益，这是企业在激烈的竞争中能否取胜的关键。

波士顿矩阵将企业的所有产品从市场增长率和市场占有率角度进行再组合，如图4-4所示。其中，纵轴表示市场增长率，是指企业所在产业某项业务前后两年市场销售额增长的百分比，表示每项经营业务所在市场的相对吸引力；横轴表示企业在产业中的相对市场占有率，是指企业某项业务的市场份额与这个市场上最大的竞争对手的市场份额之比，反映企业在市场上的竞争地位。

① 此题为开放性题目，只要学生能够依据实际情况作出合理分析即可。

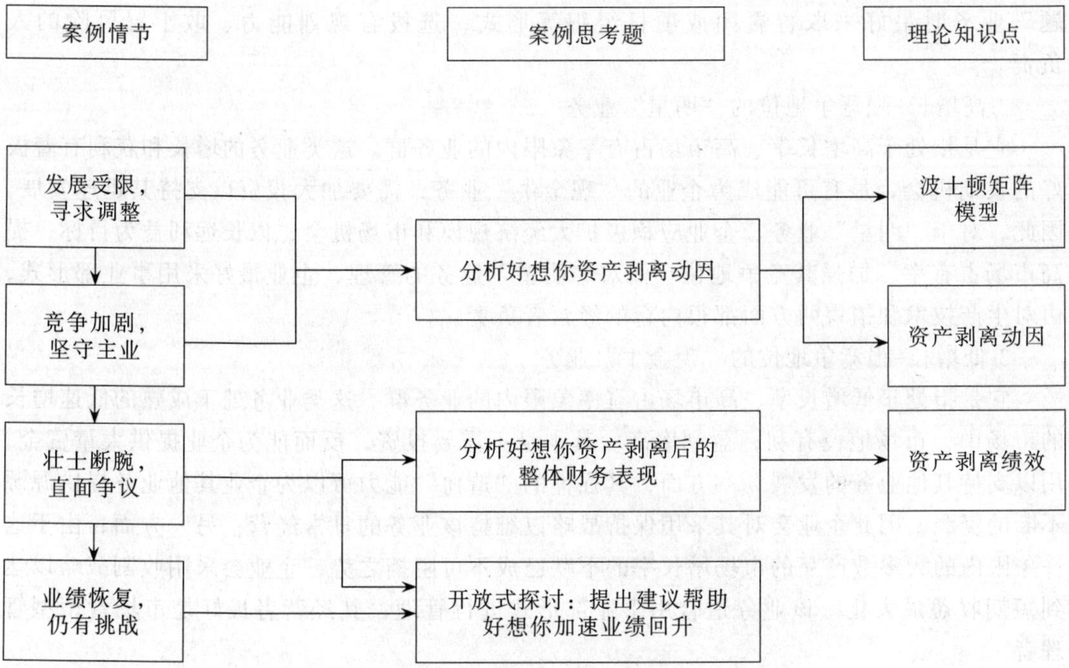

图4-3　案例理论依据框架

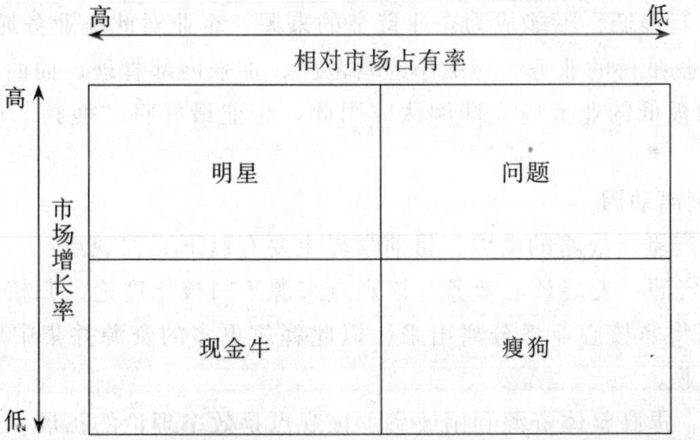

图4-4　波士顿矩阵模型图

根据有关业务或产品的市场增长率和企业相对市场份额标准，波士顿矩阵把企业的全部经营业务定位在以下四个区域中：

1.高增长-弱竞争地位的"问题"业务

它是处于高增长率、低市场占有率象限内的业务群，通常处于最差的现金流量状态。前者说明其所在产业的市场机会大、前景较好，相应地需要企业大量投资以支持其生产经营活动；后者说明其能够为企业创造的资金较少，可能在市场营销上存在问题。因此，企业对于"问题"业务应采取选择性投资战略，对有可能成为"明星"的业务在一段时期内采取扶持的策略，进行重点投资，提高市场占有率。此外，企业在管理"问题”业务时最好采取智囊团或项目组织等形式，选拔有规划能力、敢于冒风险的人负责。

2.高增长-强竞争地位的“明星”业务

它是指处于高增长率、高市场占有率象限内的业务群。这类业务的增长和获利有着极好的长期机会，最有可能成为企业的“现金牛”业务，需要加大投资以支持其迅速发展。因此，对于“明星”业务，企业应积极扩大经济规模和市场机会，以长远利益为目标，提高市场占有率，加强其竞争地位。而对“明星”业务的管理，企业最好采用事业部形式，由对生产技术和销售两方面都很内行的经营者负责。

3.低增长-强竞争地位的“现金牛”业务

它是指处于低增长率、高市场占有率象限内的业务群。这类业务处于成熟的低速增长的市场中，市场地位有利，盈利率高。其本身不需要投资，反而能为企业提供大量资金，用以支持其他业务的发展。一方面，其强悍的“造血”能力可以为企业其他业务提供源源不断的资源，因此企业会对其采用保持战略以维持该业务的日常经营；另一方面，由于这一象限内的大多数产品的市场增长率的下跌已成不可阻挡之势，企业会采用收割战略以达到短期收益最大化。该业务适合用事业部形式进行管理，其经营者最好是市场营销型管理者。

4.低增长-弱竞争地位的“瘦狗”业务

它是处在低增长率、低市场占有率象限内的业务群。这类业务处于饱和的市场中，竞争激烈，可获利润很低，不能成为企业资金的来源。企业对此类业务通常采用撤退战略：对于那些还能自我维持的业务，应缩小经营范围，加强内部管理；而面对那些市场增长率和市场占有率均极低的业务应立即淘汰。因此，企业最好将“瘦狗”产品并入其他事业部，统一管理。

（二）资产剥离动因

关于实施资产剥离战略的动因，目前学界主要有以下五种观点：

1.集中优势资源，发展核心业务。该观点来源于归核化理论，归核化理论认为企业旨在通过资产剥离将非核心业务分离出来，以此释放更多的资源并集中用于核心业务的发展，进而回归主业。

2.盘活资产，提高整体资源利用效率。该观点是效率理论的扩展，效率理论认为当企业规模及业务范围较大、多元化程度较高时，倾向于忽视核心业务的发展，整体资源运营效率降低。为改善这一现象，企业会采取相应措施剥离表现欠佳的资产，以提高企业整体价值。

3.扭转企业经营不善的颓势。资源配置理论可对此观点提供支撑，即企业为适应自身发展需要，在经营不善且明确意识到部分资产难以避免地会给企业带来损失、与企业其他资产无战略性联系时，通常会倾向于及时处置此类资产，将其转至更擅于发挥该资产价值的企业，从而促进资源更合理地配置。

4.现金流压力过大，融资需求强烈。该观点可由融资理论进行说明，即除了常规的融资方式，如向银行借款、发行债券或股票等，资产剥离也被企业视为一种有效的融资手段。通过将不良资产分离出去获取资金，可帮助企业缓解财务压力，并且更快地实现筹资。

5.模仿同行业企业进行资产剥离。该现象被称为“同群效应”，即企业的经营决策会与其所处同一族群的其他企业的行为相互影响，最终趋于一致。

（三）资产剥离绩效

学界通常从短期和长期两个方面对企业进行资产剥离决策后的绩效进行评估。但是资产剥离给企业短期绩效和长期绩效带来的变化无明显的偏向性，这与企业的经营能力及其业绩基础密切相关。

五、背景信息

2016年好想你公司并购百草味之时，正是“新零售”概念首次被提出之时。“新零售”是科技与零售演进合力作用的结果，是一种借助互联网的力量，通过有效地整合大数据、云计算、人工智能等技术手段，打通线上、线下以及物流服务之间联系的新型零售模式。在这种模式下，消费者不仅可以继续体验线下购物的良好环境，还能畅享线上电商的低价与便利，进而达到“1+1>2”的效果，大幅提升了消费者的购物体验，满足了其日益增长的消费需求。

“新零售”时代的到来对传统零售企业和新兴电商零售企业提出了更高的要求，而要实现“新零售”，其关键要点就是“线下的企业必须走到线上去，线上的企业必须走到线下来”。连年遭遇亏损、走入销售困境的好想你意识到这一点，迫切寻求战略转型，所以决定通过兼并百草味以快速整合销售渠道、丰富产品结构、培育新的利润增长点，进而发挥协同效应，提升公司价值。而在兼并百草味的4年里，好想你持续不断地从百草味身上学习宝贵经验，建立了强大的线上加线下渠道，积极开展新零售门店的布局，以做好应对消费者不断变化的购物需求的准备。在此情况下，好想你已通过学习基本掌握适应“新零售”时代的能力，对于百草味的依赖程度不高。

六、关键要点

（一）了解波士顿矩阵模型及对应的管理战略

波士顿矩阵将企业经营的多种业务按业务所处产业的增长率及相对市场占有率分为4类特征明显的业务，有助于企业将有效的资源进行合理分配进而发挥出企业资源的最大效用，使企业在激烈的竞争中脱颖而出，这对于企业经营具有重要意义。波士顿矩阵将企业的全部经营业务分成4类：

1.“问题”业务。企业应谨慎分析此类业务的发展前景，对于有潜力成为“明星”的业务，应采取发展战略，以提高相对市场占有率为目标，增加资金投入，甚至不惜放弃短期收益；对于没有发展前途的业务，企业应采取收割或放弃战略，及时止损。

2.“明星”业务。鉴于该类业务有明确的发展前景，企业应采取发展战略，大量投入资金以期助其发展为“现金牛”业务。

3.“现金牛”业务。该类业务具有为企业“造血”的功能，常常需要补给企业其他业务的发展。因此，对于企业无法割舍的“现金牛”业务，企业应采取保持战略，即保持其现有的市场占有率以产生更多收益；而对于处境不佳，有成为“瘦狗”可能的“现金牛”

业务，企业应采取收割战略以在短期内得到最大限度的现金收入。在本案例中，好想你对其“现金牛”业务百草味采用的就是收割战略。

4.“瘦狗”业务。这类业务既无发展前景，又无法为企业创造与资源消耗相匹配的收益，因此企业常对其采取收割战略或放弃战略：对于还能自我维持的“瘦狗”业务，企业应采取收割战略，缩小经营范围，加强内部管理；对于无利可图的“瘦狗”业务，企业应尽快清理和撤销该类业务，减轻负担，以便将有限的资源用于效益较高的业务。

（二）分析收缩战略对于优化企业资源配置的重要性

收缩战略也称撤退战略，是指企业缩小原有经营范围和规模的战略。鉴于该性质，实施资产剥离往往会给资本市场传递不好的信号，被认为是一种经营不善的体现，进而对企业股价和企业形象产生不利影响，使得企业股东信心缺失，代理问题更加突出。即使资产剥离在短期内改善了企业绩效，但由于公众对企业该经营管理活动的不信任，难免会影响企业经营者后续维持战略的有效进行，长期以来会阻碍企业的可持续发展。受限于此，即使收缩战略有助于企业未来的发展，一些企业管理者仍不敢大刀阔斧地实施，以免使其管理才能遭人诟病。

然而，事实上，收缩战略对于优化企业资源配置具有极其深远的意义，特别是对于过度多元化的企业来说。一些企业为迅速扩大企业规模、增强企业自身实力，往往采取并购的方式以实现多元化经营，但由于后续管理不当使得企业内部难以消化，造成经营管理效率低下。因此，通过收缩战略，这些企业可以释放一些难以合理运用的资源，进而提升经营管理效率。

在本案例中，好想你所实施的资产剥离战略是收缩战略的一种。通过剥离百草味，好想你在换取巨额现金资源以改善资本结构、优化股东回报之余，可以集中精力发展自己所熟悉的红枣事业，并更加有效地分配企业资源以改善企业的经营管理，有利于企业的未来可持续发展。因此，收缩战略的实施并非企业经营不善的具象化体现，公众应理性看待收缩战略。

七、参考文献

［1］郭蓉，陈欣儒．资源与压力约束框架下绩优企业战略调整方向选择［J］．财会月刊，2021（12）：129-137.

［2］郭伟，郭泽光．资产剥离对企业财务绩效的影响及其作用机制［J］．广东财经大学学报，2020，35（02）：55-67.

［3］刘旺．好想你转型进行时发力冻干找新增长极［N］．中国经营报，2021-11-08（D02）.

［4］潘宇静．好想你：以标准引导红枣行业健康发展［N］．中国证券报，2021-12-14（A07）.

［5］唐清泉，李萍．资产剥离与业务重组的有效性研究［J］．当代经济管理，2016，38（07）：14-24.

［6］中国注册会计师协会．公司战略与风险管理［M］．北京：中国财政经济出版社，2022.

第三章 财务分析与价值评估

案例5 “会讲故事”的公司超额实现了“故事”

——长城汽车2020年股价与其估值①

案例导读

2020年年初新冠疫情发生以来，大量的传统车企面临着销量大幅下滑的窘境，而新能源汽车则逆势上涨，其中长城汽车A股股价更是从年初最低的3.67元涨到39.66元，涨幅高达1 080%，其H股股价则从2.876元涨到23.501元，涨幅高达817.41%。本案例以长城汽车的经营模式和财务数据为着眼点，分析长城汽车的盈利能力、财务风险和财务杠杆，使用市盈率模型、市净率模型、市销率模型和现金流折现估值模型，对长城汽车的股价区间进行分析测算。通过本案例的学习，学生可以了解财务分析及估值的基本框架思路，分析业务和财务数据间的关系，并利用财务数据和估值模型对股价进行评估测算。

关键词

股价测算　估值模型　财务分析　经营模式

案例正文

自2020年新冠疫情发生以来，大量的传统车企面临着销量大幅下滑的窘境，而新能源汽车则逆势上涨，以特斯拉为例，其在上海设立工厂之后，汽车生产规模大增，而中国的市场也使其找到了盈利之道，如今市值已经高于传统汽车巨头丰田、大众、奔驰和宝马市值的总和。而对于中国汽车行业来说，长城汽车的表现无疑是2020年中国汽车产业亮眼成绩中夺目的那一个。

2020年长城汽车销售新车1 111 598辆，同比增长4.8%，不仅连续5年突破百万销量，更超过了102万辆的年度销量目标，目标完成率达109%。公司股价一路飙升，如图5-1、图5-2所示，截至2020年年底，长城汽车A股股价已从年初最低的3.67元涨到39.66元，涨幅高达1 080%，H股股价从2.876元涨到23.501元，涨幅高达817.41%。

这让人不禁思考，到底是什么原因让长城汽车的股价如此爆发式地增长？在这一年里，长城汽车做了什么？财务数据又是怎样的？

① 本案例由华南理工大学工商管理学院王莱昌、危啸风、谢小莳撰写。本案例主要适用于“财务报表分析”“财务管理”等课程，也适用于“投资分析”及“公司战略与财务管理”课程。

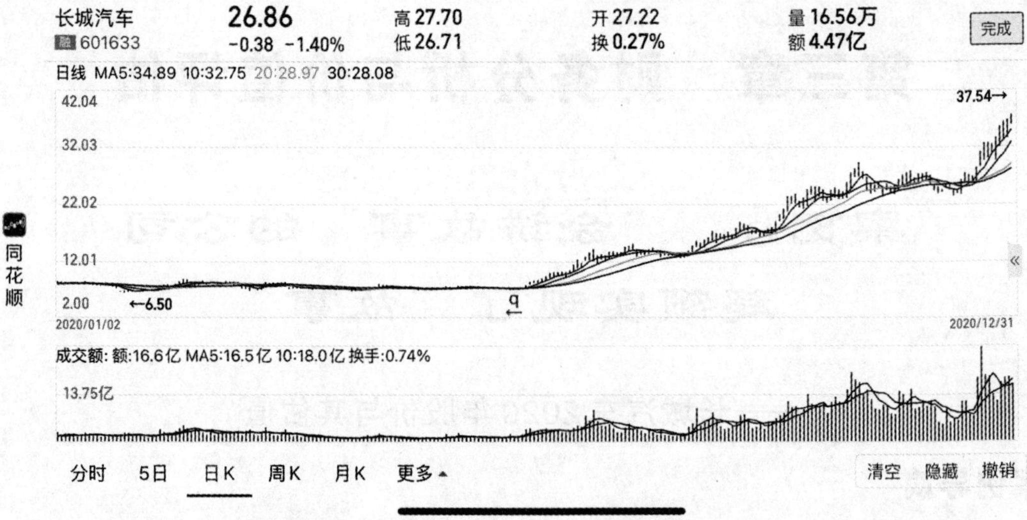

图5-1 2020年度长城汽车A股股价波动情况[①]

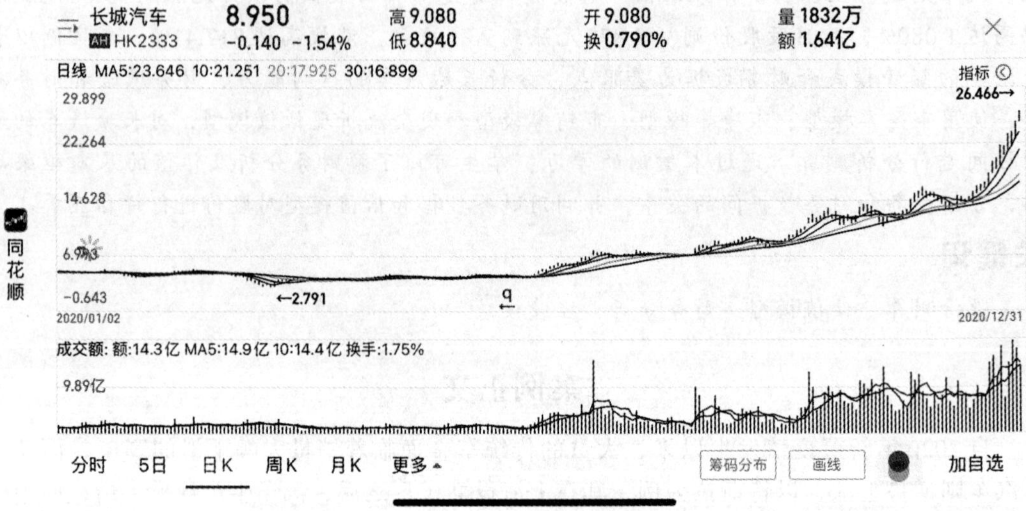

图5-2 2020年度长城汽车H股股价波动情况[②]

一、公司简介

长城汽车是成立于1984年的中国汽车品牌，总部位于河北省保定市，通过创新品牌经营，满足不同顾客的需求，打造细分市场领先优势，实现多品牌运营。长城汽车先后进入皮卡、SUV和轿车领域，公司于2003年、2011年分别在中国香港H股和内地A股上市。长城SUV在国内市场连续9年（2010—2018年）销量第一，2018年市占率为9.1%。长城汽车旗下拥有哈弗、魏牌（WEY）、欧拉、坦克及长城皮卡五个品牌，并孵化了全新独立运营的汽车科技公司沙龙智行。其下属控股子公司40余家，员工7万余人。长城汽车的主要历史沿革如图5-3所示。

① 数据来源于同花顺。
② 数据来源于同花顺。

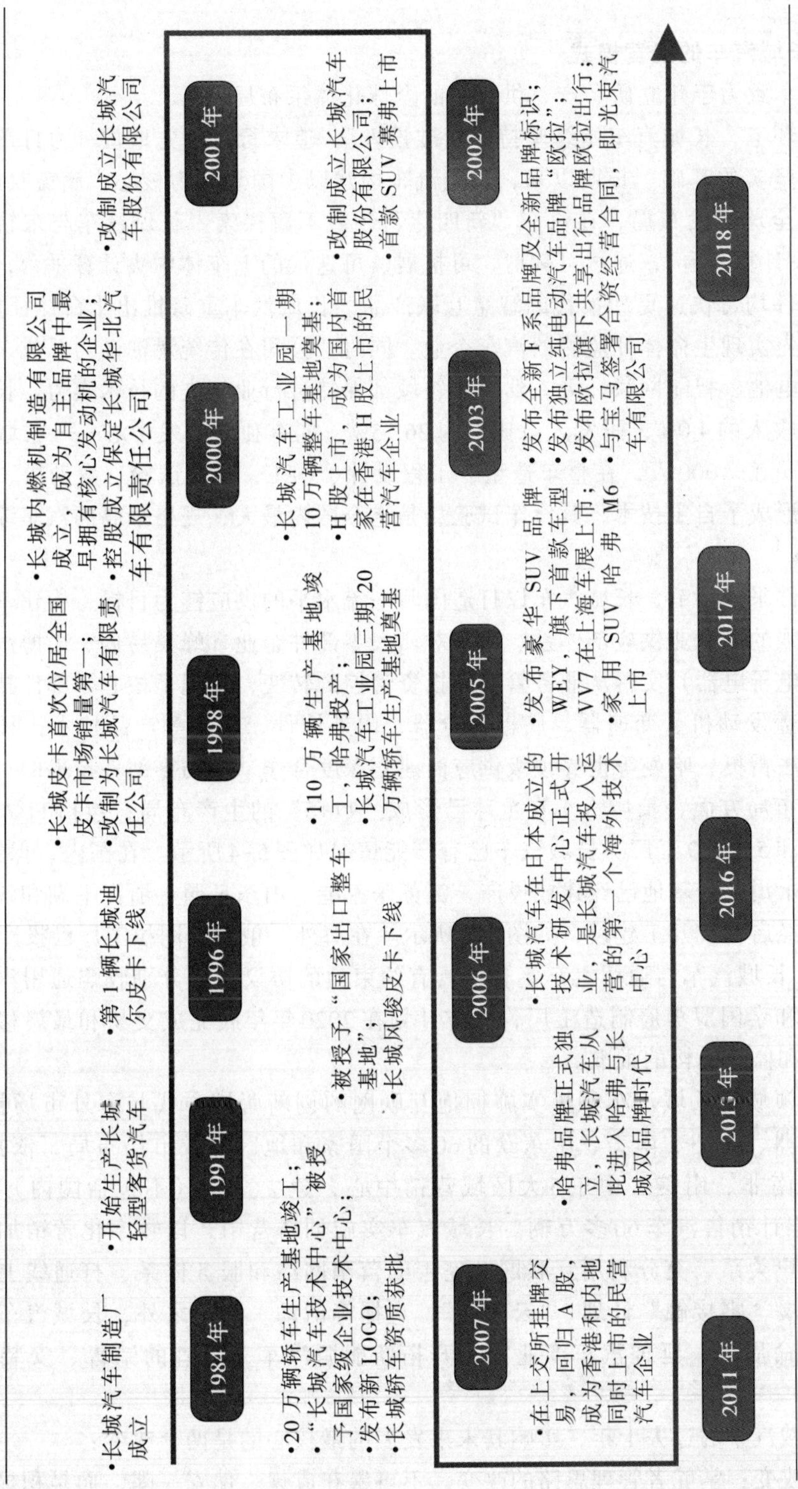

图5-3　长城汽车主要历史沿革

二、主要内容

（一）长城汽车的经营模式

长城汽车致力于建立研、产、供、销的全球化体系布局。

在研发环节，长城汽车始终坚持“精准投入”，追求行业领先地位，为打造“科技长城”奠定了坚实的基础。长期以来，长城汽车构建以中国总部为核心，涵盖欧洲、亚洲、北美等地的全球研发布局，在汽车“新四化”领域不懈探索。长城汽车与东软联合研发“上车体中央计算平台”，通过可裁剪、可扩展、可迭代的上车体中央计算平台，为用户提供软件、硬件均可快速更新换代的智慧互联产品。长城汽车重磅推出生命体征监测技术，成为国内率先实现生命体征监测的汽车企业。同时，公司在传统燃油动力总成、新能源电池、氢燃料电池、智能网联、无人驾驶等领域都保持着行业领先的技术实力。长城汽车研发投入占总收入的4.0%，研发人员比例为26.75%，拥有独立研发中心——长城汽车技术中心，共有员工7 000人，在整车造型、工程设计、CAE、试制试验、发动机、变速器等各个环节都形成了自主技术，其汽车试验场是迄今国内最大、规格最高的汽车综合试验场之一。

在零部件采购环节，长城汽车以打造国际一流水平的供应链为目标，构建一个集成度高、适应性强的全产业供应链体系。通过对四大零部件企业（蜂巢易创、诺博汽车、精工汽车、曼德电子电器）实行从业务管控到投资管控的转变，实现了核心零部件技术的自力更生——涵盖发动机、变速器、底盘、电器、内外饰件、模具等产品技术，且通过与博世、大陆、法雷奥、哈曼等世界顶级供应商建立深度合作，推动零部件技术的不断升级。

在生产布局方面，长城汽车在全球已形成“11+5”的生产布局，包括11大全工艺整车生产基地和5个KD工厂。长城汽车已有产能情况如图5-4所示。在国内，保定、徐水、天津、重庆永川生产基地已经建成投产，江苏张家港、山东日照、浙江平湖和江苏泰州等几大项目已经启动或开工建设，如图5-5所示。在海外，俄罗斯图拉工厂已投产，2020年1月和2月，长城汽车与通用汽车签署了具有约束力的协议，拟分别收购通用汽车的印度塔里岗工厂和泰国罗勇府制造工厂，双方计划在2020年年底完成交易和最终移交。该协议尚需政府和监管机构的批准。

在营销领域，长城汽车积极实施拥抱互联网的创新营销方式与海外市场拓展方式。公司已在亚洲、非洲、南美、中东欧的60多个国家和地区完成市场布局，依托俄罗斯、澳大利亚、南非、南美、中东5大区域营销中心，建立全球（不包括国内）销售网络500余家，累计销售汽车60多万辆。长城汽车实施创新营销，以数字化营销加码，构建更亲密的用户关系，充分利用互联网、完善的营销网络和服务体系，打通线上、线下渠道，陆续开展“零接触”计划、“云团购”、直播等活动。除此之外，长城汽车公司基于汽车产品生命周期，延伸汽车产业链，开拓新能源汽车充电桩的销售、安装、售后等服务。

复盘长城汽车的过去十年，影响其未来发展的最核心的是两个改变：

第一个改变：掌舵者管理思路的改变，不再墨守成规、偏安一隅，而是积极建立人性化机制，打造一支富有战斗力的队伍，适应新四化趋势。（1）积极对外开放，分拆零部

已有产能	车型	规模（辆）
保定	皮卡、H5、H1、H2S、C30/C30EV、欧拉、iQ/R1	20万
天津	H6运动版、M6、F7、F7x	45万
徐水1	H6C、H8、H9	20万
徐水2	H2、H7/H7L、W7、P8	20万
徐水3	H4、新H6、F5、W5、VV6	25万
合计		130万

图5-4 已有产能情况①

在建产能	计划投资	规模	预计投产时间
浙江平湖基地	20亿元	10万辆	2021年
江苏张家港基地	51亿元	16万辆	2020年底
重庆基地	45亿元	16万辆	2019年底
山东日照基地	—	30万辆	2021年
江苏泰州基地	80亿元	20万辆	2021年
俄罗斯工厂	24亿元	15万辆	2019年
合计	—	87万辆	—

图5-5 在建产能情况②

件，建立南方5大基地，拱卫浙江平湖研发中心，加强对外合作（譬如与宝马、比亚迪合作），适应新趋势。（2）解决人才管理，对能力不能适应现阶段发展要求的干部进行换血，积极提拔唐海峰、赵国庆等新生代管理层，提高研发和销售能力。（3）加强资本运作，换任CFO，且计划出台长期激励方案，加强管理层使命感。

第二个改变：产品策略和销售体制的改变。（1）产品策略切换为多品类策略，从只是单独固守H6产品，发散为做产品矩阵：3-4线的H系列，2-3线的F系列，1-2线的WEY系列，穿插其中的M系列。（2）新能源汽车精准卡位，建立估值200亿元市值的蜂巢能源电池公司，精准卡位A00欧拉品牌，发展长城宝马高端电动车。（3）不放弃轿车+MPV市场，介入MPV领域，销量达一定规模，如200万之后，预计介入轿车领域，打开销量翻倍的想象空间。

① 数据来源：作者根据上市公司披露的公告整理而成。
② 数据来源：作者根据上市公司披露的公告整理而成。

（二）长城汽车的主要财务数据与指标①

1.核心财务数据

2016—2020年长城汽车的核心财务数据变动情况见表5-1。

表5-1 2016—2020年长城汽车的核心财务数据变动情况 金额单位：万元

财务数据	2020年	2019年	同比增减（%）	2018年	2017年	2016年
营业总收入	10 330 760.72	9 621 068.88	7.38	9 922 998.72	10 116 948.88	9 861 570.24
营业收入	10 330 760.72	9 510 807.86	8.62	9 779 985.92	10 049 161.82	9 844 366.51
归属于上市公司股东的净利润	536 249.02	449 687.49	19.25	520 731.40	502 729.80	1 055 115.89
归属于上市公司股东的扣除非经常性损益的净利润	383 631.94	398 675.10	-3.77	388 877.21	429 819.69	1 035 362.67
经营现金流量净额	518 123.29	1 397 230.24	-62.92	1 969 782.59	-107 667.01	883 540.62
投资收益	95 638.51	1 550.51	6 068.20	21 927.02	12 422.48	3 034.78
其他收益	88 663.24	54 269.70	63.38	17 580.53	16 625.66	—
营业利润	575 160.73	477 684.36	20.41	623 203.73	585 415.24	1 226 070.49
营业外收入	49 387.18	34 212.43	44.35	25 287.99	39 068.85	24 757.52
利润总额	622 728.74	510 055.61	22.09	617 707.20	623 296.60	1 248 306.08
营业总成本	9 884 334.31	9 140 898.60	8.13	9 299 224.22	9 546 032.71	8 595 641.79
营业成本	8 553 096.38	7 968 448.73	7.34	8 148 094.26	8 196 690.36	7 436 022.35
税金及附加	319 187.61	316 860.30	0.73	362 738.04	390 568.81	383 280.64
销售费用	410 338.68	389 666.99	5.30	457 519.86	440 639.78	317 542.44
管理费用	255 267.46	195 545.34	30.54	167 630.37	159 846.54	139 446.05
研发费用	306 747.96	271 622.04	12.93	174 337.91	336 457.33	318 023.64
财务费用	39 696.22	-35 102.91	-213.09	-49 387.52	13 860.11	-385.86
基本每股收益（元/股）	0.59	0.49	20.41	0.57	0.55	1.16

① 数据来源于长城汽车2016—2020年年度财务报告：

长城汽车. 长城汽车股份有限公司2016年年度报告［EB/OL］.［2017-03-25］. http://www.cninfo.com.cn/new/disclosure/detail?plate=sse&orgId=gshk0002333&stockCode=601633&announcementId=1203196132&announcementTime=2017-03-25.

长城汽车. 长城汽车股份有限公司2017年年度报告［EB/OL］.［2018-03-24］. http://www.cninfo.com.cn/new/disclosure/detail?plate=sse&orgId=gshk0002333&stockCode=601633&announcementId=1204512888&announcementTime=2018-03-24.

长城汽车. 长城汽车股份有限公司2018年年度报告［EB/OL］.［2019-03-23］. http://www.cninfo.com.cn/new/disclosure/detail?plate=sse&orgId=gshk0002333&stockCode=601633&announcementId=1205932625&announcementTime=2019-03-23.

长城汽车. 长城汽车股份有限公司2019年年度报告［EB/OL］.［2020-04-25］. http://www.cninfo.com.cn/new/disclosure/detail?plate=sse&orgId=gshk0002333&stockCode=601633&announcementId=1207606864&announcementTime=2020-04-25.

长城汽车. 长城汽车股份有限公司2020年年度报告［EB/OL］.［2021-03-31］. http://www.cninfo.com.cn/new/disclosure/detail?plate=sse&orgId=gshk0002333&stockCode=601633&announcementId=1209490236&announcementTime=2021-03-31.

2.主要财务指标与报表数据

纵观2020年长城汽车销售数据的逆势增长，会发现哈弗品牌的畅销并非主要原因，四大品牌的协同发力才是关键秘籍：尤其是长城皮卡12月销售21 636辆，连续8个月销量突破2万辆；欧拉品牌实现月度销量10连涨，11月、12月销量连续破万。2020年长城汽车销售新车56 261辆，同比劲增44.8%。

2020年的前三个月份，长城汽车与其他车企一样，都经历了新冠疫情笼罩下的“至暗时刻”。但是，长城汽车第二季度营收环比增长89.37%，达到235.13亿元；第三季度营收环比增长11.49%，达到262.14亿元；第四季度营收环比增长56.94%，达到411.40亿元，净利润为28.05亿元，同比增长77.58%，环比增长94.63%。长城汽车2016—2020年主要财务指标见表5-2、表5-3（见二维码5-1）。

5-1 长城汽车2020年年度报告

表5-2　**长城汽车2016—2020年主要财务指标**

财务指标情况	2020年	2019年	2018年	2017年	2016年
盈利能力					
净资产收益率	9.58%	8.45%	10.27%	10.48%	24.73%
净资产收益率-摊薄	9.35%	8.27%	9.91%	10.23%	22.31%
总资产报酬率	4.02%	4.03%	4.72%	4.97%	12.85%
人力投入回报率	71.17%	67.22%	67.54%	71.63%	171.24%
销售毛利率	17.21%	16.22%	16.69%	18.43%	24.46%
销售净利率	5.19%	4.76%	5.37%	5.02%	10.72%
财务风险					
资产负债率	62.77%	51.90%	52.87%	55.44%	48.70%
流动比率	1.22	1.25	1.21	1.18	1.25
速动比率	0.96	0.91	0.27	0.94	1.02
权益乘数	2.69	2.08	2.12	2.24	1.95
产权比率	1.69	1.08	1.13	1.25	0.95
股东权益比率	37.23%	48.10%	47.13%	44.56%	51.30%
现金流量比率	0.05	0.24	0.33	-0.02	0.2
运营能力					
存货周转天数	28.91天	24.13天	22.13天	25.55天	24.64天
应收账款周转天数	12.42天	12.37天	7.76天	2.49天	2.18天
应付账款周转天数	123.38天	114.38天	117.43天	116.32天	98.30天
现金循环周期	-82.05天	-77.88天	-87.54天	-88.28天	-71.48天
营业周期	41.33天	36.50天	29.90天	28.04天	26.83天
总资产周转率	0.77次	0.85次	0.88次	0.99次	1.20次
存货周转率	12.45次	14.92次	16.26次	14.09次	14.61次
应收账款周转率	28.98次	29.10次	46.39次	144.44次	164.91次
应付账款周转率	2.92次	3.15次	3.07次	3.09次	3.66次
流动资产周转率	1.23次	1.43次	1.47次	1.64次	2.09次
固定资产周转率	3.54次	3.24次	3.45次	3.83次	4.49次

表5-3　　　　长城汽车2016—2020年资产与负债基本情况　　　　单位：亿元

资产	2020年	2019年	2018年	2017年	2016年
货币资金	145.88	97.2	76.82	48.31	21.54
交易性金融资产	48.26	43.63	31.78	3.18	—
应收票据及应收账款	39.36	31.93	33.43	499.49	403.04
预付款项	5.71	4.41	4.41	5.80	10.57
其他应收款	—	9.47	6.51	2.98	2.51
存货	74.98	62.37	44.45	55.75	60.61
其他流动资产	115.80	113.44	20.61	2.67	14.49
流动资产合计	993.99	685.02	661.26	692.93	539.28
长期应收款	24.45	12.95	1.46	—	13.61
长期股权投资	84.15	31.13	—	—	—
资产合计	1 540.11	1 130.96	1 118.00	1 105.47	923.09
负债					
短期借款	79.01	11.80	128.00	130.38	2.50
应付票据及应付账款	498.41	354.60	294.02	318.41	291.72
合同负债	80.28	46.04	34.34	—	—
其他应付款	—	24.81	—	25.13	20.44
一年内到期的非流动负债	8.92	31.80	—	1.43	1.05
其他流动负债	50.65	40.88	12.15	16.53	14.23
长期借款	107.77	12.06	21.58	4.24	0.50
负债合计	966.70	586.97	591.12	612.89	449.56

（三）疑问

当我们重新复盘2020年长城汽车的表现时，我们会发现很多疑问——战略也好、财务数据也好，都没有大爆发，为什么市场给予它的评价这么高？为什么给予它的“估值如此突飞猛进”？

【政策思考】

2022年6月，国务院印发《扎实稳住经济的一揽子政策措施》[①]，为汽车产业近期发

① 国务院．扎实稳住经济的一揽子政策措施［EB/OL］．［2022-05-31］．http：//www.gov.cn/xinwen/2022-05/31/content_5693237.htm.

展定调，财政部、税务总局迅速跟进出台燃油车购置税减免措施。同时，各地方政府也纷纷出台相关配套政策，通过购车补贴、以旧换新等手段，激发汽车消费市场活力，进而推动国内经济生产复苏。在政策刺激下，汽车消费市场强势复苏。乘联会数据显示，2022年6月1日至26日全国乘用车市场零售142.2万辆，同比增长27%，较上月同期增速提升42个百分点，环比增长37%。汽车相关产业在证券市场的表现也反映出产业正在逐步回暖。2022年6月1日至30日，汽车零部件销量上涨超过15%，汽车服务销量涨幅也接近10%。在新能源汽车相关板块中，新能源车、锂电池销量均涨超16%。受访的业内人士向记者表示，汽车单价较高，上下游产业链丰富，据估算，汽车行业产值占到全国GDP的15%。以促进汽车消费作为抓手，将对提振国内经济市场复苏起到很好作用。这些政策的出台对于整个汽车行业板块的股票形成极大利好，A股市场上一些主要的汽车个股股价由此涨幅巨大，长城汽车的股价表现也不错。

结合2020年长城汽车股价狂飙，从估值角度加以分析，并将其与2022年汽车股价，特别是长城汽车2022年4月至6月的股价表现进行对比，分析其异同。

案例使用说明

一、教学目的

本篇案例依托长城汽车在2020年的股价表现，结合其财务报表数据进行相应的估值分析，并将财务报表数据与其股价表现相结合，其目的在于：

1. 了解财务分析及估值的基本框架思路；

2. 了解业务和财务报告数据间的关系。

二、思考题

结合长城汽车的股价猛涨情况，对其战略、市场、财务、估值情况进行分析，结合案例及网上资料进行以下思考：

1. 为什么2020年资本市场给予长城汽车如此高的评价和预期？从各财务指标上看能发现企业的哪些行为？

2. 思考几类估值模型，根据市场战略情况、销售增长情况、财务情况等方面对长城汽车进行粗略估值。

3. 请对现有估算的模型和算法的优缺点进行分析。

三、分析思路

本案例的核心是将长城汽车的基本情况，即战略、市场、财务等方面的信息与市场表现结合来进行分析思考，发现财务报告和市场价值、估值之间的关系，并运用财务指标及估值模型对目前市场反映的价格进行评价。

1. 为什么2020年资本市场给予长城汽车如此高的评价和预期？从各财务指标上看能发现企业的哪些行为？

（1）盈利能力分析

2020年，长城汽车在受新冠疫情冲击的背景下，实现了较为亮丽的经营表现：销量同比增长5%，至111万辆，营业收入同比增长7%，归母净利润同比增长20%。得益于新产品的上市，公司销量得以提升的同时，产品售价和盈利能力也相应提高和改善。因此公司2020年收入增速高于销量增速，归母净利润增速高于收入增速。

长城汽车2020年的每股收益（EPS）达到0.59元，按照4.02%的总资产报酬率和40%的总资产递增率，2021年、2022年EPS有望达到0.79元、1.05元。

（2）财务风险分析

长城汽车2020年资产总额提升36%，短期及长期借款从2019年的23.06亿元提升到2020年的186.78亿元，应付票据也从354亿元增加到498.41亿元，提升了40%，使得整体的财务杠杆有所加大。

（3）财务杠杆分析

财务杠杆的增大依赖于经营及利润的稳定性，体现出长城汽车2020年的强势表现。纵观2020年长城汽车的运营周转情况：存货周转天数保持稳定，应收账款周转天数、应付账款周转天数相对稳定并匹配，资产周转率在2020年得到了进一步的优化。

根据以上整理的财务数据，以PE估值为例，汽车行业当年的平均PE为28倍。而长城汽车作为增长较快的头部企业，PE可以进行上调，如特斯拉等企业，PE高达200倍以上。

2.思考几类估值模型，根据市场战略情况、销售增长情况、财务情况等方面对长城汽车进行粗略估值。

现阶段比较流行的估值模型有：市盈率（PE）模型、市净率（P/B）模型、市销率（PS）模型、现金流折现（DCF）估值模型、PEG模型、资产估值模型和格雷厄姆成长股估值模型等。

3.请对现有估算的模型和算法的优缺点进行分析。

套用现有的主流测算模型进行一一比较，在熟悉估值模型的同时，也了解各模型的含义和优缺点。

四、理论依据

股价的变动需要结合各种模型及实际情况来整理比较，这里引用四种估值模型进行比较。

（一）市盈率（PE）模型

PE常指的是静态市盈率，通常作为比较不同价格的股票是否被高估或者低估的指标。用市盈率衡量一家公司股票的质量时，并非总是准确的，涉及对于一个企业的未来预期的判定。

在具体的计算中，需要考虑现时的EPS，也需要对该企业的成长进行判定。是将其归类于按部就班地发展的传统车企，还是新兴崛起的新能源车企，这将直接影响对长城汽车的估值认定。

汽车行业平均市盈率为28，如长安汽车市盈率为30左右，头部企业如比亚迪，市盈率高达170。长城汽车作为2020年主机车厂中的佼佼者，并且在新能源领域也逐步发力，可将其PE范围定为45~60。

目标价=PE × EPS=［45，60］× 0.59=［26.55，35.40］

故按照PE模型测算，设定其PE为［45，60］，股价可以为26.55~35.40元。

（二）市净率（P/B）模型

市净率模型是通过当前公司市值相对于其账面价值的比值进行公司估值的一种方法。具体而言，市净率就是每股股价与每股净资产的比值，如果一家公司的市净率较高，投资者可能会需要进一步检查该估值是否符合其他衡量指标的要求，如其历史资产回报率ROE或每股收益EPS的增长情况等。例如，比亚迪的市净率在7.5~9，而长城汽车的市净率在6~7。2020年12月31日长城汽车的每股净资产为6.23元。

因此：长城汽车每股股价=P/B市场净利率×每股净资产=6×6.23=37.38（元）

或者：长城汽车每股股价=7×6.23=43.61（元）

故按照P/B模型测算，设定市盈率为［6，7］的范围下，股价区间为37.38~43.61元。

（三）市销率（P/S）模型

市销率是通过当前公司股价和其销售收入的比值进行公司估值的一种方法，有时也称为销售倍数或收入倍数。2020年对于不少汽车主机厂来说是赔本的一年，而通过市销比计算，可以从一定程度上反映长城汽车的股价情况。

每股价格=P/S ×每股销售额

2020年，长城汽车的每股销售额达到了11.2元，同期的长安汽车、上汽集团、吉利汽车和比亚迪的每股销售额分别为10.42元、70.91元、9.19元和53.79元；而在市销率中，长安汽车为1.27，上汽集团为0.26，吉利汽车为1.74，比亚迪为4.65。考虑到上汽集团的模式性质和长城汽车不同，故将长城汽车的市销率定在1.3到4.5之间。

按照此浮动区间计算，长城汽车的价值区间为［14.69，50.4］。

故按此模型计算，设定长城汽车的市销率区间为［1.3，4.5］，股票价格在14.69到50.4元之间。

（四）现金流折现（DCF）估值模型

现金流折现法通过预测公司未来的盈利能力计算公司的净现值，并按照一定的折扣率进行折算，以此来确定该公司的股票发行价格。计算时需要测算折现率及预计该企业未来的盈利增长情况。

长城汽车DCF估算情况见表5-4，2020年长城汽车在新冠疫情期间EPS达到0.59元，并且扩大生产后销售情况稳定，按照4.02%的总资产报酬率和40%的总资产递增率，认定其未来利润增长率有望达到40%。单纯按照2020年相较于2019年的增长来计算，增长率为18.34%。因此将其未来利润增长率区间设定为［18%，40%］。

资本折现率可选取加权平均资本成本（WACC）的方式，分别确定债务资本和权益资本，进行加权平均，此处按照12%粗略设定其折现率。按照近5年盈利能力折现。

表5-4 长城汽车DCF估算表

	现金流（40%增长）	贴现率12%	贴现金额（元）	股价（元）
第一年	53.62	1	53.62	—
第二年	75.07	1.2	62.56	—
第三年	105.10	1.44	72.98	—
第四年	147.13	1.728	85.15	—
第五年	205.99	2.0736	99.34	—
永续（9%）	6 866.22	2.322432	2 956.48	—
总市值			3 330.12	36.06
	现金流（18%增长）	贴现率12%	贴现金额（元）	股价（元）
第一年	53.62	1	53.62	—
第二年	63.27	1.2	52.73	—
第三年	74.66	1.44	51.85	—
第四年	88.10	1.728	50.98	—
第五年	103.96	2.0736	50.13	—
永续（9%）	3 465.24	2.322432	1 492.07	—
总市值			1 751.39	18.96

因此，根据现金流折现估值模型，设置其折现率为12%，近五年增长率为18%~40%，永续增长率在9%的情况下，股价估值为18.96元至36.06元。

小结：根据上述四类方法，初步估值的情况见表5-5。

表5-5 长城汽车在四种估值模型下的股价区间总表

方法	条件	股价低点	股价高点
市盈率模型	市盈率为［45，60］	26.55元	35.40元
市净率模型	市净率为［6，7］	37.38元	43.61元
市销率模型	市销率为［1.3，4.5］	14.69元	50.4元
现金流折现估值模型	折现率为12%，近五年增长率为18%~40%，永续增长率为9%	18.96元	36.06元

五、关键要点

（一）案例分析关键点

本案例主要内容是从财务数据及估值模型出发，对现有的主流估值模型进行测算。根据既定发生的结果进行估值比对，有助于对传统的估值模型的概念、优缺点，以及估值模型财务数据的具体应用进行深入掌握。

（二）知识点

1. 各财务指标变动的意义及指示；

2. 主要估值模型。

（三）能力点

通过本案例的学习，使学生更加深入地对案例事实进行了解、总结和分析，归纳知识点并构建总体框架体系，增加学生对于知识点应用的热情，并加强学生对于理论知识的应用。

六、参考文献

［1］朱微亮，刘海龙．基于盈利预测的股票市盈率模型［J］．管理评论，2008（04）：3-9+63.

［2］郝方，袁汝华．创业板上市公司市净率与公司绩效关系实证研究［J］．财会通讯，2018（17）：33-36.

［3］蔡飞．市销率指标在股票投资决策中的应用［J］．财会月刊，2008（06）：19-20.

［4］高诚，汪猛，张璋．新金融工具准则下非标资管产品的计量与估值［J］．中国注册会计师，2020（11）：103-106+2.

案例6 “铁公鸡”下蛋是福是祸？

——基于辅仁药业爆雷的案例分析[①]

案例导读

随着我国资本市场的蓬勃发展，国内股票市场为企业提供了一个良好的上市发展平台，有助于企业进行股权融资，以此获得更多资金，促进企业长久发展。不过，一些上市公司频频被曝出问题，财务造假、高管侵害公司利益等事件时有发生，给中小股东带来了巨大的损失。本案例描述了制药行业的上市公司辅仁药业的股票如何从发展鼎盛时期的优质股变成最后的ST股，甚至即将退市。通过对证监会的反馈、企业的财务报表以及企业公告进行分析，本文希望可以提前发现辅仁药业爆雷的端倪，让案例使用者可以运用财务报表分析，发现企业财务舞弊的可能，规避投资风险。

关键词

存贷双高　大股东侵占　财务分析　财务舞弊

案例正文

“爸！爸！你怎么了?”随着朝阳区某小区居民楼内的一声惊呼，120救护车呼啸而至，居民王老先生被紧急送至医院。

这是什么情况呢？原来王老先生是一名资深股民，其重仓的一只股票——辅仁药业——近日一字跌停，老先生承受不住这样的事实，血压上升便昏倒在地不省人事了。

“怎么会这样？怎么会这样？明明是多好的股票啊……”被救醒的王老先生仍旧难以理解，不断喃喃自语。“曾经多好的股票，多厉害的一名老板，怎么就眼看他起高楼，眼看他宴宾客，眼看他楼塌了呢?”

王老先生只是辅仁药业两万多股民的其中一员，这只股票的跌停深深地刺痛着许多老股民的心。而这一切，都要从2019年7月的一天说起。

一、公司简介

辅仁药业集团有限公司（以下简称“辅仁药业”）主要是以药业和酒业作为主导产业，同时也涉及研发、生产、经营等业务。其产品包含了中西药制剂、生化制药、生物制药、原料药等多个品种，其综合生产能力及市场占有率均居全国前列。2016—2019年，辅仁药业在《中国制药工业百强榜》上获得了不俗的成绩，分别位列第39位、第35位、第16位、第14位，排名不断上升。

辅仁药业创立于国内药品市场产品匮乏的90年代，公司发展进程如下：

---

① 本案例由华南理工大学工商管理学院王荣昌、黎婕撰写。本案例主要适用于“财务管理”“审计学”“财务报表分析”等课程中企业财务分析相关领域的教学。

1995年创始人朱文臣成立辅仁药业有限公司，公司重视研发，在许多新药方面取得了突破性进展。

1996年12月18日，在上海证券交易所挂牌，发行普通股1 950万股，交易代码为600781。

2001年，合并河南焦作怀庆堂。

2003年，收购开封制药厂，成立开药集团，公司的产品涵盖范围从单一的中成药向化学药、原料药等方面快速扩展。经过技术改造、规模扩张，辅仁药业已跻身河南省药企前列。

2017年11月，辅仁药业通过发行股份吸收合并开药集团。

2018年9月，辅仁药业变更为“辅仁药业集团制药股份有限公司”，公司注册资金为6.27亿元。

2020年6月29日，辅仁药业股票名称变为“*ST辅仁”，亏损了13亿元——接近其上市后利润的一半。

二、主要内容

(一) 爆雷风雨夜

公司分红是一种重要的回报投资者的方式，所以很多企业会选择在发布中期报告和年度报告后进行分红。但辅仁药业不同，自1997年以来，公司从来没有进行分红，因此被誉为“A股的铁公鸡”。

但是，2019年4月20日，辅仁药业一改常态，公布了2018年年报，并提出2018年度分红方案：每10股派发现金1元。按辅仁药业当时的总股本62 715.75万股计算，合计派发现金股利0.63亿元。根据2018年年报，辅仁药业于2018年实现营业收入63.17亿元，同比增长8.92%；实现扣非归母净利润8.29亿元，同比增长3 655.55%；2018年经营活动产生的现金流量净额为10.32亿元；年末货币资金余额高达16.56亿元。可以看到，辅仁药业2018年度现金分红金额不到账上货币资金的4%，净利润是股票分红的13倍。因此，包含王老先生在内的两万两千多名股东还沉浸在分红的快乐中，却怎么也没想到，业绩优秀且货币资金充足的优质企业居然会爆雷!

根据辅仁药业公告显示，5月20日年度股东大会已通过企业的2018年度分红方案；7月16日，公司公告将实施现金分红；股权登记日为7月19日（周五）；7月22日（周一）为除权除息日、现金红利发放日。按照相关规定，辅仁药业应在7月19日将分红价款0.63亿元划到中国证券登记结算公司上海分公司，让投资者们在7月22日可以按时收到辅仁药业的分红划款。但是，7月19日当天事情出现了反转，“铁公鸡”辅仁药业并未如约划款。因此当日，上海证券交易所便要求公司对当前的货币资金状况进行核查，并解释其流动性问题。

7月20日，辅仁药业发布公告宣称，由于资金问题，公司未能按原计划进行现金股利划转，公司继续停牌并将另行安排2018年度权益分派事项。流动货币资金结余18亿元，却不能发放6 271万元的红利，这实在是太不可思议了。因此，这个分红事件让辅仁药业那些隐藏在黑暗中的舞弊造假动作暴露于人前，辅仁药业爆雷!

7月24日晚上，上交所的问询函也随之而来，辅仁药业收到了《关于辅仁药业集团制药股份有限公司权益分派相关重大事项》的问询函。

辅仁药业公告回复函并解释说，在筹备资本时，公司将按其下属子公司的股息发放，并由董事长统筹公司及各子公司的财务及资金调配。但由于当前公司的资金紧张，为了保障公司的正常运营，企业无法按时支付现金股利。其中最值得投资者注意的回复内容是，截止到7月19日，辅仁药业及其附属公司持有的现金总数为127 240 702.45元，其中未受限金额仅有3 778 717.36元。

7月26日晚辅仁药业宣布，因涉嫌违法违规行为而收到中国证监会的《调查通知书》。

有专家调侃道："十年前的时候，那些上市公司造假都是很认真的，但现在，一点'工匠精神'都没有了，这是对投资者和监管机构的侮辱。"至此，河南前首富朱文臣创建的"帝国"一夕崩塌，随着上交所纷至沓来的问询函，辅仁药业这个白马股背后的舞弊造假问题一点点为众人所知晓。

（二）跌停万人嫌

2020年10月14日，证监会对辅仁药业及辅仁集团、实际控制人朱文臣出具《行政处罚决定书》及《市场禁入决定书》，其中列举了辅仁药业四大违法事实。

1.辅仁药业2015年、2016年年度报告存在虚假记载、重大遗漏，见表6-1。

表6-1　　**《行政处罚决定书》内容一**

时间	不实之处	金额
2015年	辅仁药业未披露辅仁集团、辅仁控股非经营性资金占用的发生额，期末余额6 380万元，以及相关决策程序、占用原因等信息，导致2015年年度报告存在重大遗漏	辅仁药业2015年年度报告披露的货币资金期末余额10 315.74万元虚假，虚增货币资金6 380万元，占当年年度报告披露的期末净资产的15.17%
2016年	辅仁药业未披露辅仁集团、辅仁控股非经营性资金占用的期初金额6 380万元、发生额820万元、期末余额7 200万元，以及相关决策程序、占用原因等信息，导致2016年年度报告存在重大遗漏	辅仁药业2016年年度报告披露的货币资金期末余额10 512.37万元虚假，虚增货币资金7 200万元，占当年年度报告披露的期末净资产的16.63%

2.辅仁药业重大资产重组文件中存在虚假记载，见表6-2。

表6-2　　**《行政处罚决定书》内容二**

时间	不实之处	金额
2015年、2016年	截至2015年12月31日、2016年12月31日，开药集团及其子公司向辅仁集团（含控股子公司，下同）、辅仁控股提供资金的余额分别为34 950万元、50 370万元。开药集团未将上述交易记入财务账簿，导致《重组报告书》中披露的开药集团财务报表中货币资金余额虚假	2015年为34 950万元，2016年为50 370万元。前述违法事实和本项违法事实导致《重组报告书》中披露的辅仁药业备考财务报表中货币资金余额亦存在虚假记载，2015年、2016年分别虚增货币资金41 330万元、57 570万元，分别占各年年末净资产的12.95%、14.79%。上述被占用资金的绝大部分自中国证监会受理直至批准一直未予归还，故《重组报告书》中关于不存在非经营性资金占用的表述亦存在虚假记载

3.辅仁集团在重大资产重组中提供虚假信息。

辅仁集团是开药集团和辅仁药业的控股股东。辅仁集团筹划、组织、实施合并辅仁药业和开药集团，这是一次同一控制下的重大资产重组。辅仁集团在作为交易对方时在《重组报告书》中承诺其提供的信息真实、准确、完整，但是在2015年和2016年，辅仁集团大规模占用了开药集团子公司的资金且未向辅仁药业如实提供相关情况。

4.辅仁药业2017年、2018年年度报告存在虚假记载、重大遗漏，2018年未及时披露关联担保，见表6-3。

表6-3 《行政处罚决定书》内容三

时间	不实之处	金额
2017年	辅仁药业未披露辅仁集团、辅仁控股非经营性资金占用的期初金额57 570万元（含2017年12月26日并表的开药集团，下同）、发生额-10 860万元、期末余额46 710万元，以及相关决策程序、占用原因等信息，导致2017年年度报告存在重大遗漏，非经营性资金占用未入账	辅仁药业2017年年度报告披露的货币资金期末余额128 909.47万元虚假，虚增货币资金46 710万元，占当年年度报告披露的期末净资产的10.02%
2018年	辅仁药业未披露辅仁集团、辅仁控股非经营性资金占用的期初金额46 710万元、发生额86 953.28万元、期末余额133 663.28万元，以及相关决策程序、占用原因等信息，导致2018年年度报告存在重大遗漏，非经营性资金占用未入账	辅仁药业2018年年度报告披露的货币资金期末余额165 636.49万元虚假，虚增货币资金133 663.28万元，占当年年度报告披露的期末净资产的24.45%
2018年	2018年，辅仁药业为辅仁集团及朱文臣借款提供4笔担保，涉及的合同金额合计1.4亿元，截至2018年12月31日未偿还金额7 200万元。辅仁药业未及时披露，也未在2018年年度报告中披露该事项，导致相关年度报告存在重大遗漏	—

同时，根据《证券法》对相关人等进行处罚：辅仁药业集团制药股份有限公司被处以罚款120万元；辅仁药业集团有限公司被处以罚款60万元；朱文臣被处以罚款150万元；朱成功、朱文亮、苏鸿声，各被处以罚款35万元；朱学究被处以罚款30万元；朱文玉被处以罚款25万元；赵文睿被处以罚款20万元；李成和贠海各被处以罚款8万元；张雁冰被处以罚款6万元。

另外，朱文臣存在挪用上市公司资金和违规担保问题，涉及时间较长、资金数额较大，一直未予以披露，且占用的资金至今仍未归还。朱文臣违法行为恶劣、严重损害投资者利益，证监会拟决定对朱文臣实施10年禁入市场的处罚。

至此，木已成舟，覆水难收，对于辅仁药业的处罚暂时告一段落。如果不是这只“铁公鸡”突然“自掘坟墓”，我们也许难以发现它的“小操作”。重新回顾这个案件对于投资者来说还是很重要的。因此，王老先生的儿子小王开始对辅仁药业进行细细琢磨，试图从曾经“亮眼”的数据中寻找蛛丝马迹，以获取一些启示。

（三）财务数据成追忆

首先，小王对辅仁药业近几年的基本财务状况进行梳理，因为公司的财务报表可以最直观地体现企业的经营状况，见表6-4至表6-6。

1.总资产和净资产

表6-4　**辅仁药业2014—2019年总资产和净资产**　单位：亿元

年份	2014年	2015年	2016年	2017年	2018年	2019年
总资产	10.66	11.79	12.73	98.80	107.17	117.36
净资产	3.76	4.21	4.33	46.61	54.67	58.45

从表6-4来看，辅仁药业的总资产和净资产在这6年间不断增加，2014—2016年的数据较为平稳。2017年由于辅仁药业对开药集团的并购导致总资产和净资产都出现了急剧增长，分别增长了676%和977%。从计算出的资产负债率来看，辅仁药业的资产负债率有所下降。

2.营业收入

表6-5　**辅仁药业2014—2019年营业收入**　单位：亿元

年份	2014年	2015年	2016年	2017年	2018年	2019年
营业收入	4.35	4.62	4.96	58.00	63.17	51.71

从表6-5可以看出，2014—2016年，辅仁药业的营业收入保持在一个稳定的状态，且在2017年有大幅增长，其上升的原因就是前面提到的对开药集团的并购，导致其合并范围出现变化，营业收入出现了超过10倍的增长。但是2017—2019年辅仁药业营业收入出现了先升后降的迹象，可以看出其运营情况已经出现了下滑。

3.净利润

表6-6　**辅仁药业2014—2019年净利润**　单位：亿元

年份	2014年	2015年	2016年	2017年	2018年	2019年
净利润	0.16	0.33	0.22	7.75	8.93	4.61

由表6-6可知，辅仁药业净利润的变动趋势与其经营业绩的变动趋势基本吻合，且变动的原因是相同的。2014—2016年，辅仁药业的净利润一直保持稳定；2017年的业绩有了很大的增长导致净利润大涨；从2018年到2019年，利润总体上呈现下滑的态势。

综合来看，辅仁药业在2017年收购开药集团后，公司的财务指标出现了大幅增长。但自那以后，辅仁药业的利润水平出现了由高到低的变化，总体表现为下滑，经营情况出现了恶化。但单单从这几个数据并不能看出辅仁药业有什么隐藏的问题，小王百思不得其解，因此联系了其做审计的朋友，希望能够获得一些帮助。

（四）分析细节不枉然

小王的朋友在进行分析后竟然真的获取到了一些蛛丝马迹："首先，辅仁药业爆雷的问题就是没钱分红，你这样只看资产、负债、利润和收入不一定能看出什么，你应该去看更加详细的科目。这家公司为什么没钱分红，是不是应该看看货币资金或者利息收入以及债务这方面？”

1.货币资金显矛盾，见表6-7。

表6-7 辅仁药业2016—2018年货币资金、带息债务数据 单位：亿元

项目＼年份	2016年	2017年	2018年
货币资金	14.20	12.89	16.56
带息债务	26.60	28.44	32.11
利息收入	0.12	0.07	0.06

“辅仁药业在并购开药集团后，2016—2018年这3年的货币资金规模都在12亿元以上，但是年报中显示每年的利息收入都不超过1 300万元，这不是很奇怪吗？如果把账面上的货币资金存进银行获取存款利息，都比1 300万多了。而且货币资金明明这么多，辅仁药业还要这么大规模地借款，有息负债金额连年上升，就像我刚才说的，拿着账面上的现金去买点理财产品赚些收益，去缓解一下借款的压力也好哇！这太难以理解了。”小王跟他朋友说道。

“通常，企业为避免承担不必要的机会成本，其所持有的资本余额往往与其经营情况相符。如果公司手头有大量的现金赚取活期利息，同时还拥有大量的贷款，就可能会出现资金用途被控制，或者被控股股东利用的状况。这说明企业可能存在着存贷双高的问题。从资本运作的角度来看，辅仁药业的资本借贷成本要高于储蓄的利息；从公司的运营资本角度来看，公司运营活动的净现金流量也足够满足运营资本的需要。这些都不能解释辅仁药业在拥有大量的货币资本的情况下，仍然背负着大量的负债的奇怪现象。”小王的朋友这样回答。

辅仁药业原计划于2019年7月22日派发6 000万元现金股利，但其实际货币资金仅为3 739万元，根本无力向股东支付6 000万元现金股利。辅仁药业的后续公告解释，公司大部分的货币资金都是用来做关联交易的，包括关联方的担保或者借款，因此2018年公司因为定向增发的问题而暂时没有办法补充流动资金。2019年辅仁药业与其关联公司的债务出现逾期现象，导致部分资金被限制使用，资金周转问题严重。上市公司本应真实、准确、完整地披露公司的财务信息，而辅仁药业的货币资金却被严重虚增，公司对货币资金的披露不准确。这恰好印证了小王和朋友的想法。辅仁药业货币虚增情况见表6-8。

表6-8 辅仁药业货币虚增情况 单位：百万元

项目＼年份	2015年	2016年	2017年	2018年	2019年
货币资金	103.16	105.12	1 289.09	1 656.36	37.39
错报金额	−63.80	−72.00	−467.00	−1 337.00	0
实际货币资金	39.36	33.12	822.09	319.36	37.39
虚增货币资金占期末净资产比例	15.17%	16.63%	10.02%	24.45%	0%

所以，辅仁药业第一个可以被投资者察觉的问题是存贷双高的现象。

2.应收账款、应收票据。

“还有，他们的应收账款也有些问题。你看，2016—2018年，辅仁药业的营业收入不断增长。但与此同时，应收账款也在大幅度增长。这个增幅有点奇怪。我给你算个数，你自己看看。”说着，朋友打开电脑给小王计算了起来。

小王的朋友选取了三家医药治疗领域与辅仁药业相近的上市公司的财务数据来进行对比，见表6-9。经计算发现，辅仁药业每年应收账款增长率较高，但是应收账款周转率却逐年降低，也就是说应收账款回收期越来越长。2016—2019年应收账款周转天数增长了近一倍，大大高于其他3家对比企业。应收银行承兑汇票和应收账款的比例为1∶30，公司几乎没有银行应收银行承兑汇票。“对于一家资金流充足的企业来说，这是非常不合理的。”朋友分析道。

表6-9　**辅仁药业2016—2019年应收账款周转率、周转天数**

项目	公司	2016年	2017年	2018年	2019年
应收账款周转率	鲁抗医药（600789.SH）	5.65	5.93	7.07	7.51
	海南海药（000566.SZ）	3.51	3.32	3.71	3.71
	亚太药业（002370.SZ）	3.87	3.84	3.93	3.44
	ST辅仁（600781.SH）	3.04	2.81	2.43	1.6
应收账款天数	鲁抗医药（600789.SH）	63.71	60.67	50.91	47.91
	海南海药（000566.SZ）	102.48	108.35	96.94	97.01
	亚太药业（002370.SZ）	93.11	93.64	91.61	104.56
	ST辅仁（600781.SH）	118.54	128.08	148.19	225.44

“同时，在应收票据方面，辅仁药业每年都会有大量的应收票据被提前贴现。正常来说，如果企业资金充裕，不会提前贴现应收票据。但是辅仁药业2015年选择提前贴现2 000万元，到了2019年变本加厉，贴现额高达1.2亿元，每年都在提前贴现应收票据，且连年递增。由此可见，辅仁药业的货币资金并不像报表上看到的这么充裕。”

因此，辅仁药业的第二个可以被投资者察觉的问题是应收账款、应收票据的问题。

3.大股东减持与质押率较高。

“除了会计科目，其实投资者们还可以从其他角度进行分析，如可以从企业公告、年度报告等地方关注企业的相关变动。”朋友如是说。

“从之前的公告中你可以看到，2019年2月到4月之间，5名开药集团原股东开始进行减持，他们已经身居辅仁药业前十大股东的位置，在开药集团已连续两年超额完成其业绩承诺的情况下，合计套现2.86亿元。这样的大股东减持是异常的。同时，辅仁药业的质押率较高，2015年和2016年的质押率竟然是100%（见表6-10），后期质押率的下降主要是由于增发股票。但质押率仍是一个值得关注的点。”

表6-10 **辅仁药业2016—2019年股权质押情况表**[①]

截止日期	持有股数（股）	持有股数占总股本比例	累计质押股数（股）	累计质押占总股本比例	累计质押占持有股数比
2016.11.21	48 100 024	27.08%	44 100 000	24.83%	91.68%
2016.12.28	48 100 024	27.08%	46 520 000	26.19%	96.73%
2017.05.26	48 100 024	27.08%	48 100 000	27.08%	100%
2017.10.23	48 100 024	27.08%	48 100 000	27.08%	100%
2018.09.13	282 403 538	45.03%	54 014 975	8.61%	19.13%
2018.10.22	282 403 538	45.03%	54 014 975	8.61%	19.13%
2019.06.10	282 403 538	45.03%	67 951 412	10.83%	24.06%

“这些动作都说明辅仁药业大股东可能是资金短缺了。”朋友告诉小王。“历史经验显示，一般来说，大股东减持表明企业正处于一个缺钱的状态。而股份质押是一种融资方法，如此高的质押率也可能间接说明公司资金链存在问题，虽然后期辅仁药业股权质押率有所下降，也主要是由于增发股票且企业的大部分股权被冻结。根据辅仁药业的公告，自2019年5月以来，控股股东辅仁集团及一致行动人北京克瑞特投资中心（有限合伙）持有的辅仁药业的股份多次被冻结，直至2020年1月21日，累计被冻结27次。但公告并未提及冻结的相关原因，并强调冻结行为不影响实控人，明显存在问题。”

“虽然不能肯定地说如果出现股权质押就一定会发生资金占用现象，但企业如果经常出现股权质押的情况，投资者还是应该予以足够的重视，以防出现大股东侵占中小股东利益的情况。”

因此，股权质押以及大股东的动态也是投资者可以关注的地方。

4.内部治理

“还有一点就是，投资者可以关注一下企业的内部经营问题。辅仁集团是一个比较大型的集团，因此有很多关联方问题。如果企业没有健全和完善内控制度，可能会出现内部问题，如证监会提及的辅仁药业关联方违规交易的问题。同时，大股东持股集中也会影响企业经营状况，上市公司的股权结构直接关系到公司的日常生产、经营和决策。”

在辅仁药业2019年的报告中，最大的五大股东的持股情况见表6-11。

表6-11 **辅仁药业集团制药股份有限公司前五大股东及持股情况**

股东名称	持股数量	持股比例（%）	股本性质
辅仁药业集团有限公司	282 403 538	45.03%	流通A股、限售流通股
天津市津诚豫医药科技合伙企业	42 123 732	6.72	流通A股
深圳市平嘉鑫元股权投资合伙企业	41 148 947	6.56	流通A股
福州万佳鑫旺股权投资中心	25 086 373	4.00	流通A股
北京克瑞特投资中心	24 505 751	3.91	限售流通股

① 数据来源：作者根据上市公司披露的公告整理而成。

从表6-11可见，持有辅仁药业股份最多的是集团母公司，有45.03%的股份。第二大股东只持有6.72%的股份，其持股比例的差异显而易见。这就使得辅仁集团在公司的日常生产和运营决策中拥有很大的权力，而第二大股东无法对其进行有效的制衡。在辅仁药业的2019年报告中，董事长朱文臣拥有辅仁集团97.36%的股权，是辅仁药业的实际控制人。

辅仁药业2019年控股股东的股权和控制权关系如图6-1所示。

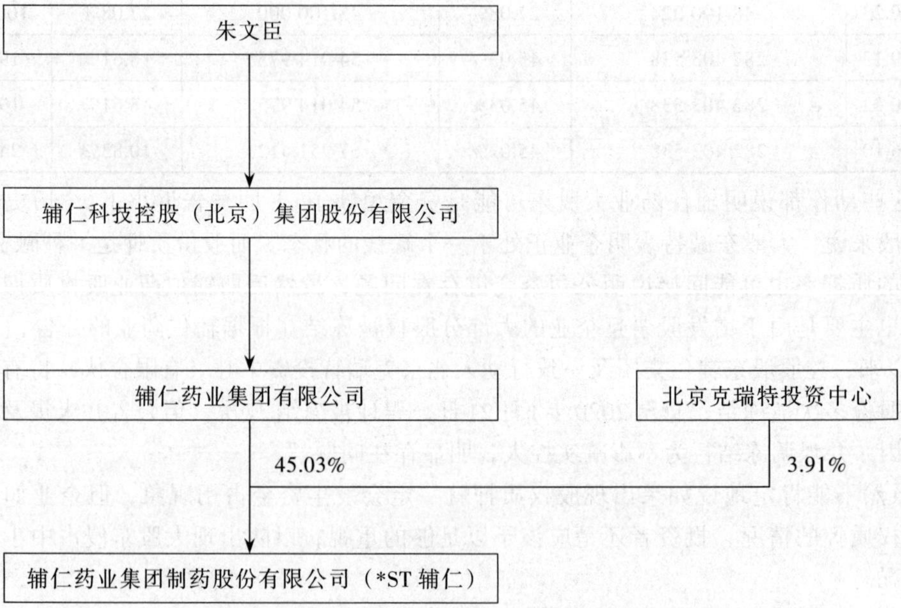

图6-1　辅仁药业与控股股东之间的产权及控制关系

并且多年以来，朱文臣和其带领的“朱家军”在辅仁药业的地位都很高，这是公司的内部控制漏洞，也为大股东们提供了舞弊机会。也正是因为朱氏占股比例过高，辅仁药业的实际掌控者朱文臣才有这样的权力，对辅仁药业的内部控制产生了严重的影响，具体占股情况见表6-12。

表6-12　**辅仁药业2019年度董事、监事及高级管理人员占股比例**

姓名	职务	持股比例
朱文臣	董事长	97.36%
朱成功	副董事长	0.66%
朱文玉	监事会主席	0.66%
朱文亮	董事兼副总经理	0.66%
朱景升	—	0.66%
朱学究	财务总监	—

因此，企业的内部治理结构也是一个重大关注点。

（五）一场荒凉梦

财务造假案后，辅仁药业的业绩一落千丈。辅仁药业2021年第三季度报公司营业收入为12.80亿元，同比下滑37.02%；2021年半年度归属于上市公司股东的净利润为-5.320亿元，同比下滑684.52%，亏损金额较大。而且2021年12月10日以来，辅仁药业证券事务代表、现任董事长姜之华与会计师事务所相继辞任。面对高额负债和重重危机，辅仁药业目前的经营状况并不乐观。

小王把自己的发现告诉老王后，老王连连叹息："这么一个成功的企业，都已经合并了开药集团，市值不断上升，社会影响力不断提高，本应该有更美好的未来，却因为管理层的舞弊而断送前程，真是可惜啊！"

"所以说啊，对于投资人来说，面对企业披露的财务信息，不要轻易相信事务所出具的无保留意见以及企业管理层给出的高回报承诺，应该自己时刻关注企业公告信息并仔细研读企业财务报表，这样才能更好地保证自己的权益不被侵害。"小王如是说。

"是啊，听你的，股市真的深似海……"

夜深了，老王陷入了沉思，回想自己在辅仁药业上的投资，不由得倒吸一口凉气。但他知道，第二天股市的波涛将继续汹涌澎湃着……等待辅仁药业的又是什么呢？

【政策思考】

2021年8月23日，国务院办公厅印发《关于进一步规范财务审计秩序促进注册会计师行业健康发展的意见》（国办发〔2021〕30号）（以下简称《意见》）①。

《意见》提出，将依法加强从事证券业务的会计师事务所监管。主要举措包括：行业主管部门严格履行职责，充实财会监督检查力量，推动形成专业化执法检查机制，对从事证券业务的会计师事务所开展有效日常监管。出台会计师事务所监督检查办法，突出检查重点，提高检查频次，严格处理处罚，建立自查自纠的报告机制，强化会计师事务所责任。完善相关部门对从事证券业务的会计师事务所监管的协作机制，加强统筹协调，形成监管合力，对会计师事务所和上市公司从严监管，依法追究财务造假的审计责任、会计责任。加强财会监督大数据分析，对财务造假进行精准打击。

《意见》要求，上下联动、依法整治各类违法违规行为，特别是针对当前行业内较为突出的会计师事务所无证经营、注册会计师挂名执业、网络售卖审计报告、超出胜任能力执业、泄露传播涉密敏感信息等，坚决纠正会计师事务所串通舞弊、丧失独立性等违反职业规范和道德规范的重大问题。

同时，梳理一批财务会计领域违法违规典型案件，形成各部门共同行动清单，区分不同情况依法依规严肃处理，坚决做到"零容忍"，对影响恶劣的重大案件从严从重处罚，对违法违规者形成有效震慑。加大典型案例曝光力度，对全社会、全行业形成警示。

请阅读以上政策要求并结合上述案例材料分析注册会计师在审计辅仁药业的过程中为什么没有发现辅仁药业的财务舞弊？结合以上财务报表的数据分析注册会计师在提早发现财务舞弊方面有哪些可供利用的手段？

① 国务院办公厅.国务院办公厅关于进一步规范财务审计秩序促进注册会计师行业健康发展的意见［EB/OL］.［2021-08-23］. http://www.gov.cn/zhengce/content/2021-08/23/content_5632714.htm.

案例使用说明

一、教学目的

通过对辅仁药业的分析和研讨，让学生启发性地思考投资者如何能从财务报表中提前发现企业进行财务造假的端倪。

二、思考题

1.辅仁药业的爆雷过程是怎样的？

2.财务舞弊是什么？盈余管理与财务舞弊有何区别？

3.辅仁药业为何会选择财务舞弊？

4.如何能提前判断企业的财务舞弊，以规避投资舞弊企业的错误？

5.这个案例对我们有何重要启示？

三、分析思路

1.辅仁药业的爆雷过程是怎样的？

辅仁药业的爆雷过程主要见表6-13。

表6-13 辅仁药业爆雷过程

日期	事件过程
2019.7.16	7月16日，公司发布权益分派实施公告
2019.7.19	上交所向辅仁药业发出关于权益分派有关事项的问询函
2019.7.20	辅仁药业发布《关于调整2018年年度权益分派有关事项暨继续停牌的公告》
2019.7.24	上交所发出关于辅仁药业集团制药股份有限公司权益分派相关重大事项的问询函
2019.7.26	辅仁药业收到中国证监会的《调查通知书》
2020.10.14	证监会对辅仁药业及辅仁集团、实际控制人朱文臣出具《行政处罚决定书》及《市场禁入决定书》

2.财务舞弊是什么？盈余管理与财务舞弊有何区别？

（1）财务舞弊的概念界定

按照《国际审计准则》的规定，财务舞弊是指企业高层管理者、雇员等提供虚假财务报告的舞弊行为。在1987年，美国反舞弊财务报告委员会也发表了关于“财务舞弊”的解释：企业故意或非故意地向公众披露与事实不符的财务报表，或者是隐瞒、遗漏了一些重要的信息，从而误导投资者，导致他们作出了错误的决定，称为“财务舞弊”。美国注册会计师协会于2002年发表了一份声明，称财务舞弊是有意隐瞒公司业务的有意识活动。而《中国注册会计师职业审计准则》对财务舞弊的解释是：被审计企业的高层管理者、经营者、财务人员或第三方机构等故意采用舞弊手段提供虚假财务信息的行为。《独立审计具体原则第8号——错误与舞弊》则认为，财务舞弊是一种使会计报表不能真实地反映公司的经营状况的行为。

（2）财务舞弊与盈余管理的区别

盈余管理主要有以下两种解释：一是以追求个人利益为主要目标，在法定限度内，用某种方式掩盖不良信息，强调对自己有利的财务信息；二是在一般公认的会计准则所允许的条件下，通过选择各种不同的会计政策来使公司的效益最大化。对比财务舞弊和盈余管理的定义，可以看到：盈余管理是一种中性行为，它不涉及伪造、诈骗投资者，主要是管理层为了使财富最大化而对财务信息作出的干预；而财务舞弊则是恶性行为，它违背了会计准则和国家法律，即通过欺诈、伪造等违法手段，运用财务报告对信息使用者进行误导，最终产生恶性的后果，影响资本市场运作，严重损害中小投资者利益。财务舞弊与盈余管理的主要差别见表6-14。

表6-14 **财务舞弊与盈余管理的区别**

对比项	财务舞弊	盈余管理
实施主体	管理层	管理层
手法	虚增收入、虚构资产、虚假披露	会计政策的选择
后果	通过违法手段使得企业财务报表严重失真，损害投资者利益	使企业财务报表更符合预期使用者的期待
法律地位	违法	不违法

3.辅仁药业为何会选择财务舞弊?

关于辅仁药业选择财务舞弊的动因，可以从内部和外部两个方面进行分析，并运用舞弊三角、GONE、委托代理等理论进行理论性判断。

外部因素的影响：

（1）市场环境导致的经营业绩冲击

运用舞弊三角理论的压力动因分析，结合当时的大背景可以看到，市场环境导致的经营业绩冲击是辅仁药业选择财务舞弊的动因之一。“健康中国”被列入全国发展战略后，对中医药行业和企业的经营都有很大的促进作用。然而，制药行业的竞争非常激烈，辅仁药业虽然是国内较大的制药公司，但其面临的竞争压力仍然不小。

此外，从辅仁药业的财报可以看出，2019年其营业收入和2018年相比有所下滑，摆脱经营困境是辅仁药业的舞弊动机之一。

（2）对舞弊的处罚力度不够

财务舞弊的开展通常源于高层的贪婪，也就是GONE理论的贪婪动因。公司高层进行舞弊，无非就是为了牟取更多的利益，真正让他们敢进行舞弊的，是国家对于财务舞弊的处罚还不够严厉。如果证券交易委员会对欺诈的主管人员处罚得更重，让他们承担不起这样的风险，就没有勇气进行舞弊造假。

而处罚力度不够的原因，一方面是中国证监会的监管人员与上市公司的人数有很大差距。证监会不可能抽调这么多人手去对每个上市公司进行严密的审核，尤其是对于那些精心设计的财务造假，监管机构要花很多时间和人力去查，行政成本过高。另一方面，我国对证券市场违法行为的处罚方式主要有证券监督管理委员会的警告、没收违法所得、罚款、沪深证券交易所的公开谴责、通报批评等，其中罚款金额在30 000~600 000元之间。与公司从股票市场中的非法获利相比，这些惩罚显得微不足道。在财务舞弊方面，对于违法人员也是以行政惩罚手段为主，但这种惩罚手段的使用频率和力度都很小，最多判处3年的有期徒刑。这无疑给辅仁药业管理层带来了一种“侥幸”的心理。

在这个案例中，辅仁药业的管理层存在着巨额的欺诈行为，但最后的处罚结果是，朱文臣被处以150万元的罚款，其余参与者被罚5万元至35万元，加起来不足500万元。但这500万的罚款换取高额虚增的货币资金，曾让企业市值大增，通过减持所获得的收益远大于其舞弊带来的罚款。这样的处罚不但不能对管理者起到震慑作用，反而让管理人员获得更多的利益，受损严重的主要还是中小股东，这就造成了违规成本和资本市场利润的巨大差距。证监会的处罚力度让管理者们更加有恃无恐地进行舞弊。

内部因素的影响：

（1）融资需求旺盛

从GONE理论的贪婪动因可以看到，由于辅仁药业的业务发展和规模扩张，其急需大量的资金。资金缺口和企业应收账款周转率不断下降，让辅仁药业陷入资金周转不灵的危机当中。为了降低资金周转困难、资金短缺等负面效应，上市公司势必会有操纵资产、增加盈利、粉饰经营不善的财务数据的强烈动机，从而达到融资的目的。

（2）保持社会形象

从舞弊三角理论的借口动因来看，作为国内较为先进的医药企业，辅仁药业一直在河南省保持着很好的社会地位，一旦被曝业绩下滑，可能会影响企业的形象。所以，辅仁药业在面对巨大的业绩压力时，可能会采用财务舞弊的方法来优化公司的外部形象。

（3）股权过度集中

从舞弊三角理论的机会动因来看，辅仁药业的董事长、总经理、监事长、财务主管，都是由“朱家军”担任的，他们几乎涉及公司治理的一切职务。所以，辅仁药业从公司发展战略的制定到具体的执行，都是“朱家军”一家独大，完全集中了控制权和管理权，没有真正地将它们分开。为了保持自身利益最大化，大股东们并不看重公司的价值，而是看重如何不断赚取自己的利益。因此，利益驱动会让大股东们作出一些经营决策，以挤占中小股东的利益。也是因为这样高度集中的组织结构，导致即使中小股东联合起来，也根本不可能对朱文臣这样的大股东产生任何影响。这就让“朱家军”成为辅仁药业的掌控者，在舞弊机会成本相对较小的情况下，动起了舞弊的念头。

（4）管理层的道德问题

从舞弊三角理论的机会动因来看，管理人员的职业道德水平低也是一个不可忽略的重要因素。即使公司的运营受到了影响，或者急需资金，但只要公司的管理层能坚持自己的原则，并且保持良好的职业道德，那么公司就不太可能会出现财务欺诈等违法行为。然而，当经营者的职业道德观念不强时，尽管政府制定了严格的管制政策，但由于自身的利益驱动，或者出于其他原因，管理者往往会利用财务欺诈来牟取利益。辅仁药业的实控人和管理层，利用虚假利润、隐瞒关联方交易等手段，进行非法操纵，损害了广大投资者的利益。

4.如何能提前判断企业的财务舞弊，以规避投资舞弊企业的错误？

首先，可以从基本的财务状况进行分析。爆雷前，辅仁药业的主要财务状况为：从2016年到2019年，总资产、总负债不断上升，特别是开药集团并入辅仁药业期间，资产负债几乎翻了4倍，资产负债率基本高于50%，2019年营业收入是2016年营业收入的10倍，净利润暴涨，这让市场更加坚定了辅仁药业是一只发展势头强劲的“白马股”。单看年报上的数据，该企业的资产、收入、利润和现金流都是合理且良好的。因此，应该更深入地挖掘一些相关信息来进行判断。可以考虑从企业公告、年度报告和更详细的科目等角度进行分析。

（1）存贷双高

存贷双高是指企业一方面货币资金充足，另一方面却又有拥有很多短期借款、应付票据甚至需要发债借款。这样的报表是有违逻辑的，一方面不缺钱但是另一方面又需要借款。这就需要投资者进行重点关注。

（2）应收账款

如果一个企业的毛利率上升，但应收账款周转率却下降，那企业可能存在造假问题，投资者应该有所警惕。

（3）大股东减持与质押率较高

股权质押具有门槛低、操作简单、流动性强等优点，为上市公司提供了更多的资金来源，但随着股份质押发生，控股股东的掏空动机也会越来越强烈，其高杠杆的特性也会加剧股票的波动性，进而导致股票市场崩溃。因此，如果企业公告宣布大股东大幅度减持或者股东股权质押率较高，那么投资者应该提高警惕。

（4）辅仁药业股权过于集中

从朱文臣以及其朱氏家族亲属的持股情况来看，其占股比例很大。根据信息不对称理论可以知道，当企业中出现股权过于集中的情况时，大股东极易在股东大会上选出能够保护自身利益的董事会，再通过董事会的名义将自己的心腹安插到公司的核心位置，以此来控制公司的管理。因此，拥有最多股份的大股东，既可以控制公司的董事会，也可以获得公司的直接信息。而其他的小股东，因为股份少，难以参与到公司的经营决策中。在此背景下，大股东为了牟取不法收益，常常会通过直接侵占公司的财产，使得公司的权力制衡失去作用，从而产生财务舞弊的可乘之机。

5.这个案例对我们有何重要启示？

这个案例给我们的启示主要涉及投资者、上市公司和监管者三个方面。

对于投资者的启示：

（1）提高警惕性，不应该无条件信任企业管理层的话，或盲目认为企业社会地位高就有保障。要提高警惕性，有自己的判断能力。

（2）学会运用财务相关知识分析企业财务状况。要不断提升自己的财务分析能力，理智分析企业潜在的财务危机。

对于上市公司的启示：

（1）要健全公司的法人治理结构，必须明确董事会、总经理、监事会的职责与职权，防止权力的错位。

（2）通过引进外部投资者特别是机构投资者和战略投资者，实现股权结构的优化。

对于监管机构的启示：

（1）加强对公司违法行为的惩罚力度，让有关公司和管理层意识到，证监会要坚决打击作弊，让他们不敢进行舞弊行为，从根本上杜绝舞弊的可能。目前新修订的《证券法》已经在这方面作出了重要的修改，相信对于以后的财务造假与舞弊会形成较好的震慑作用。

（2）完善信息披露机制，要健全我国证券市场的信息披露机制，为上市公司规范信息披露提供制度保障。

四、理论依据

（一）舞弊三角理论

舞弊三角理论，又称为三因素理论。该理论认为“压力”、“机会”和“借口”是财务舞弊的三个基本要素。压力因子，即公司有舞弊意图，并准备实施舞弊的主要动机；机会因子，是公司财务舞弊成功的必要条件，也是公司在进行财务造假等财务舞弊活动时，不易被人察觉的契机；借口因子，是公司为了掩盖其舞弊行为而进行的自我辩护。

具体来说，公司财务舞弊的第一个因素是压力，主要分为两种：经济压力以及工作压力。经济压力是指为了掩盖公司的业绩、博取投资人的信任，以此来度过艰难的发展时期，或者某些人为了达到自己的最大利益、满足贪婪的物质欲望的压力。当企业的内部控制制度不完善或缺乏外部监管的时候，往往会受到经济利益的驱动而进行财务舞弊。工作压力是指某些公司或某些人为了提高自己的竞争能力、粉饰自身的业绩，以获得职位晋升或投资者信赖的压力。

公司财务舞弊的第二个因素是机会，可以分为六大类：一是公司的内部控制制度不健全，存在内控漏洞，使得利益相关方有机可乘；二是缺乏监督，未能及时、有效地发现会计舞弊，从而成为财务舞弊滋生的温床；三是缺少严厉的惩罚机制，相对于获得的经济利益而言，违法成本太低，不能有效地约束财务舞弊；四是信息的非对称性，使舞弊行为成为监管的盲点；五是员工素质差、职业道德水平低；六是审计制度不健全，未能得到有效实施。当然，法律制度不完善等原因也导致了财务舞弊。

公司财务舞弊的第三个因素是借口。当以上条件都满足时，行为人通常会为自己的行为寻找理由，而自我辩解的理由会加快他们的舞弊行为，如虚增收入、伪造报表。一个没有职业道德的公司，为了掩盖财务欺诈，总是可以找出种种理由，让它看上去合情合理且符合标准。一旦相关监管机构监管不力，或者是企业面临经济发展的压力，其就会通过舞弊来牟取更大的利益。

（二）信息不对称理论

信息不对称是指一方掌握的信息多，而另一方的信息较少，从而形成了一种优势和劣势强烈的对比，在这种情况下，掌握信息较少的一方所获得的收益会更低，而有信息优势者则会获得更大的收益。

从控股股东侵占公司资本的案例来看，公司的管理层对公司的所有情况都了如指掌，但对公司的负面信息却是保密的，而外界的投资者只能通过公开的信息来了解公司的情况，他们了解的信息是有限的。因此，与公司的管理层相比，外部投资者是处于弱势的。正是由于控股股东处于信息支配地位，才使得其能够顺利地进行侵吞资产的行为。

（三）委托代理理论

委托代理理论，衍生自信息不对称理论，归属于契约理论，即传统的委托代理理论的中心内容是所有权与经营权的分离。但是，随着我国经济的发展，公司的组织架构也在不断地发生变化，因此，控股股东的存在使得委托代理理论具有了新的内涵。在我国，大多数公司的股权结构都是集中的，而且多数情况下，控股股东拥有公司的实际控制权。由于中小股东的持股数量较少，而且不能参与公司的运营，因此，他们对控股股东的监管成本要远远大于对公司利润的要求，且如果管理者数量过多，容易造成管理混乱且效率低下，这就使得中小股东往往会将权力委托给控股股东，以保证公司的正常运作和长期发展。在公司的日常经营活动中，中小股东难以及时了解公司的动态，而一旦控股股东在委托代理的过程中罔顾他人利益、实施利益侵占行为，中小股东的利益就会受损。所以，在股权集中化案例中，所有权与控制权的分离将会更加重要。在委托代理理论的基础上，衍生出第二代委托代理理论。

在本文中，辅仁药业的第一大股东、实际控制人朱文臣掌握着公司的绝对控制权，利用违规担保、关联交易等方式将上市公司掏空，严重损害了公司的中小股东利益。因此，第二代委托代理理论为本文的分析奠定了理论基础。

（四）GONE理论

GONE理论假设舞弊包括4个因素，GONE是英语中4个元素的首字母：G表示贪婪，O意味着机会，N表示需求，E表示曝光。这4个因素基本上反映出4种造成舞弊的情况。“需要”因素又称作“动机”因素，也就是舞弊者们之所以会作弊，是因为他们在经营上的失败所造成的压力或者是为了牟取更大的利益。不良的动机是造成财务舞弊的主要原因。“机会”因素表示舞弊者有操纵的能力——或企业股权高度集中，或企业管理不健全，且舞弊者无人制衡，这时舞弊者就会利用不法行为来牟取个人利益。“曝光”因素包含两个方面：一是在实施舞弊后，是否有可能被发现；二是舞弊被查出后会受到什么样的惩罚，惩罚的力度能否承受。正如其名称所示，“贪婪”因素是寻求更大的好处。在上市公司里，高管拥有很大的权力，如果公司的治理结构不健全，内部控制不到位，不能有效地震慑住公司高层，其就会被贪欲所蒙蔽，有可能出现舞弊行为以为其牟取更大利益。

五、关键要点

（一）案例分析关键点：公司审计；财务报表。

（二）知识点：医药行业审计关注点；财务指标；财务分析要点。

（三）能力点：财务报表的分析能力；案例的逻辑串联思维能力；对于启示及分析方法的创新能力；解决实际问题的能力。

六、参考文献

［1］孙梦凡. 公司治理视角下医药企业会计信息披露违规问题研究［D］. 北京：北京交通大学，2021.

[2] 杨悦. ST辅仁控股股东资金占用问题研究 [D]. 长春：吉林大学，2020.

[3] 胡豆. 辅仁药业审计失败案例研究 [D]. 昆明：云南财经大学，2021.

[4] 辅仁药业. 辅仁药业集团制药股份有限公司2014年年度报告 [EB/OL]. [2015-04-30]. http://www.cninfo.com.cn/new/disclosure/detail?plate=sse&orgId=gssh0600781&stockCode=600781&announcementId=1200945812&announcementTime=2015-04-30.

[5] 辅仁药业. 辅仁药业集团制药股份有限公司2015年年度报告 [EB/OL]. [2016-04-09]. http://www.cninfo.com.cn/new/disclosure/detail?plate=sse&orgId=gssh0600781&stockCode=600781&announcementId=1202157842&announcementTime=2016-04-09.

[6] 辅仁药业. 辅仁药业集团制药股份有限公司2016年年度报告 [EB/OL]. [2017-04-29]. http://www.cninfo.com.cn/new/disclosure/detail?plate=sse&orgId=gssh0600781&stockCode=600781&announcementId=1203426595&announcementTime=2017-04-29.

[7] 辅仁药业. 辅仁药业集团制药股份有限公司2017年年度报告 [EB/OL]. [2018-04-21]. http://www.cninfo.com.cn/new/disclosure/detail?plate=sse&orgId=gssh0600781&stockCode=600781&announcementId=1204677190&announcementTime=2018-04-21.

[8] 辅仁药业. 辅仁药业集团制药股份有限公司2018年年度报告 [EB/OL]. [2019-04-20]. http://www.cninfo.com.cn/new/disclosure/detail?plate=sse&orgId=gssh0600781&stockCode=600781&announcementId=1206058840&announcementTime=2019-04-20.

[9] 辅仁药业. 辅仁药业集团制药股份有限公司2019年年度报告 [EB/OL]. [2020-06-24]. http://www.cninfo.com.cn/new/disclosure/detail?plate=sse&orgId=gssh0600781&stockCode=600781&announcementId=1207956929&announcementTime=2020-06-24.

第四章 融资决策与公司治理

案例7 共享办公企业的商业路径及风险资本①

案例导读

风险资本融资是初创企业的重要融资方式之一，风险资本对于初创企业的发展至关重要。而如何选择战略发展路径和合适的风险资本，使企业融资战略与商业路径相辅相成，从而起到联动作用，是初创企业在融资过程中需要重点考虑的问题。本案例对比WeWork及国内与之价值主张类似的“猪八戒”，从二者的商业路径选择、融资历程、风险资本的投资特点和它们之间的联动关系进行分析，寻找两家公司价值趋势变化的差异和驱动因素。通过本案例的学习，学生可以了解企业如何进行创业股权融资选择，风险资本如何影响企业的商业路径，企业商业路径又如何作用于企业价值。

关键词

企业融资　风险资本　商业路径　企业价值　战略联动

案例正文

在获得软银愿景基金的数笔融资之后，共享办公企业WeWork的公司估值一度高达470亿美元，成为仅次于Uber的美国估值第二高的初创公司。但是2019年8月后情况急转直下，8月14日，WeWork正式递交招股说明书，将估值下调至200亿~300亿美元。9月17日WeWork宣布推迟IPO，9月30日撤回招股说明书，企业估值降至100亿~120亿美元，到10月大约仅为70亿美元。短短10个月，WeWork企业估值一路暴跌、上市折戟，成为2019年资本市场的黑天鹅以及全球科技行业发展历史上的一个标志性事件，引发了人们在风险资本投资科技创新型公司策略上的全面反思。日本软银集团和孙正义因此遭到外界批评，被认为推动了科技创新型公司的投资泡沫。但与此同时，中国西南地区的独角兽企业“猪八戒”，却在这一波共享平台经济热潮中发展得风生水起，在相继获得IDG资本、赛伯乐投资集团与重庆本地北部新区专项产业投资基金的若干次风险资本注入后，估值升到300亿元人民币，准备赴香港联交所上市。

两家公司同为办公类共享经济型企业，为何一个估值暴跌，另一个却在投资浪潮中风

① 本案例由刘端、袁语馨、左涛改编自刘端、钟妍、曾唯、杨柳、林炳燊撰写的入选第十一届“全国百篇优秀管理案例”的《共享办公企业的商业路径异化及其背后的风险资本——WeWork与猪八戒》。本案例主要适用于“公司理财”课程中的“公司融资”和“经营杠杆和经营风险”等章节课程的教学，也适用于“公司战略与风险管理”课程中的“融资战略”与“风险”等章节课程的教学。本案例属于管理描述型案例。

生水起，上市指日可待？价值歧变如此之大，二者的商业路径和价值驱动因素到底存在何种差别？

一、公司简介

WeWork创建于2010年，主要业务是以低成本租下办公区，将楼面设计为风格时尚、可定制且社交功能齐全的办公空间用以出租。会员可以通过App预定办公室，分享信息和想法，互通资源，促成合作。WeWork计划打造一个服务经济大生态，在运营实体共享办公的过程中，逐步形成孵化器平台，为更多的初创企业提供诸如工商登记、招聘帮助、法律咨询、纳税筹划等一系列初创企业配套服务，从而从会员中深挖更多价值。截至目前，公司推出了WeWork、WeLive、WeGrow三个板块。

猪八戒股份有限公司（原重庆猪八戒网络有限公司，以下简称“猪八戒”）创建于2006年，经过十多年的发展，成为中国规模最大的办公服务共享平台网络公司，以提供服务交易平台而闻名。其交易品类涵盖LOGO制作、创意设计、网站建设、文案策划、广告策划、市场推广、财税服务等非实物交易。“猪八戒”计划根据线上平台汇集的海量用户，进军线下共享办公和孵化器项目，为更多有需要的线上客户落地孵化提供一系列初创企业的配套服务，从而打造“线上服务共享平台+线下共享办公+线下孵化”的服务大生态。

二、主要内容

（一）相似的美好蓝图与不同的商业路径选择

1.异曲同工的未来愿景

2010年，WeWork在纽约创建。2014年，它将业务扩展到世界各地。在不同城市，WeWork寻找租金较为便宜的楼面，再将其设计改造成具有当地特色且功能齐全的办公场所用来出租。它想要打造的是办公、地产区域的共享企业，再从这个固定物理空间中逐步发展孵化器项目和软性办公服务项目，为更多初创企业提供诸如工商登记、招聘帮助、法律咨询、纳税筹划等一系列配套服务，从而从会员中深挖更多的价值。WeWork设想的未来，是一个服务经济大生态，可以为会员提供任何他们需要的产品和服务。

无独有偶，在中国，也有一家企业价值主张与WeWork相似的企业——“猪八戒”。它创建于2006年，现已发展成为中国领先的人才、办公共享平台。“猪八戒”开辟了人才与雇主精准对接的渠道，通过整合线上和线下资源以及传递大数据，构建了一个服务共享平台。目前，“猪八戒”已经拥有2 200万注册用户，覆盖企业全生命周期的1 000多项业务。2016年“猪八戒”开启线下战略，在数十座城市推出八戒工场——孵化器+共享办公服务。八戒工场以共享办公空间为载体、精英社群为抓手，为全球知识工作者提供便捷高效的办公体验、资源共享的社交空间、企业成长生命的全程管家服务。

如果按照公司的规划持续发展下去，两家企业构造的未来生态圈和发展蓝图是非常相似的，即“共享办公+线下孵化+线上平台”，其客户主体是创业企业。在融资引入战略投资人和其他外部股权资本时，两者都选择了相应的科技公司估值方法。但就目前来说，WeWork从估值470亿美元暴跌至70亿美元，而“猪八戒”却节节攀升，即将准备赴香港联交所上市。两家公司的未来规划和生态设计如此相似，它们的价值歧变或许要从其商业路径中寻找答案。

2.WeWork的商业路径选择

截至目前，WeWork已经在全球29个国家和地区的111个城市里设立了528个共享办公场所，工位数超60万，会员数量达到52.7万。在2019年递交招股说明书前，它还在软银等外部投资人的支持下采取极速扩张发展战略。然而，转折很快发生，除了未能成功上市，商业模式饱受质疑外，它还陷入了创始人被迫辞职、大量办公场所关闭和大批员工离职的窘境。为救WeWork，软银约投入95亿美元，其中包括50亿美元的新资金、30亿美元的现有股东收购要约，以及先前承诺的15亿美元注资。融资完成后，软银将持有WeWork 80%的股权。

（1）发现商机，共享经济

2008年，29岁的亚当·诺依曼在布鲁克林码头区的一处工业建筑里经营着一家名为Krawlers的婴儿服装企业。为了节省创业开支，他决定将办公室进行分隔，并将其中一部分转租出去，这个简单的举动意外地大获成功。2010年，诺依曼正式创立WeWork。由于金融危机的影响，大批办公楼出现空置，这使得WeWork可以用很低的价格租下它们，而在完成对这些办公楼的改建后，经济又正好回暖，因此这些办公楼恰好可以以比较可观的价格重新租出去。一来一回，WeWork从中获益颇丰，截至2012年，WeWork开设了4家共享办公空间。

随后，共享经济大热，WeWork也试图分一杯羹，开始树立共享科技公司的形象。共享办公是WeWork的核心理念，是它整个生态体系中最关键的要素。WeWork强调它与房屋出租不一样，会先将办公室进行装修改造，为入驻的客户提供休闲时尚的办公环境，达到“乐享办公”的目的。而其推出的服务则根据不同客户的需求来定制。WeWork的业务按客户主体分为公司业务和个人业务，按租赁时间分为长期业务、中期业务和短期业务，甚至包括不需预约、微信付费的“闪座”业务。从移动工位到专属办公室，再到整个企业总部，WeWork的共享办公理念得到了认可，成为公司发展路上的强大助推力。

除了共享办公，公司还试图推出其他共享服务。2019年，WeWork更名为WeCompany，包括WeWork、WeLive、WeGrow三个板块。WeLive是基于共享空间理念的公寓服务，把重点从工作转移到生活。公司在2016年设立两处WeLive地点，但截至2019年，并无其他实质性发展。WeGrow是实验性小学，通过让会员的孩子在此上学来吸引更多的客户，但至今学校只有在2018年时设立的一所。WeWork的招股书一直强调要建立一个全方位的线下共享社区，但实质上业务仍然以共享办公为主。

在这种商业路径下，公司的成本支出巨大，因为共享办公的载体是实体空间，租赁费用不容小觑。WeWork的租期一般在10到15年，在这种模式下，公司承诺在未来要支付数十亿租金。但是竞争对手不断抢占市场份额，公司经营状况变动也增加了未来现金流的不确定性。因此，为了降低租赁风险，WeWork开始购买房产，延长租赁期限，并且注重吸引大公司客户的长期租赁订单。2019年中期合并资产负债表显示，WeWork的租赁使用权资产达到150亿美元，总资产为270亿美元，租赁使用权资产占比超过一半。重资产违背当初“灵活办公”的理念，也让公司前行负重。

(2) 规划降重，搭建平台

在过去的十年，身处互联网时代的众多公司都借助科技发展纷纷搭建平台，吸引了一大批流量用户并取得成功。在这种大环境下，WeWork以共享办公为基础开始构建线上平台。在招股书中，WeWork称平台拥有集成解决方案（空间、社区、服务和技术）的价值以及全球平台的规模。

在空间价值上，WeWork在招股书中多次提到利用数据和算法选取扩张地址，利用数据来设计办公室、找到办公区域与娱乐设施的最佳组合、分配和利用空间。尽管这些是大数据公司的特征，但是其算法并没有改善其庞大的成本支出。

在社区价值上，WeWork称通过把这些创造者聚集在一起工作，使他们之间自发产生化学反应，从而创造价值。因为人群背后的社区网络意味着流量，流量变现就能创造价值，这正是大多数平台的盈利模式。

在服务价值上，WeWork尝试提供多种增值服务。比如，建立The Flatiron School编码教育平台，解决客户的不同需求；利用Headquarters by WeWork项目为企业客户总部设计解决方案，主要针对大客户以增加其黏性；构建WeWork Enterprise，为全球财富500强企业寻找、设计、建造、运营办公空间，并把办公住址延伸到WeWork以外的区域，趋近于私人定制服务。这些增值服务确实为公司带来了收入，可是在总收入中的占比却微乎其微。

在技术价值上，WeWork提出空间及服务（Space-as-a-Service）的概念。它的核心是以技术驱动服务与空间的连接，让服务在未来变得更加智能化和科技化，以达到更精准满足客户需求的目的，但该服务目前尚处于探索阶段。

(3) 延伸布局，线下孵化

为了改变一直亏损的状况，2017年WeWork推出WeWork Labs项目。此项目针对全球早期初创企业，为其提供办公空间，以及诸如工商登记、招聘帮助、云服务、个人提升、法律咨询、纳税筹划等一系列初创企业配套服务，并且指导和帮助初创企业更好地在全球社区曝光。招股书中披露此项目为17个国家的2 100多家企业提供了支持，但其目前为公司带来的收入仍然占比很小。

(4) 激进升级，烧钱战略

WeWork规划的商业模式和发展前景吸引了以孙正义为代表的投资人，在递交招股书前，孙正义的软银愿景基金对WeWork的投资金额已达106.5亿美元。据媒体报道，在诺依曼和孙正义第一次会面的十几分钟后，后者就砸下44亿美元的投资促进WeWork的扩张。WeWork也的确开始在全世界占领市场，从2016年开始，WeWork的总营收不断攀升，2018年达到18.22亿美元。从收入结构分析，公司的主要收入来源于共享办公业务。根据2019年半年报可知，在前6个月的总收入中，共享办公会员费及租金收入占比高达83%，服务收入占12%，剩下的5%来自其他收入。2016—2018年，WeWork营业收入的趋势变化如图7-1所示。

但是WeWork不计利润的扩张模式却饱受质疑。虽然在招股书中，WeWork大胆预计潜在会员总数约为2.55亿，潜在的市场机会为1.6万亿美元。并且截至2019年6月30日，WeWork还握有总值40亿美元的不可撤销租金合约，对于这些不可撤销租金合约，WeWork

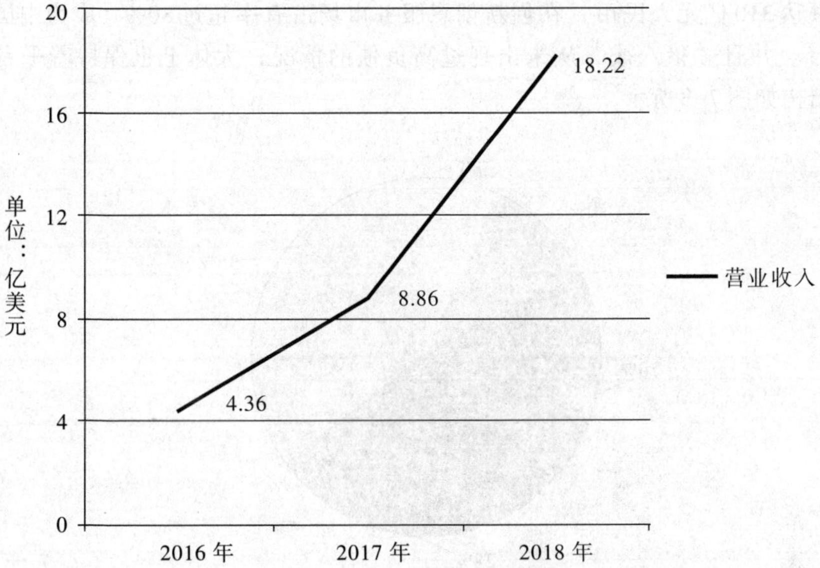

图7-1　WeWork收入变化趋势①

对外宣称其足以应对任何扩建成本。但是，烧钱战略在2019年9月戛然而止。在WeWork的成本中，直接成本、摊销和折旧占比过重。从对图7-2的分析可知，尽管公司收入不断上涨，但是它的增长速度还是赶不上成本的上升速度。仅直接成本、摊销、折旧这一项目的支出，就超过每年的营业收入，而WeWork这一项目支出主要源自其房产租购经营，是典型的固定性成本费用。

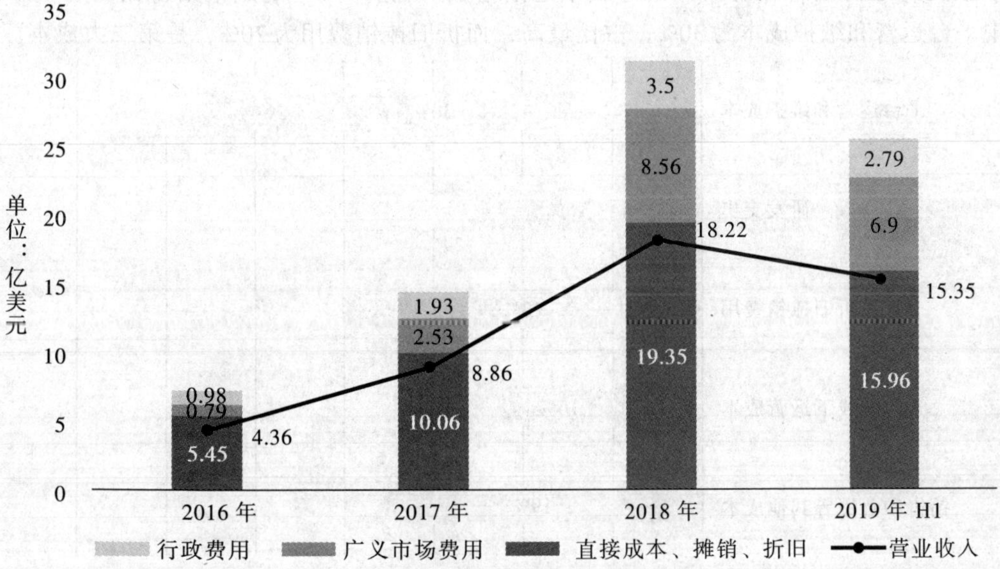

图7-2　WeWork的收支②

3.“猪八戒”的商业路径选择

在“猪八戒”成立的12年间，共积累了1 800万活跃用户，完成超1 300万单交易服

① 数据来源于通过内部调研获得的WeWork 2016—2018年财务报告。
② 数据来源于通过内部调研获得的WeWork 2016—2019年财务报告。

务，成交额达310亿元人民币，在创新创意服务市场占有率超过80%，成为中国最大的服务共享平台。并且“猪八戒”从未出现过高负债的情况，大体上也保持着平台轻资产模式，资产结构如图7-3所示。

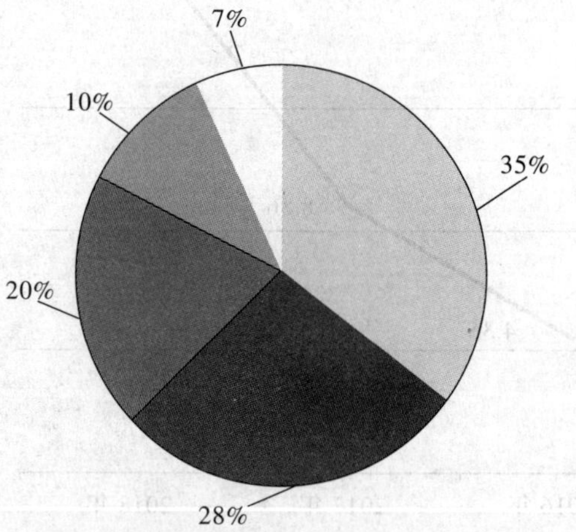

图7-3 “猪八戒”的资产结构①

“猪八戒”的创始人朱明跃表示他对待项目资金十分谨慎，成本投入是建立在商业模式有成效的基础之上。具体来看，“猪八戒”前期成本主要是线上平台运营和维护成本，在收入流稳定的情况下，具有明显的规模效应。随着“猪八戒”商业模式的推进和演变，线下空间的运营成本和折旧摊销等成本逐渐增加。“猪八戒”的成本结构如图7-4所示，其中平台运营和维护成本为30%，占比最高；而折旧摊销费用为20%，是第二大成本。

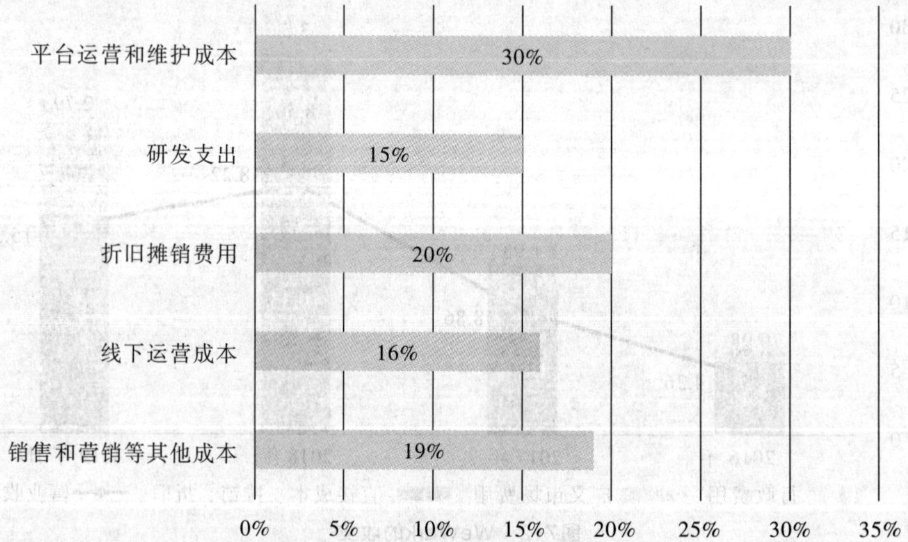

图7-4 “猪八戒”的成本结构②

线上服务共享平台+实体孵化+共享办公一体化——“猪八戒”与WeWork的未来发展

① 数据来源于通过内部调研获得的“猪八戒”2018年财务报表。
② 数据来源于通过内部调研获得的“猪八戒”2018年财务报表。

蓝图是非常相似的，但其商业发展路径却有着明显的差异。

（1）开始取金，抽佣战略

2006年，“猪八戒”刚成立的时候，它的商业模式是最为常见和原始的“抽佣”模式。它将服务交易市场上的专业人才和雇主连接在一起。专业人才包括具备专业能力的个人、企业等，可以通过平台为雇主提供专业服务，从而实现收益。而雇主包括政府机构、中大型企业、小微企业、初创企业及个人等，他们在平台上找寻符合自己需求的服务，并支付费用。“猪八戒”作为一个众包服务的平台，为双方建立了紧密的联系，并从交易额中抽取20%的佣金。

然而，20%的抽佣比例似乎并不足以维持“猪八戒”的日常运转，因为平台收取的高佣金费用会促使交易双方私下协商，降低价格交易，进而出现跳单现象。抽取佣金的商业模式给“猪八戒”的发展制造了瓶颈，这种情况一直持续到2014年。

（2）衍生服务，钻井模式

2014年，“猪八戒”为降低跳单率，将佣金比例从20%下调到5%，其佣金收入占比也从2010年的95%下降到了2014年的44.9%，减少了一半多，至此佣金不再是“猪八戒”唯一的收入来源。它利用平台近10年的积累数据，开始沿服务方向发展，获取收入，也就是所谓的“钻井”。

“猪八戒”挖的第一口“井”是“八戒知识产权”，第一个产品是“商标注册”服务，仅一年的时间这项服务就带来了940万元营业收入。2015年，“猪八戒”成立了专业的“八戒知识产权”团队，将此业务上升到了公司战略的层面，配置更优质的资源以挖掘与知识产权相关的其他潜在领域。“猪八戒”还在2019年全球知识产权生态大会上荣获“2019年度中国商标代理十强”。“猪八戒”挖的另一口“井”是“八戒财税”，它是年营业收入过亿的一项钻井业务，是“猪八戒”为了弥补低频服务的短板而建立的高频和有刚性需求的服务平台。除此之外，“猪八戒”还涉及了金融、IT软件、办公、游戏、法律等多个领域，但除“八戒金融”营业收入过亿之外，其余的“井”被关停或是被并入了平台的其他业务。

（3）数据海洋，钻井平台

任何平台最终都是通过用海量数据为用户提供延伸服务而获利。在意识到“钻井”模式的商业逻辑后，“猪八戒”更加重视这些数据背后的价值。在平台模式下，广告商便自然而然地成为了平台里的一员。为了成就平台的数据海洋，“猪八戒”决定免除交易佣金，把交易当作用户入口。零佣金制度使得猪八戒的规模实现了快速扩张，打响了它在行业内的声誉。

然而免佣金制度也给猪八戒带来了严重问题，平台上出现了大量的服务商通过刷单作假来提升交易额，这就导致服务商“劣币驱逐良币”的恶性竞争。于是，“猪八戒”在2017年决定再次恢复抽取交易佣金的模式，且通过区分佣金级别来对会员进行分层管理。至此，猪八戒正式由服务收费战略模式转变为依靠海量大数据为整个产业链提供各种收费性衍生服务的战略模式，即通过原始的服务项目交易，获得海量的用户数据和作品数据，然后通过平台整体升级，把服务交易规模做大，而“猪八戒”需要做的就是寻找到产业链上的合作伙伴，众创掘金。截至目前，“猪八戒”一半以上的营业收入来自其通过数据挖掘开展的一系列线上平台的软性增值服务，线上服务收入的占比很大。同时，“猪八戒”平台占据了80%的市场份额，交易总额超过65亿元人民币。

由于中小微、初创企业数量和服务需求的增加，“猪八戒”在利用大数据进行钻井的道路上，进一步构建出一个生态合作伙伴体系。该体系于2019年6月23日在“2019猪八戒网取经大会暨生态合作伙伴大会”上正式发布。

（4）发展线下，共享战略

与此同时，“猪八戒”将目光瞄准了线下的众创园区。与WeWork疯狂烧钱扩张战略不同，从2016年中开始，猪八戒平台将自身定位于增值服务提供商，面向三四线城市企业招商，并为当地创业企业提供孵化器服务，这使得“猪八戒”稳健快速地进入了线下市场。2017年6月，其园区升级为“八戒工场”。在这里，入驻的企业不仅能享受到传统园区提供的共享办公服务，包括移动工位、固定工位、专属办公室和定制化办公室等多种选择，而且能通过猪八戒的平台支撑和核心运营团队来扩大自己的生意圈。同时，“猪八戒”的孵化器功能逐渐显现。企业在入驻“猪八戒”的创新产业园区后，就可入驻线上平台，对企业来说打破了物理空间限制，拓宽了业务范围。“猪八戒”通过线上虚拟园区做孵化、接订单，通过线下实体园区消化订单，线上线下形成闭环，实现了融合。

截至目前，“猪八戒”的营业收入中有超过1/3的比例源于线下实体社区模块，其中包括共享办公领域和孵化器模块带来的收入。“猪八戒”的营业收入结构如图7-5所示。

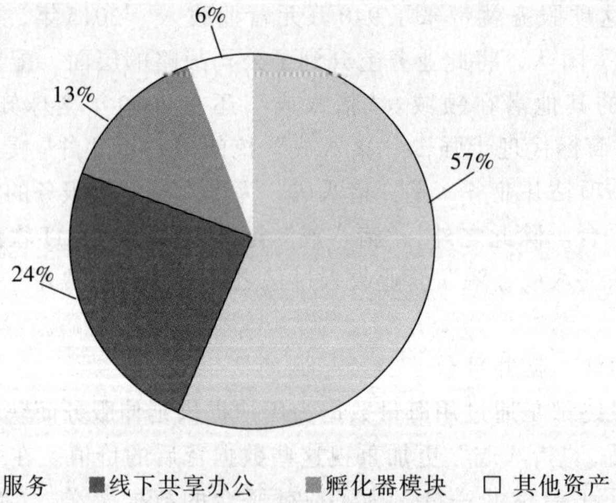

图7-5 “猪八戒”的营业收入构成[①]

“猪八戒”的营业收入中占比最大的仍然是线上平台提供的增值服务，但线下的共享办公服务和孵化器服务也占据着较大的比例。这在一定程度上标志着它顺利完成了从线上的众包服务平台到线上线下相结合的一站式共享办公服务平台生态圈的华丽转变，“猪八戒”线上线下联动，共建服务新生态，服务平台如图7-6所示。

（二）两家公司战略发展背后的风险资本

纵观WeWork和“猪八戒”的发展历程，吸收风险资本在其融资过程中占据了很重要的地位，风险投资人的存在对两家公司而言意义非同寻常，但有着很大差别。

① 数据来源于通过内部调研获得的“猪八戒”2018年财务报表。

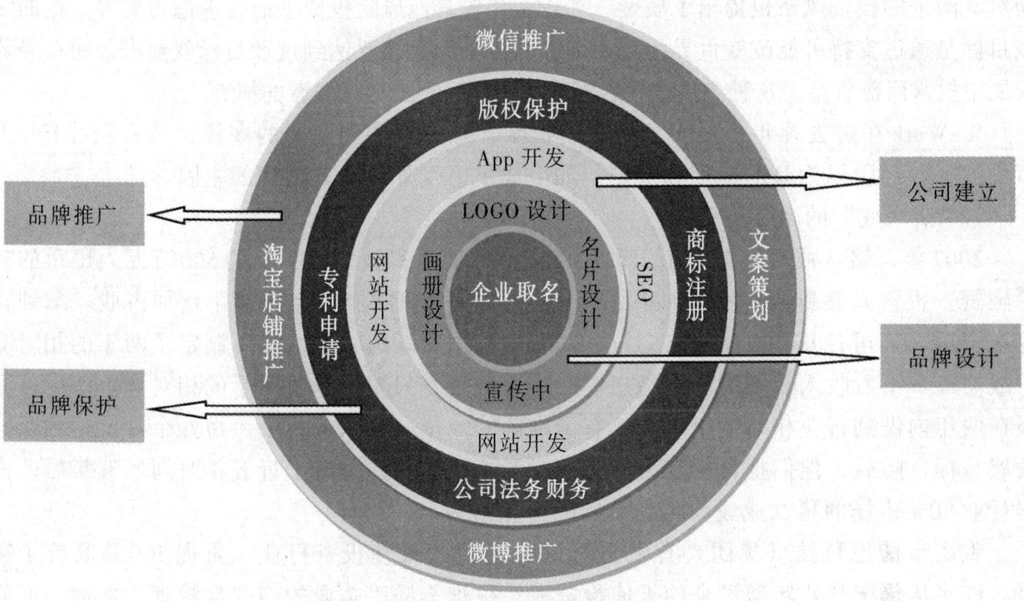

图7-6 “猪八戒”一站式服务平台

1.WeWork的融资历程

WeWork在成立初期，诺伊曼就获得了基准资本的首笔风险资本。在2012年到2016年期间，WeWork连续五年进行了七轮融资活动，融资共计17.2亿美元。T. Rowe Price Associates Inc、高盛、摩根大通、弘毅资本、上海锦江国际酒店等投资机构都参与了融资。发展初期频繁的融资活动反映出WeWork将有更多的压力，诺伊曼在采访中的回答表明投资人的期望不断提高，公司的估值也在持续上涨，WeWork需要创造更高的投资回报率。

2017年，这种融资的激情从与日本软银的首次合作后开始爆发。软银领导人孙正义认为WeWork是下一个“阿里巴巴”。他告诉诺依曼，要将WeWork的规模发展到比最早预想的大10倍。他还要求诺依曼意识到一点，在一场战斗中，当个疯子比当个聪明人更有用，WeWork目前还是不够疯狂。WeWork先是在2017年从软银愿景基金获得资本44亿美元，公司估值达200亿美元。2018年11月，WeWork又从软银获得了30亿美元，公司估值高达420亿美元。2019年1月，软银再计划投资20亿美元，公司估值推高到470亿美元。在递交招股书前，软银愿景基金对WeWork的投资金额已达106.5亿美元，获得了30%的股份。根据几轮融资的条款清单规定，愿景基金在WeWork董事会获得了重要投票权，能够对WeWork重大决策的制定产生重大影响。

软银愿景基金成立于2016年，规模达到千亿美元，是全球最大的私募股权基金，它的主要投资方为沙特阿拉伯政府基金。愿景基金自从成立后就开始了大规模投资，前期投资的公司包括Uber、滴滴出行、Slack、WeWork、Cruise等80多家公司。该愿景基金主要的投资方向为前沿技术、应用新技术的传统产业和TMT等三大领域，而投资策略是在创业公司的后期融资中进入，一两年后公司上市，并按市值入账。其主要做法是：大手笔投资赛道内较为有前景的企业，谋求大股份甚至控股，将其培养成行业内领导者，且不计利益和代价。它偏好那些狂热企业家，愿意接受巨额资金，也愿意承担巨大风险。巨额基金赚足光环的背后，大众对其激进的投资风格也提出了质疑。孙正义相较其他风险投资家而言考虑得更多，他的终极目标是通过支持可能改变世界的公司来影响历史，而想要达到这种目标就要求公司在经营发展中投入巨额资金，这种激进的投入策略往往会受到其他投资者的摒弃。

WeWork在过去几年里经历了疯狂的扩张，急速发展到目前的规模，然而随着IPO上市受挫，曾经引以为豪的速度和规模，如今成了引发外界对其诟病的主因。

2.“猪八戒”的融资历程

2007年，猪八戒拿到第一个天使投资人——博恩科技集团——的500万元人民币的首轮融资。投资人熊新翔表示，如果之后资金不足还将增投500万，但不增加占股。拿到首轮融资后，公司召开了发展战略会议，熊新翔与朱明跃为“猪八戒”制定了两年的相对竞争战略——不看收入、利润、交易规模、用户数量，只看与竞争对手的相对竞争状况，希望在两年内做到行业相对竞争第一。有了准确的定位，猪八戒用了短短九个月就达到了其发展目标。随后，他们把目标定为保持相对竞争第一，并坚持了近五年时间。五年后，占据行业80%市场的猪八戒成为名副其实的行业第一。

重庆市博恩科技（集团）有限公司2005年进入天使投资行业，奇虎360是其首个项目。许多从传统产业转型过来的天使投资人，很难不插手企业的经营与管理。然而，熊新翔恪守天使投资人的本分，不以自己的先知代替创始人的成长，不干预团队的试错，而是让“猪八戒”在试错中不断成长。

2011年，猪八戒的A轮融资得到IDG资本1 000万美元的支持。IDG技术创业投资基金又称IDG资本，是最早进入中国的外资投资基金，其不仅向企业家提供资金，还提供一系列企业所需的增值服务和支持。在“猪八戒”的创业路上，IDG从未过度干预其经营，而是保持前瞻性的眼光，帮其调整创业心态。

2014年，IDG与重庆文投集团再度注资，“猪八戒”B轮融资1 750万美元。随着重庆市文化体制和文化资产改革的不断深入，重庆文化产业投资集团有限公司应运而生，对国有文化资本进行投资，提供战略性投资引导。有了新资金的支持，“猪八戒”尝试将佣金比例由20%降至5%以降低跳单率，并探寻出了新的盈利模式——“钻井”。

2015年6月，“猪八戒”完成C轮融资，私募股权投资机构赛伯乐及重庆北部新区产业投资基金注资共计26亿元人民币，前者注资16亿元，后者注资10亿元，此次融资使得“猪八戒”估值超百亿元人民币。这是“猪八戒”上市前的最后一轮融资，资金都是现金，且没有与投资机构签订任何对赌协议。起初与“猪八戒”进行融资谈判的有20多家机构，但“猪八戒”最终选择了与其未来发展相契合的投资机构。朱明跃表示本次融资主要用于市场营销、全国性布局及团队建设三个方向；同时宣布免除佣金、落地全国布局孵化园的战略。他表示，“猪八戒”目前运营健康，无论有没有26亿元人民币的融资，实际上都可以稳固发展。因此，不会像很多互联网企业那样要烧钱。

赛伯乐创投关注的重点是有整合潜力和平台价值的新兴产业，助力传统产业互联网+转型升级。其拥有国际化资源和国内外创新创业企业成功登陆资本市场的经验。重庆北部新区产业投资基金包括其与博恩科技集团共同成立的“北部新区互联网金融产业投资基金”、与赛伯乐投资集团合作设立的“北部新区赛伯乐移动互联网股权投资基金”、与重庆隆讯科技有限公司合作设立的“北部新区移动游戏股权投资基金”等。这些基金将政府扶持和融资企业所需资源有效地整合在一起，为企业发展提供支持。

2019年3月，科创板主要制度规则发布后，“猪八戒”公司研究认为已满足科创板上市条件，拟进行IPO。“猪八戒”融资历程如图7-7所示。

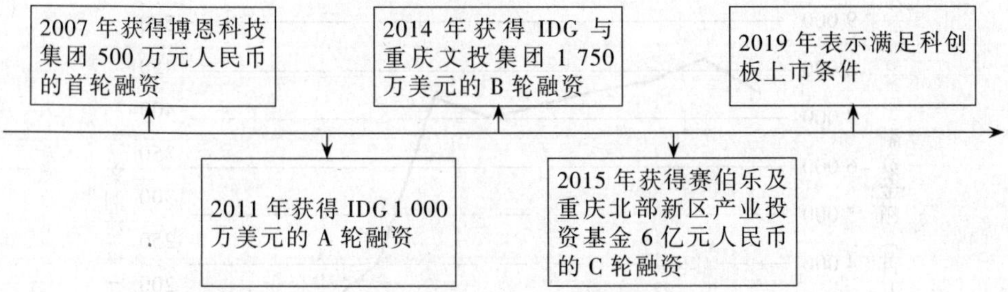

图7-7　“猪八戒”的融资历程

（三）下行的宏观环境

近些年来，在经济下行的大趋势下，中美两国均面临着较为严峻的创业环境，WeWork和“猪八戒”的主要客户所在市场环境也都不断恶化。

根据Wind数据库显示，截至2018年，全球经济增长率下降到3.0%以下。总体而言，全球经济呈现如下特征：一方面增长动力总体上呈现递减趋势；另一方面复苏势头呈现放缓趋势。在两大趋势的作用下，下行风险被相应放大。

在经济下行的压力下，初创企业最容易被大环境洗牌，因为风险资本会趋于审慎，相应地，风险资本会大量从风险敞口较大的地方涌向被普遍认为相对安全的地方。对于初创企业而言，获得融资的难度会大幅度上升，创业失败的概率也会随之大幅度提高。普华永道对美国硅谷2015年到2018年完成种子轮融资的2011家初创企业进行了调查，结果如图7-8所示。从2015年到2018年，除种子轮融资外，每轮融资获得融资的企业逐年减少，就获得F轮融资的企业比例而言，从2015年的1.4%下降到2018年的0.1%，硅谷2011家初创企业的融资情况在一定程度上反映出在2015年到2018年期间美国初创企业外部融资的困难逐年提升，表明在当前经济下行压力加剧的形势下，初创企业存活率不容乐观。

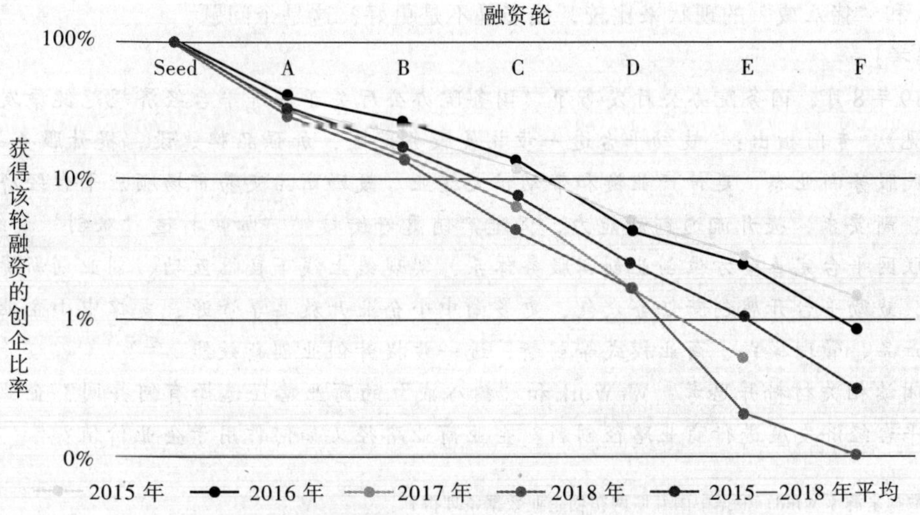

图7-8　美国硅谷2011家初创企业完成融资轮比例

如图7-9所示，从中国互联网初创企业风投与私募融资统计的数据可以看出，从2018年第三季度开始，互联网行业初创市场的投融资活跃度呈现直线式的下降。截至2019年三季度，融资案例数量为153起，同比下降63.04%，融资规模为38.43亿美元，同比下降32.45%。

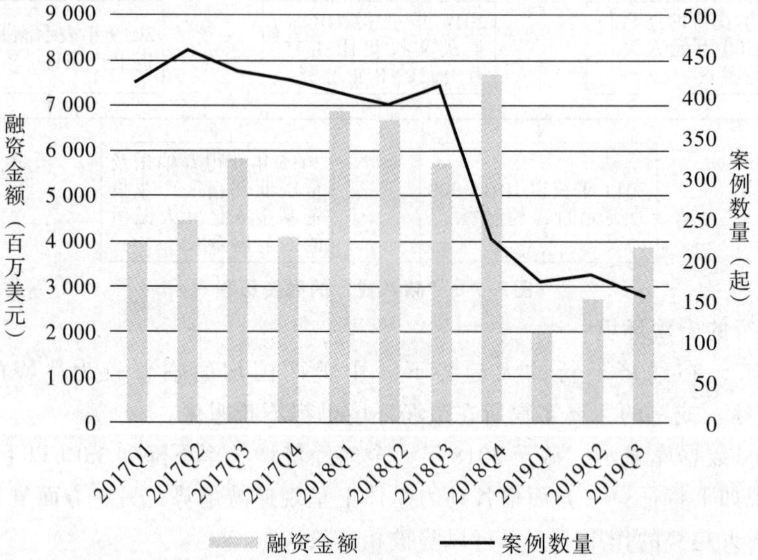

图7-9 2017Q1—2019Q3中国互联网初创企业VC与PE融资统计[①]

（四）殊途未必同归

同样是打造办公服务共享经济大生态，在进行有选择的风险资本融资后，“猪八戒”选择由线上共享服务平台逐渐向线下共享空间转型，正在朝着一个全方位、稳定的平台生态圈发展。相较而言，WeWork在获取了大量风险资本后，选择在前期进行固定资产规模的急速扩张，在线下进行大范围的办公空间布局，产生大量的空间运营支出，未来的收入无法得到确切的保障。风险资本固然可以帮助企业快速发展、跑马圈地，可是如果没有合理谋划和选择相匹配的商业发展路径，盲目扩张也可能会取得适得其反的效果。从WeWork和“猪八戒”的现状来比较，钱多是不是更好？这是个问题。

【政策思考】

2019年8月，国务院办公厅发布了《国务院办公厅关于促进平台经济规范健康发展的指导意见》，专门指出：“鼓励平台进一步拓展服务范围，加强品牌建设，提升服务品质，发展便民服务新业态，延伸产业链和带动扩大就业。鼓励商品交易市场顺应平台经济发展新趋势、新要求，提升流通创新能力，促进产销更好衔接。”“加快打造‘双创’升级版，依托互联网平台完善全方位创业创新服务体系，实现线上线下良性互动、创业创新资源有机结合，鼓励平台开展创新任务众包，更多向中小企业开放共享资源，支撑中小企业开展技术、产品、管理模式、商业模式等创新，进一步提升创业创新效能。[②]”

请阅读相关材料并思考：WeWork和“猪八戒”的商业路径选择有何异同？企业应如何顺应平台经济发展进行商业路径创新？企业商业路径又如何作用于企业价值？

① 数据来源于Wind，根据中国互联网初创企业数据整理得到。
② 国务院办公厅．国务院办公厅关于促进平台经济规范健康发展的指导意见［EB/OL］．［2019-08-08］．http：//www.gov.cn/zhengce/content/2019-08/08/content_5419761.htm.

案例使用说明

一、教学目的

通过对比WeWork和“猪八戒”相似的生态蓝图设计，以及不同的商业发展路径及其背后的风险资本融资，对它们价值趋势变化的差异和原因进行分析，达到以下教学目标：

1.了解风险资本、共享经济、商业模式、经营杠杆等相关概念和内容，了解企业如何进行创业股权融资选择，掌握平台型企业商业模式的创新路径，以及其对公司经营杠杆和经营风险的影响。

2.启发性地思考在经济下行时，为了稳定和提升企业价值，企业应该如何考虑吸收风险资本以辅助其战略发展，发挥企业融资与商业路径选择的联动作用。

二、思考题

1.结合WeWork和“猪八戒”的融资历程，说明两家公司的风险投资人包括哪些，并分析其分别具有何种特征。

2. WeWork和“猪八戒”规划的未来发展蓝图及商业路径选择有何异同？基于商业模式创新路径理论，分析它们在提升自身价值的过程中如何进行商业模式的创新？

3.风险资本融资是如何对WeWork和“猪八戒”的商业发展路径产生影响的？

4. WeWork和“猪八戒”的商业发展路径对它们的收入、成本、资产结构及风险应对能力有何影响？

5.企业在吸收风险资本辅助其战略发展时，需要考虑什么问题？

三、分析思路

案例分析思路如图7-10所示。

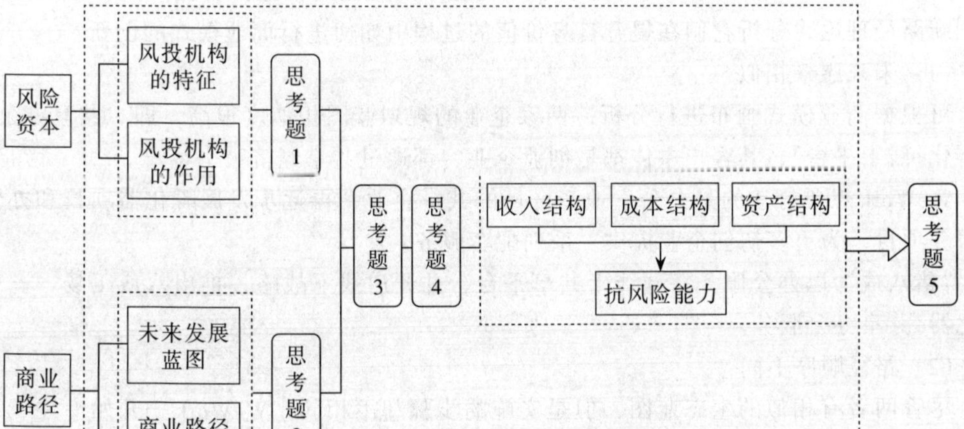

图7-10　案例分析思路

案例思考题有以下分析要点：

1.结合WeWork和“猪八戒”的融资历程，说明两家公司的风险投资人包括哪些，并分析其分别具有何种特征。

（1）WeWork的风险投资人及其特点（见表7-1）

表7-1 WeWork的风险投资人情况

融资时间	融资额度	融资机构
2012—2016年	17.2亿美元	T. Rowe Price Associates Inc、高盛、摩根大通、弘毅资本、上海锦江国际酒店
2017—2019年	106.5亿美元	软银愿景基金

WeWork的主要风险资本方软银愿景基金的投资策略是在创业公司的后期融资中买入，一两年后推动公司上市，并按市值入账。它偏好狂热企业家——愿意接受巨额资金，也愿意承担巨大风险。

（2）“猪八戒”的风险投资人及其特点（见表7-2）

表7-2 猪八戒的风险投资人情况

融资时间	融资额度	融资机构
2007年	500万元人民币	博恩科技集团
2011年	1 000万美元	IDG
2014年	1 750万美元	IDG、重庆文投集团
2015年	26亿元人民币	赛伯乐、重庆北部新区产业投资基金

“猪八戒”的风险资本方，如博恩科技集团、IDG，不仅向其提供资金，还帮助其稳定创业情绪，提供其所需的一系列增值服务和支持等。另一些风险资本方，如赛伯乐、重庆北部新区产业投资基金则选择只提供资金支持，不做过多的干预。

2.WeWork和“猪八戒”规划的未来发展蓝图及商业路径选择有何异同？基于商业模式创新路径理论，分析它们在提升自身价值的过程中如何进行商业模式的创新？

（1）未来愿景相似

可根据商业模式画布进行分析，两家企业的规划蓝图相似度很高，即“共享办公+线下孵化+线上平台”，其客户主体都是创业企业，都通过共享经济吸引客户。

WeWork想要打造的是办公、地产区域的共享企业，再逐步发展孵化器项目和办公软性服务项目，为更多初创企业提供一系列配套服务。

“猪八戒”以办公服务搭建线上共享平台，并开启线下战略，推出八戒工场——提供孵化器+共享办公服务。

（2）路径顺序不同

尽管两者有相似的生态蓝图，但是实施的步骤却不相同。WeWork一开始专注于“共享办公”市场，并取得了第一阶段的成功。随后，其衍生出线上平台和其他增值服务，最后在2017年引入线下孵化项目“WeWork Labs”。

“猪八戒”与之相反，从2006年创立开始，业务主要集中在线上三大卖场。随后，“猪八戒”从中间商变成一站式服务平台。2016年，线下共享办公和孵化平台八戒工场成立，“猪八戒”实现从线上到线下的发展。

（3）蓝图成效不同

根据企业当前的商业模式画布进行分析，发现WeWork规划的增值服务和孵化器业务比重很小，且注重与大公司客户建立长期稳定的租赁关系，客户关系的灵活性大打折扣。此外，公司的核心资源能力没有体现科技性。

相比之下，“猪八戒”却按规划的蓝图稳定发展。它的关键业务不仅是充当中间商撮合交易，还充当服务商的角色，同时它的线下共享办公和孵化共赢模式也开展良好，一站式服务和个性化创造的优势体现明显，线上线下完美结合。

（4）如何进行商业模式创新

相比WeWork价值暴跌，“猪八戒”能获得成功是因为其推出的不仅仅是硬件产品，还是整合了线上服务、共享办公和线下孵化的一个整体。通过对比两家公司的发展，发现商业模式创新路径所带来的核心竞争力归结于三个方面：

①通过附加产品、增值产品推动企业商业模式的创新。两家公司都在谋求附加产品、增值产品所带来的商业模式创新，但“猪八戒”采取线上软性服务平台先行，后拓展线下重资产业务的创新路径，比WeWork具有更高的发展弹性和可持续性。

②高效整合关键价值链资源。WeWork线下重资产的类房地产业务阻碍了用户黏性的增加；而“猪八戒”通过覆盖企业全生命周期的配套服务，实现了线上线下的融合。

③通过顾客分类推动企业商业模式创新。WeWork的办公空间服务具有更多的房地产产品特性，而“猪八戒”提供软性平台服务。平台服务的一大优势在于当顾客流量增加时，其边际成本将会显著降低，甚至趋向于零。

3.风险资本融资是如何对WeWork和“猪八戒”的商业发展路径产生影响的？

二者不同的商业发展路径选择，与风险资本对两家公司的影响机制密不可分。

（1）干预战略定位与协助战略执行

WeWork想成为规模最大的“共享办公+线下孵化+线上平台”企业，并已经获得软银愿景基金的巨额投资，都促使WeWork形成了早期的“烧钱”战略。同时，软银愿景在共享经济中的投资经验以及投资风格也起到助推作用。

相比之下，“猪八戒”的发展战略、经营均未受到过度干预，并已获得足够资金和所需的一系列增值服务和支持。同时，投资机构对其未来发展定位与企业本身发展战略相契合。此外，“猪八戒”的其他风险资本更偏重从资金上协助公司发展战略的执行。因此，公司的发展前期不需要大量烧钱。

（2）通过条款清单进行激励与约束

风险资本根据投资条款清单中的条款，参与创业企业重大决策制定，影响企业的战略选择与实施。WeWork和“猪八戒”背后的风险资本通过条款清单不同程度上影响了两家公司的战略布局。

WeWork获得了愿景基金若干轮巨额风险资本后，根据几轮融资的条款清单规定，软银愿景基金在WeWork董事会获得了重要投票权，从而在很大程度上影响了WeWork的早期发展战略。

“猪八戒”在C轮融资中获得共计26亿元人民币的资本，但该轮融资未签订对赌协议。这意味着“猪八戒”管理层受到来自风险资本的压力相对较小，公司可以按照既定的发展战略布局。

(3) 传递企业信息与加强企业市场地位

WeWork和“猪八戒”得到知名风险资本的投资，能向市场传递企业质量较高的信号，一方面有利于发挥认证作用，另一方面作为中介减轻了创业企业与外部投资者、交易伙伴的信息不对称。

4. WeWork和“猪八戒”的商业发展路径对它们的收入、成本、资产结构及风险应对能力有何影响？

随着商业路径和商业模式的发展，WeWork已属于类房地产的重资产型企业，而“猪八戒”依然保持着平台型科技公司的特征。

(1) 收入结构不同

①收入来源

WeWork的收入来源主要是会员收入和共享办公空间的租金收入。就目前而言，WeWork所构想的“共享办公+线下孵化+线下平台”大生态尚未实现，收入来源方面未实现多元化。

“猪八戒”的收入来源可以分为线上与线下，其收入来源较WeWork多元。

②收入稳定性及用户黏性

WeWork的发展路径是从线下到线上，但其目前主要业务仍然集中在共享办公，因此与用户的主要黏合剂是房子。WeWork的灵活性在不同经济环境下起到完全相反的作用。此外，WeWork还握有总值40亿美元的不可撤销租金合约。当经济下行压力增大时，无法快速变现。

“猪八戒”的发展路径是先打造线上服务共享平台，然后再拓展线下共享办公+孵化器平台，与用户的主要黏合剂是线上平台。并且，其核心优势是平台上的海量用户数据，通过发展线上服务共享平台规模化，线上收入可实现细水长流，能够应对经济下行的压力，避免大量烧钱。

(2) 成本结构不同

①固定成本

WeWork的运营费用种类繁多，场所运营成本居高不下。高昂的成本支出完全抵消了整租的优势，也加剧了整租的租赁风险。

“猪八戒”的成本投入相对WeWork来说更加稳健，循序渐进。前期的成本投入主要用于线上平台运营和维护成本，这部分成本可以通过稳定的收入流来冲抵。目前“猪八戒”的固定成本主要由平台运营和维护成本以及折旧摊销构成，固定成本占总成本的比例相对较小。

②边际用户成本

对于WeWork而言，其不仅需要为会员提供办公空间，还需要承担办公室的维护成本，其目前实体共享办公的运营模式决定其边际用户成本不可能降低。

“猪八戒”除了提供与WeWork类似的实体共享办公服务，还主要通过线上综合性的服务共享平台与用户相连。由于平台的规模效应，随着用户的不断增加，其边际用户成本甚至会趋于零。

（3）资产结构不同

WeWork的资产结构中，与房地产相关的非流动资产占比较大。在这种资产结构下，企业资产流动性差，变现能力较弱。从企业经营风险角度看，过多的固定资产投入需要在较长的时期内才能完成周转，这会使得企业的营运资金较少，意味着流动资产和流动负债的差额变小，到期无法偿债的危险性增加，经营风险也会增大。

"猪八戒"的资产结构更倾向于轻资产。其一半以上的营收是由线上平台产生的，线下的共享办公和孵化器模块产生了超过1/3比例的营收。"猪八戒"拥有线上与线下结合的综合生态模式，轻资产所带来的经营风险更小。

（4）风险应对能力不同

由经营杠杆系数公式DOL=（ΔEBIT /EBIT）/（ΔQ/Q）=（EBIT+a）/ EBIT可知，销售数量下降会导致经营杠杆系数增大，固定成本占比过大同样会导致较大的经营杠杆系数。经营杠杆系数大的企业面临着高经营风险。由于经营杠杆系数不同，面对经济下行的环境，WeWork和"猪八戒"表现出不同的风险应对能力。

WeWork的经营杠杆系数较大，面临的经营风险巨大。同时，同行业竞争较为激烈，其全球扩张愿景受多方因素限制，再加上用户黏性不大，WeWork的风险应对能力较差。

"猪八戒"经营杠杆系数相对较小，面临的经营风险也较小。在同样的经济环境下，"猪八戒"由于强大的用户黏性和丰富的增值服务，受到的影响较小，加上"猪八戒"需支付的固定成本费用并不像WeWork那样高，公司已实现盈利并保持高速增长。因此，"猪八戒"的风险应对能力较WeWork更胜一筹。

综合而言，两家公司不同的商业路径选择所产生的影响分别如图7-11和图7-12所示。

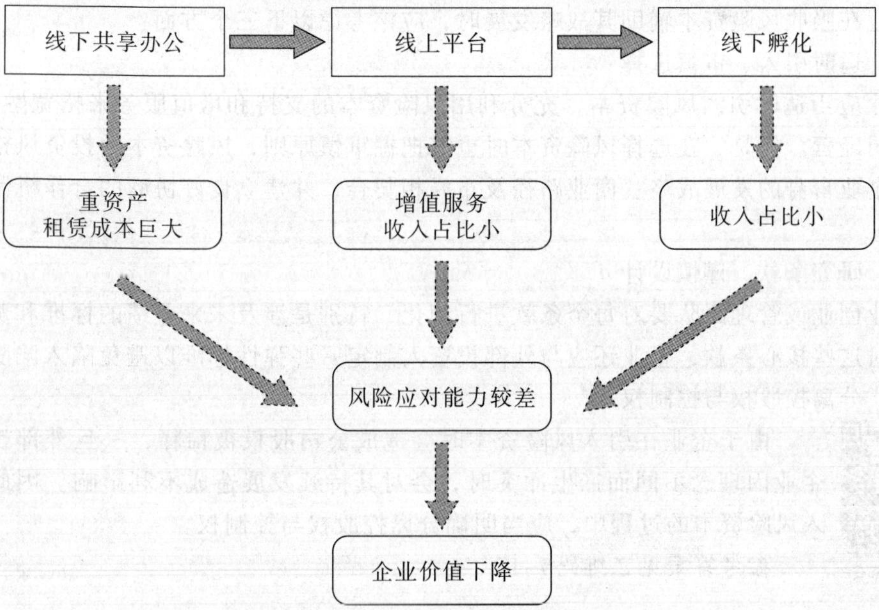

图7-11　WeWork商业路径的影响分析

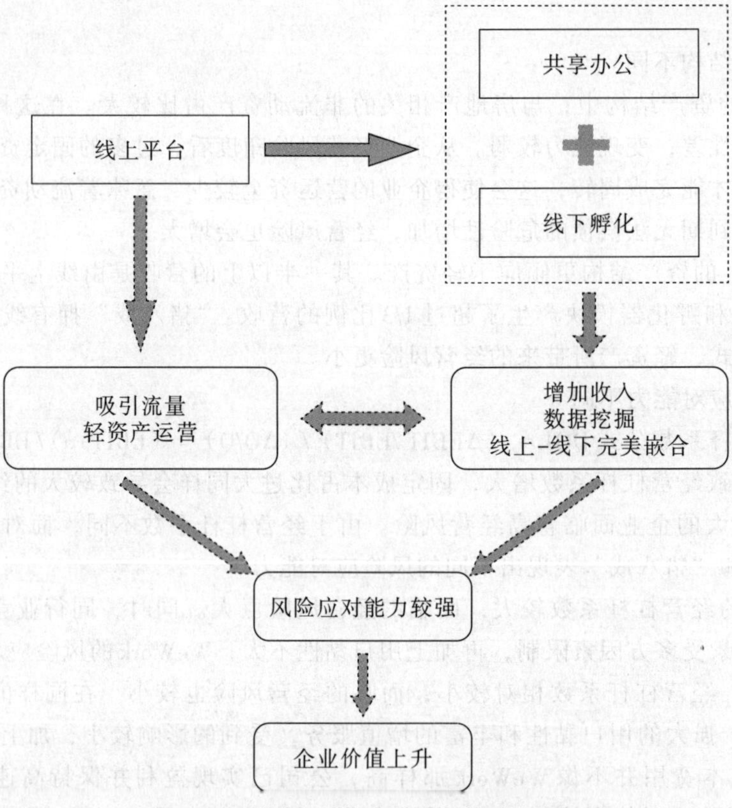

图7-12 “猪八戒”商业路径的影响分析

5.企业在吸收风险资本辅助其战略发展时，需要考虑什么问题？

企业在吸收风险资本辅助其战略发展时，应该考虑以下三个方面：

（1）适时引入、审慎选择

企业应当适时引入风险资本，充分利用风险资本的支持和增值服务来拓宽融资渠道、改善公司经营。但是，在选择风险资本时也需把握审慎原则，风险资本的投资风格和策略应当与企业自身的发展战略、商业路径及布局相契合，并建立良好协商的合作机制，实现共赢。

（2）研究条款、谨慎设计

企业创业或管理团队要对每个条款进行细化，特别是涉及未来业绩的标准和奖惩措施时。针对这些核心条款，企业还应与外部投资人制定一些弹性标准以避免陷入陷阱。

（3）分离控股权与控制权

由于企业在引入风险资本时会造成公司股权被稀释，一旦外部投资人与企业因理念不同而产生冲突时，会对其持续发展造成不利影响。因此，在引入风险资本的过程中，应当明确分离控股权与控制权。

7-1 参考答案

参考答案见二维码7-1。

四、理论依据

本案例采用的理论依据及其与案例思考题的关系如图7-13所示。

图7-13　案例理论依据框架

（一）风险资本

风险资本[1]，也称为风投或创投，它通过获得所投企业（通常是创业企业，尤其是高新创业企业）的权益，使得其能得到大量现金资本进行发展运营，并期望在所投企业快速发展后实现资本的增值，从而获取高额收益。风险资本具有投资时间较长，最终会退出企业管理的特点。其退出方式有三种：公开上市发行（IPO）、其他企业并购和破产清算。它主要通过三种机制对创业企业战略选择产生作用。

1.提供增值服务

风险资本所提供的与创业企业战略有关的增值服务主要包括：

（1）战略定位的引导与干预。风险资本在特定行业中积累了丰富的投资经验，对行业现状与前景有着预判，并据此为创业企业提供技术、产品与服务发展的前沿信息，帮助企业制订适当的产品和市场计划。

（2）战略执行的协助。风险资本在特定领域中积累了行业专长，可以帮助企业制定科学的运营战略，加上风险资本为企业注入的资金，从而协助企业战略的实施。

2.监督与管理

风险资本介入创业企业后便与其形成委托代理关系，通过监控与激励，可以在一定程度上缓解这种代理风险。

（1）公司治理的参与。风险资本通常获得创业企业的董事会席位，通过董事会参与企业重大战略决策的制定，并对企业高管团队的工作加以监督。

（2）条款清单的激励与约束。风险资本根据投资契约中的条款，如投票权、一票否决权、对赌协议（VAM）等，参与创业企业重大决策的制定，影响企业的战略选择与实施。

（3）战略执行的监督与评估。风险资本定期对创业企业的战略执行情况与经营绩效进行评估。

3.信号传递

随着风险资本的介入，风险资本可以利用自己在行业中的声誉与地位来影响创业企业的信号质量，进而影响企业的战略选择与实施。

（1）企业信息的传递。风险资本的介入向市场传递了创业企业质量较好的信号，一方面有利于发挥认证作用，另一方面有利于降低交易双方的筛选成本，提高选择合作伙伴的效率。

（2）市场地位的加强。风险资本介入能够提高创业企业的声誉、可靠性与合法性，从而扩大创业企业可选择战略的范围。

通过知名风险资本的注入，WeWork和“猪八戒”向市场传递了企业质量较好的信号。风险资本既发挥了认证作用，增加了所投企业的知名度，同时又作为中介减轻了创业企业与外部投资者、交易伙伴的信息不对称。

（二）共享经济

共享经济[2]（sharing economy）是借助网络等第三方平台，基于闲置资源使用权（资产或技能）的暂时性转移，实现生产要素社会化，提高存量资产的使用效率以创造更多价值。它有以下三种模式：

第一种是以产品为中心的模式，客户可通过共享经济使用某物品，但无须拥有它，让闲置的物品效用最大化，同时让市场内出现新消费者，如Airbnb等。

第二种是再分配市场模式，即把一种某人暂时不需要的物品转移到另一个需要它的人手中，如二手交换市场、图书漂流活动等。

第三种是协作型生活模式，即拥有共同需求或者利益的人聚集在一起分享或者交换如时间、空间、技能、知识等无形资产。

按此分类，尽管都是共享经济，WeWork还停留在第一种模式，较大程度地依赖于闲置房产再利用，以共享办公为主；而“猪八戒”则是第一种模式和第三种模式的结合，其线上、线下全方位的共享平台既能实现房屋等固定资产的利用，又能完成无形资产资源的交换，从而吸引客户，转化流量。

（三）商业模式

商业模式是为实现客户价值最大化，把能使企业运行的内外各要素整合起来，形成一个完整的高效率的具有独特核心竞争力的运行系统，并通过最优实现形式满足客户需求、实现客户价值，同时使系统达成持续盈利目标的整体解决方案。

1.商业模式九要素

商业模式是一种简化的商业逻辑，需要依靠一些元素来描述这种逻辑，其中最经典的是商业模式九要素画布，包括价值主张、客户细分、分销渠道、客户关系、核心资源和能力、关键业务、重要伙伴、成本结构、收入来源。九要素之间相互联系、相互作用，是一个有着逻辑关系的系统结构。

2.商业模式的创新路径

企业商业模式的创新路径通常有三种：

第一，通过客户分类推动商业模式创新。将顾客划分为付费用户与免费用户，以实现免费用户产生流量、付费用户创造收入的目的。

WeWork与“猪八戒”两家公司均对用户进行了相应区分，并采用会员制将平台上的客户划分为付费会员用户和免费用户，实现以免费用户产生流量，以付费用户创造收入的目的。

第二，通过附加产品或增值服务推动商业模式创新。这种模式创新是在主导产品或服务基础上，充分挖掘附加产品或增值产品的价值，通过主导产品与附加产品的策略性互补，实现商业模式盈利的多样性与稳定性。

第三，通过重构关键资源推动商业模式创新。WeWork所构想的商业蓝图是联合第三方合作伙伴共同打造企业共享办公服务生态圈，但其线下重资产的类房地产业务阻碍了用户黏性的增加；而“猪八戒”从挖掘线上服务共享平台的增值服务再到线下共享办公，通过覆盖企业全生命周期的配套服务，将分销合作伙伴、供应链合作伙伴与庞大的用户资源联系起来，实现了线上与线下的融合。

（四）经营杠杆

经营杠杆[3]是指在固定成本的作用下，销售量变动对息税前利润产生的作用。根据成本习性，在一定销售量范围内，企业的固定成本总额一般不随销售量的变动而变动。此时，销售量越大，企业单位产品承担的固定成本就越小，从而单位产品的利润也就越高，这使得息税前利润的变动率总是大于销售量变动率。经营杠杆效应主要体现为增加企业产品的销售可以降低单位产品的成本，使得单位产品的利润得以提升。反过来，如果企业产品销售量减少，单位产品的成本将提高，使单位产品利润下降，经营风险激增。经营风险来源于对企业战略产生不利影响的重大情况、事项、环境和行动，或源于不恰当的目标和战略。其影响企业利润、资金、经营活动的变动，从而导致企业价值发生变化。

衡量经营风险通常采用经营杠杆系数DOL。它是在经营杠杆中，随着产销量Q的增减而变化的息税前利润的变化倍数，计算公式为：

$$DOL = (\Delta EBIT / EBIT) / (\Delta Q / Q) = (EBIT + a) / EBIT$$

其中，EBIT为息税前利润，Q为产销量，a为固定成本。经营杠杆发挥作用的基点在于固定成本，而从上文可知，WeWork的固定成本占比巨大，“猪八戒”因有线上平台，相对固定成本占比小。在外部环境下行的同等条件下，前者应对风险能力弱于后者，是WeWork上市前爆雷的原因之一。

五、背景信息

（一）宏观经济背景

全球GDP与综合PMI指数对比情况如图7-14所示，从2010年到2018年，全球经济增长率从5.1%下降到3.0%以下，其间虽有波动，但总体而言，全球经济呈现如下特征：

方面增长动力总体上呈现递减趋势；另一方面复苏势头呈现放缓趋势。在两大趋势的作用下，经济下行风险被相应放大。

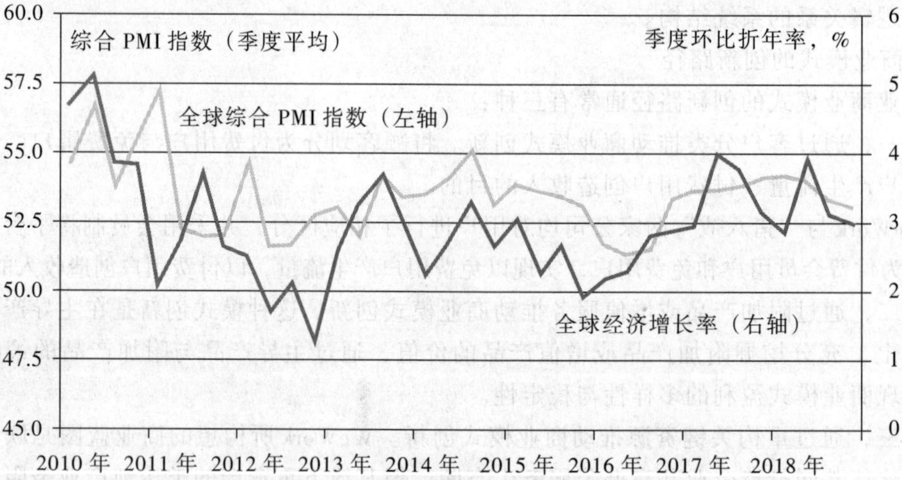

图7-14　2010—2018年全球GDP与综合PMI指数对比[①]

中国经济的增速总体上放缓，内外部压力的冲击使得经济下行风险加剧。在内部，中国经济尚未成功跨越到“经济新周期”，市场竞争加剧以及监管从严等方面的压力在初创市场尤其明显；在外部，中美贸易摩擦对于中国产业，尤其是互联网科技、高新技术板块造成一定程度的冲击，其市场预期受到的冲击会亦会进一步放大。

对银行等金融机构而言，在经济下行压力下，其风险偏好会有所变化。对初创企业而言，银行方面的融资渠道会收紧，就算获得相应的贷款，资金成本也会上升。中国历年GDP当季同比增长情况如图7-15所示，从2010年至2019年，中国GDP增速总体上呈放缓趋势，已到达2008年金融危机以来的最低点。

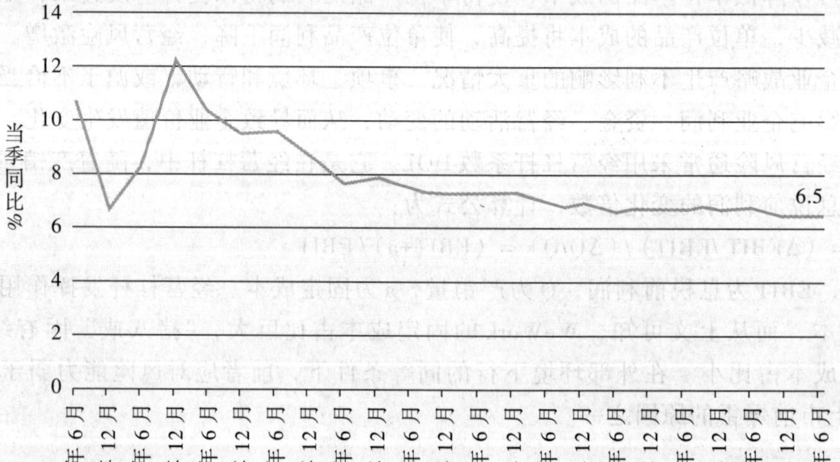

图7-15　中国GDP当季同比[②]

① 数据来源于Wind，根据相关数据整理得到。
② 数据来源于Wind，根据相关数据整理得到。

根据图7-16反映的2014—2019年中国宏观经济景气指数-预警指数可以看出，截至2019年2月，中国宏观经济景气预警指数为70.70点，处于景气度偏低区域，并且有维持偏低的趋势。

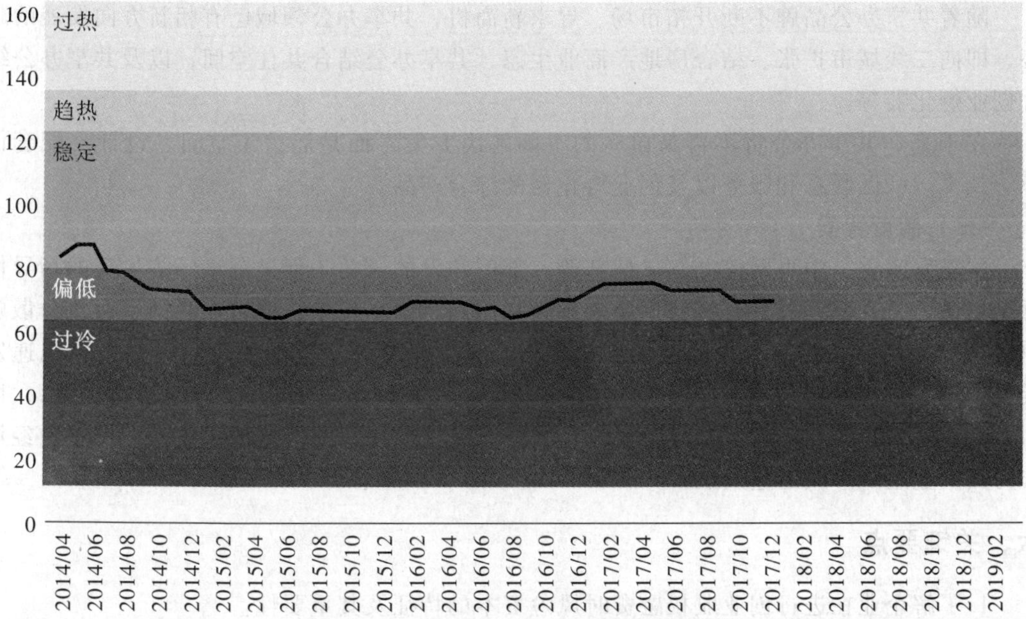

图7-16　中国宏观经济指数-预警指数①

与此同时，中国初创企业的发展状况也相对低迷。根据调查机构UHY International的2018年报告，2015—2018年中国初创公司的平均寿命由3.7年下降到2.9年。此外，在中国，企业寿命为5年以上的企业不到10%，而在美国，该数据也只有20%。值得注意的是，在美国这20%的企业中，又只有20%的企业能活过第二个5年。也就是说，在美国，能活过10年的企业只有4%。

此外，IT桔子的中国新经济“死亡”公司数据库显示，截至12月6日，2019年倒闭公司327家，与2018年倒闭458家公司相比，虽然数量少了131家，但是有更多知名创业公司倒下，如共享单车“ofo”、“团贷网”、房产交易平台“爱吾吉屋”等。

（二）行业背景

近年来，共享办公行业发展迅速。共享经济叠加双创大潮，大量公司以及私募基金向共享办公领域注入资本，拉动共享办公规模激增。网点选址向核心商圈、优质物业集中，市场集中度显现，运营趋于成熟，空间规模化运营效率逐步提高。我国一线城市共享办公规模连续高速增长，截至2018年一季度末，已经有546个共享办公场所，运营面积达到394万平方米，运营工位52万个。

随着共享办公行业的成长和不断整合，行业内竞争加剧。2018年1月至今，国内共享办公品牌减少40家，竞争力相对较差的企业逐渐消失或被并购。目前我国一线城市共享办公份额主要集中在WeWork、优客工场以及“猪八戒”手中。

近年，经济下行压力有加大趋势，共享办公市场的空置率持续走高。截至2019年1

① 数据来源于Wind，根据相关数据整理得到。

月，中国共享办公市场的满租空间只占12%，空置率50%以上的空间达到40%。针对这种状况，各大企业也在寻求商业模式上的创新，以期提高竞争力，增强品牌效应和客户黏性。

随着共享办公品牌不断开拓市场、寻求新商机，共享办公领域已有朝新方向发展的趋势，即向二线城市扩张、结合房地产商业生态、共享办公结合共住空间，以及共享办公结合创业孵化器等。

在未来，共享办公将不再是单一的空间解决方案，而是涵盖了空间、设计、配套设施、技术、社区联系和服务以及创业孵化器的综合产品。

（三）制度背景

国家发改委、中央网信办、工信部等八部门印发的《关于促进分享经济发展的指导性意见》认为，共享（分享）经济主要表现为利用网络信息技术，通过互联网平台将分散资源进行优化配置，提高利用效率的新兴经济形态。近年来，互联网信息传播技术飞速发展，中国互联网络信息中心发布的第40次《中国互联网络发展状况统计报告》显示，以Airbnb、共享单车、顺风车等为代表的共享经济依托于互联网信息传播技术，以平台经济作为其产业组织形式迅速发展。

六、关键要点

1. 了解企业在进行创业股权融资时风险资本的特征及其重要性。

2. 分析这两家共享办公企业发展战略的类型，以及如何进行具体商业路径的选择。

3. 掌握企业在战略发展的过程中商业路径的选择与风险资本融资之间的联动关系，为创业企业在吸收风险资本时提供一定的借鉴意义和参考价值。

七、参考文献

[1] 冯晓琦. 风险投资 [M]. 北京：清华大学出版社，2008.

[2] RIFKIN J. 零边际成本社会：一个物联网、合作共赢的新经济时代 [M]. 赛迪研究院专家组，译. 3版. 北京：中信出版社，2017.

[3] 蓝莎. 经营杠杆原理及经典案例分析 [J]. 会计师，2015（12）：34-35.

案例8　宏志达创业融资与商业模式的耦合进化①

案例导读

企业在不同的发展阶段会对商业模式不断地进行调整，对资金和具体筹资方式的需求也各不相同。企业应当认真分析现阶段的商业模式，在结合实际情况的基础上，选择当前阶段最适宜自身的筹资方式，以实现资本结构的优化，满足发展的需求。同时，企业也应当将筹集的资金进行充分的利用，并结合未来的筹资计划，适时地调整和改进商业模式。本案例描述了湖南宏志达科技有限公司从创业初期至成长后期，如何通过融资方式与商业模式不断地耦合进化，最终实现转型成功和可持续发展的全过程。通过对本案例的学习，学生可以了解到企业在不同发展阶段中，融资方式和商业模式的相互耦合进化，最终促进企业不断成长。

关键词

企业融资　商业模式　公司治理

案例正文

2018年9月16日原本是一个普普通通的周日，可对宏志达公司和董事长谭文昌来说却是一个特别的日子。在首届中国（长沙）办公耗材行业财富论坛的会场上，谭文昌激动地讲道："很荣幸有机会承办本次会议，我们宏志达科技股份有限公司能够取得今天的成绩，离不开在座大家的支持。"想起从创业伊始时的单枪匹马，到如今的欣欣向荣，谭文昌很庆幸自己一次次作出了正确的决定，正是创业融资和商业模式的不断耦合，帮助宏志达实现了进化和成功。

一、公司简介

宏志达公司创立于1996年，总部位于湖南长沙麓谷高新区，是中国第一家专注于办公耗材整体解决方案的产业生态企业、办公耗材一站式整合营销服务商、产供销一体发展企业。公司专注于办公用纸、办公耗材、办公文具、劳保日用、办公配件、维修服务七大产品板块的生产和销售，品类多达15 000多个SKU。公司旗下"德宝耗材"和"铃拓办公"是国内办公耗材的知名品牌。

① 本案例由刘端、袁语馨、左涛改编自刘端、杨雪松、余俏、肖苗撰写的入选第十届"全国百篇优秀管理案例"的《宏志达，创业融资与商业模式的耦合进化之路》。本案例主要适用于"公司理财"课程中的"融资方式与资本结构"、"公司战略与风险管理"课程中的"公司融资战略"章节的学习。本案例属于描述型案例。

二、主要内容

（一）个人独资，代理经销

1985年谭文昌积极响应国家的号召，开始了军旅生活。5年后他复员返乡，正值国家改革开放伊始，他毅然南下寻求生存和发展之路。1992年出于机缘巧合，谭文昌成为IT产业中的一员。当时的他没能想到，正是这个机会帮助他开启了个人的创业之路。

1996年年初，怀揣着实现宏伟志向的梦想，谭文昌成立了宏志达电脑经营部，主要进行电脑办公耗材，如硒鼓、色带和墨盒等产品的代理销售。作为个体工商户，一开始他并没有稳定的渠道和客户，但凭借着自己学到的专业技能，以及掌握的信息资源，谭文昌一步一个脚印地将诸多代理产品成功推向市场，而宏志达也实现了销售额和利润的年年翻番，发展前景一片大好。

刚开始创业的时候，宏志达的起步资金只有12 000元，是当时谭文昌4年打工的全部积蓄。幸运的是，辛勤的汗水和全力的投入让宏志达实现了目标。通过为客户提供优质产品和服务，加上对资金的精细化管理，宏志达的资产不断累积，1999年其资产规模超过了250 000元，宏志达电脑经营部所有者权益变动如图8-1所示。

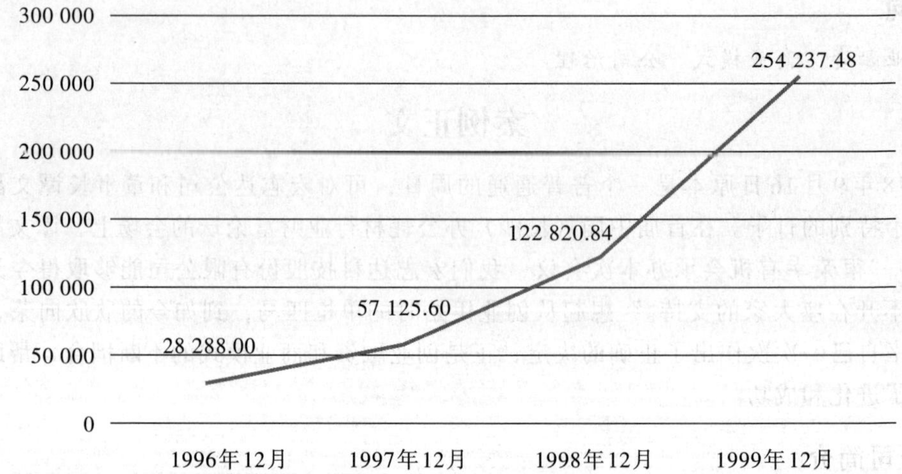

图8-1　宏志达电脑经营部所有者权益变动情况①（单位：元）

（二）举债经营，产销一体

我国的电脑耗材行业起步于20世纪70年代末，随着国内经济的不断发展，电脑耗材行业的规模急速扩大。尽管单件产品利润较微薄，但产品的采购数量往往巨大，因此规模优势降低了单个产品的成本，行业总体的利润率还是非常可观的。正因为如此，越来越多的逐利者进入这个市场，行业内竞争也越来越激烈。

竞争的加剧虽然对企业的发展产生了一些影响，但并没有阻碍宏志达发展的脚步。多年的军旅生活铸就了谭文昌坚决果敢、敢想敢拼的性格。随着电脑办公设备的普遍应用，谭文昌认为与设备适配的办公用纸会有很大的市场需求。于是在2000年，宏志达利用账上积累的利润留存25万元，以及其个人再次追加的资本成立了纸制品加工厂，开启了多

① 数据来源于通过内部调研获得的宏志达电脑经营部1996—1999年财务报表。

样化经营。原本的宏志达电脑经营部也正式变更为宏志达电脑产品工贸有限公司，注册资本300万元。

从无到有，从有到强，谭文昌打造了誉满三湘的IT金字招牌“德宝耗材”和“铃拓办公”等多个高端品牌。在短短几年时间内，宏志达的营销网络覆盖了整个三湘大地，郴州、邵阳、张家界、衡阳、湘潭、怀化等加盟店相继开业，有地市级分销商30多家、县级分销商200多家，并先后获得了湖南省诚信创建企业、信用等级AA级企业、湖南省政府采购协会会员单位、消费者信得过单位、三湘名店和湖南IT战略精英等多项荣誉。

凭借着对电脑办公耗材行业的高度认知，以及对科技变革和市场发展趋势的精准把握，谭文昌认为：行业内的竞争越来越激烈，但并不意味着在行业内生存困难，恰恰相反，许多新的转型机会正在悄然形成。就行业供需情况来看，行业内绝大部分都是经销商，在渠道这个范围内竞争确实非常激烈。可与之相对的，上游的生产厂商却非常少，仅占行业内企业的10%，处于相对垄断竞争的状态。因此，掌握了话语权和强议价能力的生产厂商相对于经销商而言更为强势。于是，宏志达再次开启了自己的变革之路，从经销商向品牌生产厂商转型，2003—2007年宏志达工贸有限公司营业收入情况如图8-2所示。

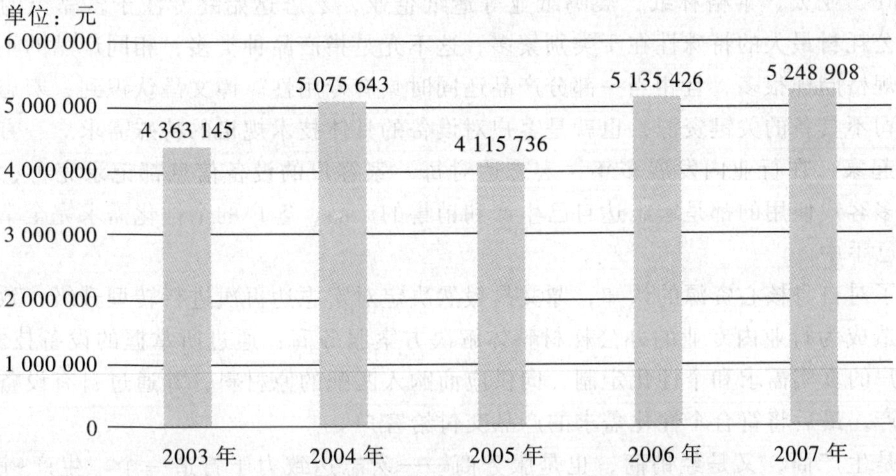

图8-2　2003—2007年宏志达工贸有限公司营业收入情况[①]

2008年，宏志达建成自有的全新标准厂房，并投入全自动生产设备开始生产。通过本次调整，宏志达建立起了一个在湖南省内集“生产、销售和配送”于一体的运营体系，致力于为消费者提供最佳的办公用品供应方案。

尽管看起来企业战略实施得十分顺利，可从经销商向生产商转型的过程中，宏志达还是遇到了不小的麻烦。作为经销商，宏志达并不需要投入大额的资本，只需要保证资金满足进货需求及日常运营产生的费用即可，且凭借谭文昌对行业的精准把控，宏志达的运营状况也一直十分良好。可转变为生产厂商后，现有的资金就显得捉襟见肘了。设备采购和生产场所的建设产生了大量的资金需求，新招工人的薪资也是一笔不小的数目，而像过去一样仅靠利润留存和个人股权投资绝对难以实现新商业模式下的企业投资和运营。好在多

① 数据来源于通过内部调研获得的宏志达工贸有限公司2003—2007年财务报表。

年以来，宏志达的经营情况良好，信誉度也非常高。通过与银行的接洽，公司办理了一系列银行贷款，包括2 000 000元的短期借款，以及1 500 000元的长期借款。宏志达因此成功购入了最新的生产设备，并建成自有厂房，完成了向生产商的转型。

尽管债务性的资金帮助宏志达完成了转型，可其同样留下了隐患。截至2013年年底，宏志达资产总计25 612 245元，其中流动资产22 993 491元，占比89.78%，非流动资产2 618 754元，占比10.22%。负债总额为20 361 030元，所有者权益为5 251 215元。

可对于仍处在成长期的宏志达来说，高负债所产生的财务费用直接影响企业的净利润，过高的负债率使得资金成本增高，极大地增加了公司的财务风险。更令人担心的是，这些贷款是在外部环境流动性较好、银行放贷政策相对宽松的情况下获得的，一旦之后宏观环境出现变化，可能会对企业造成致命性的打击。

（三）股改融资，再次转型

随着行业内竞争的不断加剧，为了继续增强自己的优势地位和核心竞争力，宏志达需要进一步扩大产能，并进行一系列的技术更新。作为深耕办公耗材行业多年的专家，谭文昌认为宏志达还有很大的进步空间。不同于联想等电脑设备生产商，以及批量化大规模生产的APP、亚太、泰格林纸、晨鸣纸业等造纸企业，宏志达始终专注于多品类的办公耗材。办公耗材最大的特殊性在于类别繁多，这不光是指产品种类多，相同产品的不同技术特征和规格同样很多，且相当一部分产品还同时具有专用性。谭文昌认识到：宏志达拥有其他公司不具备的关键资源，也就是客户对设备的具体技术规格的特殊需求。一方面，从经销商起家，在行业内发展多年，宏志达对每一家客户的设备信息都记录完善；另一方面，很多客户使用的都是宏志达自己生产和销售的产品，客户的个性化需求完全掌握在宏志达自己手中。

有了对自身核心资源的认知，谭文昌毅然决定对宏志达再次进行转型升级，致力于将公司打造成为行业内专业的办公耗材整体解决方案服务商：通过所掌握的设备技术标准，依据客户的真实需求和个性化定制，向供应商购入匹配的原材料，并通过自有设备进一步加工生产，最后将符合个性化需求的产品交付给客户。

既是生产商，又是经销商，也是服务商——宏志达致力于打造一个“生产+销售+服务”三位一体的服务体系，再次谋求竞争优势的突破。

这一次的技术更新和产能扩张再次对宏志达提出了资金要求。2014年，宏志达花费1 631万元购置了4 000多平米的全新厂房和全自动生产线，同时通过积极自主研发，取得了包括打印纸、硒鼓、余纸收集器等多项办公耗材的专利技术。可与之前不同的是，为了调整国内资本流动性泛滥的情况，银行业逐渐提高贷款标准，收缩借贷规模。办公耗材行业本身重资产就不多，因为缺少抵押物，宏志达没能再次获得贷款。

就在谭文昌不知如何是好的时候，一个偶然的机会，他了解到国家正在积极推动地方股权交易平台的建立。经过一番周折，他和湖南股交所取得了联系。股交所经过考察，认为宏志达作为湖南省办公耗材的领军企业，实力毋庸置疑，加上多年来一直诚信经营，相关资料健全完善，具备实施股权改革的基础。

经过多次深入的讨论和交流，宏志达在湖南股交所的辅导下成功进行了股份制改造，建立起规范的现代企业治理结构。在此基础上，通过引入战略投资人，宏志达获得了

677万元的资金，顺利完成技术升级和规模扩张。2016年9月，宏志达正式挂牌湖南股交所标准版。

（四）打造平台，产业链股权聚力

互联网的不断发展给许多行业带来了冲击，办公耗材自然也不例外。在移动互联网普及的过程中，宏志达同样也流失了一些客户。可谭文昌并不觉得这是坏事，他认为在互联网时代就应当力争采用互联网思维。早在宏志达转型服务商的时候，他就开始谋划如何利用互联网进一步做大做强公司。

结合多年经验，谭文昌认为目前办公耗材行业存在四大痛点：

1.采购选择难，办公耗材品类多、规格多、型号多，但集中度却很低，供应分散，品质也参差不齐，非专业人士很难区分甄别。

2.产销协同难，产供销往往各自为政，甚至是同台竞争，导致渠道不畅，缺乏和谐共赢的基础。这也是大部分办公耗材企业难以做大做强的主要原因。

3.售后服务难，办公耗材的安装维修都需要依赖专业技术人员，而目前的电商难以实现及时配送和维修服务，消费者很容易因小失大。

4.信息共享难，传统的业务模式中，厂家、经销商和客户三者相互独立，缺乏信息共享渠道，产销信息难以精准匹配。

对行业痛点有了深度思考后，宏志达开始了新一轮的变革转型。

2016年，宏志达电脑产品工贸有限公司变更为宏志达科技股份公司，开始向“互联网+服务”转型，打造基于互联网的集渠道、多功能、信息共享、利益共享、消费创业、营销管理于一体的产业生态型平台——“德宝耗材”。

2018年，德宝耗材网上平台（以下简称“平台”）正式上线，以F2C为基础提供一站式服务。平台深度整合了上游产品生产商和区域经销商，极大地精简了中间环节，并且通过信息共享让客户完全地参与产品生产的过程。

消费者登录德宝耗材平台（www.dbhc.cn）即可查看到各个品类的海量产品。平台产品均由厂家直供，因此价格相比于市场价格优惠将近15%。因为办公耗材品类多、型号多，不同的消费者使用的设备不同，其需要的适配标准也不同。德宝耗材平台提供给消费者个性化定制的机会，消费者通过平台提出所需的规格标准，由平台对接生产商负责定制生产。待生产商完成生产并反馈信息给平台后，平台会自动将产品匹配发送到消费者所在地区的平台区域加盟商，并由区域加盟商最终将产品交付到消费者手中。更令消费者放心的是，不同于普通电商，从德宝耗材平台购买的产品均有平台保障，一旦消费者反馈问题，平台会通知区域经销商及时上门维修。

除了为消费者提供全面服务和优质产品外，德宝耗材同样为行业中的生产商和经销商带来了更多希望与机会。

对生产商来讲，其是整个行业产业链的最上端。在传统的经销模式中，生产商所生产的产品经过多级经销商代理，才最终到达用户手中。如此长的传递链条，一方面使得生产商被动等待经销商提出需求，另一方面也导致生产商根本无法准确把握市场动态和消费者需求。而通过德宝耗材平台，生产商可以直接接触到市场，了解到消费者的准确需求。在销售货物方面，生产商再也不用被动等待经销商的订购，产品只要生产完成，平台会立刻对接到消费者所在地的区域加盟商。通过平台，生产商市场信息难获取的问题得以解决，生产的产品也能实现快速覆盖。并且生产商的货品都保存在自己的仓库中，所有销售均可实时监控，降低了经营活动中可能出现的赊销风险。

对经销商来讲，德宝耗材平台为产业末端的他们创造了更多机会。在传统模式下，经销商数量众多，市场竞争激烈，直接面向客户的最后一级经销商生存压力很大。尽管他们掌握着客户信息，但不得不依赖于上级经销商提供货品，议价权很弱，更难有与厂商直接对话的机会。加入平台后，这些经销商无须再花费时间精力找资质、找货源，而是专注于发挥自己和客户之间的渠道优势，为客户提供产品配送和维修服务。平台会根据经销商所在区域的营业数据，将15%的区域营业所得，以及70%的配送和维修服务金作为提成分给区域经销商。

凭借着全渠道、线上线下一体和产供销一体的优势，德宝耗材平台一经上线就受到了消费者的好评，关注量和成交量也飞速增长。至此，宏志达办公耗材整体解决能力正式成形。德宝耗材平台服务模式如图 8-3 所示。

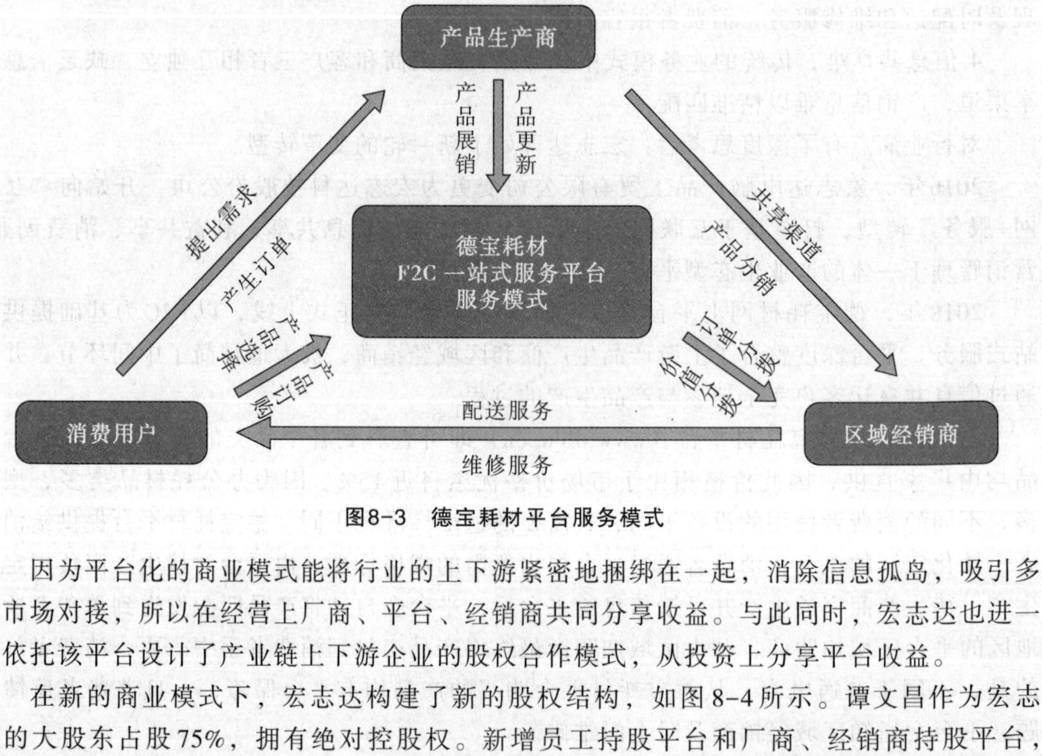

图8-3　德宝耗材平台服务模式

因为平台化的商业模式能将行业的上下游紧密地捆绑在一起，消除信息孤岛，吸引多方市场对接，所以在经营上厂商、平台、经销商共同分享收益。与此同时，宏志达也进一步依托该平台设计了产业链上下游企业的股权合作模式，从投资上分享平台收益。

在新的商业模式下，宏志达构建了新的股权结构，如图 8-4 所示。谭文昌作为宏志达的大股东占股 75%，拥有绝对控股权。新增员工持股平台和厂商、经销商持股平台，分别持股 10% 和 15%。在这种模式下，当有合适的投资人出现时，谭文昌可以分割转让其所拥有股份中的一部分。此外，新进入的投资人也可以是加入平台的厂商或经销商，他们通过进入厂商、经销商持股平台获得股权和投资收益，而两大持股平台以谭文昌为执行事务合伙人，保证了在投资人资本进入的同时，谭文昌作为创始人和经营者对公司拥有绝对的控制权。这样的股权结构调节了战略投资人在股权体系中的作用，使得权益性资本的获得不再依赖于传统意义上外部战略投资人，能够在产业链上下游寻求资本合作。

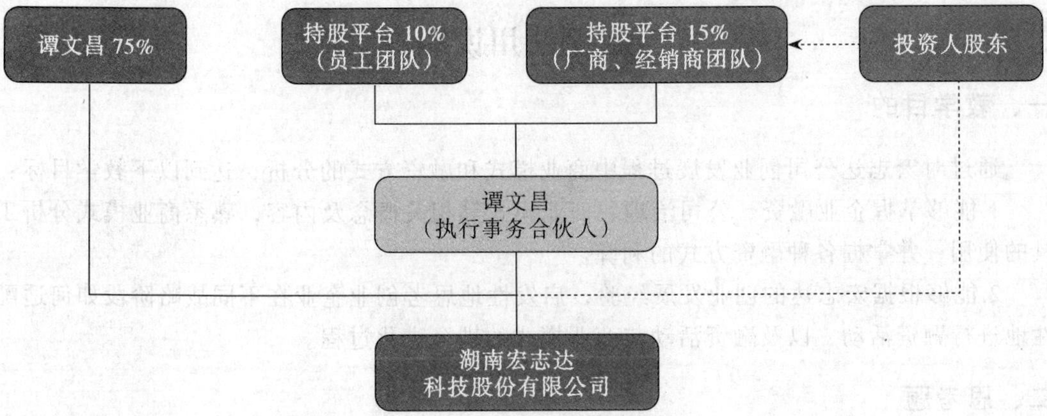

图8-4　宏志达科技股份有限公司的股权结构

生产商和经销商原本相互独立，吸引其投资加入股权平台，能够将双方捆绑成同一个利益共同体，有助于信息共享、平台扩张和经营性收益的增长。而对于企业经营后产生的收益，上下游的参股企业均可以通过投资收益的形式分享。同时，新增的股权资本又能解决平台和公司业务扩张的资金需求。两层利益链的紧密结合使得德宝耗材平台的规模飞速扩张。

果不其然，新的商业模式和股权方案吸引了众多产业上下游伙伴的加入，通过多元化的持股平台，宏志达股权新增融资430万元。

（五）资本助力，扬帆起航

德宝耗材平台的上线在湖南省内引起了不小的轰动。其特有的一站式服务模式和产业链股权模式，吸引了众多厂商和经销商的加入，平台发展迅速。可尽管谭文昌能精准地抓住机遇、把控方向，但他终究不是互联网运营的专家。德宝耗材平台发展得越来越快，引进专业的互联网人才刻不容缓。

就在谭文昌犯难的时候，多家风投公司纷纷递来橄榄枝，表示希望出资入股。听到这些消息，他悬着的心放了下来。因为，在他看来，风投公司有的不仅仅是资本，更能够带来丰富的资源和优秀的人才，带来更大的助力！

【政策思考】

党的二十大报告提出，要加快实施创新驱动发展战略，加快实现高水平科技自立自强。2014年中国经济进入新常态后，中国发展方式要从规模速度型转向质量效率型；经济结构调整要从增量扩能为主转向调整存量、做优增量并举；发展动力要从主要依靠资源和低成本劳动力等要素投入转向创新驱动。因此，我国市场经济中数量众多的中小企业在创业发展过程中如何进行管理机制创新、商业模式创新、技术创新等以突破发展瓶颈，是社会主义市场经济大步前进的重要推动引擎。

请阅读相关材料并思考：宏志达在发展过程中，是如何调动内外部资源进行商业模式创新的？宏志达在转型过程中，商业模式与融资方式是如何进行适配的？我国政府为何会大力倡导和鼓励企业进行管理机制创新、商业模式创新与技术创新？

案例使用说明

一、教学目的

通过对宏志达公司创业发展过程中商业模式和融资方式的分析，达到以下教学目标：

1.能够掌握企业融资、公司治理、商业模式等相关概念及内容，熟悉商业模式分析工具的使用，并掌握各种融资方式的利弊。

2.能够根据宏志达的创业发展经验，启发性地思考创业企业在不同战略阶段如何适配性地进行融资活动，以及融资活动与商业模式的耦合进化过程。

二、思考题

1.在宏志达的创业发展过程中，企业的商业模式经历了什么变化？促使这些变化产生的主要因素是什么？

2.在由代理经销模式向产销一体模式转变的过程中，宏志达遇到了什么困难？是如何解决的？解决效果如何？

3.在实施三位一体商业模式的阶段，宏志达股份制改造起到了哪些积极作用？

4.在打造德宝耗材平台的阶段，宏志达选择的股权结构有什么特点？你认为这些特点有什么意义？

5.平台扩张阶段的宏志达为何能获得风险投资机构的青睐？引入风投机构会带来哪些影响？

6.宏志达在创业发展过程中的融资活动对中小企业有何值得借鉴和学习之处？

三、分析思路

案例分析框架如图8-5所示。

案例思考题有以下分析要点：

1.在宏志达的创业发展过程中，企业的商业模式经历了什么变化？促使这些变化产生的主要因素是什么？

随着企业内部发展路线和外部商业环境发生变化，宏志达先后经历了三次商业模式重构，其变化路径和影响因素如图8-6所示。

第一次转变：代理经销向产销一体转变。为比竞争对手获得更快的发展速度，宏志达决定向竞争较少的上游生产厂商进军。2008年，宏志达实现从“代理经销”向“产销一体”的商业模式转变，增加了收益来源，实现规模收益递增。

第二次转变：产销一体到三位一体的转变。宏志达打造“生产+销售+服务”三位一体的服务体系，再次谋求竞争优势的突破。让同一产品拥有来自生产、销售、服务不同阶段的盈利创收。

第三次转变：三位一体到产业生态平台的转变。随着互联网技术的迅猛发展，传统的商业模式受到了很大的冲击。宏志达决定向“互联网+服务”转型，打造了产业生态型平台——“德宝耗材”。

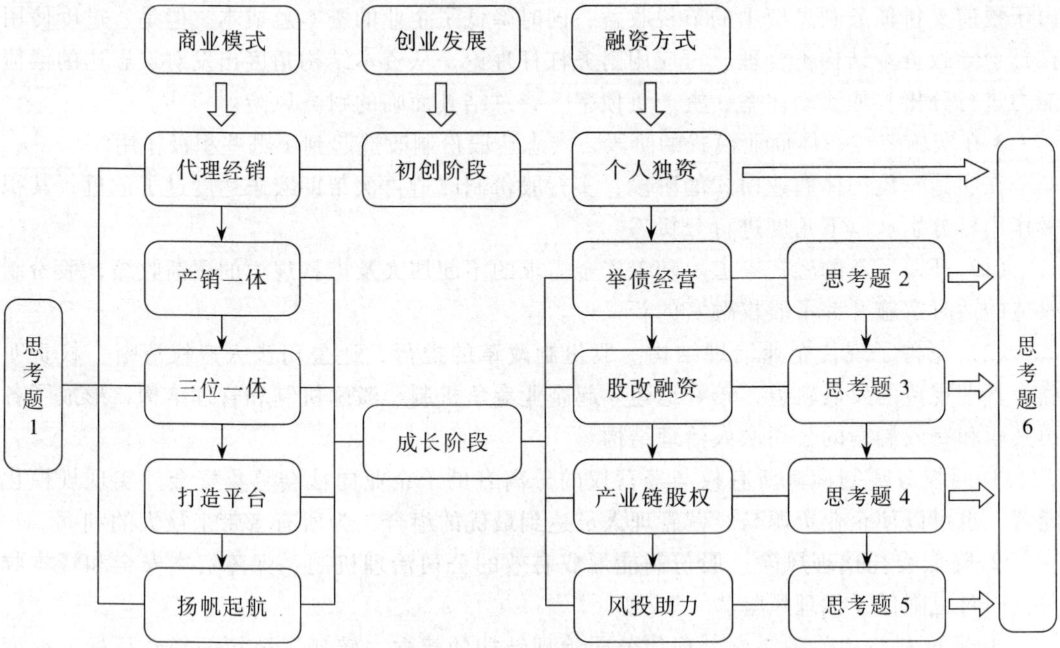

图8-5　案例分析框架

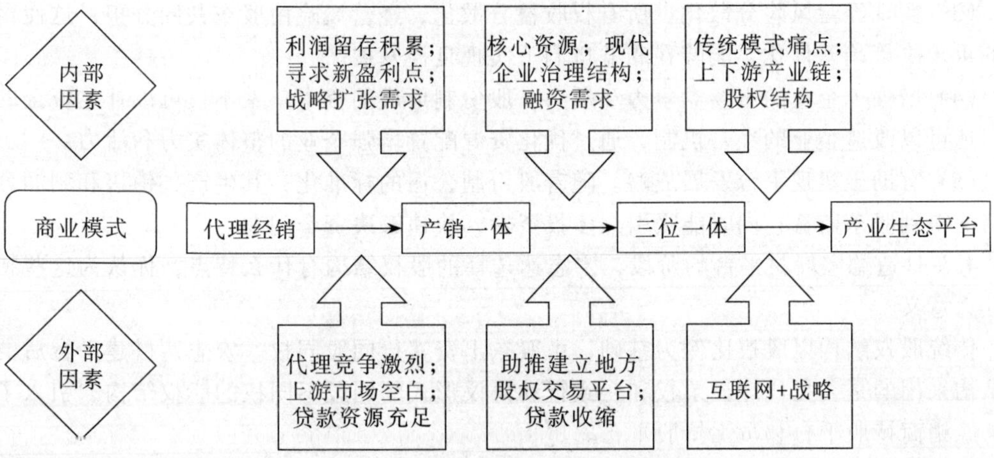

图8-6　宏志达商业模式演变路径

2.在由代理经销模式向产销一体模式转变的过程中，宏志达遇到了什么困难？是如何解决的？解决效果如何？

由代理经销模式向产销一体模式转变，意味着宏志达从轻资产的代理经销商转变为重资产的生产制造商。在这个过程中，宏志达需要大量资金支持。

企业资金来源包括内部融资和外部融资，依据优序融资理论，企业融资遵循内部融资优于外部融资原则，当内部积累不足、需要外部融资时，负债融资优于股权融资。可运用融资优序理论，结合宏志达的实际资产状况，分析宏志达选择该融资方式的原因。

引入融资在解决转型资金缺口问题的同时，也带来了风险。财务杠杆可以使企业获得由于税前支付债务利息产生的节税收益，同时降低了企业的资本总成本。但是，过度使用杠杆会导致资本结构不合理。可应用财务杠杆理论，从资本结构角度出发对宏志达的偿债能力进行分析，如流动比率、资产负债率等，总结其面临的财务风险。

3.在实施三位一体商业模式的阶段，宏志达股份制改造起到了哪些积极作用？

在实施三位一体商业模式的阶段，实行股份制改造再次帮助宏志达度过了危机，其积极作用可分别从以下角度进行分析：

（1）开辟了新的融资渠道。随着资金需求的不断加大及借款规模的逐渐收缩，股份制改造的适时实施开辟了股权融资的新渠道。

（2）完善了现代企业治理结构。股份制改革的推行，让公司步入产权清晰、权责明确、管理规范的发展轨道，较好地建立起企业竞争机制、激励机制和管理结构，形成了各司其职和有效制衡的公司法人治理结构。

① 两权分离制衡。所有权与经营权的分离有助于企业向社会募集资金，实现规模化经营，也可以使企业资源与经营管理人员达到最优的组合，为所有者带来最大的利润。

② 降低委托代理风险。股份制能形成有效的公司治理机制，保障资本安全和资本收益，同时也降低了代理风险。

③ 满足利益相关者要求。现代公司治理结构的建立，转变了公司的经营目标，改变了治理结构模式，向利益相关者提供与其利益关联程度相匹配的权利、责任和义务。

（3）实现经营风险分散化。所有权收益分散化，经营风险由股东共同分担，这使得企业的重大决策趋于优化，能够在利益机制上实现良性发展。

（4）增强了企业的市场竞争力和活力。股份制形成的资本集聚不仅可以补足资金的缺口，还可以改造企业的经营机制，通过优化资源配置增强企业的整体实力和活力。

（5）有助于实现平台发展战略。随着股份制公司的标准化，其生产、销售和利润分配等情况得到股东监督；同时能吸引众多投资者，快速解决资金问题。

4.在打造德宝耗材平台的阶段，宏志达选择的股权结构有什么特点，你认为这些特点有什么意义？

传统股权结构以股权比例为基础，由股东出资实行同股同权。宏志达搭建平台后的股权结构采用的是委托代理投票权和一致行动协议形式的同股不同权的股权结构，引入了厂商、经销商持股平台和员工持股平台。

（1）同股不同权能保证创始人的控制权，且能获得企业发展所需资金。对于发展中的企业来说，控制权稳定可以保证长远发展规划的实施，提高公司决策效率，有利于提高公司的价值。

（2）厂商、经销商持股能够形成双层利益链。引入厂商、经销商持股平台，有利于形成以经营利益为主、投资利益为辅的双层利益链。宏志达双层利益链如图8-7所示。

（3）员工持股能够防止委托代理问题。员工享受股权增值收益可使其更关注公司的长期价值，且股权激励也能够有效防止委托代理引起的问题。

5.平台扩张阶段的宏志达为何能获得风险投资机构的青睐？引入风投机构会带来哪些影响？

宏志达获得风投机构青睐的原因可从以下三个方面进行分析：

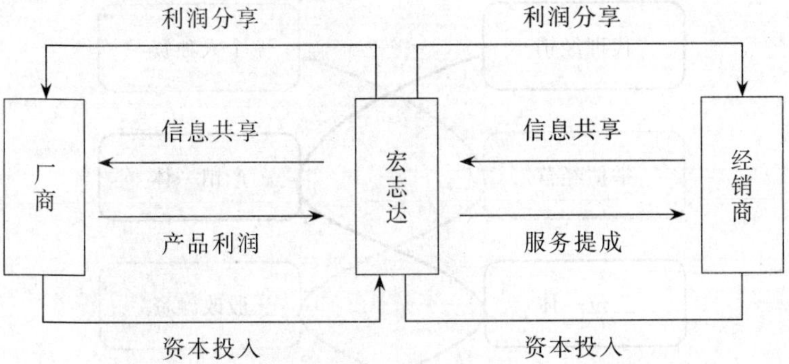

图8-7 宏志达厂商、经销商持股双层利益链

（1）龙头企业的竞争优势。宏志达是湖南省办公耗材的龙头企业，优秀的管理团队和营销网络获得了风投机构的青睐。

（2）巨大的市场和利润空间。宏志达创新的一站式服务和产业链股权模式极大地精简了中间环节，从而可以获得多种利润集成，并可通过信息共享创造更大的市场发展空间。

（3）全新商业模式助力吸引风投。宏志达自创业以来，在公司的不同发展阶段中，适时地采取相宜的商业模式进行扩张，可通过商业模式九要素进行分析。

引入风投资金对宏志达的积极作用可从以下几个角度进行分析：

（1）建立筹资渠道，有效吸纳资金。引入风投资金使得宏志达建立起外部资金筹措的新渠道，既能保障互联网平台推广的所需资金，也能为企业的后续发展提供支持。

（2）优化资本结构，降低财务风险。引入风投资金后，可利用风险投资机构的监督职能和融资关系网络减少信息不对称，风险投资带来的外部权益性资本也能优化宏志达的资本结构，减少企业持续经营的财务风险。

（3）改善资源配置，助力吸纳人才。风险投资经过评估、选择和监督，对企业各生产要素进行优化组合，能提高资源配置效率，还能借助风投机构的人脉圈，吸纳更多互联网平台运营的管理人才。

（4）扩大宣传效应，提升品牌价值。风险投资能够带来先进的管理理念和商业模式，并通过风投机构自身的声誉及影响力，提高品牌知名度，形成规模效应，实现品牌价值增值。

6.宏志达在创业发展过程中的融资活动对中小企业有何值得借鉴和学习之处？

为了满足发展的资金需求，企业的筹资方式和资本结构也随着商业模式的转变而演化，宏志达融资方式与商业模式耦合进化的路径如图8-8所示。

（1）个人独资，开始代理经销。创业初期，资金约束使得谭文昌无法进入生产商领域，只能以代理经销的形式加入行业。

（2）获取债务资本，打造产销一体。2000年，宏志达向产业链前端发展，采取产销一体的模式，但仍有不小的资金缺口。之前良好的经营状况为债务资本的进入创造了条件，宏志达选择了负债经营。

（3）股权融资，实现战略转型。随着经营规模的进一步扩大，宏志达选择了“生产+销售+服务”三位一体的商业模式，寻求资本结构调整的宏志达选择股权改革，通过地方股权交易平台获取新的股权资金。

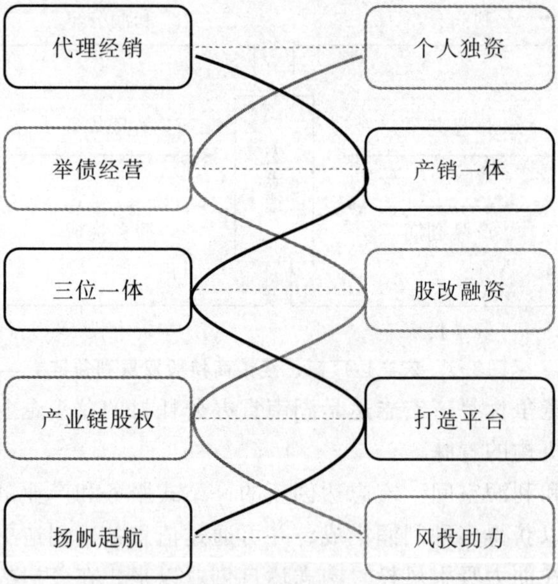

图8-8　宏志达融资方式与商业模式耦合进化的双螺旋结构

（4）产业链资本助力平台发展。宏志达后期选择打造产业生态系统共谋发展，引入厂商、经销商持股平台的股权结构能够形成以经营利益链为主、投资利益链为辅的双层利益链。

（5）引入风投，扬帆起航。引入风险投资，有助于进一步补充企业的资金，优化公司资本结构。随着经营发展的不断向好，宏志达能够获得更多的资本和机会。

8-1参考答案

从宏志达的经验我们可以看出，中小企业的融资方式发展遵循金融成长周期理论。中小企业可以通过商业模式的转变加快企业生长周期的转变，并适配相应的融资方式，来促进商业模式的成功转变。参考答案见二维码8-1。

四、理论依据

本案例采用的理论依据及其与案例思考题的关系如图8-9所示。

（一）企业融资相关理论

1.财务杠杆理论

财务杠杆是指企业的负债程度，一般用企业负债与权益资本或资本总额之比来表示。财务杠杆效应是指财务杠杆的使用对企业产生的影响或结果，包括财务杠杆正效应和财务杠杆负效应。

财务杠杆正效应是由于企业合理使用财务杠杆而引起的权益资本利润率的提高。具体地说，就是由于负债定期定额税前付息，企业息税前利润率高于负债资本边际成本而引起的权益资本利润率的提高，是财务杠杆的节税效果及其降低企业总资本成本等作用的综合效应。

财务杠杆负效应是与正效应相对而言的，它是指由于财务杠杆的不合理使用而导致企业权益资本利润率的大幅度降低甚至为负。财务杠杆负效应是财务杠杆所带来的财务风险的结果，只要有一定的负债经营，就存在财务风险，就可能产生财务杠杆负效应，给企业造成不同程度的损失。

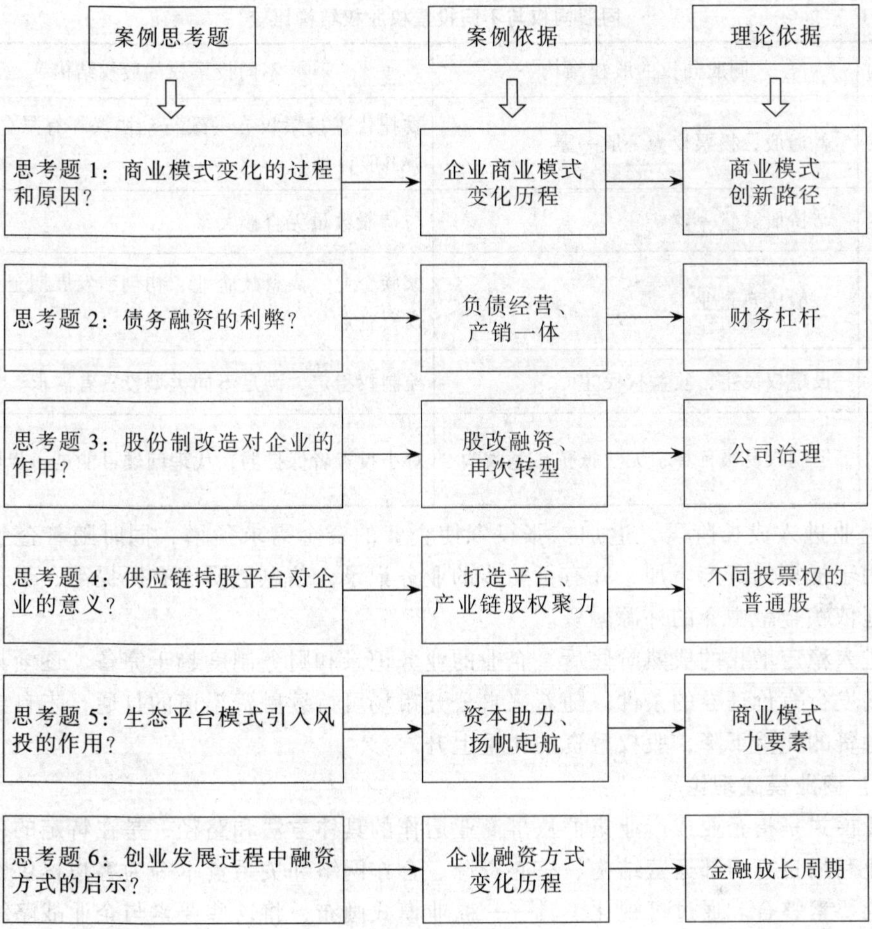

图8-9　案例理论依据框架

2.不同投票权的普通股架构

不同投票权的普通股架构是指资本结构中包含两类或多类不同投票权的普通股架构。

目前，不同投票权的普通股架构的主要形式包括：（1）委托代理投票权，即由某位股东书面授权他人委托其行使股东投票权。（2）一致行动协议，即两个以上的人（包括自然人和法人）通过协议、其他安排与其他投资者共同扩大其所能够支配的公司股份表决权数量。（3）有限合伙持股，即普通合伙人承担无限责任、有限合伙人承担有限责任的合伙模式。（4）“AB股计划”，即公司同时存在A类股与B类股，但A类股每股投票权更大，一般由管理层、创始股东及其团队所持有；B类股一般由外围股东持有，此类股东看好公司前景，牺牲一定的表决权作为入股筹码。

与同股同权的股权结构相比，不同投票权的普通股结构的特点见表8-1。

3.金融成长周期理论

在企业成长的不同阶段，随着信息、资产规模等约束条件的变化，企业的融资渠道和融资结构将随之发生变化。

在企业创立初期，由于资产规模小、缺乏业务记录和财务审计，企业信息是封闭的，因而外源融资的获得性很低，企业不得不主要依赖内源融资。

表8-1　　同股同权与不同投票权股权结构比较

股权结构	同股同权的股权结构	不同投票权的股权结构
表现形式	普通股，投票权为一股一票	委托代理投票权、一致行动协议、有限合伙持股、“AB股计划”
控制权	与持股数量一致	与持股数量无直接关系
适用企业	一般成熟企业	家族企业、高科技企业、初创和发展期企业、风险投资企业
优势	投票权民主，收益权民主	控制权稳定，满足不同类型投资者需求
劣势	控制权易被稀释，无法抵抗恶意收购	对小投资者保护弱，代理问题可能进一步增大

当企业进入成长阶段，追加扩张投资使企业的资金需求猛增，同时随着企业规模扩大，可用于抵押的资产增加，并有了初步的业务记录，信息透明度有所提高，于是企业开始更多地依赖金融中介的外源融资。

在进入稳定增长的成熟阶段后，企业的业务记录和财务制度趋于完备，逐渐具备进入公开市场发行有价证券的条件。随着来自公开市场可持续融资渠道的打通，来自金融中介的债务融资的比重下降，股权融资的比重上升。

（二）商业模式理论

商业模式是指企业或产业集群从事商业运作的具体方法和路径，是在特定的市场环境中，企业利用自身内部运营结构、核心资源、合作网络和关系资本等为客户提供价值并持续盈利的要素整合。通过可视化工具——商业模式画布，将这些要素与企业战略结合，描述、分析和设计商业模式。

1.商业模式九要素

商业模式九要素分属四大模块：即价值主张模块（价值要素）、成本/收入模块（成本结构要素、收益来源要素）、基础设施模块（关键业务要素、关键合作要素、核心资源要素）、客户模块（客户关系要素、客户细分要素、渠道通路要素）。九要素、四大模块之间相互联系、支持和共同作用，形成良性循环。

2.商业模式创新路径

商业模式主要有三类创新路径。

（1）重新定位以满足顾客需求，重构契机：通过重新定位，利用长久积累的资源能力，发现和发展一些新的盈利点，增加收益来源，实现规模收益递增。

（2）重构收入来源和盈利模式，改变资本结构：同一产品，有多种不同的盈利来源，如生产、销售、服务分阶段盈利创收。企业进行商业模式创新，盈利模式可以向专业化经营和多样化盈利转换。

（3）重构关键资源能力：与关键的合作伙伴、供应商等协作，发挥产业链上下游联盟的集群效应，为客户提供一站式服务，减少中间环节。

（三）公司治理理论

1.两权分离，即公司所有权与控制权的分离。股权分散的加剧和管理的专业化，使得拥有专门管理知识并垄断了专门经营信息的职业经理实际上掌握了对企业的控制权，导致“两权分离”。

2.委托代理。公司股东是公司的所有者，即委托代理理论中所指的委托人，经营者是代理人。代理人是自利的经济人，具有不同于公司所有者的利益诉求，具有机会主义的行为倾向。公司治理结构的中心问题就是如何解决代理风险问题，建立起有效的激励约束机制，督促经营者为所有者的利益最大化服务。

3.利益相关者。利益相关者指与公司产生利益关系、与公司发生双向影响的自然人或者法人机构。公司的目的不仅局限于股东利润最大化，也应考虑其他利益相关者，企业各种利益相关者利益的共同最大化才是现代公司的经营目标，才能充分体现公司作为一个经济组织存在的价值。有效的公司治理结构应当能够向这些利益相关者提供与其利益关联程度相匹配的权利、责任和义务。

（四）商业模式与融资决策耦合理论逻辑框架

宏志达商业模式与融资决策耦合理论逻辑框架如图8-10所示。宏志达的发展路径显示其商业模式主要经历了三次创新，从商业模式创新路径理论来分析：第一次，宏志达在采用代理经销模式以后，通过重新定位，发展上游生产环节，转向产销一体，增加收入来源，实现规模收益递增；第二次，宏志达建立了“产、销、服”三位一体的经营模式，重构收入来源和盈利模式，盈利模式由专业化向多样化转换；第三次，宏志达通过重构关键资源能力，与重要合作伙伴、供应商等协作，发挥产业链上下游联盟的集群效应，提高企业的核心竞争力。

宏志达的创业融资决策演变路径则符合金融成长周期理论。在企业创立初期，外源融资的获得性很低，企业不得不主要依赖内源融资。随着企业进入成长阶段，企业规模扩大，可用于抵押的资产增加，财务制度逐渐完善，于是开始采用并增加债务融资。但当债务比例增长到一定程度时，财务风险的增加促使宏志达进行股份制改革，引入更多股权投资者，优化资本结构。为了平衡资金需求和控制权稀释问题，宏志达进一步创建持股平台，并采用一致行动协议。随后，当企业具有一定的核心竞争力，又有资本扩张需求时，就引入风投资本。

在本案例中，商业模式的转变和创业融资决策的演化在上述各阶段中相互影响，耦合提升。

首先，个人独资的企业资本来源金额较小，因此小规模的代理经销模式更适合企业初创时期。然而，随着企业的发展，当宏志达实现规模扩张，积累了资源实现第一次商业模式创新时（即转向产销一体），向银行举债解决了其转型的资金需求，拓宽了融资渠道，此时的财务杠杆正效应降低了资金成本，提高了权益资本回报率。

第一次转型后，产销一体的发展需要进一步的固定资产投资，因此需要更多的资金，但继续举债已经不可持续，因为过高的债务比例会带来财务风险，即此时的财务杠杆会产生负效应。因此，宏志达再一次寻求商业模式上的创新：重构收入来源和盈利模式，建立“产、销、服”的三位一体经营模式，由专业化走向多样化；同时进行股份制改革，完善公司治理结构，引入股权投资人，优化资本结构。

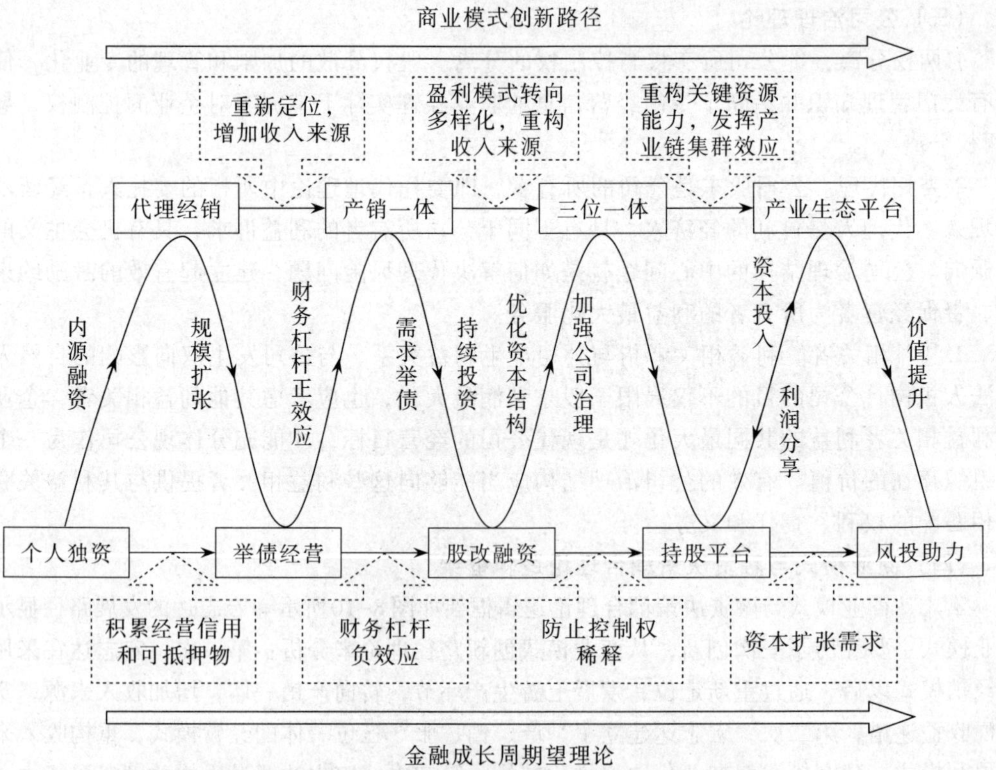

图8-10　商业模式与融资决策耦合理论逻辑框架

第二次转型后，为了解决传统模式的痛点，适应当前互联网发展趋势，宏志达通过重构关键资源能力，建立了产业链生态平台，以此来联合上下游利益相关者，减少中间环节，发挥产业链集群效应，进一步提高其核心竞争力。与此同时，宏志达创新性地使用持股平台方式，结合产业链生态平台引进上下游企业的资本，形成“经营利润”和“投资收益”双层利益链，促进产业链生态平台的稳定发展。

最后，产业链生态平台的健康发展，提升了宏志达的企业价值。在宏志达进一步发展需要资本扩张时，新商业模式形成的核心竞争力以及更大的利润空间，都为宏志达吸引风投资本提供了条件。

五、背景信息

我国的办公耗材行业是在改革开放后出现的，其兴起于20世纪70年代末到80年代初。行业发展起步较晚，至今仅有40年左右的时间。随着电子信息技术和互联网的不断发展，行业发展速度逐渐加快，产值迅速增加。据不完全统计，国内办公耗材行业收入规模稳定在1 300亿元左右，其中湖南办公耗材行业年销售额超10亿元。

宏志达公司创始于1996年，总部位于湖南长沙麓谷高新区，系湖南股权交易所新四板挂牌股改企业（股权代码600079）。公司旗下“德宝耗材”和“铃拓办公”是国内办公耗材知名品牌。

六、关键要点

（一）了解创业企业的发展过程及不同阶段的特征

企业的发展过程具有一定规律，宏志达作为创业企业，完整全面地展示了企业发展的多个阶段，以及不同阶段的特征和需求。从宏志达的案例来看其经历了：

初创期：主要进行电脑办公耗材的代理销售。

成长初期：行业竞争加剧，宏志达电脑经营部变更为宏志达电脑产品工贸有限公司，向生产商转型，实现产销一体。

成长中期：深耕办公耗材行业，凭借所掌握的关键资源，宏志达再次向服务商转型，实现“生产+销售+服务”三位一体的服务体系。

成长后期：向“互联网+服务”企业转型，打造基于互联网的集渠道、多功能、信息共享、利益共享、消费创业、营销管理于一体的产业生态型平台；推广平台，吸引人才和资源，提高公司的知名度和影响力。

（二）分析创业企业发展过程中资本筹集的重要性

企业筹资是指企业根据其生产经营、对外投资和调整资本结构的需要，通过筹资渠道，运用不同筹资方式筹措所需资金而进行的财务活动。具体的筹资活动受特定动机的驱使，筹资动机对筹资行为和结果有直接影响。一般情况下，企业筹资的目的可以被归纳为：

1.创建企业

资金是企业进行生产经营活动的基本条件，企业的创立是以充分的资金准备为前提的。依据我国有关制度的规定，企业创建时必须有资本金，并不低于法定资本金数额。

2.发展扩张

企业在发展的过程中，需要不断追加资金投入。具有良好前景、处于成长期的企业往往需要筹措大量资金，用于扩大生产经营规模、更新设备和技术研发，以提高产品质量和市场竞争力，调整生产经营结构，满足不断扩大的市场需求。

3.偿还债务

在企业创建和发展的过程中，其所筹措的资金并非都是权益性的，也有很大一部分可能是债务性的。利用债务资本进行经营，在产生财务杠杆作用的同时，也产生了偿还义务。一方面，企业需要按期支付给借款方借款利息；另一方面，当债务资本到期后，企业需偿还借款本金。而如果企业现有支付能力不足以清偿到期债务，就必须另外筹集资金来满足还本付息的需要。

4.调整资本结构

由于企业采用不同的筹资方式和不同的筹资组合筹集资金，各类资金的构成及其比例关系会产生变动，导致资本结构的变化。不合理的资本结构会对整个企业的发展造成不良影响，此时企业可以通过选择不同的筹资方式进行融资，实现对资本结构的动态调整，使之趋于优化。

（三）掌握创业企业发展过程中商业模式与融资方式的相互适配

当企业处在不同的发展阶段，其资金需求和具体的筹资方式同样各有不同。在企业创立初期，由于资本需求小、资质缺乏等原因，企业更多地依赖于内源融资，即创始人原始资本投入和利润留存滚动。进入成长阶段后，企业扩张所需资金快速增加，一方面新产品导入市场需要资金支持，另一方面企业需要增加生产力，内源融资已不能满足需求。此时企业应当采取债务融资为主，自有资金为辅的间接融资方式。进入成熟阶段后，企业产品市场基本稳定，大量盈利，资金需求相对稳定，企业的应变能力有所改善，经营风险和财务风险相应降低，企业采取以股权融资为主、债务融资为辅、其他融资方式为补充的多样化融资模式。

七、参考文献

［1］陈威如，徐卓轩．平台战略［M］．北京：中信出版社，2013.

［2］朱坤林．中小企业融资理论综述［J］．商业研究，2011（05）：36-42.

［3］张越，赵树宽．基于要素视角的商业模式创新机理及路径［J］．财贸经济，2014（06）：90-99.

［4］张巍．双重股权架构的域外经验与中国应对［J］．财经法学，2020（01）：64-84.

第五章　资本市场股权融资

案例9　九恒条码：上市的重重阻挠[①]

案例导读

随着我国经济的不断发展，证券市场也发挥着越来越重要的作用。出于筹集资金、调节企业资本结构、扩大知名度和提升企业形象等原因，IPO成为了很多企业的选择，但每年仍有不少企业被证监会审查否决，未能顺利上市。因此，怎样提高企业的IPO通过率成为各行各业关注的焦点。本案例以广州九恒条码股份有限公司为研究对象，先简单介绍了九恒条码的公司概况，然后重点解析九恒条码为何IPO铩羽而归，具体从关联方交易、对赌协议、持续经营能力和估值合理性四个角度展开。最后，针对其被否原因给出参考建议，以期为其他拟上市公司提供借鉴。

关键词

IPO失败　关联方　对赌协议

案例正文

2021年1月28日，王明和李方注意到，九恒条码IPO被否，这也是包括科创板、创业板在内的2021年首家IPO被否的企业。通过查阅相关资料，两人发现，九恒条码希望在沪市主板上市，于是2019年3月，公司在广东证监局办理了辅导备案登记；2019年6月20日首次递交上市申请（见二维码9-1、9-2）；2019年7月12日被抽中现场检查；2020年4月21日九恒条码更新申报（见二维码9-3）；最终止于2021年1月28日，发审委反馈“首发未获通过”。王明和李方疑惑重重，究竟是什么原因导致九恒条码成为2021年IPO被否的第一案？于是，两人翻看了证监会给出的被否意见以及近年来公司的经营情况数据，陷入了沉思……

9-1《广州九恒条码股份有限公司首次公开发行股票申请文件反馈意见》

9-2《广州九恒条码股份有限公司首次公开发行股票招股说明书（申报稿2019年6月20日报送）》

9-3《广州九恒条码股份有限公司首次公开发行股票招股说明书（申报稿2020年4月21日报送）》

① 本案例由华南理工大学工商管理学院王苹昌，黄钰洁撰写。本案例主要适用于“财务管理”“资本市场与上市筹划”等课程的学习，以及MPAcc、MBA及财会专业本科生案例教学。本案例属于描述型案例。

一、公司简介

广州九恒条码股份有限公司（以下简称“九恒条码”）成立于2002年，是一家主要从事快递物流应用材料产品的研发、生产和销售业务的公司，属于“印刷和记录媒介复制业”，公司控股股东、实际控制人为沈云立，直接及间接持有公司51.90%的股权。

九恒条码作为国内知名的快递物流应用材料整体解决方案提供商，是行业内少数实现产业链延伸、提供全系列快递物流应用材料产品及综合服务的企业之一。公司的主要产品分为快递物流应用材料系列产品、商业应用材料系列产品、不干胶材料系列产品三大类。2017—2019年，广州九恒快递面单市场占有率见表9-1，公司2019年营业收入达14.93亿元，收入规模处于行业前列，市场占有率也在逐年提高。

表9-1　2017—2019年广州九恒快递面单市场占有率[1]

年度	产品类型	市场使用量（亿份）	公司销量（亿份）	市场占有率
2019年	快递面单	635.2	235.74	37.11%
2018年	快递面单	507.1	160.23	31.60%
2017年	快递面单	400.6	92.29	23.04%

二、主要内容[2]

（一）非同寻常的关系

添城纸业成立于2016年10月，注册资本300万元，法人为李拥。2017年，添城纸业成为九恒条码的第四大供应商，九恒条码的采购额为3 439.21万元。对于成立不到2个月的公司，九恒条码为何敢采购近3 500万元的商品？这背后其实颇有“渊源”。添城纸业与九恒条码的实控人的关系不一般。在由沈云立控股75.68%并担任执行董事的九恒新能源中，李拥持有7%的股权；在由沈云立控股51%并担任执行董事的九恒风力发电中，李拥持有34%的股权；在由沈云立配偶持股95%的广州兰兴新能源投资中，李拥持有5%的股权；在由沈云立配偶通过广州兰兴新能源投资持股40%的广州益鑫投资中，李拥担任监事。原来，2家公司的老板是老熟人了！另外，添城纸业赶在2018年12月，也就是九恒条码IPO申报前紧急注销了。

九恒条码的另一家供应商上海汉宏纸业，在2017年和2018年是九恒条码第三、第四大供应商，九恒条码的采购额分别为5 324.58万元和6 334.66万元。工商信息显示，汉宏纸业拥有多家分公司，其中一家南汇分公司同样离奇地在2018年12月注销经营，而另一家经营状态继续存续的主体，公司的参保人数仅为1人，像九恒条码连续两年提供产值高达5 000万元以上的纸质品仅需1名员工就可达成吗？

除了与供应商关系非同寻常，九恒条码与实控人亲属的关系也十分密切。2017年，九恒条码对恒荣物流支付运输费1 771.04万元。通过查阅公司资料发现，这家公司的成立

① 中国证券监督管理委员会. 广州九恒条码股份有限公司首次公开发行股票招股说明书（申报稿2020年4月21日报送）[EB/OL]. [2019-05-15]. http://www.csrc.gov.cn/csrc/c101803/c1005030/content.shtml.

② 本案例数据来源于通过内部调研获得的九恒条码2016—2019年财务报表。

时间为2017年，比添城纸业还晚，注册资本只有100万元，法人为沈云清，也是沈云立的堂兄。为了给九恒条码IPO让路，恒荣物流按同样的套路在2019年1月注销了。

广州佳印是沈云立侄子沈程主持股10%并担任法定代表人的公司。2016年，九恒条码向广州佳印销售27.36万元的离型纸及印刷品，当年并无应收账款；2017年，根据招股书披露，九恒条码并未与关联方广州佳印有任何的关联销售，却对广州佳印产生了115.38万元“从天而降”的应收账款。

梳理完复杂的关联交易，王明和李方同时发出疑问：有了这些非同寻常的关系与虚虚实实的交易，九恒条码是否过度依赖大客户？公司持续经营能力究竟如何呢？

（二）“赌”性十足

作为实控人的沈云立，可谓是“赌性”十足。2016年5月，珠海乾亨以11.04元/股的价格增资九恒条码。双方约定2016年至2018年，九恒条码扣非净利润分别不低于0.8亿元、0.95亿元、1.05亿元，如果期间任一年度低于承诺扣非净利润的85%，那么沈云立需要向珠海乾亨进行股权补偿或现金补偿。九恒条码招股书显示，2016年到2018年，沈云立还分别与王力群、广发信德、宁波约拿、广发乾和、章海波、广东粤科、广州粤科签署涉及业绩对赌、股份回购等特殊条款的协议，其股权变动情况见表9-2。

表9-2　**2016—2018年九恒条码股权变动情况**

序号	投资方	协议相对方	签署时间	所涉股权变动事项	解除时间
1	珠海乾亨	沈云立、公司	2016.5.25	2016年6月第5次增资	2019.6.10
2	王力群	沈云立、公司	2016.9.20	2016年10月第6次增资	2019.5.13
			2017.4.5	2017年5月第7次增资	
3	广发信德、宁波约拿	沈云立、公司	2017.3.30	2017年5月第7次增资	广发信德2019.5.6 宁波约拿2019.6.10
4	广发乾和	沈云立	2017.8.14	2017年8月第14次股权转让	2019.6.10
5	章海波	沈云立、公司	2018.6.11	2018年6月第8次增资	2019.5.13
6	广州粤科、广东粤科	沈云立、公司	2018.6.14	2018年6月第8次增资	2019.6.10

然而，签订业绩对赌协议后，九恒条码却并未完成对赌业绩。业绩承诺情况见表9-3，2016年到2018年，九恒条码扣除非经常性损益后净利润分别为6 886.91万元、5 955.64万元、7 779.41万元，基本上都低于当年承诺的87%，有些甚至只完成了60%，触发业绩对赌补偿条款。同时，其他的对赌要求也未完成，还触发了股份回售条款。

表9-3　**2016—2018年九恒条码业绩承诺情况**[①]

年份	承诺业绩（万元）	实际完成（万元）	完成率（%）
2016年	8 000	6 886.91	86.09%
2017年	9 500	5 955.64	62.69%
2018年	10 500	7 779.41	74.09%

① 中国证券监督管理委员会. 广州九恒条码股份有限公司首次公开发行股票招股说明书（申报稿2020年1月21日报送）[EB/OL]. [2019-05-15]. http://www.csrc.gov.cn/csrc/c101803/c1005030/content.shtml.

也就是说，沈云立不但要高价赔偿，而且还要花钱把股份通通买回来。峰回路转，这些对赌协议相关方在2019年5月至6月期间，全部解除了之前已经触发的条款。王明和李方产生了疑问：为何解除？这个时间点有什么特殊之处？原来2019年6月28日，正是九恒条码首次递交上市申请材料的日子。对赌失败，九恒条码将希望寄托于上市，这自然也引起了发审委的注意，成为其IPO被否的关键原因之一。

王明通过查阅相关资料发现，这些对赌协议违反了证监会对于“股权权属明晰稳定”的要求。从证监会的角度来看，根据证券法律制度的相关规定，在主板上市的公司首次发行股票，其最近三年内的主营业务和董事、高管均未发生重大变动，实际控制人没有发生变化，并要求发行申请人股权清晰，公司控股股东和受控股股东、实际控制人支配的股东所持有的发行人股份不存在重大权属瑕疵或纠纷。另外，公司首次公开发行股份时，公司股东公开发售的股份，其已持有时间应当在36个月以上。而携带股权调整类对赌协议的申请人，其股权结构的变动性较大，无论是在申请时还是正式挂牌上市后，都有可能会长期处于不确定的状态。

由于上市过程中监管限制性因素较多，证监会的要求也给“对赌协议”的履行带来相应的法律风险。企业如果想要上市，在申报前，申请人的原公司股东以股权调整为内容的“对赌协议”需要提前终止，否则会影响企业上市进程。

（三）存疑的持续经营能力

为更清楚地了解九恒条码的财务状况，李方查阅了公司2017年到2019年的相关数据。九恒条码2017年到2019年应收账款账面价值为2.7亿元、3.42亿元、4.66亿元，占流动资产的比例为37.85%、36.59%、50.39%。应收账款占比连年走高，说明公司回款能力不足。

2017—2019年九恒条码应收账款及营业收入情况见表9-4，其中，九恒条码的海外代理商霖格集团是计提坏账的主要对象，在2019年占其应收账款余额的50%。如果公司暂无法加大催收力度，或者客户财务状况出现重大变化，公司资金压力势必会进一步加大。

表9-4 2017—2019年九恒条码应收账款及营业收入情况 单位：万元

项目 \ 年度	2019年	2018年	2017年
应收账款余额	50 188.65	36 853.96	29 398.10
坏账准备	3 633.19	2 630.58	2 366.74
应收账款账面价值	46 555.46	34 223.39	27 031.37
应收账款账面价值占流动资产比重	50.39%	36.59%	37.85%
营业收入	149 313.34	141 563.81	99 001.42

2017—2019年，九恒条码对前五大客户的销售额分别为5.36亿元、7.58亿元、8.36亿元，占同期营业收入的54.21%、53.60%、56.02%，占比均超50%以上。九恒条码过度依赖前五大客户，若以后合作关系发生变动，也可能会对九恒条码的经营造成重大影响，2017—2019年九恒条码前五大客户情况见表9-5。

表9-5　**2017—2019年九恒条码的前五大客户情况**　金额单位：万元

序号	客户名称	销售收入	占当期营业收入的比例
2019年度			
1	顺丰控股	31 365.45	21.01%
2	申通快递	24 474.78	16.39%
3	中国邮政	11 245.94	7.53%
4	韵达股份	8 889.24	5.95%
5	百世集团	7 665.51	5.13%
合计		83 640.92	56.02%
2018年度			
1	申通快递	26 155.13	18.48%
2	顺丰控股	23 696.79	16.74%
3	韵达股份	9 865.37	6.97%
4	百世集团	8 326.32	5.88%
5	圆通速递	7 829.36	5.53%
合计		75 873.96	53.60%

另外，九恒条码还存在增收不增利、报告期内毛利率持续下滑、资产负债高等情况。

2019年，九恒条码的营业收入增速大降，由2018年的42.99%降至5.47%；同时净利润增速由2018年的230.01%降至-33.66%，即2019年为负增长。2017年至2019年，九恒条码的营业收入与净利润都呈现大幅波动。除此之外，九恒条码主营业务毛利率连年下降，分具体项目来看也呈现相同趋势，其营业收入、净利润情况见表9-6。

表9-6　**2017—2019年九恒条码营业收入、净利润情况**　金额单位：万元

项目＼年度	2019年	2018年	2017年
营业收入	149 313.34	141 563.81	99 004.42
营业收入增幅	5.47%	42.99%	—
营业利润	7 631.45	12 299.89	4 841.40
利润总额	7 725.00	12 195.90	4 393.70
净利润	6 802.30	10 253.60	3 107.02
净利润增速	-33.66%	230.01%	—
归母净利润	6 802.30	10 253.60	3 107.02
扣非后归母净利润	6 054.80	7 779.41	5 955.61

2017—2019年，九恒条码资产负债率分别为56.21%、48.57%和44.59%，流动比率分别为1.23、1.43和1.50，速动比率分别为0.69、0.83和0.99，债务结构以流动负债为主，流动负债主要为短期借款、应付票据及应付账款等。如果银行降低对九恒条码的授信规模，则会给九恒条码资金管理带来一定的压力，若不能通过其他融资方式获得资金，则可能存在资金短缺的风险。九恒条码分项目毛利率情况见表9-7。

表9-7　**2017—2019年九恒条码分项目毛利率情况**[①]

项目　　　年度	2019年	2018年	2017年
快递物流应用材料系列产品	20.19%	21.62%	23.75%
商业应用材料系列产品	27.91%	27.98%	31.30%
不干胶材料系列产品	7.76%	9.87%	10.66%
主营业务毛利率	19.52%	21.32%	24.39%

多种因素叠加，不由让监管层担忧其“持续经营能力”，这也正是新《证券法》实施以来备受关注的问题。

（四）跌宕起伏的估值

2016年5月2日，沈雁将持有的九恒条码2.08%的股权转让给永州恒劲，1.74%的股权转让给永州恒通，1.18%的股权转让给永州恒盛，转让价格为4.38元/股。

2016年5月7日，倪乐、郭文兰、永州恒佳以5.37元/股的价格入股了九恒条码，其中倪乐、郭文兰、永州恒佳此前均未出现在九恒条码的股东名单中。

2016年5月15日，沈雁将持有的九恒条码0.11%的股权转让给永州恒通，0.56%的股权转让给永州恒盛，转让价格为4.38元/股。截至此日，九恒条码每股出资额的估价差别还不算太大。

2016年5月22日，珠海乾亨以11.04元/股的价格入股九恒条码。

王明和李方发现，九恒条码在2016年5月2日至2016年5月22日的20天内，股权的价格先是在5天内增长22.6%，然后在8天内下降18.44%，又在7天之后增长152.05%，其价格波动极大，可谓跌宕起伏。

（五）未来何去何从？

数据显示，2021年A股IPO被否的企业共有29家，这一数字远远超过2020年的9家。从已有企业被否的原因来看，持续经营能力、实控人稳定性、关联交易合理性、财务指标真实性等一直都是审核的重点。九恒条码IPO铩羽而归，也为其他同行企业提供了前车之鉴，其还可以在以下几个方面进行改进。

九恒条码与供应商交易频繁，且重大关联供应商在IPO申报前紧急注销。从会计角度来看，九恒条码与添城纸业、拥城电子公司等关联企业之间的关联交易可能存在股东利益输送行为。证监会在审核时，也同样注意到这类问题。企业在申请IPO的过程中，

① 中国证券监督管理委员会. 广州九恒条码股份有限公司首次公开发行股票招股说明书（申报稿2020年4月21日报送）[EB/OL]. [2019-05-15]. http: //www.csrc.gov.cn/csrc/c101803/c1005030/content.shtml.

最起码应当保证财务信息真实可靠，不应该通过财务舞弊等方式达到业绩要求，掩饰企业的实际盈利情况，即使一时侥幸上市成功，在资本市场的监督下，造假行为也很容易被发现。企业若想上市，还是应当增强自身的硬实力，重视企业的持续盈利能力以及成长性。

对于企业发展而言，持续盈利能力至关重要。2015年以来，电子面单逐步取代传统多联式快递运单，成为快递物流面单的主要形式。九恒条码应当关注行业变化，及时进行战略调整，加强电子面单的研发。2016—2019年，九恒条码主营业务毛利率连续四年下降，企业盈利能力并不理想。想要在激烈的行业竞争中脱颖而出，一方面，企业应当加强产品研发，提升核心竞争力；另一方面，企业可能需要多元化运营，拓展相关业务，增强持续经营能力。

在IPO申请过程中关联方交易一直是证监会发审委重点审查的方面。过多的关联方交易会影响拟上市公司业务的独立性，并且关联方交易一直是公司财务舞弊的重灾区。首先，拟上市IPO企业应当确保每一笔重大的复杂关联方交易都是真实发生的；其次，内部关联交易应当制度健全，程序规范，回避制度执行到位；最后，交易价格要公允，采用活跃市场报价或者有较多类似交易的报价，或有可靠的评估方法证明关联交易价格的公允性。

企业是否需要上市应视自身情况而定。如果仅为“圈钱”而上市，或者自身未达到上市条件而通过粉饰财务报表等手段上市，都会给企业带来严重的经营风险。另外，上市筹备阶段是需要耗费大量成本的，包括时间成本和资金成本，其中资金成本尤为巨大。一旦上市失败，企业为筹备上市所花费的资金成本则成为沉没成本，对企业自身经营造成消极影响。因此，企业应当根据自身情况理性地决定是否需要上市。

在电商网购蓬勃发展的当下，九恒条码还会继续IPO之路吗？未来其应该何去何从？

【政策思考】

根据2019年中国证监会发行监管部发布的《首发业务若干问题解答》①的规定，投资机构在投资发行人时约定对赌协议等类似安排的，原则上要求发行人在申报前清理，但同时满足以下要求的可以不清理：一是发行人不作为对赌协议当事人；二是对赌协议不存在可能导致公司控制权变化的约定；三是对赌协议不与市值挂钩；四是对赌协议不存在严重影响发行人持续经营能力或者其他严重影响投资者权益的情形。保荐人及发行人律师应当就对赌协议是否符合上述要求发表明确核查意见。发行人应当在招股说明书中披露对赌协议的具体内容、对发行人可能存在的影响等，并进行风险提示。

请阅读以上规定并结合本案例中九恒条码的情况分析其对赌协议最终对其IPO产生了哪些影响？

① 中国证券监督管理委员会．关于发布《首发业务若干问题解答》的通知［EB/OL］．［2019-03-25］．http://www.csrc.gov.cn/csrc/c100107/c1447191/content.shtml.

案例使用说明

一、教学目的

通过对九恒条码IPO失败的分析，达到以下教学目标：

1.引导学生进一步用财务管理的理论加以分析，掌握企业IPO理论相关要点，能够熟练运用相关知识以达到举一反三的学习效果。

2.引导学生学会运用相关政策对案例进行分解和剖析，探讨和研究IPO未成功的公司应在哪些方面继续改进，进而实现公司的跨越式发展。

二、思考题

1.九恒条码上市受阻的原因有哪些？

2.对赌协议对公司IPO有哪些影响？中国证监会对此有何要求？

3.九恒条码IPO失败对同行业的其他公司有何参考意义？

三、分析思路

案例分析框架如图9-1所示。

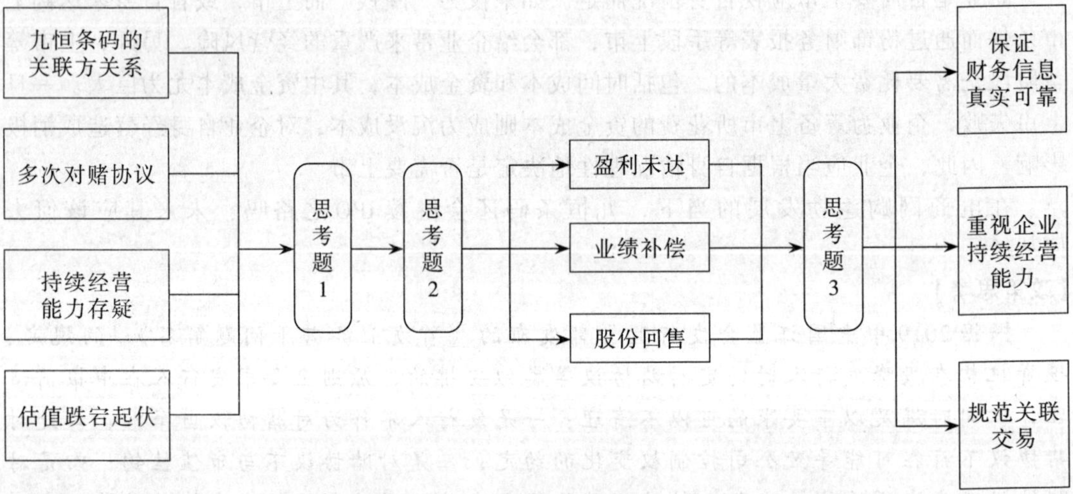

图9-1　案例分析框架

案例思考题有以下分析要点：

1.九恒条码上市受阻的原因有哪些？

首先，九恒条码与供应商添城纸业、汉宏纸业等有非正常的关系与交易，九恒条码实控人与朋友李拥、亲戚间存在错综复杂的关联交易，这些频繁且有失公允的交易业务使其交易发生的真实性有待进一步查证。

其次，2019年5月至6月，九恒条码多次签署对赌协议，2020年6月28日，公司正式申请IPO前，解除了全部对赌协议。在已触发业绩对赌补偿、股份回售条款的情形下，九恒条码未执行特殊条款、对赌协议的原因及真实性不明确。

再次，九恒条码持续经营能力存疑。应收账款占比连年走高，公司回款能力不足，过度依赖大客户，增收不增利，报告期内毛利率持续下滑，资产负债率高。

除此之外，九恒条码估值跌宕起伏。在2016年5月2日至2016年5月22日短短20天内，每股出资额的价格先是5天内增长22.6%，然后8天内下降18.44%，又在7天之后增长152.05%，其价格波动极大，不满足证监会要求。

2.对赌协议对公司IPO有哪些影响？中国证监会在此方面对IPO企业有何要求？

2016年到2018年，九恒条码扣除非经常性损益后净利润分别为6 886.91万元、5 955.64万元、7 779.41万元，低于对赌协议承诺的87%，触发业绩对赌补偿条款；同时，其他的对赌要求也未完成，还触发了股份回售条款。

3.九恒条码IPO失败对同行业的其他公司有何参考意义？

保证财务信息真实可靠。企业在申请IPO的过程中，应当保证财务信息真实可靠，不应该通过财务舞弊等方式达到业绩要求，掩饰企业的实际盈利情况，而是应当增强企业自身的硬实力，重视持续盈利能力及成长性。

重视企业持续盈利能力。想要在激烈的行业竞争中脱颖而出，一方面，企业应当加强产品研发，提升核心竞争力；另一方面，企业可能需要多元化运营，拓展相关业务，增强持续经营能力。

规范关联交易。首先，拟上市IPO企业应当确保每一笔重大的复杂的关联方交易都是真实发生的；其次，内部关联交易应当制度健全，程序规范，回避制度执行到位；最后，交易价格要公允，采用活跃市场报价或者有较多类似交易的报价，或有可靠的评估方法证明关联交易价格的公允性。

树立正确上市动机。企业是否需要上市应视自身情况而定，理性决策。

四、理论依据

（一）优序融资理论

根据企业融资理论，企业优序融资的顺序首先是内部融资，其次是债务融资，再次为优先股融资，最后是普通股融资。通过对我国上市公司融资偏好的研究，发现我国上市公司融资顺序与优序融资的顺序正好相反，表现出偏好外源融资和股权融资的特点。

优序融资理论指出，在完善的资本市场中，如果不存在税收、破产成本以及代理成本的影响，那么，企业市场价值将与其资本结构无关。在国内，也有一些学者在专题研究融资理论及其实践效应。有的学者通过实证研究认为我国企业偏好股权融资，有的学者认为我国企业融资顺序与优序融资理论的主张正好相反。

根据有关部门对上市公司进行的统计分析，我国企业的融资模式以外源融资为主。外源融资在企业融资模式中所占的比重高达80%以上，内源融资的比重不到20%，而那些未分配利润为负的上市公司几乎完全依赖外源融资。在外源融资中，有50%来源于股权融资。所以，我国企业（以上市公司为代表）的融资顺序，首先是股权融资，然后是债券融资，最后才是内源融资。在外源性融资结构中，股权融资的比例基本上大于债务融资，特别是在未分配利润大于零的上市公司中，这一点更加明显，股权融资占比明显高于债务融资。在未分配利润小于零的上市公司中，这一现象虽不明显，但从上市公司主观上考察，同样是偏好于股权融资，只是受制于我国股权融资的法律法规，而不得不更多地依靠债券融资。从上市公司股权融资和债券融资的比重看，20世纪90年代初，在我国证券市场的建设初期，股票市场刚刚成立，股权融资还未步入正轨，此时的债券融资多于股权融资。但从1996年开始，股权融资就超过了债券融资，而且两者之比高达3：1。

所谓企业融资效率就是指能够创造企业价值的融资能力，主要从企业的融资成本、所融资金是否被有效利用，以及融资给企业所带来的收益这三个方面进行考查。实证检验的结果是，我国企业最为偏好的股权融资中，由于股市长期处于供不应求的稀缺型市场状态，融资方处于相对有利地位，加上信息披露制度、市场交易制度等不健全，融资方往往能较容易地筹集资金，而且可以获取融资收益。因此，股权融资的效率很低，融资行为成为获取融资收益的手段，大量资金被大股东无偿占用，或者在资金使用上不被重视，随意使用，导致资金的回报率极低。

而外源性融资的另一重要模式——债务融资——同样在信息不对称的条件下，银行不能很好地对融资人进行有效监督，加上银行的市场化改革较慢，存在权责不清现象，在业务的拓展中偏好于规模效应、短期效应，降低了对融资人的筛选监督标准，致使融资效率也处于较低状态。

（二）权衡融资理论

权衡融资理论认为，企业在构造长期资本来源的组合时，存在着一个最佳的资本结构，企业将按照事先测算的最佳资本结构来选择资金来源及配置各种不同性质的资金。公司通过权衡负债的利弊，从而决定债务融资与权益融资的比例。负债的好处包括税收节省，即税盾。负债的成本指财务困境成本。随着负债率的上升，负债的边际利益逐渐下降，边际成本逐渐上升。公司为了实现价值最大化，必须权衡负债的利益与成本，从而选择合适的债务与权益融资比例。

该理论认为，当负债率较低时，负债的税盾利益使公司价值上升；当负债率达到一定高度时，负债的税盾利益开始被财务困境成本所抵消；当边际税盾利益恰好与边际财务困境成本相等时，公司价值最大，此时的负债率（或负债率区间）即为公司最佳资本结构。负债的利弊权衡还包括代理成本，即公司股东、债权人和管理层之间的利益冲突的权衡理论，它常被认为与优序融资理论是相互竞争的。

（三）IPO被否原因

以募投项目问题被否的公司，大多是因为公司无法对募集资金规划项目的未来消化能力进行解释，甚至一些公司规划的募投项目扩产规模是现有规模的2~3倍，不仅市场难以接受，而且公司是否有能力对其管理也受到质疑。另外，在所有IPO被否的原因中，企业的持续盈利能力是最重要的原因。监管部门对财务指标中的异常项目很关注，尤其是毛利率，其真实性是财务会计审核的重点。许多会计问题，如公司的盈利能力、股权激励、出资问题、资产质量和税负等，需要引起公司的足够重视，并要进行妥善的处理，否则可能会导致IPO被否。

（四）对赌协议的发展

对赌协议由于将奖惩制度相结合，使并购中的支付带有条件性，在信息不对称理论的基础上，基于不完全契约理论，可以有效激励并购双方，促进并购活动中整合的协同效应。

随着对对赌协议理论研究的不断深入，越来越多的学者将对赌协议与我国经济与法律情况相结合进行研究。杨景岩（2013）对于对赌协议进行了更深层次的研究，将并购方在签订对赌协议后的权利和义务结合进行分析，阐明了对赌协议和盈利补偿协议在本质上的不同。冯泽良、李有星（2014）运用动因分析法指出资本市场目前需要对赌协议的原因是我国资本市场运作尚不流畅，法律体系还不健全。我国首先应当通过完善公司法、对资本市场加强监督的方式解决目前的问题，并且积极借鉴国外优秀案例经验，去其糟粕，取其精华，逐渐完善对赌协议。王茵田、黄张凯、陈梦（2017）从期权的角度出发，把对赌协议视为二期期权，对二十余个对赌协议应用的案例进行研究，通过二叉树模型进行分析，发现我国目前的对赌协议应用中存在极大的估值偏差，这种偏差来源于内部和外部多个因素，如投资方使用对赌协议的自我保护心理。他们就此提出监管部门应当对市场透明度加强监察力度，被并购企业也应当尽力争取自身利益，量化分析对赌协议条款，以促使对赌协议更加公平的建议。吴多妹（2017）指出对赌协议是一把“双刃剑”，一方面，让企业在短期内融入大量所需资金，激励企业管理层努力提高经营管理水平和企业的经济效益；另一方面，企业因过度追求短期经济目标而偏离企业长期战略，增大了融资财务风险。张琦悦（2018）认为，正是由于我国资本市场的特性及需要导致对赌协议的应运而生，同时又反作用于资本市场，促使并购双方利益更好地协调满足，并且对赌协议作为估值调整机制，我们应当关注其估值的高低，从而对于对赌协议的有效性进行更有力的解释，以促进对赌协议在我国更好地应用。

五、背景信息

我国证券市场在经济发展中的作用越来越大。为了筹集资金、调节企业资本结构、扩大知名度和提升企业形象等，IPO成为多数企业的选择。但每年仍有不少企业被证监会审查否决，未能顺利上市。因此，怎样提高企业IPO的通过率成为各行各业的关注焦点。

广州九恒条码股份有限公司成立于2002年，是一家主要从事快递物流应用材料产品的研发、生产和销售业务的公司，属于“印刷和记录媒介复制业”，是国内快递物流应用材料整体解决方案提供商，公司的主要产品分为快递物流应用材料系列产品、商业应用材料系列产品、不干胶材料系列产品三大类。九恒条码公司控股股东、实际控制人为沈云立，直接及间接持有公司51.90%的股权。九恒条码拟在沪市主板上市，2019年开始冲刺A股IPO，2021年申请被证监会否决，未能过会。

六、关键要点

（一）明确A股主板上市条件与流程

1.主体资格：股份有限公司；持续经营3年以上；主要资产不存在重大权属纠纷；生产经营合法；股权清晰；近3年主业、董事、高管无重大变化，实际控制人没有变更；允许多元化经营，但必须主业突出。

2.规范运行：公司股东大会、董事会、监事会制度健全；董事、监事和高管符合任职资格要求；内控制度健全且被有效执行；无重大违法违规行为；不存在违规担保情形；资金管理严格。

3.财务指标：公司最近3个会计年度连续盈利，且累计净利润>3 000万元；最近3个会计年度经营活动现金流量净额累计>5 000万元，或营业收入累计>3亿元；最近一期期末无形资产占净资本比≤20%；最近一期期末不存在未弥补亏损；发行前股本总额≥3 000万元，发行后股本总额≥5 000万元。

4.上市流程：一般情况下，企业自筹划改制到完成发行上市总体上需要3年左右，主要包含重组改制、尽职调查与辅导、申请文件的制作与申报、发行审核、路演询价与定价、发行与挂牌上市等阶段。如果企业各方面基础较好，需要整改的工作较少，则发行上市所需时间可相应缩短。

（二）了解IPO对于对赌条款的规定

对赌条款是指投资方与融资方在达成股权性融资协议时，为解决交易双方对目标公司未来发展的不确定性、信息不对称以及代理成本问题而设计的包含了股权回购、现金补偿、股权补偿等对未来目标公司的估值进行调整或者回购退出的条款。

结合证监会审核的情况来看，对拟上市企业的股权和经营不允许存在重大不确定因素，如果对赌条款不满足“可以不清理”的条件，则会要求企业在上市前清理对赌条款。

七、参考文献

［1］王林峰．上海冠华IPO被否原因案例研究［D］．兰州：兰州大学，2016.

［2］李珊珊．拟上市公司关联交易异常导致IPO折戟案例研究［D］．北京：北京交通大学，2019.

［3］刘照普．这37家企业IPO为何在最后关口被否决？［J］．中国经济周刊，2017（3-1）：51-53.

案例10 “药茅”药明康德的分拆上市之路①

案例导读

20世纪90年代以来，随着中国经济的蓬勃发展，我国企业上市的需求不断增加。但是由于当时国内监管制度并未完善，同时审核的要求很高，审核时间较长，因而许多国内企业开始探索海外上市的融资途径，这类企业被统一称为中概股企业。但是，随着近期国内利好政策频出，以及国外环境的“恶化”，许多中概股都想要从海外退市，回归A股市场。中概股回归的路径一般是以私有化退出，再用借壳、IPO等形式重返国内。本案例的研究对象是无锡药明康德股份有限公司（以下简称“药明康德”），其通过“一拆三”分拆上市的方法，在不同的资本市场上同时发展，成功在国内立足，拥有了国内“药茅”之称。本案例以药明康德为例，对中概股回归A股的新回归模式进行研究。通过本案例的学习，学生可以了解到中概股回归国内市场的路径以及路径的效果。

关键词

中概股　分拆上市　绩效　药明康德

案例正文

“药中茅台”药明康德日前公布财报，公司2021年营业收入为229亿元，同比增长38.5%，归母净利润为51亿元，同比增长70%，企业股价迎来一波新的上涨。作为行业龙头的药明康德，在业绩的加持下，其股价一直处于“过山车式”的反复循环中。这个传奇般的公司背后的推手是一位拥有着“温商血统”的北京人——李革。

李革，1967年出生，祖籍浙江温州，虽然生于北京、长于北京，但他的骨子里仿佛烙下了一层温商的烙印，引导其在商业的道路上不断前行。李革是一个认定一个方向就不回头的人，在18岁的时候下定决心要考上北京大学，因此在高考填报志愿的时候只填了北京大学一个名字。这也间接影响到了药明康德的发展之路。当然，凭借聪颖的头脑和优异的成绩，李革成功考到了北大，他原本是打算去物理系的，结果阴差阳错地考上了化工系。没想到，就是这么一个小插曲，就让其成为了中国CRO行业的领军人物。1989年，李革从北京大学化学专业毕业，到美国留学。由于热爱学习、能吃苦以及悟性好，李革被哥伦比亚大学录取，四年后获得有机化学博士学位。拿到了博士学位后，李革并没有像其他人那样走上纯粹的科学研究道路，而是选择了创业，而后创办了药明康德。

一、公司简介

2000年，药明康德在江苏省无锡市创立，随后陆续拓展了合成化学、工艺研发服务、

① 本案例由华南理工大学工商管理学院王茂昌、黎婕撰写。本案例主要适用于“财务管理”“资本运营”“资本市场与上市筹划”等课程中有关公司上市、公司私有化退市相关领域的教学。本案例属于描述型案例。

新药研发等业务；2004年搭建VIE架构；2007年，天津分公司正式投入运行，成为当时全国优秀的化学生产基地，同年，在美国纽约证交所首次公开募资；2008年，公司并购美国AppTec实验室服务有限公司，随后开始在苏州建立生产基地，扩展欧洲地区的业务；2018年，母公司药明康德在上交所以及香港联交所挂牌上市；2021年，并购OXGENE，继续强化全球细胞和基因治疗服务。

目前，药明康德已经发展成为国内为数不多的开放创新药物研发服务平台，在技术深度和覆盖面上都有一定的优势，共拥有超过5 600个来自全球30个国家的科研和创新计划。

药明康德子公司——上海合全药业股份有限公司（以下简称“合全药业”），是药明康德下属主营CMO/CDMO业务的全资子公司。经过股权转让、三次增资、整体变更，合全药业最终在2015年4月30日于国内新三板挂牌上市。合全药业面向国内外制药公司，根据客户的个性化需求，采用以销定产、以销定采的经营模式，以高效、先进的技术为基础，为客户提供工艺研发、药品生产以及商业化阶段的全方位服务。

药明生物于2014年6月创立，是药明康德旗下的一家医药公司，在药明康德重组之前，主营生物制剂业务。药明康德重组后，药明生物通过其运营的六家子公司，为生物药的挖掘、开发以及生产提供全方位、一体化的个性化定制服务。药明生物是中国第一家获得EMA GMP证书的生物药生产基地、生物药无菌生产基地以及细胞库生产基地。公司在上海、无锡和苏州设立了三个业务中心，2017年占据了该领域63%的市场份额，并在爱尔兰和新加坡建立了工厂。

二、主要内容

（一）归国之子，“药茅”之始

2000年，李革所在的公司——PDD公司——的六位董事和高管一直在大量抛售公司的股票，这使得该公司的股价从过去的104美元一路下滑到了20美元以下。出于对公司股东无视公司发展的不满，对CFO拒绝在中国成立分公司的不解，以及回国后发现国内制药行业的巨大发展潜力，李革决定回国，在江苏无锡创办药明康德。因此，李革于2000年12月组建了无锡药明康德组合化学有限公司（药明康德前身）。那时在我国还没有太多关于新药的研究，药品开发的总体水平较低，严重制约了药明康德的发展，药明康德初期发展较为缓慢。但命运往往是转角遇到奇迹，药明康德意外获得了一家美国制药公司的批准，并借着这个契机开始涉足CRO业务，将其业务外包给美国制药企业。

由于当时国内上市限制条款过多，因此李革选择让药明康德赴美上市，以缓解国内的融资难题。2004年6月3日，为了构建VIE，李革成立了WXPT BVI（无锡维京），为其海外上市进行铺垫；2005年7月，WXPT BVI通过股权转让成为无锡药明康德组合化学有限公司的唯一股东，这一举措让无锡药明康德从一家中外合资企业摇身一变，成为外商独资企业；2007年3月16日，李革在开曼群岛设立了药明康德的美国上市主体WuXi Cayman（无锡开曼）。

2007年6月，无锡维京的所有股东将其手上的股权1∶1置换为无锡开曼的股权。至此，无锡维京的股东身份发生转变，成为无锡开曼的股东，VIE结构构建结束。当时

WuXi Cayman的股权构架图如图10-1所示。

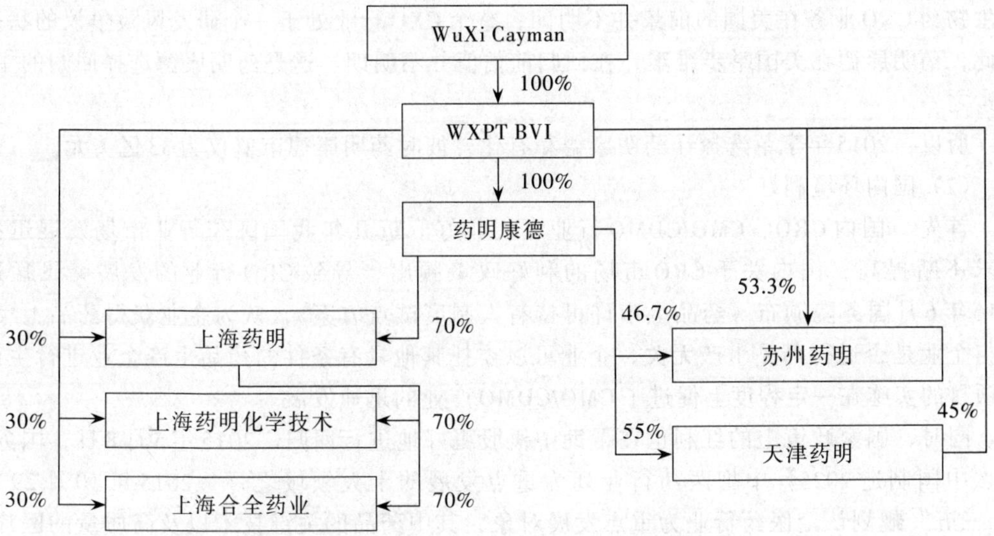

图10-1 WuXi Cayman股权构架图①

2007年8月，药明康德正式于美国纽约证交所进行首次公开募资（股票代号：WX），彼时共募资约1.85亿美元。

在李革的带领下，短短数年，药明康德逐渐成长为世界上少数几个涵盖整个产业链的药物研发服务平台，被国内投资者称为“药中茅台”。

（二）战略回归，分拆雄起

回归国内市场，是无奈还是机遇？作出正确的抉择，对于一家企业，尤其是要成长为一个行业龙头的企业来说至关重要。2015年，李革选择让药明康德从纽交所退市，为何选择退市？为何选择回归？这一步棋在药明康德的发展之路中起到了什么作用？这都是李革及其团队需要思考的问题。

1.归路漫漫，抉择艰难

李革及其带领的团队根据经营企业多年的经验，认为药明康德的回归具有战略性意义。也是由于很多因素的交叉影响，他们选择了退市回国。首先从外部因素来看，主要有如下几个原因：

（1）估值不明朗

药明康德在美股市场中并未得到高估值，这成为公司最终决定私有化退市的原因之一。其实，中概股估值偏低的情况在美国较为普遍，这和美国估值计算以及投资者有很大关系，很多国外投资者购买中概股主要作为短期投资。药明康德就是个鲜活的案例，其估值不明朗的原因主要包括：中美两国存在估值差；中概股在2010年前后出现“中概股危机”，让药明康德被部分投资者不信任；以及美国股市对药明康德的经营业务有很大的争议。

2015年药明康德财报显示公司的发展前景很好，其业务部门可持续发展，但由于前

① 中国证券监督管理委员会．无锡药明康德新药开发股份有限公司首次公开发行股票招股说明书（申报稿2017年7月4日报送）［EB/OL］．［2017-07-14］．http：//www.csrc.gov.cn/csrc/c101803/c1006582/content.shtml.

期企业通过并购来弥补公司的业务不足与空缺，导致短期效益下降。同时，当时较为前沿的生物药CXO业务在美国的前景并不明朗，整个CXO行业处于一个研发风险争议的状态。因此，药明康德在美国举步维艰，在回归前估值并不明朗。这是药明康德选择回归的主要因素之一。

所以，2015年李革选择让药明康德私有化，彼时药明康德市值仅为33亿美元。

（2）国内环境利好

首先，国内CRO、CMO/CDMO行业发展较好。近几年我国医药行业市场发展迅猛，需求不断提高，国内关于CRO市场的利好政策频出，导致CRO行业的发展突飞猛进。2016年6月国务院颁布《药品上市许可持有人制度试点方案》，认为企业获得药品上市许可与企业是否进行药品生产无关，企业可以委托其他具有条件的药品生产企业进行生产。该项目的实施在一定程度上促进了CMO/CDMO产业的迅速发展。

同时，国家政策上的红利也在帮助中概股更好地进行回归。2015年5月8日，国务院在《中国制造2025》中把医药行业列为重点发展的十大领域之一；2015年10月29日，"十三五"规划认定医药行业为重点发展对象，其中药品的关键技术以及高质量的医疗器械行业的新模式是发展重点。这样的制度对于药明康德回归是十分有利的。

（3）管理层的诉求

李革进行私有化的另一个原因来自管理层的诉求。药明康德在美国发行股票的初期，由于公司在成长时期引进了大量风险投资，所以公司的管理人员持有的股份很少。彼时，药明康德最大的股东是FMR LLC，拥有19%的股权，而4位创始人的股份比例分别为：董事长李革持有6.13%的股权，创始人张朝晖拥有1.1%的股权，剩余两位创始人和高管持股比例合计小于1%。公司如果进行私有化退市，企业管理层可以在价值较低的情况下，抓住时机来增加自己的股份。

在药明康德私有化的过程中，李革通过与私募股权投资合作、收购公司管理层股份，以及向社会公开回收流通在外的股份等方法，使得药明康德在归国IPO的过程中，四个创始人的持股比例共计34.5%，实现了对公司的整体控制权。

总而言之，经过了长时间的抉择，药明康德选择了私有化退市，然后细分市场回归国内。

2.波涛汹涌，分拆已成

（1）药明康德"一拆三"方案概览

那么，李革团队是如何进行分拆上市的呢？药明康德接下来的一系列运作步骤如下：

①2015年4月，药明康德CDMO业务的子公司合全药业在新三板挂牌，完成了在新三板的融资。

②2015年4月，董事长李革联合集团发出私有化要约。

③2017年6月，大分子业务主体药明生物港股上市成功。

④2018年5月，已经完成私有化且偿还完贷款的药明康德A股成功上市；同年12月，港股上市成功，形成"A+H"的双上市模式。

（2）合全药业挂牌新三板

合全药业是我国较大的CDMO公司，2003年在上海创立，其主营业务为小分子创新药的研制，在中国和美国都有相关的业务。在新药领域，合全药业负责药物的生产和研究；同时，也为各大制药企业提供切实可行的改进方案，使之能够在药物的商品化阶段实现量产。合全药业属于药明康德旗下CMO产业的下游企业，其设立促进了药明康德公司垂直整合战略的实施。

2015年4月3日，合全药业在新三板挂牌，这是境外上市企业的子公司首次在国内新三板挂牌。对于李革以及其团队来说，合全药业的回归可以提高企业整体的融资水平，使企业获得更多的上市资金支持。合全药业选择新三板的主要原因是2015年的转板政策让更多的投资者把目光放在新三板市场上，而且在其他板块上市时间过长不利于后续药明康德的回归进程。因此，作为制药工艺研发领域的领先者，合全药业如果选择新三板，可以更快上市并获得估值的提升，有利于自身业务的发展与集团的成长。

登陆新三板后，合全药业成功获得了国内投资者的喜欢，其市值不断攀升。于是，2015年12月29日，合全药业官方称，将担保药明康德私有化的8亿美元贷款。这一措施减小了母公司的压力，并为母公司后续的回归夯实了基础。2017年1月，合全药业宣布将收购上海药明康德旗下的制剂研发部门；同年11月，合全药业的股东会议决定，使用928万美元的自有资金，收购上海药明康德和WuXi App Tec（HongKong）有限公司的一个项目。合全药业的这一系列操作，向药明康德的母公司注入了大量的资金，为其后续上市提供了有力的支撑。2019年3月，合全药业发布了停牌公告，从此退出新三板市场。

合全药业的上市，是药明康德分拆回归上市的第一个步骤，也是其极具战略意义的一步，为后续药明康德的整体回归铺平了道路。

（3）提出私有化要约

在合全药业新三板挂牌、剥离资产后，2015年4月29日，李革与汇侨资本共同提出私有化要约。此次私有化的价格为：每股5.75美元，比4月28日的收盘价高出16.2%，比过去180个交易日的加权平均收盘价高24.1%，这一私有化的总费用大约是33亿美元。

为了尽快实现私有化退市，买方共有3层主体，分别为Holdco、Parentco和Merger Sub。其中，Holdco的买方团成员包括了李革持股的G&C I（群云I）和G&C Ⅱ（群云Ⅱ），以及高瓴、红杉等相关投资者。通过这样的设计，李革团队成功搭建了收购主体，而这也更有利于扩大管理层持股比例，满足回归的管理者需求。

2015年12月，WuXi Cayman正式退出美国市场。在私有化完成时，群云系列公司对Holdco的持股比例合计为33.07%。

（4）子公司药明生物上市港股

私有化完成后，李革团队继续有条不紊地开展其回国的漫漫长路。彼时，药明康德子公司药明生物开始其赴港上市的进程。如果药明生物能在香港证券交易所上市，那么一则可以更好地进入国际市场，二则还能与中国的投资者和合作伙伴建立良好的合作关系。

2016年1月，持股药明生物100%的WuXi Cayman将药明生物转让给其子公司Biologics Holdings，使其成为药明生物的直接唯一股东。2016年2月26日，Biologics Holdings以0.5美元/股的价格将药明生物部分股份转让给李革等药明康德管理层成员。这项操作让李革团队实现了对Biologics Holdings的控制。2016年3月8日，Biologics Holdings进行改股，并于当天向药明康德额外发行999 999股B类普通股，至此药明康德成为了Biologics Holdings唯一的股东。2017年6月13日，药明生物在港交所上市，公开发行1.92亿股，发售价为每股

20.6港元，首发募资总额约39.75亿港元，实际发售数量远超计划发售数量。

（5）母公司药明康德回归A股资本市场

美股私有化退市后，WuXi Cayman在股权上进行调整，使其保持直接持有A股上市主体药明康德的股份。

2016年，Holdco进行股权下翻操作。同时，药明康德的四位实控人李革及赵宁、刘晓钟、张朝晖通过直接持股、控制的管理层持股平台持股、与其他股东的一致行动协议、委托投票安排等方式，合计获得了34.48%的表决权，结束了上市前的基本行动；加之合全药业和药明生物在新三板和香港上市，为药明康德上市提供融资支持，减轻了药明康德的资金压力——这些动作对于药明康德的回归来说，奠定了很好的基础。

2018年3月27日，药明康德A股首次公开发行成功过会。2018年5月8日，药明康德在上海证券交易所挂牌，IPO当日以每股21.60元的价格发行104 198 556股，募集资金总额22.50亿元人民币，实际募集资金净额21.30亿元人民币。上市不满一个月，药明康德市值达到了千亿元人民币。2018年12月13日，药明康德港股上市，发行了121 795 400股，发行价为68港元/股，募资75.53亿港元。据公开资料显示，这部分募集资金的70%将用于公司的发展策略，20%将用于支付到期的剩余贷款，10%将作为公司的营运资本的补充。就此，"药茅"药明康德完全回归国内资本市场，开启了其传奇之路。

（三）成功上市，强劲发展[①]

1.短期市场股价变动（见表10-1）

表10-1　　药明康德对外发出私有化公告［-15，15］CAR变动[②]

T	AR	CAR	T	AR	CAR
−15	2.02%	2.02%	1	1.34%	21.33%
−14	−2.64%	−0.62%	2	−1.68%	19.65%
−13	−0.82%	−1.44%	3	1.26%	20.90%
−12	−0.18%	−1.61%	4	−2.27%	18.64%
−11	−1.37%	−2.98%	5	−2.47%	16.16%
−10	0.11%	−2.87%	6	−2.95%	13.22%
−9	2.26%	−0.61%	7	−1.77%	11.45%
−8	−1.29%	−1.91%	8	−1.03%	10.41%
−7	1.35%	−0.56%	9	0.92%	11.36%
−6	−1.37%	−1.93%	10	1.08%	12.45%
−5	−1.22%	−3.15%	11	−1.32%	11.12%
−4	1.86%	−1.29%	12	−2.31%	8.81%
−3	7.37%	6.09%	13	0.26%	9.07%
−2	−0.21%	5.88%	14	−1.76%	7.31%
−1	0.45%	6.33%	15	1.34%	8.65%
0	13.66%	19.99%			

① 本案例数据来源于Choice数据库。作者根据药明康德2015—2022年财务报表数据整理。
② 数据来源于Choice数据库。注：AR（abnormal return）指超额收益率；CAR（cumulative abnormal return）指累计超额收益率。

2.市值变化

2015年12月，药明康德在美国私有化时，其美股市场估值约为210亿元人民币，市盈率为21.72倍，而药明康德通过“一拆三”的分拆上市，整体募资超过60亿元人民币，总共占到其私有化前市值的1/3。子公司们的市场反应也较为良好。完成上市后，合全药业的市盈率超过了40倍，市场价值达183.86亿元人民币；而药明生物的市盈率接近300倍，市场价值超过746.52亿元人民币。药明康德A股上市以后，其市盈率约为90倍，市场价值为324.06亿元人民币。药明康德2018年5月8日在通过分拆上市完成整体回归后，合全药业、药明生物、药明康德三家公司的市场估值总计达到1 269.24亿元人民币，是美股时期市场估值的6倍左右。直至2022年，药明康德市场估值见表10-2。

表10-2 药明系“一拆三”前后估值表 单位：亿元

日期	药明康德（美股时期）	合全药业	药明生物	药明康德	合计
2015年	210.19	/	/	/	/
2017年	/	183.86	279.15	/	463.01
2018年	/	198.66	746.52	324.06	1 269.24
2019年	/	/	992.96	1 178.43	2 171.39
2022年	/	/	2 751.81	3 104.00	5 855.81

3.财务状况（见表10-3至表10-5）

表10-3 药明生物2015—2021年财务指标状况

财务指标		2015年	2016年	2017年	2018年	2019年	2020年	2021年
偿债能力	流动比率	0.50	1.04	3.80	4.36	3.37	3.16	2.37
	资产负债率（%）	89	86	17	15	26	28	25
盈利能力	净资产收益率（%）	17.19	67.76	11.76	10.49	9.76	10.13	12.82
	总资产净利率（%）	4.47	8.44	7.39	8.86	7.51	7.25	9.28
	毛利率（%）	32.44	39.34	40.80	40.16	41.64	45.13	46.93
	净利率（%）	7.99	14.27	15.61	24.88	25.36	30.16	34.09
成长能力	营业收入增长率（%）	67.86	77.55	63.68	56.56	57.18	40.88	83.34
	毛利润增长率（%）	46.62	115.31	69.76	54.08	62.99	52.70	90.64

表10-4　　合全药业2015—2018年财务指标状况

财务指标		2015年	2016年	2017年	2018年
偿债能力	流动比率	2.03	2.53	2.45	1.96
	资产负债率（%）	27	26	24	26
盈利指标	净资产收益率（%）	17.19	67.76	11.76	10.49
	总资产净利率（%）	4.47	8.44	7.39	8.86
	毛利率（%）	32.44	39.34	40.80	40.16
	净利率（%）	7.99	14.27	15.61	24.88
成长能力	营业收入增长率（%）	67.86	77.55	63.68	56.56
	毛利润增长率（%）	46.62	115.31	69.76	54.08

表10-5　　药明康德2015—2021年财务指标状况

财务指标		2015年	2016年	2017年	2018年	2019年	2020年	2021年
偿债能力	流动比率	2.21	1.44	1.18	3.14	1.91	2.91	1.69
	资产负债率（%）	34	42	46	20	40	29	29
盈利能力	净资产收益率（%）	14.45	29.10	21.14	23.98	10.45	12.91	14.05
	总资产净利率（%）	4.05	9.62	10.59	15.10	8.98	7.91	10.13
	毛利率（%）	34.55	40.76	41.83	39.45	38.95	37.99	36.28
成长能力	营业收入增长率（%）	28.09	9.34	18.78	80.18	33.89	28.46	38.50
	净利润增长率（%）	-18.18	39.00	13.57	52.42	-17.96	59.62	72.19

（四）后记

药明康德的回归是成功的吗？从现在的角度看，药明康德分拆上市对企业未来的发展是积极且有效的。独特的“一拆三”的分拆上市方案设计，让药明康德成为中概股私有化回归的典型案例之一。李革后来也说，药明康德能走到今天这一步，首先是因为国内经济政策的影响，其次是三个创业合伙人的努力，而自己主要的功劳就是每次都做了有价值的抉择。

当然，分拆上市只是药明康德漫漫发展道路上的一个里程碑。中概股若想成功回归，应根据自身发展以及战略要求，找到最适合自己的方式，这才是真正的“成功之道”。

【政策思考】

“十四五”规划纲要提出：“要完善技术创新市场导向机制，强化企业创新主体地位，促进各类创新要素向企业集聚，形成以企业为主体、市场为导向、产学研用深度融合的技术创新体系。”[①]近年来，大众创业、万众创新蓬勃兴起，催生了数量众多的市场新生力量，促进了观念更新、制度创新和生产经营管理方式的深刻变革，有效提高了创新效率、缩短了创新路径，已成为稳定和扩大就业的重要支撑、推动新旧动能转换和结构转型升级的重要力量，正在成为中国经济行稳致远的活力之源。要做到创新为本、高端引领。以科技创新为基础支撑，可以实现创新带动创业、创业促进创新的良性循环。还要做到人才优先、主体联动。以人才支撑为第一要素，改革人才引进、激励、发展和评价机制，可以激发人才创造潜能，鼓励科技人员、中高等院校毕业生、留学回国人才、农民工、退役士兵等有梦想、有意愿、有能力的群体更多地投身创新创业。

请根据以上资料结合本案例分析：为什么药明康德会选择回国上市？其是如何在双创背景下抓住机会回国上市的？

案例使用说明

一、教学目的

通过对药明康德案例的分析和研讨，帮助学生理解和掌握以下重要知识点：

1.中概股可以选择的回归路径，以及每种路径的优劣；

2.公司私有化退市方式；

3.检验公司分拆上市成败的主要评价方法，并有自己的思考。

二、思考题

1.药明康德为什么会选择回归国内市场？

2.药明康德在回归国内市场时使用的是什么方式？中概股回归的方式有哪些？

3.药明康德为什么会选择“一拆三”的回归方式？分拆上市的定义和特点是什么？

4 如何评价药明康德的回归之路？如何检验回归的结果和绩效？

5.药明康德的回归对其他中概股来说有何值得借鉴和学习之处？

三、分析思路

案例分析框架如图10-2所示。

案例思考题有以下分析要点：

1.药明康德为什么会选择回归国内市场？

药明康德选择回归国内资本市场的动因主要分为内部动因与外部动因，其中外部动因主要包括：

---

① 中华人民共和国国民经济和社会发展第十四个五年规划和2035年远景目标纲要［ED/OL］.［2021-03-13］. http://www.gov.cn/xinwen/2021-03/13/content_5592681.htm.

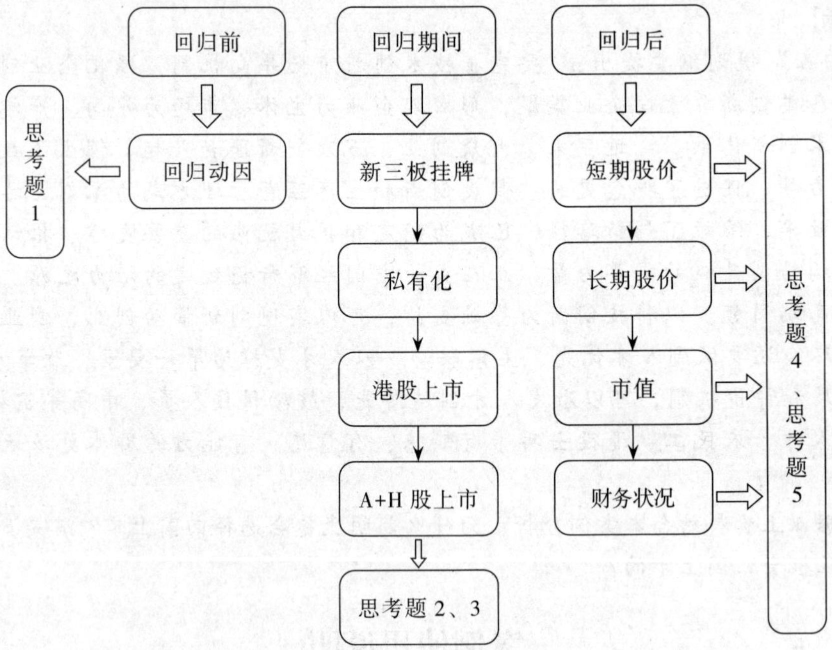

图10-2　案例分析框架

（1）外部环境的恶化

中概股被恶意做空以及中概股的信任危机加剧，导致中概股大环境恶化。

（2）估值不明朗

药明康德于2007年8月实现美股上市，按发行价计算市值为8.79亿美元，在美国股票市场并未得到高估值。因此，根据信号传递理论以及融资策略理论，这成为了公司最终决定私有化退市的原因之一。

（3）国内环境利好

国内CRO、CMO/CDMO行业发展较好。同时，国家政策上的红利也在帮助中概股更好地进行回归。

（4）管理层的诉求

药明康德私有化还有一大动因是管理层的诉求。由委托代理理论可知，不恰当的股权比例会影响企业的日常经营乃至长期发展。药明康德在美国发行股票的初期，由于公司在成长时期引进了大量风险投资，所以公司的管理人员持有的股份很少。如果进行私有化退市，企业管理层可以在价值较低的情况下，抓住一个很好的时机来增加自己的股份。母公司在剥离后应当维持适当的股权比率，以均衡各方的利益，积极发掘其自身的成长潜能，从而为原有股东带来更大的价值。

2.药明康德在回归国内市场时使用的是什么方式？中概股回归的方式有哪些？

一般来说，中概股回归国内资本市场有几种基本回归模式：

（1）私有化+整体IPO

IPO是指在主板、创业板、新三板等国内资本市场向社会公开发售股票，以筹集资金。中概股选择IPO回归资本市场最大的优势就是能够大量融资，相比于借壳，直接IPO

会减少购买壳公司的费用，节约财务成本。不过IPO的门槛很高，对公司的盈利能力和VIE的要求较多，而且IPO的流程复杂，审核的要求也很高，上市还得排很长的队，这对公司来说是一个很大的挑战。

（2）借壳上市

借壳上市是一种间接上市方式，是指公司在主板市场上寻找合适的壳资源，通过置换、并购等手段获得壳资源的控制权，从而在主板市场进行融资。早期成功私有化的中概股企业，大部分都是采取这种方式。与IPO相比，借壳上市最大的优势就是可以免去繁琐的IPO审批手续，能节省时间和费用。不过，借壳上市对于壳公司的资质条件要求非常苛刻，因而寻找到一个优质壳资源是有难度的，优质壳资源价格相对来说较高，使得企业上市成本增大。同时，借壳上市存在壳资源价格炒高、股权稀释、业绩对赌等风险。另外，随着国家监管部门对“壳概念”的监管力度不断加大，对与之相关的炒作进行了严厉的打压，强调不能进行相应的融资。因此，单单选用传统回归路径对于欲回归国内市场的中概股来说是不够的。

（3）CDR

CDR即中国存托凭证，该证券可以在国内证券市场上流通，用这种方法可以实现在不同的资本市场上的交易。CDR政策的出台，对于中概股而言有许多益处，有助于中概股企业解决昂贵的VIE拆除难题，无须拆掉VIE即可在国内主板上市，节省了资金。而且，它使中概股公司不但可以回到国内上市，还能运用境外的方式来筹集资金，从而扩大资金来源。然而，在CDR实施过程中，可能会出现汇率波动，因此后续还需要有关部门对其进行进一步的确认，并对其进行更为详细的法律规定。

（4）分拆上市

分拆是一个公司将其一部分资产或业务剥离，并以资本运营的方式让其独立上市，从而达到实现自身价值最大化目的的一种企业运作手法。分拆上市也是近期中概股常用的回归手段之一。

本案例中的药明康德正是选择了分拆上市的方式回归国内资本市场。药明康德“一拆三”的主要步骤包括：子公司合全药业新三板挂牌，资产剥离；母公司私有化退出美国市场；子公司药明生物港股上市；母公司“A+H”上市。

3.药明康德为什么会选择“一拆三”的回归方式？分拆上市的定义和特点是什么？

（1）分拆上市的定义

分拆上市有广义和狭义之分。广义的分拆上市，是指已经上市的公司和非上市的公司，将其一部分业务从母公司剥离出去单独上市；所谓的狭义分拆，就是指已经上市的公司，将自己的一些业务或附属公司，单独对外发行股票。在子公司上市后，不会对母公司控股子公司的股权产生任何影响，同时，母公司也可以根据所持股份的比例，享受到被投资公司的净收益。现在，中国证监会准许国内上市公司在创业板、新三板和2019年设立的科创板上市。

（2）分拆上市的特点

第一，在分拆上市之前，母公司拥有对子公司的绝对控制。相对于扩大重组，分拆上市是将公司的经营活动分开，让公司的经营范围更大，母公司可以将重心放在自己的核心业务上，而子公司则可以更好地发展自己，从而提高公司的运营效率和经济效益。

第二，分拆后，母公司对子公司的控制力会下降，甚至可能会丧失对子公司的控制权。

第三，子公司脱离母公司独立上市，直接面向市场和公众，因为是首次公开募股，所以需要将自己的经营状况、财务状况、发展潜力等信息披露出来，以获得市场的信任。分拆是为了给子公司提供一条新的融资渠道，让子公司不需要依靠母公司来筹集资金，从而为子公司创造更多的现金流。

（3）“一拆三”的选择

而药明康德选择先私有化再“一拆三”的方式进行上市，主要原因有以下几个方面：

第一，从私有化改变股权结构上看，可以从委托代理问题的角度进行考量。通常情况下，企业在进行分拆上市时，股权结构是一个很重要的考量因素。尤其是中概股企业，在海外上市的时候，通常会有海外的股东，导致股权分散，难以统一企业发展方针。同时，股权结构过于分散引发了公司的委托代理问题，使公司的管理能力不能得到有效制约，从而导致公司的收益变得脆弱。因此要实现私有化退市并成功回到国内资本市场，就必须保证公司的股权集中度，这样才能使原来的控制人不会因为上市而丧失对公司的控制权，避免公司被恶意收购。在药明康德案例中，李革、赵宁、刘晓钟、张朝晖四人在私有化进程中通过各种股权转移方式最后合计拥有34.48%的表决权，成为公司的实际控制人，并实现了股权集中。

第二，从上市板块的选择来看，合全药业选择在新三板上市的主要原因是新三板具有门槛低、时间短、成本低、流程快等优势，能满足合全药业的需求。同时，2013年新三板制度的完善和2015年“实质性转板”的政策出台，使得药明康德的管理人员对新三板市场的前景保持更为乐观的看法。所以，对于正在退出美国市场的药明康德来说，合全药业在新三板市场的发展可以避免许多严格的审核，这是一个非常明智的决定。对于药明生物来说，香港的股市在2017年呈现一波良好的行情，一些香港公司由于当时的经济情况比较好，因此获利较高。2017年，药明生物在香港上市，不仅可以让药明生物在香港市场上站稳脚跟，也能让药明生物在香港股价不断攀升的时候，得到更高的估值，有利于帮助母公司药明康德获取更多回归资金。

第三，从单体拆分来看，可以根据公司业务集中论来分析。公司业务集中论认为如果企业的业务分散化，会分散公司的资源。子公司的运营会对母公司造成负面影响，从而使公司的权益价值不能得到最大程度的发挥。如果母公司的主营业务和子公司的业务分属不同的行业，那么将子公司剥离，既能提高其运营效率，又会让市场认为母公司会因此更专注于核心业务的发展，更看好母公司未来的前景，从而提升母公司的市场形象。合全药业是药明康德旗下CMO产业的下游企业，合全药业的设立促进了药明康德公司垂直整合战略的实施。将合全药业剥离，有助于药明康德发展细分市场，同时增加融资。药明生物选择在香港主板上市，主要是因为药明康德作为全球领先的生物制剂服务供应商，需要扩大客户群体的地理分布，如果药明生物能在香港证券交易所上市，那么一则能更好地进入国际市场，二则还可以与中国的投资者和合作伙伴建立良好的合作关系。因此，将药明康德进行分拆上市，各个业务线就能更加专注于自身的经营，集中拓展自身的业务。

因此，药明康德选择了先私有化退市，再“一拆三”的方案回归国内市场。

4.如何评价药明康德的回归之路？如何检验回归的结果和绩效？

（1）累计超额收益（CAR）变动

首先，从信号传递的角度看，由于信息不对称，管理者可以获得关于公司未来收益和投资风险的第一手资料，具体包括公司管理层采取何种资本结构、股利政策、战略调整等，这些都是向市场传达公司内部信息的重要信号。其次，从药明康德的角度分析，私有化公告就是其向市场传递的一个信号，可以运用CAR来反映大众投资者对于其决定私有化回归国内市场的态度。本案例研究选取的重要时间节点为药明康德对外发出私有化公告的时间，同时选取前15天和后15天的股价变动情况来对事件影响进行研究。

从表10-1可以看出，在药明康德发布私有化声明的前15天，CAR为正；从前14天到前4天，CAR都是负的；截至公告日前一天，公司的超额收益达到了2.49%。在公告公布后的第1天，公司股票的收益率高达10.39%，当天的股票价格上涨了9.29%，达到43.17美元。在第2天，该公司的累计收益达到了17.67%的高峰。随后，股价出现了轻微的下跌，市场的反响也有所减弱。到了第10天，公司的总收益达到了13.39%。很显然，药明康德的这一次私有化给了市场一个信号，让市场对此产生了正面的回应，从而推动了股价的上升。

（2）长期股价变动

就总体走势而言，这三家公司的股价都在上涨，与上市当日相比，涨幅是成倍的。合全药业的股价在上市后没多久就暴涨了一大截，这也证明了合全药业在新三板市场的发展势头良好，被认为是有极高价值的一家医药公司。根据资料统计，合全药业在新三板挂牌期间，一共有294天的成交量，其中165个交易日实现了积极的超额收益，综合计算的累计超额收益率为0.39。但由于其自身的规模和交易体制所限，合全药业在完成其使命后，进行了退市。

根据Choice资料库的数据，药明生物自上市以来，其股价一直处于稳定的增长状态，几乎翻了四番。截至2018年上半年，药明生物的股价已达95.7元/股。从药明生物的业绩来看，从其上市到2019年上半年的504个交易日中，有267个交易日实现了超额收益，累计超额收益率为1.0619。总体而言，上市以来，药明生物的股价是一路高歌猛进，超额收益率达到了正数。

2018年5月8日，药明康德上市后，一下子就获得了16个涨停，直至2018年6月1日，该公司的股价上涨了440%，至129.91元/股。药明康德的股价之所以能暴涨，除了行情好，更多的是因为投资者对药明康德的信任。此后，药明康德股价逐步恢复平稳，到了2018年9月，其股票价格基本保持在80元/股的水平。从超额收益的角度看，药明康德从上市到2019年上半年共280天，有139天实现了超额收益，累计超额收益率为1.7462。

综上所述，药明康德“一拆三”事件后，三家上市企业的股价都出现了上涨，这也从某种意义上反映了药明康德的股票在各个板块都很受欢迎，这对公司的未来发展也有很大的帮助。

（3）市值

从表10-2可以看出，药明康德刚上市时的市值是324.06亿元人民币，到2019年年底是1 178.43亿元人民币，而到了2022年年初则是3 104.00亿元人民币，市值不断攀升。2018年年底，合全药业的市值为198.66亿元人民币，也比2017年的市值略高，但增幅不明显；而药明生物上市时，其市值在279.15亿元人民币左右，到2018年年底为746.52亿元人民币，到2022年年初则高达2 751.81亿元人民币。

综上所述，药明康德在上市4年的时间里，市值就暴涨了10倍，而药明生物的发展更是如火如荼，合全药业虽然退出了市场，在新三板上市期间市值也有所提升。从某种意义上来说，市值的提升也是投资者对药明康德"一拆三"重返主板策略的认可。

在融资层面，我们通过融资策略理论分析药明康德分拆上市的影响。合全药业、药明生物、药明康德在2021年2月份之前的A+H股融资总额已逾500亿元人民币，其在不同的资本市场进行分拆，大大提高了企业的融资效率，这是一个很好的发展策略，也是一个国际化的策略，对公司的业务发展和海外并购起到了巨大的推动作用。因此，回归A股市场将成为公司发展的一个转折点。

（4）财务指标

从药明生物的财务数据（见表10-3）中可以看出药明生物的偿债能力、盈利能力和成长性。2017—2020年，药明生物的流动比率一直保持在3~4左右。从盈利指标来看，公司在2015年进行分拆后，利润有了很大的提升，上市后的各项指标都很稳定，净利率也有了很大的提升。从成长能力的角度来看，公司的经营业绩一直在稳步增长，2016年毛利润增长率大幅突破，2017年上市后仍维持着很高的增长速度。

合全药业财务指标见表10-4。因为2019年合全药业退出了新三板市场，因此本文选取2015—2018年度（停牌）数据进行分析。合全药业在2015年4月上市，得到了巨额融资，债务负担得到缓解。长期来看，公司的偿债能力指数处于一个较为平稳的状态。2015年，公司的资产负债率已经低于30%，此后就一直处于低位。从盈利能力上看，其毛利率在上市后一直处于高位状态。在成长能力方面，合全药业的营收和毛利润增长率也一直较高。

药明康德2015年退出美国股票市场，2017年积极筹备A股IPO，融资方式以借贷为主，因此其债务水平（见表10-5）相对于行业平均水平来说并没有太大的优势。2018年药明康德A股上市后，公司的偿债能力发生了很大的变化。在分拆后，药明康德的盈利能力总体来说变化不大，其将重点放在CRO业务上，营业收入、利润和净利润都稳步提升，而年度资产减值损失、投资收益、资产处置损益等变化是其业绩变化的重要因素。从成长性来看，2019年药明康德的净利润增长率之所以会下降，主要是由于2019年医药行业整体发展趋势下降，且2018年其A股上市净利润暴增。2020—2021年，这一数据正在逐步恢复。

（5）其他方法

鼓励学生用其他的方法对药明康德上市后的绩效进行分析，如EVA经济值分析法等。

5.药明康德的回归对其他中概股来说有何值得借鉴和学习之处？

药明康德对其他中概股有以下三个方面的启发：理性选择回归，合理选择回归方式及上市板块，回归后保持核心竞争力。

四、理论依据

（一）信号传递理论

根据信号传递理论，当企业与外部的信息不对称时，公司的公告就是将自己的信息传达给市场，市场因此能够获得相关的信息并作出相应的回应，进而影响到公司的股票价格。

药明康德私有化退市的很大原因是企业价值被低估，其公告进行私有化退市，就是向市场传递一个信息——公司的价值被低估了，存在着潜在的投资价值。股价的变动就是市场对其私有化的反应。本案例正是通过研究股价变动分析药明康德的市场价值效应，研究私有化对母公司市场的影响。

（二）信息不对称理论

信息不对称性是指不同的经济主体获取的信息不一致和不对称，也就是说，一些人在某些方面的信息会超过另一些人，他们可以利用这些信息优势谋取个人利益。企业经营者和股东对公司的认知水平与其他人存在差异，掌握充分信息的管理层在交易中具有更大的优势，而投资者则处于相对不利的地位。外部投资者对企业未充分披露的资产知之甚少，从而导致企业的高质量资产的价值被低估。因此，企业剥离优质资产时，必须提供更详尽的资料，让投资人可以清晰地了解公司的运作状况，并作出合理的评估。因此，这种假定认为，公司将资产拆分上市就意味着公司的实际价值被低估了。如果公司的优质资产因未充分披露而被低估，则母公司可能会考虑将其剥离，从而提高子公司的价值，也能提高企业的整体价值。如果公司涉及的业务比较多，或者涉及行业的上下游，那么将一些业务分开也能减少公司的信息不对称性。而且，公司内部的组织结构复杂很容易产生信息不对称的情况，造成资源的分配效率下降。将子公司与母公司分开，使子公司独立，减少了母公司的多样性，从而减少了母公司内部的信息不对称性，可以提高母公司的运营效率。另外，在分拆后，母公司和子公司将各自作为独立的公司，根据有关法律法规的要求进行独立的信息披露，这样外部投资者就能获得更多的有效信息，更好地解决企业内部和外部投资者的信息不对称问题。

对于中概股企业而言，尽管它们是在海外上市的，但是其经营范围却是以国内为中心。由于两个市场相隔遥远、交易环境不同、双方的语言和文字都有很大差异，所以很容易产生信息的延迟和沟通失误，从而造成信息的偏移，使中国公司在国外的股票价格与国内同类公司相比存在一定差距。目前，我国的资本市场不断向优质中概股发送利好信号，相比于美国股市的严厉管制和强制干预，国内股市明显更加温和，这有效地缓解了信息不对称问题。

（三）公司业务集中论

公司业务集中论也就是核心化战略论，它认为企业的业务分散化会分散企业的资源，而子公司的运营会对母公司造成负面影响，从而使公司的权益价值不能得到最大程度的发挥。可以通过出售资产或剥离子公司来增强母公司的专门化和核心化。此外，如果一个公司的经营业务范围过于分散，那么对管理层来说也是一种巨大的挑战，要在经营和决策方面投入更多的精力，而且风险也会更大，运营起来会变得更加困难，分拆后各子公司的业务板块分开，管理者可以更好地进行资源的内部分配。

（四）委托代理理论

在分拆前，子公司通常是母公司旗下的某个附属公司或者某个业务部门；分拆上市后，母公司所保留的持股比例不确定，很容易出现委托代理问题。如果母公司持有股份数量少，很容易引起第一类委托代理问题，即母公司无法对子公司的管理进行有效的监控，而子公司的管理层却可以通过信息优势获取自己的利益，从而损害母公司和其他股东的利益；如果母公司持有股份数量大，则很容易出现第二类委托代理问题，即母公司忽视子公司的长远发展，通过转移利益、侵占子公司资产等方式牟取私利，不利于母公司良好形象的塑造，对母公司的长期价值产生不利的影响。

（五）融资策略理论

融资策略理论认为，分拆是一种融资方式，通过将子公司分离出来，使其成为两家或多家上市公司，从而拓宽融资渠道，提高融资能力。集团内部的业务部门较多会导致集团在各个业务部门间的资金流动受限；而外部融资的成本过高，使得公司在融资过程中受到一定的制约，从而使其无法得到足够的资金。在此背景下，通过剥离子公司或部分业务实现独立上市，可以扩大融资通道，减轻资本压力。如果母公司将其早期投资的子公司募集到的资金用于偿付债务或派发红利，会传递一个积极的信息，从而带动股票价格的上涨。此外，子公司上市后，母公司可以通过出售子公司的股份获取更多的现金，从而降低子公司的经营成本。另外，对子公司来说，其也能自主筹资并进行经营和投资，发展空间更大。所以，分拆上市对母子公司的财务实力有较大的提高，融资通常是企业分拆上市最根本的动机。

五、背景信息

（一）中概股一般回归路径

一般而言，中概股的回归可以分成两个阶段，一是在境外进行私有化，二是回到中国的资本市场进行再上市。

中概股回归一般有三条路径：IPO、借壳、分拆上市。

（1）IPO，也称首次公开发行股票，是指企业通过在一级市场向投资者首次发行股票来筹集资金用于企业长期发展。在公司IPO之后，证券公司或有关部门按照协议条款将其股票出售。

（2）借壳上市，是指通过将自身资产注入到目标公司，以获得价值较低的目标公司的控制权，使其具备上市条件的一种方式。

（3）分拆上市也是近期中概股常用的回归手段之一。

（二）如何检验上市的结果和绩效

从理论上讲，企业价值绩效表现为两个方面：一是短期市场绩效变化；二是长期市场绩效变化。短期市场绩效变化主要可以通过即时股价的变动进行分析，并用（累计）超额收益率来度量此种影响。长期市场绩效则可以通过财务指标进行分析。企业业绩评价必须有一个全面的指标，能够准确地反映上市后公司的经济效益情况。在本案例中，重点研究药明康德回归国内资本市场后的短期市场效应、对应财务指标，以分析其拆分回归之后的市场价值。在即时市场效应方面拟运用事件研究法分析私有化公告后的短期股价变化；在长期价值效应中，拟运用财务指标（成长性、盈利性、偿债能力、营运能力）对企业进行全面分析。

六、关键要点

（一）了解中概股企业回归国内上市的原因

中概股回归国内资本市场有其一定的背景和原因，药明康德完整全面地展示了其回归的过程与发展。从本案例来看，主要原因包括：外部环境的恶化；估值不明朗；国内环境利好；管理层的诉求。

（二）分析中概股公司分拆上市成功的关键因素

内部因素是管理者正确的选择以及药明康德本身的经营条件良好、资金丰厚；外部因素主要是国内大环境的利好和国外环境的"恶化"。

（三）掌握中概股企业分拆上市绩效的检验及并购成功的标准

常见标准有CAR变动、长期股价变动、市值、财务指标等。

七、参考文献

［1］丁跃华．中概股回归的新路径及效果分析［D］．重庆：重庆大学，2019.

［2］王求江．药明康德分拆上市的动因及其影响研究［D］．重庆：重庆工商大学，2021.

［3］赵维维．药明康德回归A股的案例研究［D］．重庆：重庆大学，2019.

［4］沈佳烨，郭飞．中概股回归国内资本市场的路径及动因——药明康德"一拆三"回归的案例分析［J］．财会月刊，2018（21）：95-102.

第六章 财务战略

案例11 企业转型路上的财务与战略匹配

——基于M轴承制造集团的案例①

案例导读

M集团作为我国非上市的中小制造业企业，在轴承制造行业有一定地位，该集团试图通过“自主研发+资本运作”的方式，完成从低端产品向中高端产品的转型。但在这个过程中，随着资金筹措难度增大、对市场把握不足和公司盈利水平降低，财务风险日益凸显，而其自主研发和并购重组的转型手段又对资金有很大的需求，企业转型遭遇阵痛期。能否正视企业面临的风险，结合企业自身优势，把握机会，寻找新的融资方式，把控财务风险，成为了其能否彻底成功转型的重点。

关键词

战略转型　相关多元化　财务风险　融资创新

案例正文

2008年3月的某天，天气尚未回暖，寒风还在呼啸，M集团的会议室里坐满了人。M集团的李董事长听着销售部门的业绩汇报，眉头深锁，他意识到，金融危机已经不可避免地影响了公司的销售收入，作为一家出口占总销售额将近70%的轴承制造业企业，这并不是一个可喜的信号。

一、公司简介

M集团股份有限公司成立于1996年12月3日，注册资本1.2亿元，主要从事微型、小型深沟球轴承的生产制造和销售。企业主要产品包括微型和小型精密深沟球轴承、回转支承轴承（转盘轴承）、机床精密主轴轴承、精密器械和专用机械轴承、端面轴承、不锈钢特种材料精密薄壁深沟球轴承等。

公司拥有MOS、SMOS、NH、S&S等数个国内外轴承行业知名品牌，主要海外客户包括通用、松下、百得、日本电产、爱默生、NIX、三星、LG、西门子、博世、法雷奥等国

---

① 本案例由杨艳、庄娟娟改编自杨艳、范放立撰写的入选中国专业学位教学中心会计专业学位案例库的《企业转型路上的财务与战略匹配——基于M轴承制造集团的案例》。本案例主要适用于“公司战略与风险管理”“高级财务管理理论与实务”“公司财务管理”等课程。本案例属于描述型案例。

际著名企业。

M集团有宁波MG轴承有限公司、GZ轴承有限责任公司、上海MH轴承有限公司、大连MS精密科技有限公司、大连MS重大装备轴承有限公司、瓦房店RC轴承有限公司等十余家全资或控股子公司。

M集团坐落于浙江省宁波市，浙江省是一个机械工业大省，其产业结构“低、小、散”，随着国家中西部发展战略的推进，浙江省得益于市场先机的优势不再明显，浙江民营企业主要依靠廉价生产力要素投入发展的方式难以为继，出现了“标杆渐远，追兵渐近”的情况。

浙江省的机械行业中主要是装备水平不高的中小型企业，有一定规模的大型企业较少，全省机械产品多为简单模仿开发，具有独立知识产权的较少。目前浙江省的机械工业出现了“单机、零配件多，重大、成套少”的局面，产品附加值低，加工精度、可靠性和自动化水平不高。

浙江省机械行业的产业集群在总体上还属于初期阶段，在国际金融危机传导效应初显后，浙江区域经济受到冲击，价值链低端化、内部产业链畸形化、集群内企业分散化和产品结构单一化的问题明显，整个产业无法发挥应有的抗风险能力。M集团主营的小微轴承业务更是同质化程度较高的业务，产业结构重复，缺乏优势互补，企业间竞争大于协作，产业黏合度不高。

二、主要内容

（一）不测风云

“随着2008年金融危机的爆发，M集团海外订单数开始减少。作为主要经济体的美日欧因经济危机导致市场需求萎缩。此前，M集团海外市场收入一度达到总销售收入的70%。而在国内市场，对房地产市场的宏观调控导致相关行业的需求减少。与此同时，作为轴承企业下游企业的钢铁、煤矿、汽车、机床等企业也面临着金融危机的冲击，作为零部件供应商的M集团国内收入遭遇缩水。”王秘书复述着报告内容。

“由于输入性通货膨胀，材料成本、人力资源成本大幅上升，生产成本的上升和需求市场的萎缩，导致产品毛利率下降，而我们集团主营的中小轴承是低端易耗产品，这使得企业本就不多的盈利空间受到挤压。除非对产品进行加工改进，把精度再做提高。”财务总监陈某分析道。

“要不咱们再往房地产和金融业里投点钱，这房价股价就是隐性的金山银山啊！我们集团可以并购一家房地产企业，说不定回报丰厚。”投资部的小张跃跃欲试。

李董事长听了摆了摆手，说：“房地产业我们完全不熟悉，要搞转型，也不该搞房地产转型……”

“我们可以并购主业为大中型轴承的制造公司，大中轴承利润率更高，客户也更高端。而且，现在有不少轴承公司因为管理不善面临破产，我们可以通过并购获取他们的技术和市场，且同为轴承制造业企业，我们也更知根知底一些。”李董事长接着说道。

“并购，可是需要一大笔资金啊，国外可在闹金融危机，要是我们搞重组，这成本收不回来可就赔了夫人又折兵了。”李董事长的弟弟作为公司的“二把手”有不同的看法。

会议室里你一言我一语，讨论逐渐热烈起来。

（二）企业转型升级——内外兼修

为了应对金融危机的影响，集团打算采取“内外兼修”的方式，以“自主研发+并购重组”的模式，打造M集团的转型升级之路。对于小微轴承，M集团与旗下研究所、研发中心加强配件优化力度，对轴承的精度有了更高的要求。同时，M集团试图进入利润率更高的大中轴承行业，相比周期更长的研发，M集团采用了资本运作的方式。

1.产品升级——自主研发

在主营的小微轴承方面，M集团加大了对产品升级的投入，集团下设轴承技术工程中心，负责公司的研发和技术创新工作。在研发机制方面，集团采用自主研发和合作研发的方式，公司内部研发部门主要负责产品的工艺改进、性能提高、新品研发等；在基础研究方面，主要采用和大专院校合作的方式，由M集团根据需要提出科研课题，并提供经费与院校合作研发。M集团在浙江成立了MS轴承研究院，其在大连和上海的子公司也具备一定的自主研发能力，另外，公司与上海的TH研究院合作开发新项目，并与浙江大学、哈尔滨工业大学等多家院校合作研发，拥有多项实用新型专利技术，部分技术已经达到世界领先水平。

M集团目前的主营产品仍是微、小型深沟球轴承，其生产原理和工艺流程相对成熟，变化空间有限。M集团在产品加工工艺，包括产品精度、振动与噪声、寿命与可靠性方面，虽能达到国内领先水平，但在同类型企业中并不具备垄断性，现有项目进展见表11-1。

表11-1 **M集团现有研发项目进展情况**[①]

<table>
<tr><th colspan="2">项目</th><th>用途</th><th>进展</th></tr>
<tr><td colspan="2">桌面式微型轴承套圈精密磨床</td><td>微型精密轴承套圈绿色磨削技术</td><td>研发中</td></tr>
<tr><td rowspan="10">高可靠性汽车电机用轴承</td><td>启动电机用轴承</td><td rowspan="11">汽车/电机用轴承</td><td>研发改进中</td></tr>
<tr><td>汽车刹车真空助力泵轴承</td><td>研发改进中</td></tr>
<tr><td>汽车张紧轮轴承</td><td>研发改进中</td></tr>
<tr><td>汽车涡轮增压器用带调心功能轴承</td><td>2015年研制完毕</td></tr>
<tr><td>汽车发电机轴承</td><td>2015年研制完毕</td></tr>
<tr><td>汽车硅油风扇离合器轴承</td><td>2015年研制完毕</td></tr>
<tr><td>汽车通用电机用气密性轴承</td><td>2015年研制完毕</td></tr>
<tr><td>汽车离合器导向轴承</td><td>小批量生产</td></tr>
<tr><td>汽车发电机前端组合轴承</td><td>小批量生产</td></tr>
<tr><td>传感器轴承</td><td>小批量生产</td></tr>
<tr><td colspan="2">94.00/566.00非标满球深沟球轴承</td><td>研发中</td></tr>
<tr><td colspan="2">摩托车轮毂主轴轴承</td><td>摩托车用轴承</td><td>研发改进中</td></tr>
<tr><td colspan="2">SMR不锈钢超薄特轻轴承</td><td>微电机、电脑、医疗器械用轴承</td><td>小批量生产</td></tr>
<tr><td colspan="2">微型轴承套圈磨削加工在线质量监控仪</td><td>对磨削加工状态重要参数进行在线监测</td><td>已研制样机，准备验收</td></tr>
<tr><td colspan="2">微、小、中型高精度静音深沟球轴承</td><td>产品用于主机配套市场</td><td>获发改委立案，融资阶段</td></tr>
</table>

① 数据来源：企业调研。

目前，M集团已经入选了浙江省高新技术企业名录，但是，其研发项目大多处于尚需投入状态，研发完成的项目也大多刚进入小批量生产或待验收状态。其中，磨床和质量监控仪是对生产效率的提升，需要长期实践才能有所回报，而新研制改进的轴承也需要进一步市场营销，因此现阶段暂不能产生大量回报。

2.并购重组——资产剥离、逆势并购

随着公司产品市场行情的走低，李董事长也意识到企业转型的必要性。他迅速作出决断，将以前持有的少量房地产、金融产品等与轴承制造无关的业务剥离。同时，他认为M集团成立初期主要生产的电动工具类轴承同质化水平较高、利润率低、发展前景较差，企业试图通过增加产品的种类来提高利润率，因此轴承的类型经历了较大的变动（如图11-1所示），M集团将目光着眼于军工、医疗、重大装备、汽车、精密数控机床等附加值更高的产品。企业试图将产品从浙江企业群具有优势的小微轴承转向大中轴承。

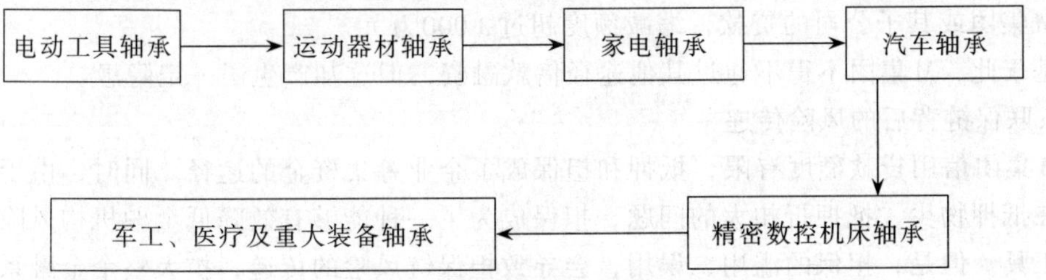

图11-1　M集团主营产品变化

M集团通过并购将经营区域迅速向上海、辽宁、吉林扩展，股权投资说明见表11-2。M集团在2006—2010年的5年内成立了多家子公司，投入了近2亿元资金，平均每年并购或成立1.6家公司，相比于公司成立的前10年，近5年的扩展速度明显加快。在金融危机发生后，企业收购了5家子公司，收购标的以精密轴承和重大设备轴承生产商为主。

表11-2　**M集团股权投资说明**

公司名称	并购/成立时间	投资金额
MT轴承有限公司	1997年2月24日	885万元
HP轴承有限公司	1997年11月25日	540万元
MG轴承有限公司	2001年1月5日	3 415万元
MS精密科技有限公司	2006年4月12日	2 220万元
MH轴承有限公司	2006年6月30日	653万元
RC轴承制造有限公司	2007年6月25日	755万元
MS精密轴承制造有限公司	2008年7月28日	650万元
GZ轴承有限公司	2009年3月23日	7 000万元
MS轴承技术研究院	2010年3月4日	1 500万元
MS国际贸易有限公司	2010年11月10日	500万元
MS重大装备轴承有限公司	2010年12月10日	5 360万元
合计		23 478万元

M集团试图在金融危机中，逆势走出一条借助并购赢得资源与技术的道路。在并购的

过程中，M集团获得了2家战略投资者的青睐，共为其注资8 400万元，主要用于对GZ轴承项目的追加投入和对装备轴承领域的产品开发。M集团获得融资后，剑指IPO，力图在2011年上市。

（三）风云再起

面对危机，M集团通过并购和产品升级及时采取应对措施，但是更大的隐患也出现了。经过重组，公司进入了短暂的“春天”，但是“严冬”仍未过去。2011年下半年，四万亿元热钱的刺激效应逐渐消退，国内制造业的形势更加严峻起来，公司的海外订单并无起色，而国内订单数却逐年减少。集团新并购的几家子公司的业绩并不如预期，难以自保。公司的及时转型并不能缓解其在资金上的缺口。同样在2011年，M集团继2007年力求上市失败后，第二次IPO失败，战略投资者选择逐渐撤出。在2012年下半年，民生银行、中国银行、工商银行、华夏银行以行业市场风险高、集团盈利能力下降等理由，缩减了对M集团或其子公司的贷款，缩减额度超过3 000万元。

基于此，M集团不得不通过其他途径借款融资，但这却产生了一定隐患。

1.联保链背后的风险传递

M集团信用贷款额度有限，抵押和担保成了企业筹集资金的途径。同时，由于中小企业存在抵押物少、抵押折扣大的问题，担保成为了一种能够有效降低金融机构风险的重要金融工具。但是，担保的滥用、误用，会导致担保链风险的传递，扩大整个金融系统的风险。M公司与其子公司就出现了这样的隐患，M集团在借贷中的担保单位见表11-3。

表11-3　　M集团及其子公司担保情况　　单位：万元

企业名称	借款金额	借款单位	担保单位
M集团	1 500	工商银行	MG轴承有限公司
	2 500	广发银行	MG轴承有限公司 MT轴承有限公司
	5 500	杭州银行	MG轴承有限公司 MT轴承有限公司 MS重大装备轴承有限公司 GZ轴承有限公司
	2 000	民生银行	MT轴承有限公司 MS精密轴承制造有限公司
	1 500	兴业银行	MG轴承有限公司
	1 400	中国银行	MT轴承有限公司
	1 483	交通银行	MS重大装备轴承有限公司
MG轴承有限公司	1 370	工商银行	M集团、MT轴承有限公司
MS精密轴承制造有限公司	1 500	招商银行	M集团
GZ轴承有限公司	500	光大银行	M集团
	5 200	建设银行	M集团
MS国际贸易有限公司	108	交通银行	M集团
	3 000	建设银行	M集团

和很多浙江的中小企业一样，M集团采用联保、互保的方式筹措资金。担保的目的本是引入具有偿债能力的第三方增加被担保企业的信用，而互保使担保流于形式，无法起到担保本身应该起到的降低金融机构风险的作用。在互保过程中，M集团与旗下数家子公司、关联公司互相担保，实质上是"多重风险，一重保障"，如果把M集团和其子公司看作一个利益整体，其内部的互保放大了财务杠杆，并未做到有效分散风险。联保则使得风险更容易蔓延，参与联保的企业，只要有一家发生风险，就会传递至其他正常经营的企业，如果联保圈内的企业无法承受风险，就会造成整个担保链断裂，局部风险在短时间内爆发。

2.民间借贷引致高额利息

除了通过互保向金融机构借款，M集团还通过较高的利息向其他民间机构和个人借款，后者多为一些希望一本万利的投机者，因此贷款利率远高于银行贷款。这也是企业财务费用逐年增加的原因之一。M集团的民间借贷情况见表11-4。

表11-4　**M集团及其子公司民间借贷情况**　单位：万元

借款单位	借款金额	利率	出借单位
M集团	300	24%（年）	XR贸易有限公司
M集团	300	0.25%（日）	QD机电设备有限公司
M集团	1 450	20%~60%（年）	个人
MG轴承有限公司	100	12%（年）	镇海CJ经济合作社
MG轴承有限公司	800	36%（年）	镇海BS小额贷款公司
MS精密轴承制造有限公司	250	36%（年）	镇海BS小额贷款公司
MS精密轴承制造有限公司	550	20%~60%（年）	个人
MS轴承技术研究院	1 300	24%~36%（年）	镇海BS小额贷款公司
MS国际贸易有限公司	540	20%~60%（年）	个人
MS重大装备轴承有限公司	567	20%~60%（年）	个人

（四）财务困局

M集团管理层觉得转型的战略蓝图清晰饱满，原以为可以通过战略转型迎来集团事业"第二春"，但万万没想到，在采用新战略的几年里，集团的财务状况变得不容乐观。并购和产品升级产生的巨大资金需求致使企业面临严峻的财务压力，使企业运转变得疲惫不堪。

1.盈利能力

M集团盈利能力数据见表11-5。M集团在2013—2015年的收入总额逐年降低，产品毛利率降低，净利润连续3年为负，其收入水平较鼎盛时期有了较大幅度的下滑。在其发展迅猛的2004—2007年，公司主营业务收入分别为1.24亿元、1.99亿元、2.24亿元和2.58亿元，增速保持在每年10%以上。但是在2011年以后，收入增长开始逐渐停滞。资本运营所导致的巨大资本投资没有得到相应的业务收入的补偿，致使公司面临巨大的资金短缺压力。

表11-5 **M集团盈利能力分析** 单位：元

指标 \ 时间	2013年	2014年[①]	2015年
主营业务收入：			
国外收入	11 0728 564.44	110 493 607.71	100 138 921.60
国内收入	54 409 728.81	68 118 265.96	78 851 338.39
其他	461 899.74	148 824.80	83 832.78
合计	165 600 192.99	178 760 698.47	179 074 092.77
其他业务收入：			
材料销售	3 337 247.84	1 902 037.24	1 637 837.18
租金收入	124 004.00	125 200.00	60 200.00
合计	3 461 251.84	2 027 237.24	1 698 037.18
收入合计	169 061 444.83	180 787 935.71	180 772 129.95
毛利率	17.39%	15.32%	11.64%
权益净利率	-6.40%	-10.37%	-6.35%
销售净利率	-9.66%	-9.16%	-5.39%

2.成本费用

M集团成本费用见表11-6。在收入增速减缓的同时，公司的成本费用却逐年增加，其增长的速度明显大于收入的增长速度，主要原因是人工成本和材料成本的增加。同时，M集团的财务费用和管理费用也在大幅增长，其财务费用的增长主要源自借款金额增加导致的利息费用的增加。其管理费用的主要组成部分包括管理人员的薪酬、研发费用（技术开发费用）以及与房屋土地相关的费用（包括折旧、土地使用税）等。收入与成本的倒挂致使企业亏损。

表11-6 **M集团成本费用分析** 单位：元

指标 \ 时间	2013年	2014年	2015年
主营业务成本：			
国外成本	9 2721 636.81	94 234 646.03	85 923 746.34
国内成本	43 785 698.95	57 123 562.00	72 164 308.90
其他	349 784.38	89 215.17	76 945.65
合计	136 857 120.14	151 447 423.20	158 165 000.89
其他业务成本：			
材料销售	2 587 430.60	1 344 987.54	1 197 090.90
其他	223 550.94	290 463.65	370 954.96
合计	139 668 101.68	153 082 874.39	159 733 046.75
销售费用	7 623 888.89	5 511 221.08	4 799 556.88
管理费用	21 878 733.25	24 240 294.02	24 503 016.54
财务费用	25 043 513.26	25 152 811.32	31 642 930.14

① 由M集团2014年利润表可知，M集团计提了52 684 288.05元的资产减值损失，在本表计算比率时，为了体现公司经营成果，暂时排除了该笔减值损失的影响。

3.资产负债结构

M集团资产负债结构分析见表11-7。M集团近4年来货币资金持有量有不断减少，其占总资产和流动资产的比例也逐年降低。对制造业而言，货币资金是企业流动性最强的资产，一般制造业企业货币资金占总资产的比例在15%~25%。2015年年底，集团货币资金仅占资产总额的2.4%，M集团目前的货币资金持有量过少，说明其资金链的稳定性存在很大隐患。

表11-7　M集团资产负债结构分析

指标＼时间	2012年	2013年	2014年	2015年
货币资金/流动资产	15.87%	15.13%	8.51%	4.60%
货币资金/总资产	7.66%	7.47%	4.28%	2.40%
应收账款/总资产	10.78%	6.20%	7.51%	7.65%
其他应收款/总资产	9.23%	10.58%	19.48%	17.28%
存货/总资产	6.53%	7.48%	8.82%	6.24%
流动资产/总资产	48.28%	49.38%	50.29%	52.11%
长期股权投资/总资产	29.92%	29.79%	25.39%	22.90%
固定资产/总资产	18.77%	18.02%	19.38%	20.37%
非流动资产/总资产	51.72%	50.62%	49.71%	47.89%
短期借款/总负债	77.26%	71.83%	81.28%	83.76%
短期借款/流动负债	77.91%	71.94%	83.28%	84.37%
(应付账款+应付票据）/总负债	16.74%	20.61%	10.83%	12.09%
其他应付款/总负债	6.53%	12.04%	13.11%	2.83%
流动负债/总负债	99.17%	99.84%	97.60%	99.27%
非流动负债/总负债	0.83%	0.16%	2.40%	0.73%

公司其他应收款过高，并且呈现总体增长趋势，存在股东和关联方占用公司资金的现象，公司资金被占用对资金循环产生负面影响。

在非流动资产方面，企业的长期股权投资一度达到总资产的30%，但是在近4年中，这个比例不断降低，说明公司正在转让其旗下子公司的股权，这一举动本应说明企业有收缩意图，通过转让股权增加流动资金，说明企业流动资金已经不充裕。但是其固定资产占总资产的比例却不断增加，说明企业仍在增加生产线和设备，企业将流动资金投入到购买或更新固定资产上，可见企业并没有完全放弃扩张。

M集团流动负债比例极高，而且几乎是由短期借款组成的，这是因为M集团向银行、小额借贷公司和个人借入了大量资金维持公司运营。这导致企业的财务风险很高，当企业销售出现缩水、利润降低时，很可能会产生资金链危机。

按照M集团目前的资产负债结构，需以流动负债来满足流动资产和非流动资产的资金需求，属于风险型资本结构，该结构下企业的财务风险高，若没有充足的现金流和长期盈利的能力，很可能陷入资金链困境。事实上，M集团的现金流并不充足，其货币资金占总资产比例逐年降低。因此，从资产负债结构上看，M集团具有较高的财务风险。

4.偿债能力

M集团债务偿还能力指标见表11-8。M集团的包括流动比率、速动比率和现金比率在内的短期偿债比率从2012年到2015年存在明显的降低趋势，尤其是现金比率，其降幅高达76%，说明公司的偿债能力正在逐年恶化，结合其远低于合理值（通常认为速动比率≥1、流动比率≥2的企业不容易发生短期偿债危机）的情况，可以认为公司的短期偿债能力薄弱，并且存在较大隐患，极有可能在近年爆发，造成资金链断裂危机。

表11-8　**M集团债务偿还能力指标**

指标＼时间	2012年	2013年	2014年	2015年
速动比率	0.5124	0.3915	0.4388	0.3681
流动比率	0.8235	0.7754	0.6998	0.6932
现金比率	0.1307	0.1173	0.0596	0.0319
资产负债率	0.5912	0.6378	0.7363	0.7572
毛利润/利息支出	—	1.1651	0.6898	1.1835

公司近3年的毛利润只能勉强维持利息的支付，甚至在2014年，公司的毛利润已经低于其利息支出，而这3年的公司净利润均为负，完全不足以支付利息费用，也就是说公司的盈利完全不能支持其在借款费用方面的支出，高额的财务费用给公司造成了极大的资金压力。公司不得不用留存收益和其他的借款来满足财务费用的支付需求。另外，M集团的资产负债率也呈现明显的逐年升高现象（见表11-8）。制造业企业的资产负债率一般在60%以下为宜，而M集团2015年的资产负债率已经达到了75%，在2012—2015年间，公司的资产并没有特别大幅度的增长，但是其负债增长明显，从3.98亿元增长到4.78亿元，增长了约8 000万元，且主要来自短期借款。

（五）创新之路——犹有可期

对于像M集团这样的传统制造业企业而言，若无法通过上市进行股权融资，大多数企业会选择通过向金融机构贷款来解决融资问题。但是，中小企业通过金融机构融资渠道获得的贷款又远远无法满足其营运和投资需求，该通过什么样的融资创新手段使M集团有更多的融资渠道呢？李董事长陷入了沉思……

【政策思考】

2021年12月，工业和信息化部等八部门联合印发了《“十四五”智能制造发展规划》[①]，专门指出：“当前，我国已转向高质量发展阶段，正处于转变发展方式、优化经济结构、

① 工业和信息化部等．“十四五”智能制造发展规划［EB/OL］．［2022-07-06］．https：//www.miit.gov.cn/jgsj/ghs/zlygh/art/2022/art_c201cab037444d5c94921a53614332f9.html.

转换增长动力的攻关期，但制造业供给与市场需求适配性不高、产业链供应链稳定面临挑战、资源环境要素约束趋紧等问题凸显。站在新一轮科技革命和产业变革与我国加快转变经济发展方式的历史性交汇点，要坚定不移地以智能制造为主攻方向，推动产业技术变革和优化升级，推动制造业产业模式和企业形态根本性转变，以'鼎新'带动'革故'，提高质量、效率效益，减少资源能源消耗，畅通产业链供应链，助力碳达峰碳中和，促进我国制造业迈向全球价值链中高端。"

请阅读相关材料并思考：M集团转型的动力是什么？如何进行转型战略选择？中型制造业企业战略选择与财务定位之间的逻辑关系是怎样的？企业在不同的转型战略下应该如何选择合理的财务模式？企业摆脱财务困境有哪些投融资创新模式？

案例使用说明

一、教学目的

通过对M轴承制造集团转型路上的财务与战略匹配进行分析，探索不同转型战略下合理的财务模式选择，达到以下教学目标：

1.分析企业转型的动力与转型战略选择；

2.探讨中型制造业企业战略选择与财务定位之间的逻辑关系；

3.思考企业在不同的转型战略下合理的财务模式选择；

4.讨论企业摆脱财务困境的投融资创新模式。

二、思考题

1.探讨M集团采用的总体战略，并分析该战略对公司的影响。

2.结合企业所处的内外部环境和企业目前的财务状况，分析M集团目前存在哪些风险。结合企业战略和目前的财务状况，分析企业出现相关风险的原因。

3.M集团与子公司形成的担保链是如何传递风险的？

4.M集团在短期内可以采用什么样的方式走出困境？

5.公司如何匹配财务战略与整体战略，进而保证公司整体战略的成功实施？

三、分析思路

1.探讨M集团采用的总体战略，并分析该战略对公司的影响。

M集团以现有的小型轴承研发、制造、销售的基础进入大中型轴承市场，据此可以推断，企业采用的总体战略是发展战略且为相关多元化战略。

（1）正面影响

①利用彼此的形象和声誉。M集团拥有MOS、SMOS、NH、S&S等数个国内外轴承行业知名品牌，其子公司产品在面向海外市场时，可以通过贴牌的方式，借用M集团在海外的声誉，拓宽营销道路。在M集团收购的子公司中，GZ轴承有限公司属于辽宁的一家国有企业，因经营不善连亏数年，经过政府的"撮合"，被M集团合并重组，M集团成为业内民营企业并购国有企业的成功案例，也为M集团打响了知名度。

②面向不同的下游客户。M集团主营的小微轴承，主要是面向电动器具、运动器材、家用电器等下游制造业，而其新并购的几家子公司主要是面向精密设备、重大装备、医疗设备、汽车等下游产业，从一定程度上可以分散企业面临的市场风险。

③新的利润增长方向。M集团主要的产品是小微轴承，在轴承制造业中属于同质化程度较高、较低端、竞争对手较多的行业，其产品特点决定了其不会有很高的利润率；而其通过并购进入的大中轴承市场，面向精密设备、重大装备、汽车等下游市场，需要更高的技术性。

④产业进入风险相对较小。M集团本身具有轴承研发、制造、销售的经验，相比进入毫无经验的房地产、金融等行业，选择轴承行业的不同业务分支，M集团会具备更丰富的经验和抗风险能力。

（2）负面影响

①制造行业整体风险无法避免。M集团采用相关多元化战略并购同类型轴承制造企业，本身并不能起到很明显的分散风险作用。一旦整个制造行业出现低迷，装备制造业出现订单减少情况，M集团并不能避免主营的小微轴承业务和并购子公司的大中轴承业务同时出现业绩下滑的情况，反而会增加公司的负担。

②资源整合过程可能出现问题。原有小微轴承业务和新的大中型轴承业务之间可能存在资源整合的分歧。原有小微轴承业务虽然利润率低，但是市场占有率已经处于较高水平，而子公司的大中轴承项目虽然品牌知名度不够，但是有较好的利润率。如何在企业多重目标下合理分配有限的资源、解决母子公司的分歧，是需要考虑的问题。

③成本投入较高。采用并购重组的手段进行多元化战略，本身成本投入较大，若子公司无法与母公司很好契合，形成协同效应，可能会导致投入无法获得足够多的回报。事实上，M集团的并购和产品升级都是持续性的，M集团需要提供源源不断的后续支持，若子公司无法为母公司带来足够多的利益，这些投资很可能化为泡影。

2.结合企业所处的内外部环境和企业目前的财务状况，分析M集团目前存在哪些风险。结合企业战略和目前的财务状况，分析企业出现相关风险的原因。

（1）存在的风险

①外部环境

A.经济下行风险。在出现经济危机的情况下，由于宏观力量的冲击，企业采用的多元化手段不仅不能分散风险，反而削弱了每一个业务板块的资源配给，导致每个业务应对风险的能力变弱。

B.政策风险。企业转向重大装备和精密设备轴承业务后，国家政策对集团的影响增加，国家对基础建设等项目的政策直接影响到M集团下游客户的经营业绩和预计订单，后者则直接影响到M集团的收入来源。

C.竞争对手风险。目前全球经济并不景气，中国作为一个大市场，国外的大型轴承制造企业也想来开拓业务，瑞典的SKF集团和日本的NSK会社都是世界知名的轴承制造集团，它们的技术和产品质量超过很多中国本土制造企业，在中国市场中会给中国轴承行业带来巨大竞争压力。

②内部环境

A.高杠杆带来的偿债风险和再融资风险。战略转型过程中巨额的资本需求带来了高负债。从公司的资产负债结构来看，目前公司负债中70%以上为短期债务，而公司所开展的投资多为长期高风险投资，这就构成了短债长投的尴尬局面，削弱了公司的短期偿债能力，进而危及公司的再融资，形成了恶性循环。

B.资金链风险。资金链的恶性循环损毁了公司的再融资能力，导致投资受限，已投资金无法产生预期收益，而另一端则因融资受限而无法补给资金，可能引发资金链断裂风险。

（2）风险产生的原因

①盲目扩张。在经济下行阶段，M集团采用逆势扩张的方式扩大企业规模，进入大中轴承的研发和制造市场，是一种以较低价格扩大市场的转型方式，但是本身是有一定风险的。M集团在2008年到2010年间并购了5家公司，其扩张的速度偏快，导致没有足够的时间评估被并购的子公司是否真正能为集团带来盈利。此外，并购需要支付大量对价，在并购了多家子公司后，M集团进入了一个待回收期，在一段时间之内，集团收购的效益尚未体现，收购又产生了大量的成本，集团处于一个抗风险能力较弱的时期。

②对经济环境变化的短视和误判。在2008年金融危机发生时，国家通过四万亿元人民币的刺激在短期内减缓了金融危机的冲击，以基础设施投资为代表、房地产消费为核心、重化重工上游产业为依托的政府和企业集群强行加杠杆。M集团收购子公司，进入大中轴承产业，急于在基础设施建设和装备建设的汤碗里分一杯羹，但是其背后是长期的产能过剩和信用收缩，企业现金流羸弱，全社会陷入“债务-通缩”的困境。所以在2012年以后，随着刺激效应的衰退，企业的资金链问题开始凸显，此时，并购子公司的对价还尚未回本。

③融资不当。M集团主要的融资方式为间接融资，通过向银行、金融机构、民间借贷组织和个人借债、融资租赁的方式获得资金。在上市失败后，M集团的融资渠道更加受限。新增子公司的收入增速不如预计，集团的资金链管理不顺畅，偿债能力和成长性等各项指标也不乐观，财务费用逐年增长，流动负债居高不下，公司已经处于一种过度融资的状态，这使集团的资金流动性出现问题。

④资源分配不当致主业不突出。2011年M集团IPO失败，证监会给出的一条原因就是公司主业不突出。公司在收购了5家子公司后，其产品兼顾了电动工具、运动设备、家电、精密设备、重大装备、汽车等领域的轴承，其制作工艺和流程存在着一定的差异，集团并没有明确的策略表示将重点发展哪项业务，这也导致了资源配置不合理，且因为资源有限，资源的分散化导致各个业务领域都无法获得足够的资源支持。

3.M集团与子公司形成的担保链是如何传递风险的?

M集团采用担保的形式以获得银行和民间贷款，担保方在借款方无力偿还本利的情况下需要履行连带责任，代被担保方向银行及民间金融机构偿还借款。M集团及其子公司采用的这种联保、互保的贷款方式，很有可能导致风险在担保链之间传递，进而导致多米诺骨牌效应，使担保链内的企业全部倒闭。M集团担保链风险传递如图11-2所示。

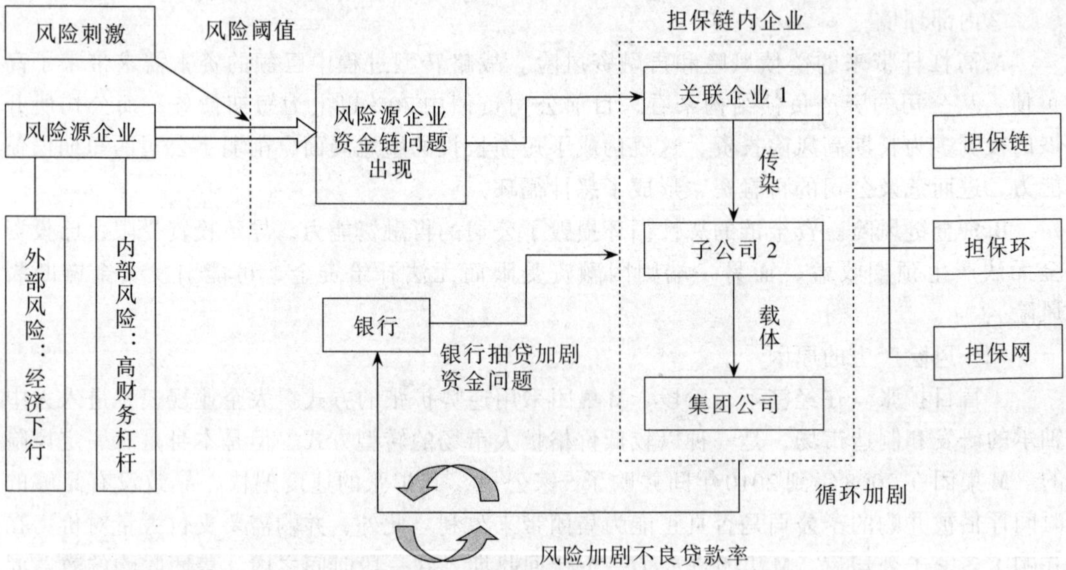

图11-2 M集团担保链风险传递图示

4.M集团在短期内可以采用什么样的方式走出困境？

（1）利用互联网寻找融资机会

M集团并不是不愿意提高借款利率，只是即使如此，银行也不能满足其融资需求。因此，M集团只能转向民间借贷。互联网金融的利息介于银行借贷和民间借贷之间，相对于民间借贷，其投机意味不那么强烈，范围更广，信息也更加透明。通过数据的挖掘和分析，能够快速匹配交易双方的金融需求，大量的用户基础提高了匹配效率，有效降低了信息获取成本、信用评级成本、风险管理成本。

（2）部分项目尝试采用众筹模式融资

众筹模式通过互联网的开放平台，将产业和金融连接起来。其基本运作如图11-3所示，即由发起人把自己的产品原型或创意提交到平台，发起资金募集，感兴趣的人可以支持一定数目的资金，在项目完成后得到一定的回馈，回馈可以是实物，也可以是非实物，如生产出来的产品、服务或者股权。众筹模式的出现降低了融资门槛，项目总融资额自由设定，项目无须担保，借贷速度快，还具有一定营销效果。

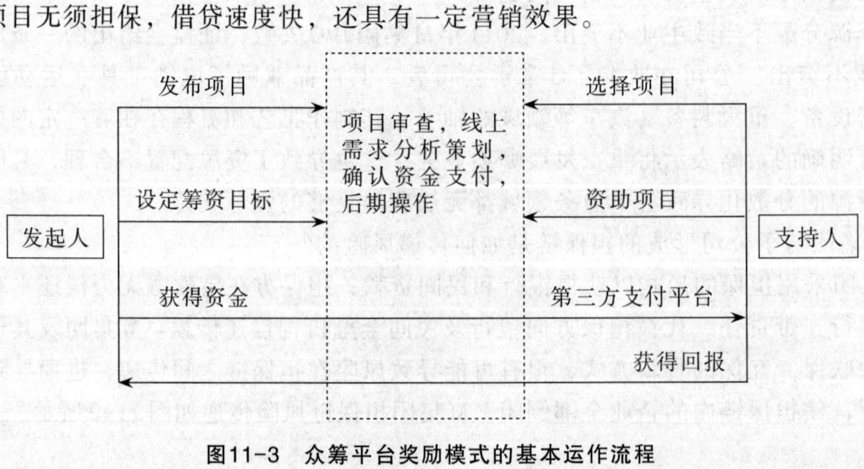

图11-3 众筹平台奖励模式的基本运作流程

M集团本身注重产品的自主创新和自主研发，根据企业管理层介绍，M集团新研发产品的质量水平已达到国际先进水平。以正在融资的微小中型高精度静音深沟球轴承项目为例，其精度等级全部为P5级以上，振动值达到标称组别，达到静音技术要求，轴承结构采用密封型，轴承寿命K值达9倍以上，可靠性达99%。其加工精度、生产效率、自动化程度均为国内一流水平。M集团的高新技术产品具有广泛的市场前景，但新研制的产品目前还处于投入阶段或小批量生产阶段，企业仍需要在营销和推广上进行后续投入，否则只能在现有的客户群中销售。

众筹模式可以为M集团在融资和营销两方面提供支持。企业通过众筹平台发布项目概述和技术工艺，寻求下游企业的融资，承诺产品研发成功后以低于售价一定百分比的价格向支持人提供相关轴承，众筹的过程能够产生一定的广告效应，有利于客户维护和人脉积累。如果众筹模式得以实现，可以帮助M集团在项目融资的同时锁定目标客户，为研发完成后的大批量生产争取市场占有率奠定基础。

（3）实现抵押担保模式的融资创新

浙江省已经逐步开放了无形资产抵押的业务。2009年，杭州科技银行成立，致力于服务有形资产少、无形资产得不到价值认定的中小型科技企业。M集团虽以传统小微轴承为主营产品，但已拥有多项自主研发的实用新型专利，公司可以采用无形资产抵押贷款的形式向金融机构融资。除了专利权，M集团还拥有MOS、SMOS、NH、S&S等数个驰名商标，在风险可控的前提下，可以申请商标权质押。

应收账款融资也是一种途径。通过应收账款融资解决方案，只需支付较小成本，就可以帮助供应商将优质客户的账款提前变现，解决小企业的资金流问题。M集团的产品以出口为主，其国际客户包括三星、西门子、GE等高信誉的企业，往往没有坏账风险，可以通过将这些客户的应收款提前变现来盘活资金。

考虑到M集团收入增长虽然停滞，但仍能保持在1.5亿元以上的水平，其国外订单的数量降低，但是国内订单的数量略有提升，M集团可以采用订单质押的形式，把获得银行认可的销售合同或真实订单质押给银行，银行对企业的交易背景、订单真实性进行核实后，评估订单价值，发放贷款。另外，浙江已有部分银行与仓储公司合作。以杭州银行为例，符合条件的企业将自有或租用的仓库移交给杭州银行认可的仓储公司监管，便可以使用该仓库内的存货在杭州银行办理存货质押贷款。中小企业还可以凭自有存货到仓储企业换取仓单，再以仓单办理质押。该模式可以缓解企业因存货积压而造成的短期流动资产不足问题。相比银行，仓储企业对存货的监管和评估更专业，能够缓解信息不对称问题。

5.公司如何匹配财务战略与整体战略，进而保证整体战略的成功实施？

财务战略与公司整体战略的匹配是实现公司整体战略目标的保证，M公司的案例告诉我们，公司在金融危机导致市场需求下滑的情况下选择自主研发+并购重组战略，战略本身符合特定环境下企业发展的需求，但这类战略由于需要耗费大量资金且存在较大的不确定性，因此需要稳健的财务战略来支持。

根据经营风险、财务风险与公司总风险间关系的理论，在高经营风险下不宜采用高风险的财务战略，否则会构成极高的总风险。在这种情况下，公司需要将融资风险、成本和期限与公司的投资战略进行匹配，对于高风险项目，尽可能采用权益型或权益+负债型融资，以减轻公司的财务负担。另外，还要创新公司的融资模式。

四、理论依据

本案例采用的理论依据及其与案例思考题的关系如图11-4所示。

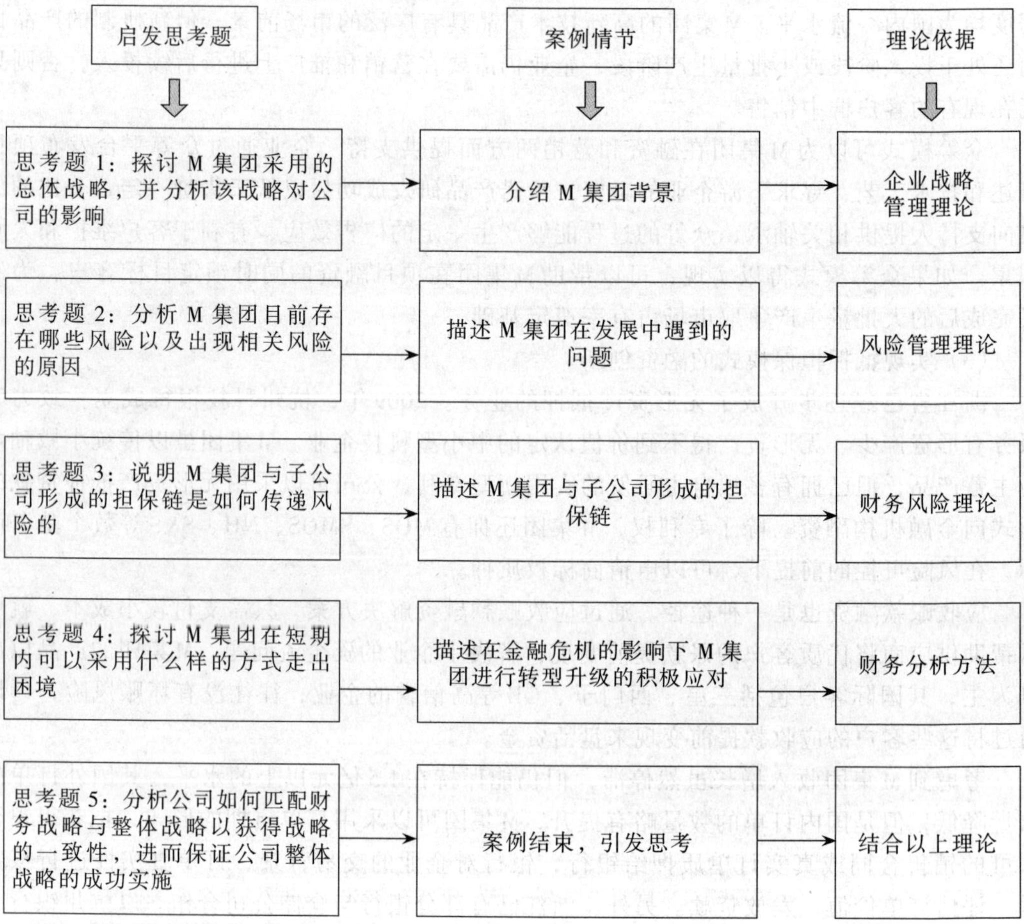

图11-4 案例理论依据框架

（一）企业战略管理理论

企业战略管理理论起源于20世纪的美国，它萌芽于20世纪20年代，形成于60年代，在70年代得到极大发展，在80年代受到冷落，在90年代又重新受到重视。

从战略管理理论发展的冷热变化过程来看，人们对战略管理的认识经历了一个比较曲折的过程。其原因主要在于20世纪五六十年代，第二次世界大战后的美国经济出现了空前的繁荣，随之而来的则是竞争的加剧。到了20世纪70年代，国际上政治、经济又出现了动荡，企业生存和发展越来越艰难。在这种新的竞争环境下，企业深切地感到，以前那种低价格必胜的原则必须改变了，已经不适应新时代的发展了。要获得持续的生存和发展，企业必须从战略的高度思考问题。随着部分企业多角化经营的成功（产品多样化、市场多样化、投资区域多样化等），一些企业家认为应该走像多角化经营这样的“战略之路”保护自己。但是，到了20世纪80年代，“软化热”“优势热”导致“战略热”降温，加之分析性战略方法使一些企业陷入财务型经营，部分企业战略应用不当导致失败等原因，战略管理理论一度受到冷落。然而，到了20世纪90年代，人们又开始反思战略管理理论，因为他们发现许多企业七八年就倒闭了，许多产业都成了短命产业。追其缘由，短命的根源在于缺乏战略管理，缺少长远发展的规划。

M集团采取的总体战略是发展战略，且为相关多元化战略。其从战略高度思考问题，采取多元化竞争战略，应对多变的市场环境。

（二）风险管理理论

战略风险管理既是战略管理的重要组成部分，又是风险管理的重要组成部分。目前，战略风险定义的分歧集中在战略风险是战略性的风险（strategic risk）还是战略的风险（risk of the strategy）[1]。罗伯特·西蒙认为战略风险指的是一个未预料的事件或一系列事件，它们会严重削弱管理者实施其原定企业战略的能力。其实，如果把战略实施看作企业的一种行为，那么战略的风险就转化为企业行为风险而统一于战略性风险之下。虽然对战略风险的具体定义很多，但基本上都没有脱离战略风险字面的基本含义。风险的基本定义是损失的不确定性，战略风险就可理解为企业整体损失的不确定性。这里的损失可以理解为经济利益损失，也可理解为非经济利益损失（如：竞争优势减弱）[2]。

在金融领域，战略风险被划分为系统风险和非系统风险。[3]非系统风险可以通过分散投资来消除。个别企业的风险管理对投资人是没有意义的，而由宏观经济波动等因素所引发的系统风险投资人只能被动承受。也就是说，金融领域的战略风险是不可管理的。

对M集团进行分析，其既存在系统风险，也存在非系统分析。可对存在风险的种类进行细分，并剖析其产生原因，由此进一步了解M集团整体战略风险管理。

（三）财务风险理论

财务风险分为筹资风险、投资风险、经营风险、流动管理风险、存货管理风险。

M集团在本案例中面临的财务风险为筹资风险。筹资风险指的是由于资金供需市场、宏观经济环境的变化，企业筹集资金给财务成果带来的不确定性。筹资风险主要包括利率风险、再融资风险、财务杠杆效应、汇率风险、购买力风险等。利率风险是指由于金融市场金融资产的波动而导致筹资成本的变动；再融资风险是指由于金融市场上金融工具品种、融资方式的变动，导致企业再次融资产生不确定性，或企业本身筹资结构的不合理导致再融资产生困难；财务杠杆效应是指由于企业使用杠杆融资给利益相关者的利益带来不确定性；汇率风险是指由于汇率变动引起的企业外汇业务成果的不确定性；购买力风险是指币值的变动给筹资带来的影响。

（四）财务分析方法

财务分析以企业财务报告及其他相关资料为主要依据，对企业的财务状况和经营成果进行评价和剖析，反映企业在运营过程中的利弊得失和发展趋势，从而为改进企业财务管理工作和优化经济决策提供重要财务信息。

财务分析的意义主要体现在如下方面：

1.可以判断企业的财务实力。通过对资产负债表和利润表等有关资料进行分析，计算相关指标，可以了解企业的资产结构和负债水平是否合理，从而判断企业的偿债能力、营运能力及获利能力等财务实力，揭示企业在财务状况方面可能存在的问题。

2.可以评价和考核企业的经营业绩。通过指标的计算、分析和比较，能够评价和考核企业的盈利能力和资金周转状况，揭示其经营管理的各个方面和各个环节的问题，找出差距，得出分析结论。

3.可以挖掘企业潜力，寻求提高企业经营管理水平和经济效益的途径。通过财务分析，保持和进一步运用生产经营管理中成功的经验，对存在的问题提出解决的策略和措施，扬长避短，提高经营管理水平和经济效益。

4.可以评价企业的发展趋势。通过各种财务分析，可以判断企业的发展趋势，预测其生产经营的前景及偿债能力，为企业领导层进行生产经营决策、投资者进行投资决策和债权人进行信贷决策提供重要的依据，避免因决策错误给其带来重大的损失。

从上文可知，M集团在发展过程中遇到重重危机，可利用财务数据进行分析，探究其危机来源，并针对危机提出解决措施，提出能使M集团在短期内走出困境的意见。

五、背景信息

M集团股份有限公司在2008年遭遇金融危机，收入增长受限，公司采用“自主研发+并购重组”的方式力求产品升级和企业转型，将主营产品从利润率较低的小微轴承转向利润空间较大的汽车轴承、重大装备轴承、精密仪器轴承等大中型轴承。但是由于转型的资金投入较大，加之企业收入增长停滞、人工成本和材料成本增加，企业面临较大的财务风险。

六、关键要点

1.分析企业转型的动力与转型战略选择。

2.掌握中型制造业企业战略选择与财务战略定位之间的逻辑关系。

七、参考文献

[1] BETTIS R A，THOMAS H，PRESS J. Risk，strategy，and management [M]. Greenwich：JAI Press，1990.

[2] 廖跃华，吴毅军. 跨国公司风险管理新视野——战略风险管理模型 [J]. 上海理工大学学报（社会科学版），2004（02）：10-13.

[3] ACS J. A comparison of models for strategic planning，risk analysis and risk management [J]. Theory & Decision，1985.

案例12　环保民企生财新略：财务视角下金旅环保战略变革之路①

案例导读

驱动企业进行战略转型的因素有很多，它们决定了企业的转型战略。结合财务视角进行分析，有助于站在企业角度直接揭示其对自身发展痛点的认知，以及压力驱动下的转型战略选择。本案例以金旅环保2018年财报收入、利润数据的异常下降带来企业危机为切入点，结合公司面临的收入、利润瓶颈以及现金流回款困难的问题，从财务视角分析金旅环保为解决这些问题所作出的分板块布局的战略举措；并进一步提出思考：金旅环保在机会与威胁并存的环境下，如何寻求适合自身的发展路径？通过本案例的学习，学生可以了解如何结合财务因素来分析企业面临的经营发展危机，以及这些压力如何驱动民营环保企业进行对应的战略转型，并进一步思考企业的长足发展之道。

关键词

财务视角　业务转型　工程项目模式　经营风险　创新驱动

案例正文

作为一家民营环保企业，金旅环保最近这两年可谓是披荆斩棘，于困境中开辟出了一条特色道路。2004年成立之初，金旅环保将自己定位为一家提供工程勘察设计和工程技术咨询的公司，经过十几年的积累与沉淀，公司规模变大，并逐步扩展业务范围。为了推动公司发展，金旅环保于2015年在新三板上市。此后，金旅环保已通过对外投资、并购等方式进行产业布局，并专注发展环保项目，持续提升竞争实力。

然而，金旅环保的迅速扩张带来了诸多难题，使公司陷入发展瓶颈，2018年公司营业收入同比下降11.43%，净利润同比下降91.05%。随后，公司进行新一轮的战略布局，对设备、项目、服务三大板块进行综合调整，并于2019年突破了发展瓶颈，即使在艰难的2020年，金旅环保依旧保持了良好的发展态势。然而，重新站稳脚跟的金旅环保就真的高枕无忧了吗？

一、公司简介

湖南金旅环保股份有限公司创始于2004年，业务覆盖水治理、河道整治、重金属污染土壤修复、固体废弃物处理、城乡生活垃圾处理、环保产品开发和制造、环境咨询及影响评价、环境检测、环境监理等环保领域，是一家集投融资、规划、环评、设计、建设、监理、设备制造、第三方运营、检测于一体的综合环境服务集团。金旅环保自创办以来，充分利用自身优势及强大的研发力量，以技术引领市场，逐渐成为湖南环保产业的中坚力量。

---

① 本案例由刘端、袁语馨、左涛改编自刘端、李振源、谢俊娣、成香琳撰写的《环保民企生财新略：财务视角下金旅环保战略变革之路》。本案例主要适用于“财务管理理论与实务”“公司战略与风险管理”课程。

二、主要内容

（一）“行路难”：宏观经济形势趋冷

2015年，在中国经济进入新常态的背景下，市场深入推进结构性改革，虽然经济保持平稳发展态势，但同年我国GDP增速仅为7.00%，是25年来最低值，随之而来的是GDP增速持续放缓，宏观经济总体趋向低迷（如图12-1所示）。2018年中美贸易摩擦逐渐升温，2019年随着供给侧结构性改革的持续深入，虽然经济运行总体平稳，但严峻复杂的内外部环境使得中国经济下行的压力犹存。实体经济杠杆率持续上升，民营企业融资困难，甚至面临较高的债务风险，对于依靠项目工程维持运营的民营环保企业来说，危机越来越严重。2020年，我国全年GDP增长2.30%。中国虽然是世界主要经济体中唯一实现正增长的国家，但复杂的国内外环境以及新冠疫情的严重冲击使各类企业都面临严峻的考验。

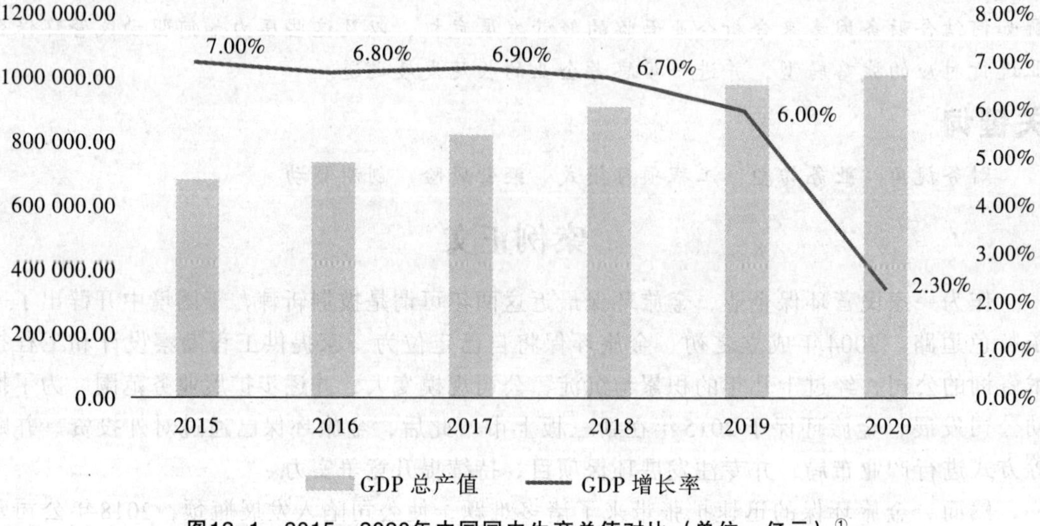

图12-1　2015—2020年中国国内生产总值对比（单位：亿元）[①]

2015—2020年，中国总体货币供应量适中。结合图12-2的货币供应趋势，M1、M2均呈持续低增长态势。但从2018年开始，M1与M2的增速差发生逆转，M1-M2增速差迅速缩小，2018年下半年到2020年甚至为负值。这意味着，企业与居民更偏好将钱存入银行，未来可选择的投资机会减少，资金开始从实体经济中沉淀下来，经济逐渐回落。

2015—2020年，为了稳定和规范金融市场，金融监管力度不断加强，金融机构逐渐收紧贷款。由于民营企业、中小型企业与大型国有企业的信用等级和市场地位差异较大，前两者获得贷款的机会远远少于后者，造成其所获贷款规模迅速收缩。另外，随着金融产品的规范和表外融资快速萎缩，依赖表外融资的民营企业和中小企业受到了很大的融资冲击。尽管2019年以来中国采取了降准等货币政策手段进行逆周期调节，金融环境有所改善，但受益者更多是大型国有企业，金旅环保这样的民营企业面临的融资形势依旧严峻。

① 数据来源于国家统计局2015—2020年统计年鉴。

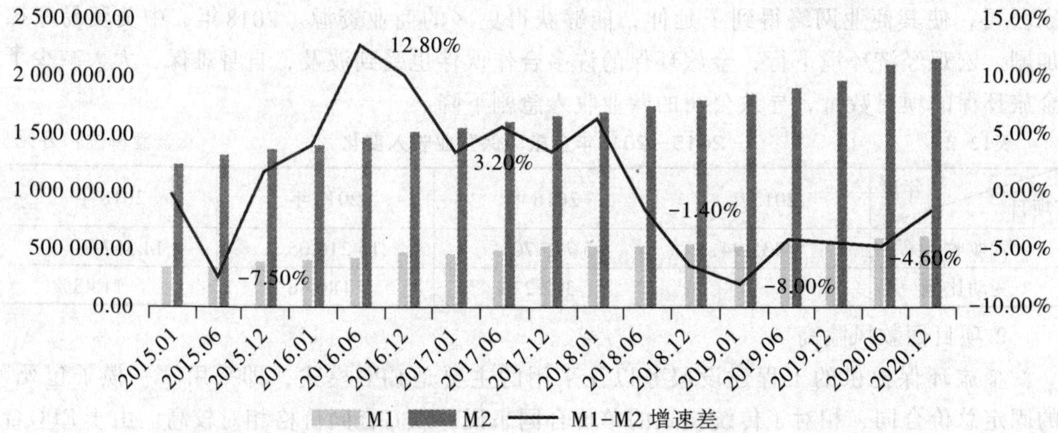

图12-2　2015—2020年货币资金供应量与增速对比（单位：亿元）①

（二）"多歧路"：公司发展遇瓶颈

1.营收增长不确定

金旅环保自成立以来，主营业务为水处理项目与环保工程，这两项收入一直占其营业收入很大的比重。从表12-1中可知，2015年生活污水、工业废水项目和工程收入占据了金旅环保的全部收入来源。虽然到2018年，这三项业务收入占营业收入的比重逐年下降，但仍然超过了营业收入的50%，是金旅环保的主要收入来源。

表12-1　　2015—2018年金旅环保主营业务收入占营业收入比重②

年度 项目	2015年	2016年	2017年	2018年
生活污水处理收入占比	86.38%	24.09%	11.77%	10.62%
工业废水处理收入占比	10.70%	4.03%	1.69%	—
环保工程收入占比	2.92%	36.84%	54.66%	45.39%
合计	100.00%	64.96%	68.12%	56.01%

而过去，作为金旅环保主要收入来源的水处理项目与环保工程主要依靠"关系型交易"获得，即依赖企业所处的商业网络中信任的交易伙伴，双方建立长期紧密的合作关系，业务围绕着几个主要的供应商和客户。金旅环保依靠着自身还算不错的商业资源，每年都能获得几个不错的项目。这样的反复合作，可以让金旅环保降低交易成本。然而，这种关系型交易也使得交易双方更加依赖对方，从而形成一种锁定的联系，使得双方一荣俱荣、一损俱损。对于关系型交易的双方来说，一旦关系破裂，企业将面临巨大的财务风险。并且，在这个商业网络中，金旅环保的客户集中度越高，客户的议价能力也越强，客户可能会对金旅环保提出更高的要求，对金旅环保来说也是一种考验。另外，这种"三年不开张，开张吃三年"的交易模式具有很高的不稳定性。如果今年获得的项目多，那么营业收入和利润就高，而一旦环境发生改变，项目也会受到影响，那么营业收入就无法保障。

由表12-2可知，金旅环保的营业收入变化幅度很大。2016年和2017年其拓展了业务范围，新增了许多项目收入来源。2016年营业收入的飞速增长是因为金旅环保兼并了多

① 数据来源于国家统计局2015—2020年统计年鉴。
② 数据来源于通过内部调研获得的湖南金旅环保股份有限公司2015—2018年财务报告。

家公司，使其商业网络得到了延伸，能够获得更多的商业资源。2018年，中美贸易摩擦加剧，宏观经济环境下行，金旅环保的许多合作伙伴也受到波及，自身难保，大大减少了金旅环保的项目数量，导致公司的营业收入急剧下降。

表12-2　2015—2018年金旅环保营业收入变化　金额单位：万元[①]

年度 项目	2015年	2016年	2017年	2018年
营业收入	1 435.94	5 775.70	16 210.05	14 357.01
变动比例	—	302.22%	180.66%	-11.43%

2.项目回款风险高

金旅环保提供的工程建设服务以往采用的主要是EPC模式，即采用“一揽子包死”的固定总价合同，相对于传统模式的单价合同来说，EPC合同价格相对较高。由于EPC合同是一次性包死，金旅环保作为承包商承担了绝大部分的风险，不明确的地质情况、场地条件等风险也是由公司来承担。并且，公司以EPC模式承接的项目执行周期较长，从参加项目的招投标到最后收回质保金，一般需要2年左右，对公司营运资金的储备需求较高。从参加项目投标开始，公司一般需要支付投标保证金；在项目实施过程中，原材料采购和工程建设实施则需要公司垫付部分或全部资金；合同条款中常常会约定，在验收合格或试运行合格后才能支付合同款的90%，而从项目的设备安装竣工到试运行，直至最终通过验收往往需要较长时间，因此项目会占用大量的营运资金。

金旅环保从2016年至2018年都是以EPC项目为主。如图12-3所示，金旅环保2016年开始实施EPC项目后，工程项目收入增长。因此，2016年金旅环保的应收账款也发生急剧增长，较2015年增长了952.93%，如图12-4所示。2016—2018年间，金旅环保的应收账款金额一直保持在较高水平，2018年虽然有些许下降，也是因为部分项目开始陆续收回款项。EPC项目收款周期较长，也就拉长了应收账款周转天数，降低了应收账款周转率。图12-5显示，2015年金旅环保应收账款周转率略高于行业平均值，但2016—2018年均低于行业平均值。

图12-3　2015—2018年金旅环保工程收入金额（单位：万元）[②]

① 数据来源于通过内部调研获得的湖南金旅环保股份有限公司2015—2018年财务报告。
② 数据来源于通过内部调研获得的湖南金旅环保股份有限公司2015—2018年财务报告。

图12-4　2015—2018年金旅环保应收账款金额（单位：万元）及占总资产比例变动①

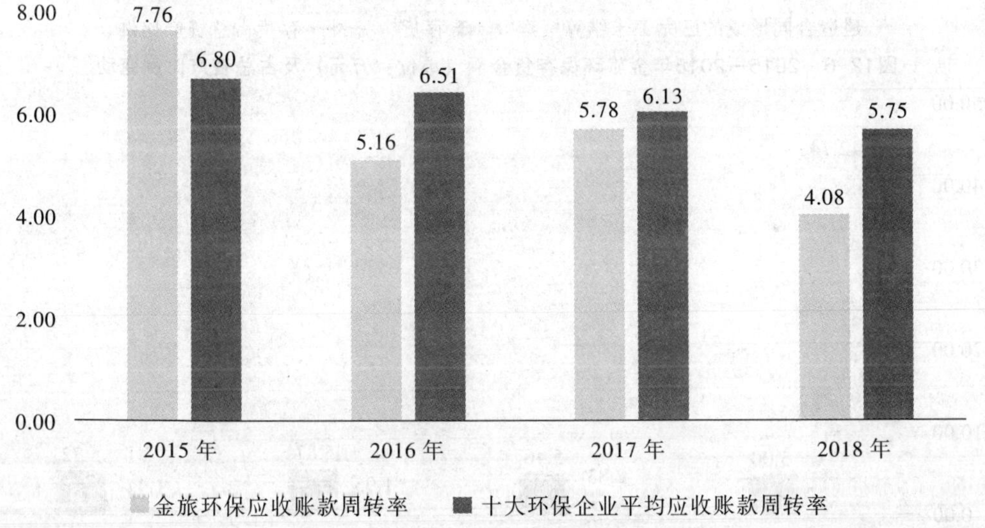

图12-5　2015—2018年金旅环保应收账款周转率与行业对比②

金旅环保2015—2018年存货的变动趋势也与应收账款类似。图12-6中，2016年存货较2015年相比增加了6 518.59%，而2016年存货中的二级科目“建造合同形成的已完工未结算资产”金额就高达1 869.07万元，这一科目代表了企业已完工但尚未结算的价款。2017年金旅环保的存货金额依旧快速增长，占总资产的比例高达26.43%，其中占比较大的依旧是EPC工程期末“已完工未结算资产”。2018年的存货下降是因为工程有所结算，

① 数据来源于通过内部调研获得的湖南金旅环保股份有限公司2015—2018年财务报告。
② 公司数据来源于通过内部调研获得的湖南金旅环保股份有限公司2015—2018年财务报告，行业数据来源于Wind软件。

但与2016年相比依旧数值很高。金旅环保高额的存货导致其存货周转率逐年下降，根据图12-7中与行业平均值的对比，公司自做EPC以来存货周转率便一直低于平均值，且差距逐年拉大。应收账款周转率和存货周转率两项数据都体现出，主做EPC项目对金旅环保的营运资金情况造成了极大的影响。

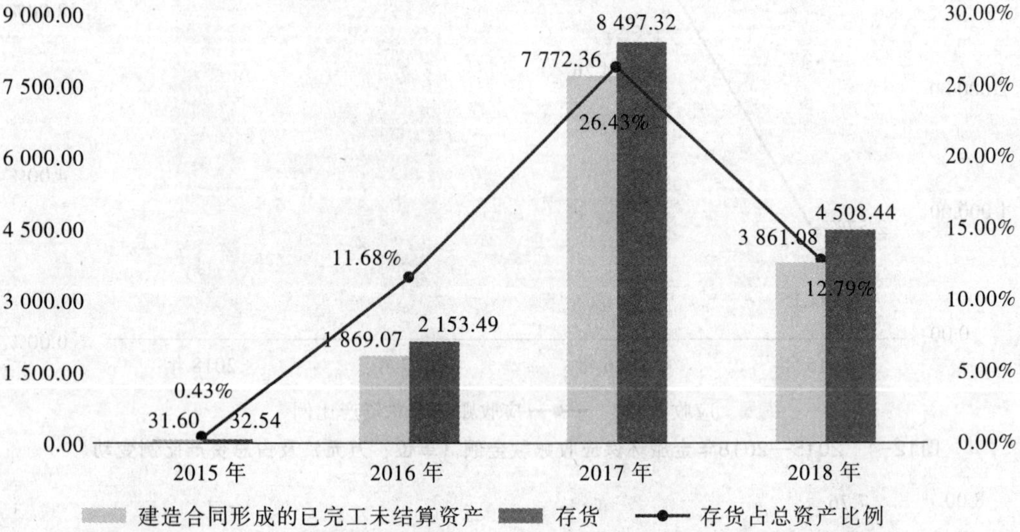

图12-6　2015—2018年金旅环保存货金额（单位：万元）及占总资产比例变动①

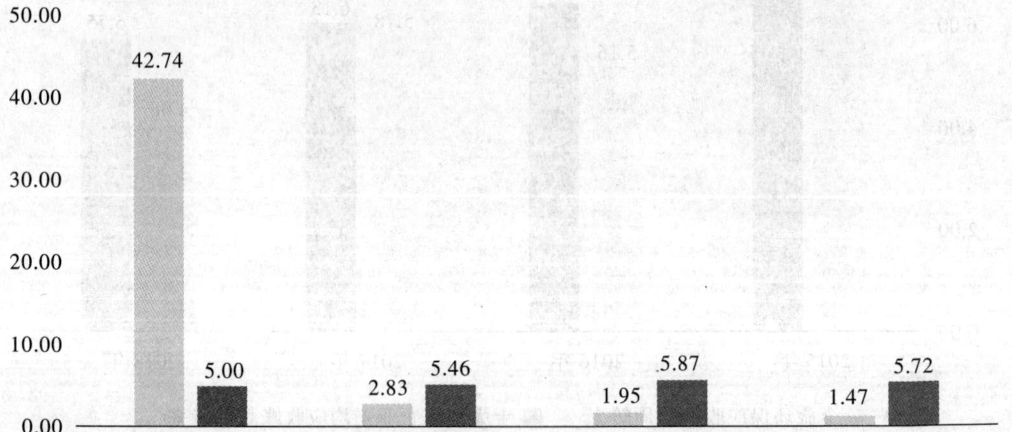

图12-7　2015—2018年金旅环保存货周转率与行业对比②

3.急于并购埋隐患

纵使污水处理业务、项目工程业务能给公司创造收入、提升企业实力，但它们给公司经营带来了不确定性。金旅环保试图通过拓展业务范围改善这一局面，促进公司快速发展。对于渴望迅速进入新市场、获得协同效应的金旅环保而言，并购似乎是可行性高、可

① 数据来源于通过内部调研获得的湖南金旅环保股份有限公司2015—2018年财务报告。
② 公司数据来源于通过内部调研获得的湖南金旅环保股份有限公司2015—2018年财务报告，行业数据来源于Wind软件。

操作性强的不二之选，挂牌新三板取得的融资也给并购提供了强有力的资金支持。

2015年年末，金旅环保的业务合作伙伴湖南凌志环保设备有限公司（以下简称凌志环保）向金旅环保抛出橄榄枝，希望通过更进一步的合作将市场蛋糕做大。双方于2016年1月7日很快达成并购共识，金旅环保以760万元人民币收购凌志环保51%的股份。收购完成后，号称“中西部地区领先的水处理设备专业生产厂家”的凌志环保增强了金旅环保的水处理业务实力，提升了其市场竞争力；但这一火速并购也产生了诸多亟待解决的问题。收购完成后，凌志环保仍交由原团队管理，借助金旅环保的平台，合同交易额有所上升；但与此同时，公司的整合管理成本也随之上升，经营效益提升不明显，未实现分红，原股东出现不满情绪。

说来也巧，2016年1月，长沙玺成工程咨询有限责任公司（以下简称玺成环保）、湖南嘉沣工程设计有限责任公司（以下简称嘉沣工程）、长沙崇德检测有限责任公司（以下简称崇德检测）有打包寻求外部发展的意向，其中玺成环保、崇德检测互补的主营业务恰恰符合金旅环保的战略需要，带着对成功合作的迫切期待，金旅环保开启了新一轮并购谈判。谈判并没有想象中的顺利，对方报出的并购支付对价远超中介评估的价值，但为了加快并购进程，金旅迅速以很高的实际收购价格与对方达成共识。完成收购之后，金旅环保利用玺成环保与崇德检测的主营业务优势，新增了技术咨询、环评、检测三项经营业务，开始了环保服务业务的新尝试。金旅环保将嘉沣工程定位为土壤修复和重金属治理的专业公司，专门成立研究院和土壤修复技术中心，成为省内屈指可数的专业性土壤修复类环保公司。虽然注入的新鲜血液给金旅环保带来了生机，但这次仓促的并购也给公司带来麻烦：对于刚完成一次收购不久的金旅环保而言，过高的支付对价使资金过于紧张；另外，由于环评审批程序下放到了市县一级，地市区域环评公司明显增多，市场竞争显著加剧。环评合同单价下降，加上环评公司增多，人才需求量的增加导致人力成本上升，并购后的玺成公司从原来的高利润公司，变成了微利公司。

2018年的金旅环保无疑处于多事之秋，环境下行，公司业务量减少，支出负担加重，政府拨付的资金基本用于薪资发放，整个公司呈现一种“收缩”状态。为了能够让公司尽快走出困境，公司董事在多次商议之后，决定进行战略转型，并分板块重新布局。

（三）“又一村”：转型升级正当时

针对营收增长不确定、项目回款风险高和急于并购带来的隐患，2019年起金旅环保决定解决公司收入与利润的停滞和资金周转问题，从设备、项目、环保服务三个板块的整合着手，作出了一系列战略部署，以求帮助公司突破瓶颈，获得进一步发展。

1.业务重点转设备

首先，为了突破收入、利润的增长瓶颈，金旅环保决定以发展污水处理设备作为公司转型的切入口。以往以商业关系主导的项目难以保障公司收入和利润的稳定性，公司发展的资金灵活性低。转型做环保设备不仅能够做强品牌——每一个卖出去的产品都将印上“金旅环保”的商标；还能够将业务扩展到全中国乃至世界——有环保项目的地方就需要环保设备。为此，金旅环保重新搭建了设备平台，将公司的业务重点转移到设备上来，并将设备板块作为公司的主营业务之一，为金旅环保的转型打下坚实基础。

（1）收购凌志股权、强化整合经营

为了实现环保设备生产的专业化及市场化，金旅环保决定将设备生产交由一个子公司全权负责。当时金旅环保旗下的子公司中，只有凌志环保是专门做水处理设备的公司。金旅环保最初以持有51%股份的条件收购凌志环保，属于控股股东，对凌志环保享有重大事项监督管理权，但在日常行政管理过程中，凌志环保保留了原管理团队，金旅环保不能干涉其经营权，这为金旅环保在设备板块的经营决策上增添了诸多不便。于是金旅环保在与凌志环保进行谈判后决定收购老股东的全部股份，自2019年起，凌志环保成为金旅环保的全资子公司。完成收购后，金旅环保派出了一支全新的管理团队接替原团队，明确了以污水处理设备、净水设备为凌志环保的主要产品。自此，金旅环保在凌志环保负责的设备板块享有了唯一且绝对的话语权。

（2）推出新产品、拓展新市场

凌志环保的新团队对污水处理设备的国内市场进行了充分的调研，发现污水处理设备市场未来几年的客户群体主要是PPP项目的业主、政府EPC项目的中标方。在国家环保督察和考核的压力下，客户必须采购有品质、有质量、售后及时的设备品牌，所以凌志环保对污水处理设备的要求需要更加严格。低价、没有品牌、不搞售后的模式最终将面临淘汰。低价不能保证品质，高价又会超过采购方的承受能力，因此，凌志环保新团队将研发的污水处理设备定位为“高端的品质，中端的价格”。

2019年5月，新款污水处理设备——超净/智能一体化污水处理设备（以下简称“超净”）——研发成功，在品质、防腐、稳定性、能耗方面均有了质的提升，具备了和国内一线品牌竞争的实力。同年8月，凌志环保依靠这款新品脱颖而出，中标雄安新区3台共350吨的污水处理设备，取得标志性成果。同年10月，其又接连中标五菱电力污水处理设备、海口农村污水处理设备等项目。2019年，其设备类中标金额近9 000万元，实现了里程碑式的发展，这也是对金旅环保的设备板块的巨大肯定与鼓舞。随后，凌志环保设备的各种订单接踵而来，将整个公司的设备板块激活了，对公司的发展起到了巨大的推动作用。凌志环保于2019年5月开始研发的单户式污水处理设备“金旅罐”也在年底进行了开模生产，并在2020年年底形成生产能力。相比于“超净”，“金旅罐”更适用于家庭或者小规模聚居地。

金旅环保的水处理设备是根据用户的需求个性化定制的，由于设备精细度较高，目前难以完全实现机械自动化生产，所以每个设备都是由多个生产工人同时作业进行生产，以保证环保设备的质量与水平。金旅环保设备板块将目标市场对准了湖南省的100余个县市，目前试制的产品陆续在洞口县、长沙县、望城区等开展了试点，效果良好，预期在未来的美丽乡村建设中能够拥有可期的市场前景。

（3）打造设备售后与服务平台

金旅环保进一步强化售后服务，主动深入用户现场进行调研，观察设备使用情况和运行状态，还会咨询用户的使用意见，从而完善设备功能。但是人力毕竟是有限的，为了防范突发状况，金旅环保运用物联网技术创建了“smart”云组态平台（如图12-8所示），设备依靠智能网关设备连接，将数据推送至云服务器，云组态平台从服务器获取数据进行展示，能实现百万级的数据并发、秒级的数据实时变化、7×24小时不间断运行。有了这个云组态平台，客户可以通过手机或者其他移动设备查看“超净”“金旅罐”的使用情况，还可以通过平台对金旅环保直接提出意见，而金旅环保的售后人员会在3小时内进行响应，并在12小时内到现场进行维修或者保养服务。

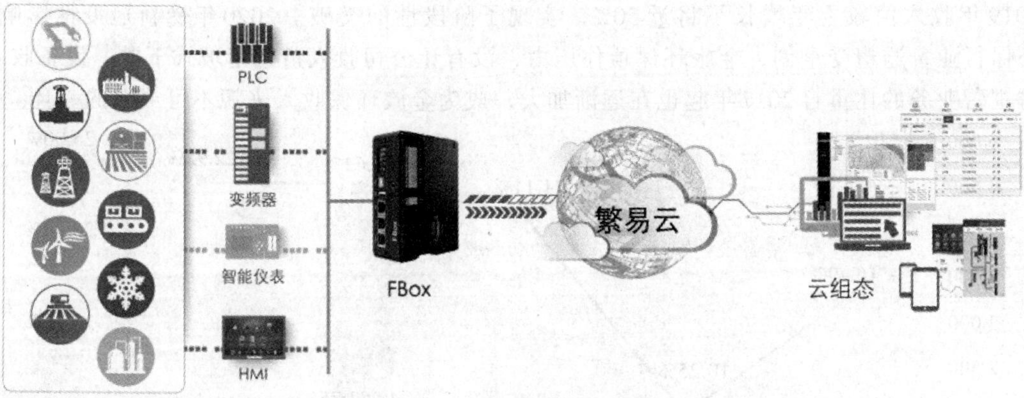

图12-8　“smart”云组态平台网络结构[①]

（4）加大技术创新与研发投入

技术创新是金旅环保作为一家高新技术企业保持市场领先地位的关键。为了能让自己的产品在竞争激烈的市场中占据一席之地，金旅环保需要有较高的技术创新能力，以便在面对风云莫测的市场变化时用最快的速度对产品进行升级换代。2019年，金旅环保扩充了技术研究院，招聘了高水平的设备研发工程师，并采用与学校、设计院合作的研发合作方式加大自主研发力度，保障了金旅环保设备板块的研发能力。如图12-9所示，2019年，公司持续增加研发投入，研发费用达1 067.47万元，比上一年度增长9.38%。公司申请了30余项环保技术、产品专利，用于提高污水处理设备的工艺水平。2020年，即使在新冠疫情的影响下，金旅环保也未放缓研发的进程，依然保持着较高的研发投入，达到1 002.21万元。研发力度的增强从源头为金旅环保提供了产品创新的原生动力。

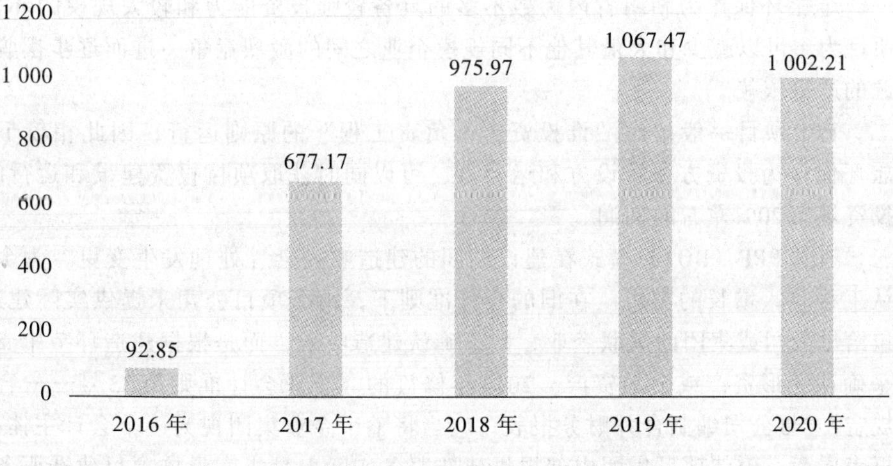

图12-9　2016—2020年金旅环保研发费用投入（单位：万元）[②]

① 资料来源于企业调研。
② 数据来源于通过内部调研获得的金旅环保2016—2020年年报。

（5）设备板块初见成效

如图12-10所示，金旅环保完整搭建了设备板块后，实现了设备收入的快速增长，2019年收入值较上年增长了将近50%，实现了阶段性的突破。2020年受新冠疫情影响，环保行业普遍遭受重创，金旅环保顶住压力，没有让公司收入遭遇滑坡式下跌。设备收入占主营业务的比重自2017年起也在逐渐加大，成为金旅环保收入来源不可或缺的一环。

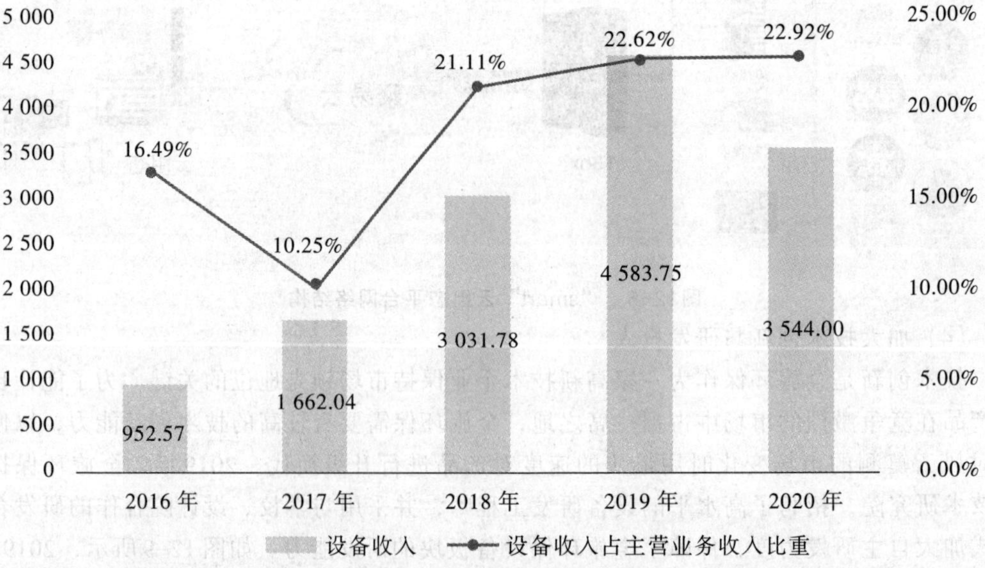

图12-10　2016—2020年金旅环保设备收入增长情况（单位：万元）①

2.项目模式新转变

针对2018年以前公司EPC模式运作产生的弊端，金旅环保决定改变项目模式：以PPP为重点。主要原因有四点：

第一，金旅环保作为湖南省内为数不多的具备较强投资能力和较大规模的环保企业，以PPP项目为主可以减少和大量其他不同规模企业之间的激烈竞争，进而逐步摆脱对商业关系资源的严重依赖。

第二，PPP项目一般按照“谁投资，谁负责工程”的原则运行，因此相较于EPC模式，金旅环保作为投资方、建设方和运营方，可以同时获取项目投资建设和运行的收入，并得到投资规模20%左右的利润。

第三，有关PPP（BOT）模式在建设期间的建造收入会计处理发生变更，为金旅环保带来确认工程收入增长的契机。在旧的会计准则下，由于项目公司未提供实际建造服务，而是发包给母公司或集团内关联企业，则不确认建造收入，而是根据建造环节中支付的工程价款来确认无形资产或金融资产。2014年修订的《企业会计准则第33号——合并财务报表》规定：“母公司编制合并财务报表，应当将整个企业集团视为一个会计主体。”那么在合并报表层面，BOT项目集团内部提供建造服务实际上是指，承接项目建造服务的内部关联公司和项目公司所形成的企业集团与特许经营权授予方（通常指政府）签订BOT合同，企业集团实际上提供了建造服务，因此在合并报表层面应确认建造合同收入的公允价

① 数据来源于通过内部调研获得的金旅环保2016—2020年年报。

值，仅需抵消内部资金往来即可。2017年，财政部发布新的收入准则，将建造合同的此项准则纳入收入确认模型。金旅环保自2019年开始的PPP项目主要为BOT模式，采用了该项新会计准则，因此工程收入较2018年及以前有着较大幅度的提高，如图12-11所示。工程收入的增长带动了净利润的增长，根据财报显示，金旅环保2017—2019年的净利润分别为1 152.46万元、103.19万元、2 106.15万元，累计超过三千万元，这就使金旅环保满足了在资本市场上市对净利润的要求，从而为融资提供了更大空间。2020年，即使面临新冠疫情带来的压力，金旅环保依旧保持了1 401.67万元的净利润。

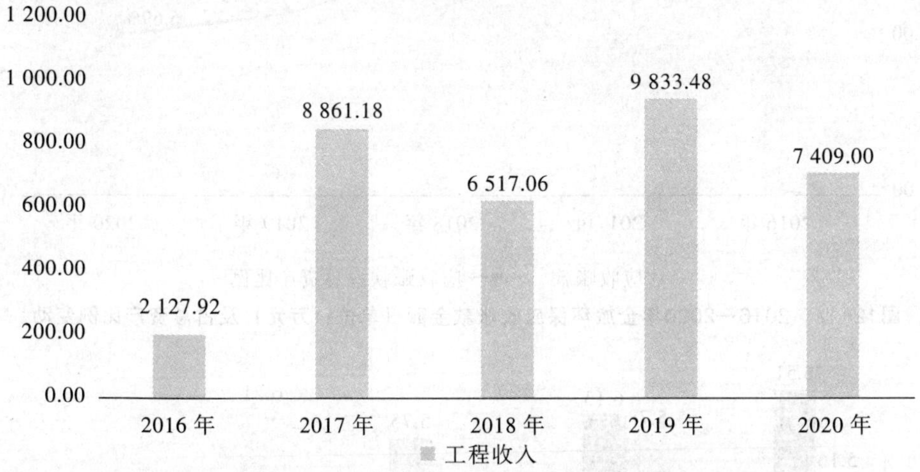

图12-11　2016—2020年金旅环保工程收入金额（单位：万元）[①]

第四，与EPC相比，金旅环保在PPP项目上能更灵活地借助政府信用担保与银行等其他金融机构资本广泛合作，分担资金压力，降低回款风险和现金流压力。如图12-12和12-13所示，2019年金旅环保的应收账款金额和占总资产比重均有所下降。公司主做EPC的三年（2016—2018年）应收账款周转率均低于十大环保企业平均值，但转做PPP后，2019年及2020年的应收账款周转率增加至平均值以上。公司存货方面情况如图12-14和12-15所示，无论是存货总值还是占总资产的比例，以及“建造合同形成的已完工未结算资产”都较转型之前有所减少。2019年金旅环保存货周转率虽然没有超过平均值，但与前三年相比显著增加，与十大环保企业之间的差距也在很大程度上减小；2020年存货周转率较2019年相比继续增长。考虑到新冠疫情的影响，金旅环保能够保持这样良好的趋势已实属不易。由此可见，金旅环保采用PPP为重心的项目模式开始初见成效。

3.环保服务补发展

金旅环保完成了业务重点布局后，想要在“环保湘军”中脱颖而出，获得更高的经营收入，并成为省内乃至国内的环保龙头企业。于是，公司基于原有的业务结构基础，将环保服务业务作为动力补充，逐步规范化、渗透化，力求打造一个品牌辨识度高、议价能力强的综合服务集团。

① 数据来源于通过内部调研获得的金旅环保2016—2020年年报。

图12-12 2016—2020年金旅环保应收账款金额（单位：万元）及占总资产比例变动[①]

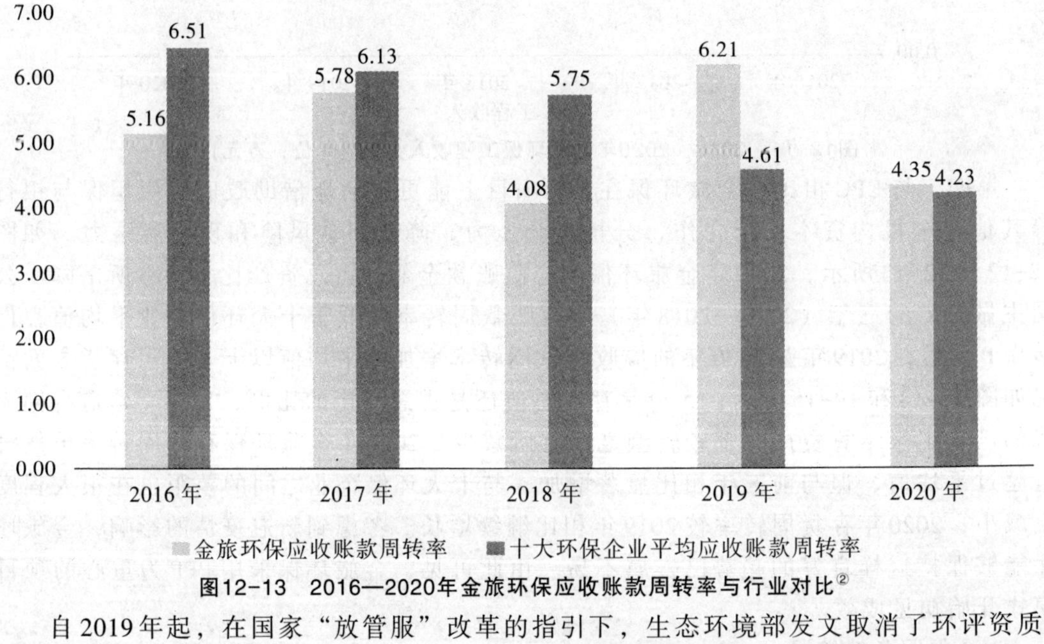

图12-13 2016—2020年金旅环保应收账款周转率与行业对比[②]

自2019年起，在国家“放管服”改革的指引下，生态环境部发文取消了环评资质，环评行业的门槛大大降低。也就是说，金旅环保即使没有玺成环保也能顺利开展环评业务，获得稳定的环评营业收入。本就利润微薄的玺成环保更加不能满足金旅环保的发展需求，于是金旅环保与玺成环保原股东达成协议，作出了退还公司的决定。这样，金旅环保就缓解了原来为收购玺成环保产生的资金压力，削减了冗余的管理成本，保留的资本可为其他业务发展提供资金支持。与此同时，金旅环保充分利用崇德检测、嘉沣工程的业务

① 数据来源于通过内部调研获得的金旅环保2016—2020年财务报表。
② 公司数据来源于通过内部调研获得的金旅环保2016—2020年财务报表，行业数据来源于Wind数据库。

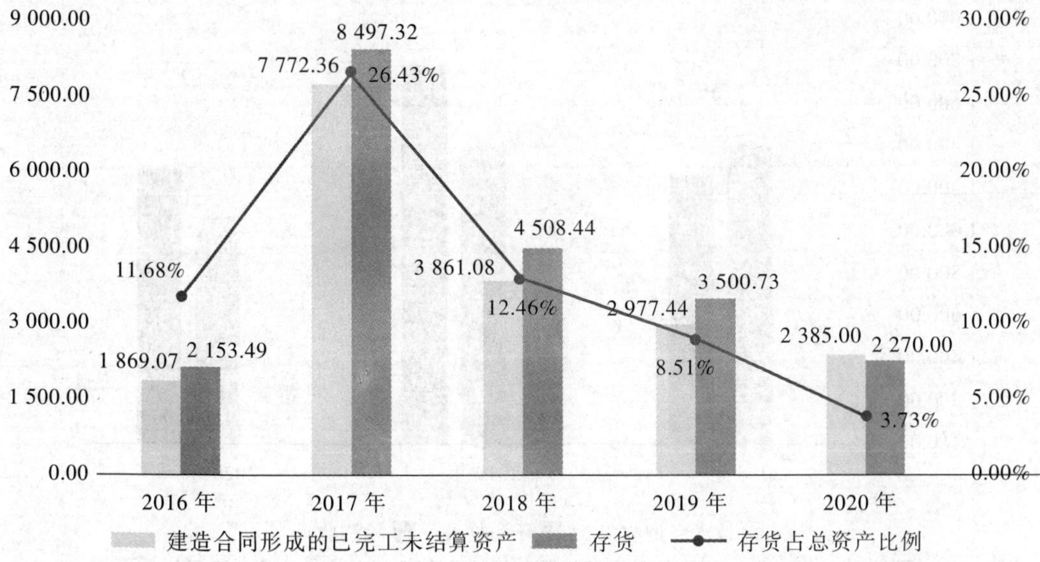

图12-14　2016—2020年金旅环保存货金额（单位：万元）及占总资产比例变动①

图12-15　2016—2020年金旅环保存货周转率与行业对比②

优势，将公司的服务板块业务拓展至生态环境质量监测、环保验收监测、场地污染调查与监测、工程勘察设计、工程技术咨询服务等领域。此时，金旅环保已将技术咨询、环评业务、检测业务组合成为环保服务板块的经营重点。2019年年末，这一业务组合为公司创造了较高的营业收入，较2018年增长24.93%，如图12-16所示。2020年，虽然受到新冠疫情的影响，服务板块的营业收入仍然与2018年持平。

① 数据来源于通过内部调研获得的金旅环保2016—2020年财务报表。
② 公司数据来源于通过内部调研获得的金旅环保2016—2020年财务报表，行业数据来源于Wind数据库。

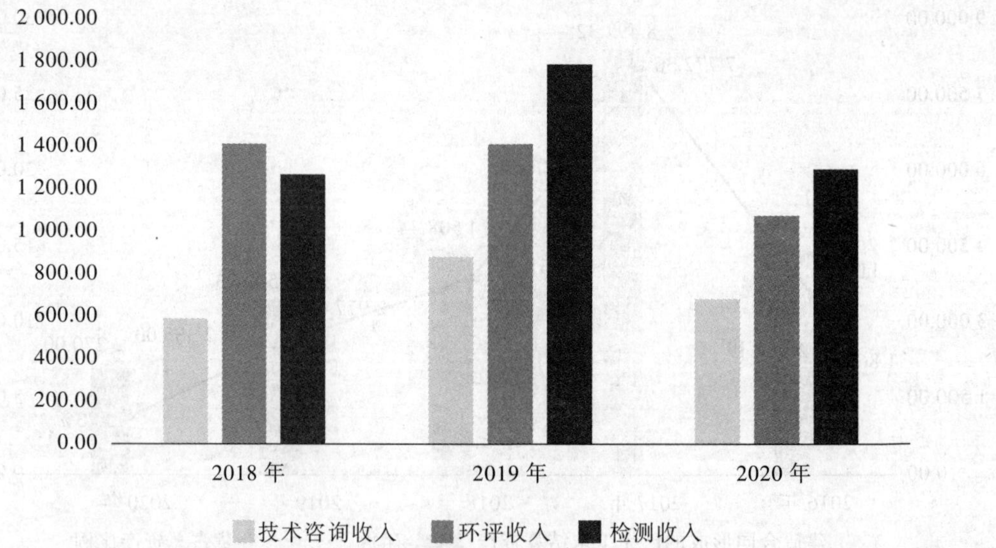

图12-16 2018—2020年金旅环保服务板块营业收入变动（单位：万元）①

如图12-17所示，转型完成后，金旅环保焕发生机，2019年公司获得了可观的经营收入，较上年增长了41.10%。虽然受到新冠疫情的影响，金旅环保2020年的营业收入总额仍然超过2018年。设备、项目、服务板块的成功转型，解决了公司的发展瓶颈，更新了公司的业务结构，如图12-18所示。

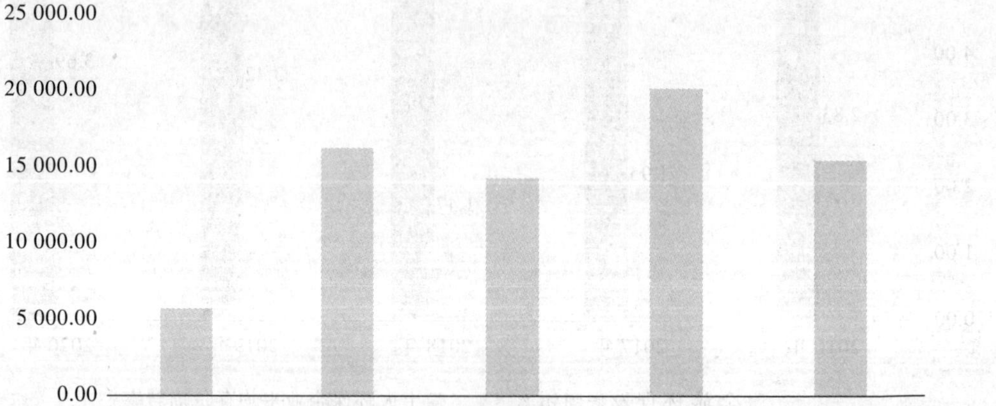

图12-17 2016—2020年金旅环保营业收入变动情况（单位：万元）②

（四）“路漫漫”：环保民企新路径

随着环保产业步入3.0时代，PPP模式已然成为环保时代的典型符号。但在PPP发展浪潮为金旅环保带来了大量项目订单收入的同时，也带来了PPP模式的普遍问题和风险。金旅环保已经意识到，单纯依靠项目规模拉动利润增长的时代已经一去不复返，应不断加强环保设备的投入和研发，但是这同样会带来企业重资产化的趋势，加大经营

① 数据来源于通过内部调研获得的湖南金旅环保股份有限公司2015—2018年财务报告。
② 数据来源于通过内部调研获得的湖南金旅环保股份有限公司2015—2018年财务报告。

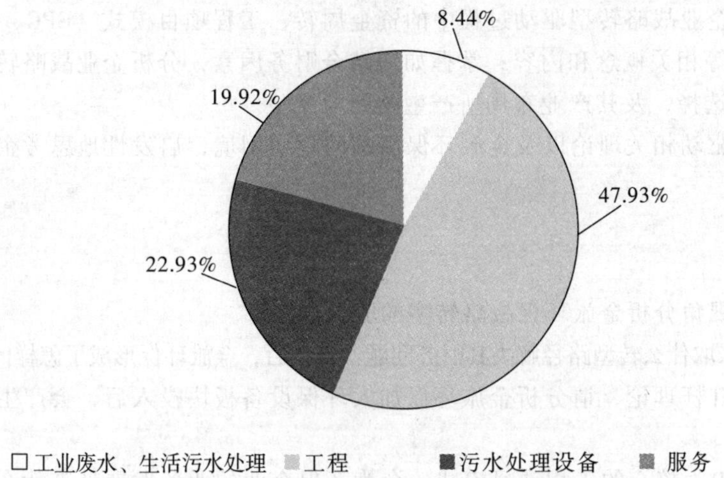

图12-18　2020年金旅环保各项经营业务收入占比①

风险。机会和威胁并存，金旅环保到底应该如何找寻适合自身的发展路径呢？

正文附录见二维码12-1。

12-1 正文附录

【政策思考】

最近几年，中国针对环保企业出台了多部政策法规，对于环保企业的发展有着重要的意义。《"十三五"节能环保产业发展规划》②提出："中国要支持发展节能环保产业，加强大气、水、土壤等污染防治工作。"并指出，"到2020年，节能环保产业将成为国民经济的一大支柱产业"。中国大力推进节能减排，发展循环经济，建设资源节约型、环境友好型社会，为环保企业发展创造了巨大机会，环保企业得到较快发展。《重点流域水污染防治规划（2016—2020年）》《全国地下水污染防治规划（2011—2020年）》等文件的出台，规范了污水处理的标准，从而促进了环保企业污水处理率的提高。另外，党的十九届五中全会提出要坚持创新在现代化建设全局中的核心地位，把科技自立自强作为国家发展战略支撑。

请阅读相关材料并思考：环保企业应如何结合财务因素进行企业战略转型？面临创新驱动过程中的压力动因和对应的战略选择，作为民营环保企业的金旅环保未来该如何寻求发展路径？

案例使用说明

一、教学目的

市场经济存在着诸多不确定因素，因此战略转型是企业突破瓶颈的一个重要方式。本案例结合财务视角，围绕金旅环保的战略转型，对转型的驱动因素和对应路径进行分析，试图达到以下教学目的：

① 数据来源于通过内部调研获得的湖南金旅环保股份有限公司2020年财务报告。

② 国务院.国务院关于印发"十三五"生态环境保护规划的通知［EB/OL］［2016-11-25］http://www.gov.cn/zhengce/content/2016-12/05/content_5143290.htm？cvqxldgdezpoahyu.

1.了解环保企业战略转型驱动过程中的资金周转、工程项目模式（EPC、PPP）、经营杠杆、创新驱动等相关概念和内容；掌握如何结合财务因素，分析企业战略转型的压力动因和对应的战略选择，及其产业布局所产生的经营风险。

2.结合创新驱动相关理论以及金旅环保面临的现实困境，启发性地思考企业应当作出怎样的战略调整。

二、思考题

1.请从财务视角分析金旅环保战略转型的驱动原因。

2.金旅环保采取什么转型路径解决其财务问题？转型后，金旅环保形成了怎样的战略布局？

3.基于经营杠杆理论，请分析金旅环保加大环保设备板块投入后，会产生哪些不利影响和风险。

4.采用以PPP为核心的工程项目模式，会为环保企业的业务发展带来什么风险？金旅环保应该如何应对？

5.作为民营环保企业，金旅环保未来该如何选择发展路径？

三、分析思路

在分析金旅环保战略转型的驱动原因时，可以从收入利润、现金回款和经济环境的财务视角进行分析（思考题1）。针对这些财务问题，从三条路径分析金旅环保的战略布局和战略选择（思考题2）。接下来，在分析设备板块时，聚焦于固定经营性成本增加所带来的固定投入加大的问题，从经营杠杆的角度分析其经营风险的放大（思考题3）。结合金旅环保的项目板块资料，从PPP模式的弊端分析新工程模式的风险，并提出解决思路（思考题4）。基于思考题3和思考题4分析得到的转型后金旅环保的风险问题，结合创新驱动相关理论，分析企业发展的新战略路径（思考题5）。

案例分析思路如图12-19所示，仅供参考。

案例思考题有以下分析要点：

1.请从财务视角分析金旅环保战略转型的驱动原因。

（1）收入利润遇瓶颈

从案例正文中可以看出，金旅环保主要采用的是“关系型交易”，这种交易方式依靠企业之间的信誉以及私人关系网络进行交易。短期来看，这种方式能够规避市场交易风险，降低企业交易成本，但不利于金旅环保的长期发展。

首先，金旅环保所拥有的商业资源是有限的，不利于公司快速成长。而且一旦宏观经济环境发生改变，大客户出现经营或财务问题，金旅环保所处的关系网络便会人人自危，营业收入具有很高风险。其次，随着金旅环保客户集中度的提高，公司利润对大客户的依赖性越来越强，反过来会制约金旅环保的议价能力。

（2）项目回款难

金旅环保2016—2018年主要以EPC模式承接项目，由于EPC模式存在执行周期长、占用公司营运资金比例较高等弊端，导致金旅环保存在流动资金不足的风险。

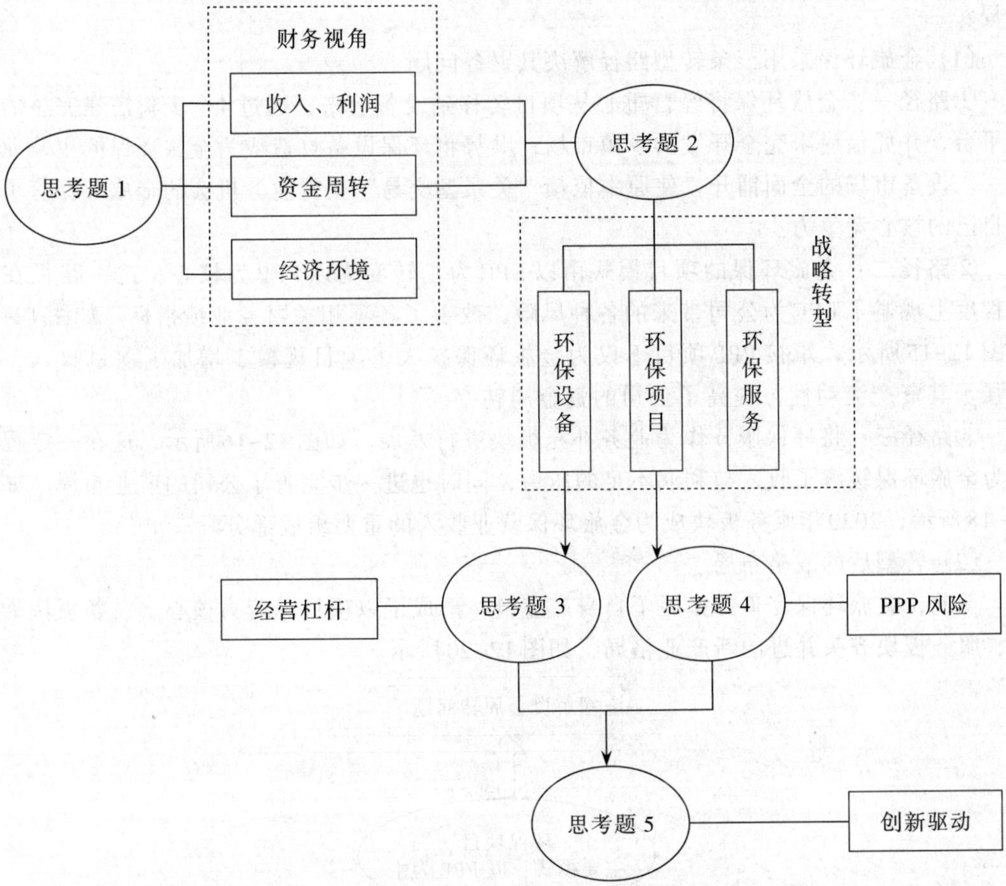

图12-19　案例分析思路

通过图 12-4 与图 12-5 可知，EPC 模式虽然为金旅环保扩大了项目规模，却使公司的营运资金过多地呆滞在应收账款上，严重地影响了公司的资金营运能力。根据图 12-6 所示，金旅环保 2016—2018 年存货金额及其占总资产比例很高，“建造合同形成的已完工未结算资产”的金额较高，占据存货金额的比例也很大，可以据此进行分析。如图 12-7 所示，金旅环保的存货周转率也在降低，2016—2018 年均低于行业平均值，且差距在逐渐拉人。

（3）经济环境加剧财务问题

上述这两大财务问题在宏观经济环境下行的情况下，会被进一步放大。如图 12-1 和图 12-2 所示，2015—2020 年我国 GDP 增速持续放缓，整体经济形势严峻，货币供应量 M2 增速大于 M1，表示投资减少、实体经济回落。另外，金融监管力度不断加强，信用等级、市场地位较低的中小型民营企业融资困难。因此，金旅环保的收入利润瓶颈和回款资金周转问题逐渐恶化。

结合财务视角，基于上述三个主要驱动因素，金旅环保从 2018 年开始重新布局，进行战略转型。

2. 金旅环保采取什么转型路径解决其财务问题？转型后，金旅环保形成了怎样的战略布局？

（1）金旅环保采用三条转型路径解决其财务问题

①路径一：金旅环保将经营重心从项目转移到设备上来，通过4个步骤搭建完整的设备平台，并凭借尚未完全开发的乡镇市场，顺势将环保设备打造成为金旅环保的主营业务之一。设备市场的全面铺开，使原本依赖"关系型交易"获得业务机会的金旅环保有了属于自己的核心竞争力。

②路径二：金旅环保的项目模式由以EPC为主转变为以PPP为核心。这一路径在很大程度上规避了EPC为公司带来的各种风险，改善了各项相关财务业绩指标。如图12-11至图12-15所示，承接PPP项目不仅为金旅环保扩大了项目规模、增加了项目收入，还增强了其资产流动性，提高了公司的资金周转率。

③路径三：将环保服务作为业务补充板块进行发展。如图12-16所示，这在一定程度上为金旅环保缓解了收入与利润不足的压力，同时也进一步完善了公司的产业布局。如图12-18所示，2020年服务板块成为金旅环保营业收入的重要组成部分。

（2）转型后的战略布局

至此，金旅环保完善并拓展了自身产业链，形成了以项目运营为核心、设备板块为重点、服务板块齐头并进的新产业格局，如图12-20所示。

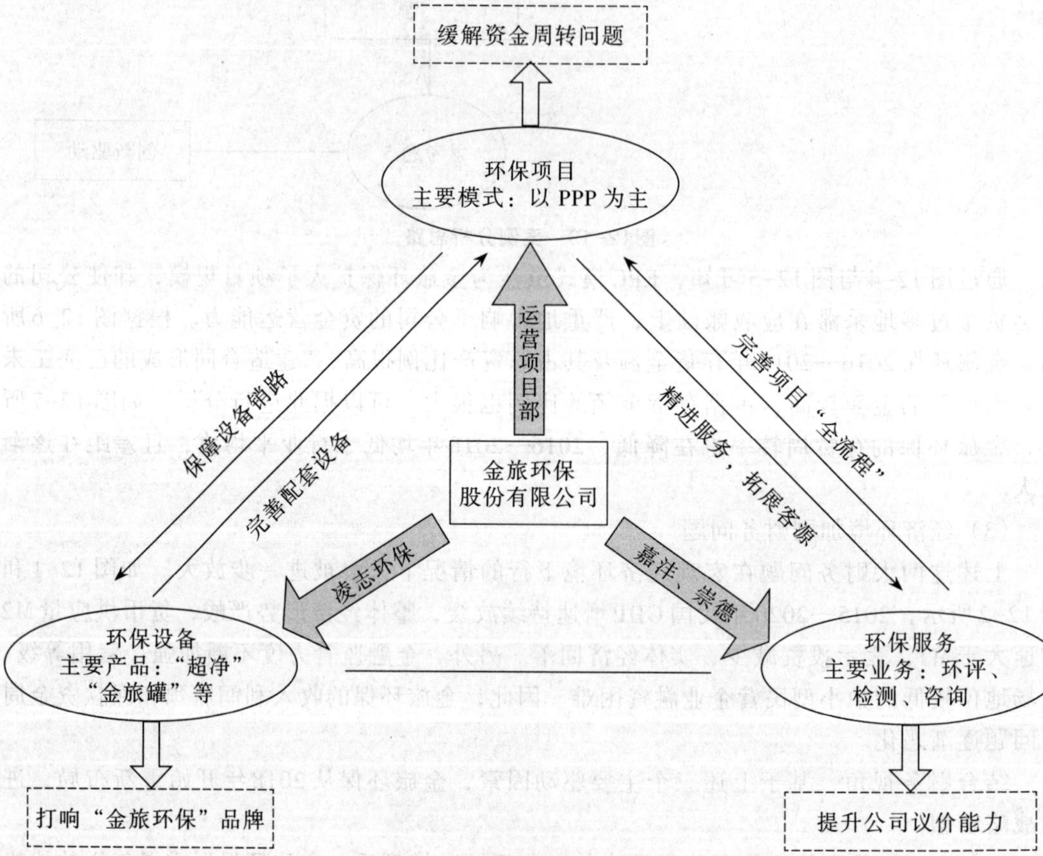

图12-20 金旅环保新产业布局

3.基于经营杠杆理论，请分析金旅环保加大环保设备板块投入后，会产生哪些不利影响和风险。

（1）设备固定成本趋势分析

随着金旅环保业务规模日益增长，成本也在直线上升。相比2017年和2018年，2019年的营业成本提高较多，原因是金旅环保扩大了环保设备板块的生产投入。

从案例附录（见二维码12-1）可知，2019年金旅环保的固定成本总额较上一年度增长较快，其中环保设备的固定成本增长最快，这与公司作出将业务重点转移至环保设备的战略决策有着密不可分的关系。通过对比金旅环保2016—2020年的设备固定成本，可以发现从2019年开始，环保设备固定成本占总固定成本的比重很高。

（2）设备固定成本结构分析

从案例附录（见二维码12-1）可知，生产设备产生的固定成本有固定资产折旧费、车间管理人员薪酬、行政管理人员薪酬、房屋租金、设备租赁。2019—2020年，为了生产环保设备，金旅环保采用租赁的方式引进了大批环保设备生产机器，使得环保设备的固定成本增加。此外，在过去的4年中，环保设备的固定成本里支出最高的一直是人员薪酬，长此以往，环保设备生产的人员薪酬会占用金旅环保的大量资金支出，不利于金旅环保的利润增长。

（3）经营风险分析

金旅环保搭建环保设备平台、加强设备生产板块之后，在设备的研发、生产和销售方面都加大了资金投入，固定成本提高。可采用经营杠杆系数对金旅环保的经营风险进行分析，固定成本越高，其经营杠杆系数越大，经营风险也会大幅增加。

根据案例附录的数据计算金旅环保在2019年和2020年的经营杠杆系数，可以发现其较2017年和2018年有所上升。在企业盈利的情况下，可以利用经营杠杆效应来扩大规模、放大利润，但同时也会成倍放大损失。经营杠杆增加，让企业在享受高收益的同时也承担着高经营风险。

4.采用以PPP为核心的工程项目模式，会为环保企业的业务发展带来什么风险？金旅环保应该如何应对？

（1）在应用PPP模式时，环保企业主要面临着以下风险：

第一，融资可能跟不上工程进度。由于PPP项目的资金来源和结构都较为复杂，资金容易受到供需市场、宏观经济环境等变化带来的影响，从而造成融资风险。

第二，项目时间规划不合理。一方面，公司存在前期项目时间紧张、实施较为仓促的情况；另一方面，在项目建设期间，公司方的技术必须同步跟上项目要求，否则就会极大影响建设项目的进度和投资回报。

（2）针对以上风险，金旅环保可以这样应对：

第一，面对融资风险，公司在设计项目资本结构时要充分考虑其可行性，可以聘请有经验的专家进行设计，提前作出融资预案。另外，可以拓宽融资渠道。现行PPP项目偏重银行贷款，可以尝试将PPP项目资产证券化，还可以运用基金、债权、信托等其他金融工具进行融资，融资方式多样化有利于分散风险。

第二，充分进行项目前期调研和科学规划，避免项目时间规划失效带来的风险。首先，项目敲定后，在PPP项目较长的签订周期中，公司应提前开展各项前期工作；其次，在前期规划、设计和实施时要有一定的技术前瞻性，保证项目收益；最后，要确保项目实施团队能够达到项目的各方要求，在技术、人员、响应时间上均要得到充分保证。

5.作为民营环保企业，金旅环保未来该如何选择发展路径？

结合当前环保行业的发展趋势可以发现，新环保时代会是技术的时代、研发创新的时代。环保行业的本质是技术服务，行业的运营模式已经从工程模式逐渐过渡到服务运营模式。作为湖南屈指可数的具有较强竞争力的环保民企，金旅环保可以充分发挥自身优势，使自己成为具备从核心元件、设备到集成工艺流程和解决方案的系统性创新能力的优质企业。金旅环保具体发展路径框架如图12-21所示。

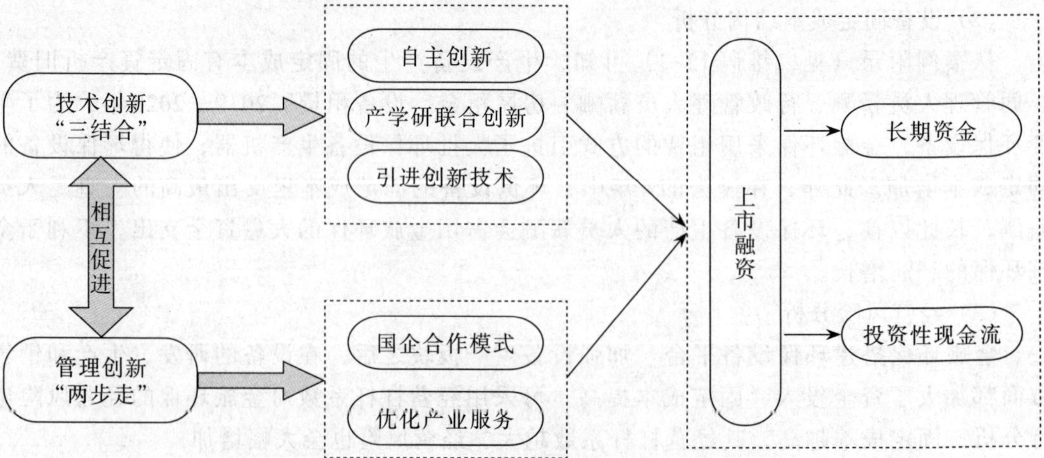

图12-21 金旅环保新发展路径框架

（1）技术创新促发展

金旅环保必须深入研究国家相关政策，以技术创新为驱动，才能保证公司快速稳步发展。公司可以通过以下三种方式进行技术创新：

第一，自主创新。首先，充分利用政策红利，制订相应的自主创新方案和研发流程管理计划。其次，深入市场，努力克服技术壁垒。另外，突如其来的新冠疫情给环保行业带来了不小的冲击，中小企业经营困难激增。金旅环保想要提高抗风险能力、获得长足发展，就必须针对重要环节进行创新或优化。

第二，产学研联合创新。金旅环保可以与具备核心科研能力的高校合作，这种模式能够扬长避短，实现企业与合作者之间的优势互补，以一种成本及风险更低的方式实现技术创新[5]。另外，金旅环保应当主导研发，以市场为导向，制订研发方案、优化资源配置，打造技术创新良性生态。

第三，引进创新技术。针对企业在研发过程中难以克服的技术瓶颈，金旅环保可以收购国内外市场上具备行业领先优势的技术专利。

（2）运营模式新转变

管理创新是技术创新的重要支撑。金旅环保的成功转型使之准确地抓住机遇，建立市场竞争优势。作为民营企业，公司可以考虑从以下两个方面谋求管理创新和运营模式转变。

第一，国企合作谋发展。不同于其他行业，环保行业自带公益属性，受到国家的重点关注，享受政策红利的倾斜。但民营环保企业在市场竞争过程中，在融资能力、信用背书、议价能力等方面与国有环保企业存在差距。因此，与国企建立合作关系，是解决这一矛盾的重要抓手。

第二，优化产业服务模式。金旅环保可以进行以技术为先导的商业化整体服务模式创新，打破产业边界，着力拓展信息技术、人工智能、云计算和大数据等前沿技术与环保产业交叉融合，加速公司的优化升级。

（3）上市融资稳动力

无论是哪一种创新方式，都离不开资金支持，金旅环保战略转型后的快速发展需要相应的大规模融资作为基础。此外，技术创新投资相比其他投资项目而言，具有很强的特殊性：研发创造的无形资产和知识产权难以量化作为抵押品；外部债权人缺乏对公司投资的控制，存在严重的信息不对称问题；研发项目的进展具有高度不确定性等[6]。这使得股权融资更有利于缓解企业创新活动的融资约束，为其研发投资提供长期资金。

12-2 参考答案

参考答案见二维码12-2。

四、理论依据

本案例涉及的相关理论、案例情节设计与思考题之间的关系如图12-22所示。

（一）工程项目业务模式

1.EPC及其资金风险分析

EPC是设计（engineering）、采购（procurement）和施工（construction）一体化的工程总承包模式，如图12-23所示。总承包商受业主委托，按照合同约定工期完成工程设计、设备采购、工程施工及试运行等全过程或若干阶段的具体工作任务。

EPC项目的建设周期比较长，投资规模大，技术复杂性较强，受施工地自然条件和社会因素影响较大。近年，EPC项目总承包企业不断增多，市场受到很大程度的挤压，利润呈现明显下降的趋势。这些不确定因素使得EPC项目面临的风险要比其他工程承包模式多得多。其中最为明显的风险就是流动性风险：EPC项目通常占用企业较多的营运资金，一旦施工企业或供应商在经营和质量等方面出现问题就会直接导致承包企业经济受到损失。并且，EPC项目经常出现应收账款不能及时到位，导致周转率低的现象，这将极大程度地增加企业的资金流动性风险。

2.PPP及其相关优劣势

PPP（public-private partnership，政府和社会资本合作）[1] 鼓励私营企业、民营资本与政府进行合作，参与公共基础设施的建设，如图12-24所示。其主要运作模式有：BOT（建设-运营-移交）、BOOT（建设-拥有-运营-移交）、TOT（转让-运营-移交）等。通常由社会资本方进行融资、建设、运营，然后无条件移交给政府。其中，BOT（build-operate-transfer）指的是政府或政府授权的公司将拟建设的某个基础设施项目，通过合同约定并授权另一家投资企业来融资、投资、建设、经营、维护，该投资企业在协议规定的时期内通过经营来获取收益，并承担风险。

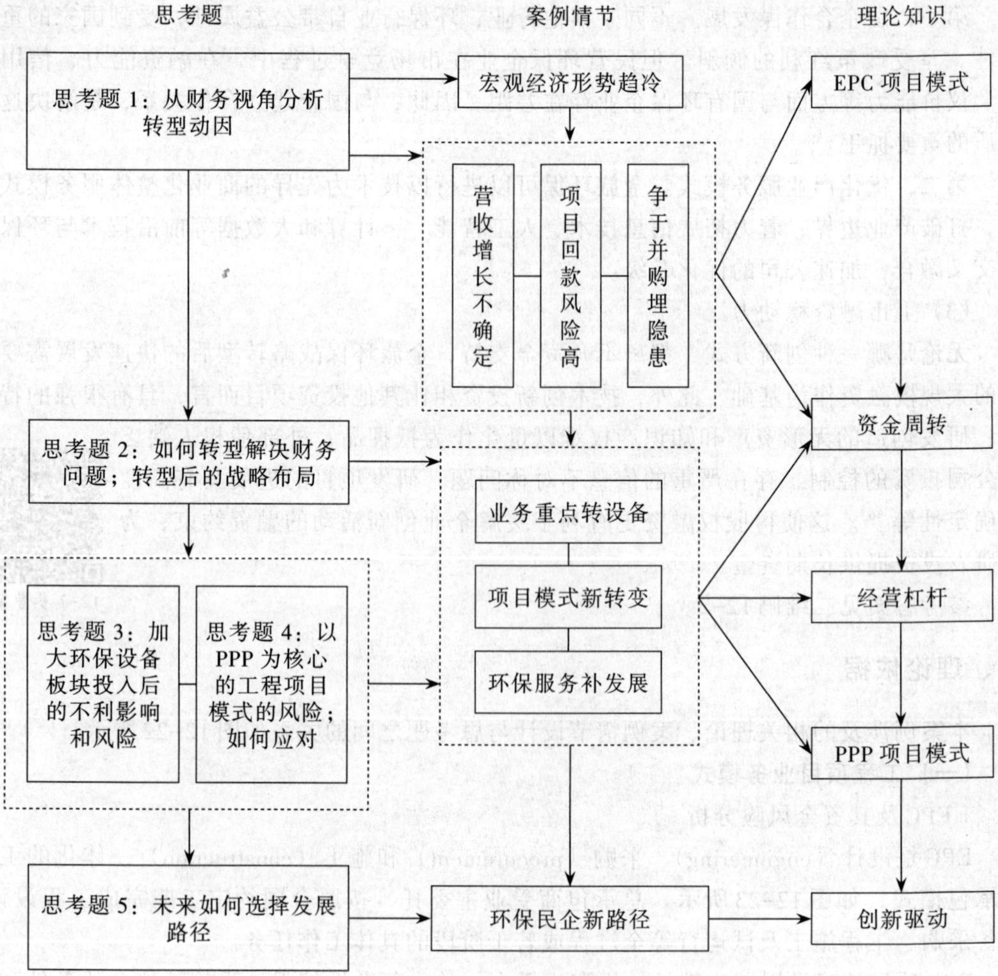

图12-22　案例理论依据框架

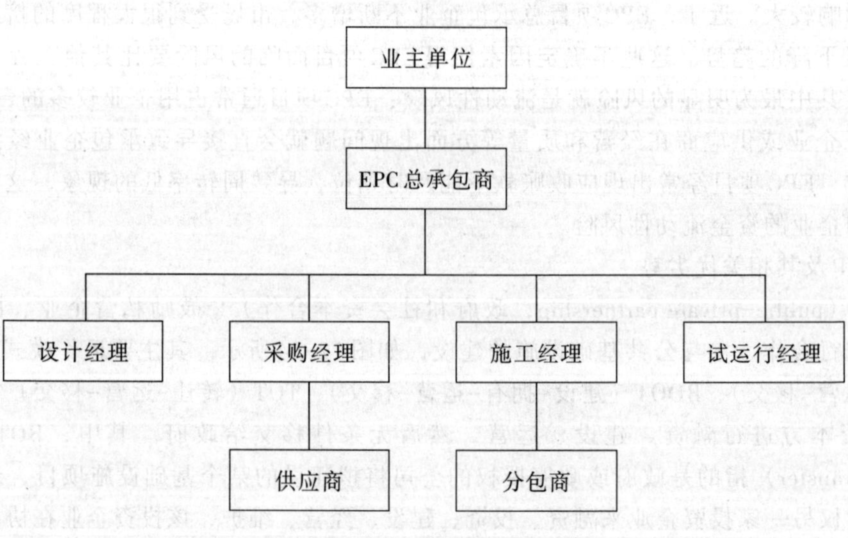

图12-23　EPC模式项目运行图

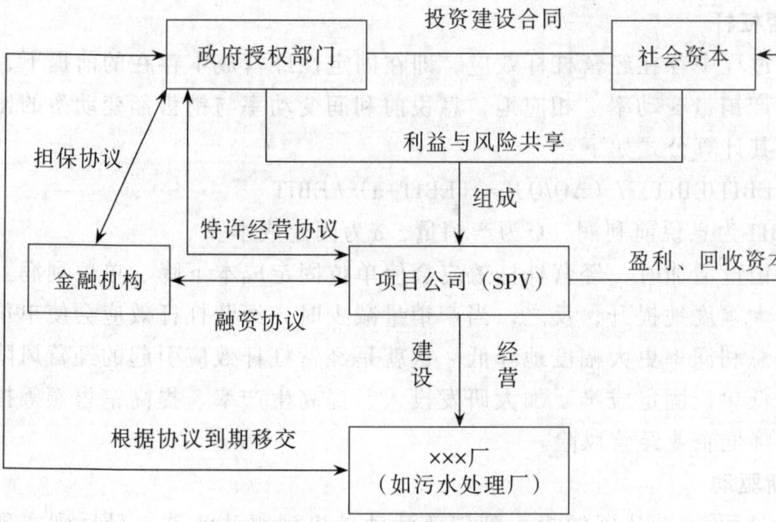

图12-24　PPP模式项目运行图

PPP项目优势：第一，PPP模式降低了项目建设运营的成本。其在建设、运营管理等环节赋予社会资本自主权，从项目全生命周期的角度来制订优化建设方案，在降低建设费用的同时提高运营效率。第二，PPP模式强调项目风险分担原则，要求政府部门和社会资本方各自承担有能力承担的部分风险，并且在建设过程中对项目各阶段风险进行识别、评估和控制。

PPP项目劣势：第一，PPP项目合同通常缺乏足够的灵活性，因为项目需要稳定长期运行，条款较为严格。第二，PPP项目面临可能的融资风险，即项目无法在合作协议规定的期限内落实融资。第三，PPP项目运营过程中还存在着其他无法预计的风险，包括：可能受政治、政策或技术等因素影响，未能及时完工；项目建设期过长，难以避免在项目建设或完工过程中出现其他替代品或竞争者。

（二）资金周转

本案例中金旅环保的资金周转问题主要体现在回款和资金占用上，因此采用应收账款周转和存货周转指标作为分析基础。

1.应收账款周转

应收账款周转率是企业在一定时期内赊销净收入与平均应收账款余额之比。它是衡量企业应收账款周转速度及管理效率的指标。一般来说，应收账款周转率越高，平均收账期越短，说明应收账款的收回速度越快；否则，企业的营运资金会过多地呆滞在应收账款上，影响正常的资金周转。

2.存货周转

存货周转率是企业在一定时期内主营业务成本与平均存货余额的比率，用于反映存货的周转速度，即存货的流动性及存货资金占用量是否合理。存货周转率是分析企业营运能力的重要指标之一，不仅可以用来衡量企业生产经营各环节中的存货运营效率，而且被用来评价企业的经营业绩，反映企业的绩效。存货周转率越高，表明企业存货变现能力越强，存货及占用在存货上的资金周转速度越快。

（三）经营杠杆

企业经营过程中存在经营杠杆效应，即在固定性经营成本存在的前提下，息税前利润变动率大于产销量变动率。相应地，息税前利润变动率与销售额变动率的比值就是经营杠杆系数。其计算公式如下：

$$DOL=(\Delta EBIT/EBIT)/(\Delta Q/Q)=(EBIT+a)/EBIT$$

其中，EBIT为息税前利润，Q为产销量，a为固定成本。

当企业产销量增加时，经营杠杆效应会使单位固定成本下降、单位利润上升，企业的总利润率更大幅度地提升；反之，当产销量减少时，经营杠杆效应会使单位固定成本增加，企业的总利润率更大幅度地降低。这就是经营杠杆效应引起的经营风险。企业一般可以通过降低单位固定成本、加大研发投入、提高生产率、提高销售额等措施降低经营杠杆系数，降低企业经营风险。

（四）创新驱动

创新驱动过程[2]是从资源投入到创新活动，再到驱动活动，最后到实现经济社会全面协调可持续发展的全过程。创新驱动对企业转型升级有极其重要的推动作用。具体地说，企业通过创新资源的投入进行科技创新，科技创新成果的商业化、产业化和社会化的结果推动了整个经济社会的协调可持续发展。技术创新和管理创新是其中的重要内容。

技术创新的标志性成果是专利的培育、申请与运用。企业通过技术创新驱动发展，是推动经济发展质量变革、效率变革、动力变革的基本途径，是转变发展方式、优化经济结构、转换增长动力的重要抓手[3]。

企业管理创新[4]主要包括管理理念创新、管理组织创新、管理方法创新、管理文化创新、管理制度创新、市场创新、商业模式创新和绩效管理创新等八个方面。驱动企业进行管理创新的主要因素有激励机制、改善效果等。健全管理机制、建立标准化运营体系也是企业持续进行管理创新的根本途径。

五、背景信息

近年来，中国主要以工业化生产发展模式为主，虽然有效地促进了国民经济的增长，但也对中国的生态环境和淡水资源造成了严重的破坏。为此，国家对环保行业的重视程度不断提高。政策红利的加持、相关法律法规的不断完善，给予环保水处理行业宽松、规范的发展环境；工业化发展模式导致的环境破坏问题无法彻底规避，为水处理行业提供了较大的市场发展空间；国家对水处理行业巨大的资金投入也创造了有利的经济环境。目前，中国规模以上的污水处理企业有336家，行业快速发展，市场竞争激烈。《“十四五”城镇污水处理及资源化利用发展规划》①提出，“十四五”期间基本消除城市建成区生活污水直排口和收集处理设施空白区，全国城市生活污水集中收集率力争达到70%以上；城市和县城污水处理能力基本满足经济社会发展需要，县城污水处理率达到95%以上，“十

① 国家发展改革委、住房城乡建设部．国家发展改革委、住房城乡建设部印发《“十四五”城镇污水处理及资源化利用发展规划》［EB/OL］．［2021-06-10］．https：//www.ndrc.gov.cn/fzggw/jgsj/hzs/sjdt/202106/t20210610_1283060_ext.html.

四五”后期新建仍有一定空间。

作为环保产业的重要组成部分，环保设备行业规模迅速扩大，发展模式不断创新，技术水平提升较快。工业绿色转型步伐的加快为该行业创造巨大市场空间的同时也对其提出了更高、更新的要求。环保设备行业发展迅速，同时也具有区域发展不平衡、市场分散、竞争激烈的特点。这意味着中部地区，尤其是大量乡镇市场成为行业亟待开发的市场，产品的创新研发、规模化生产成为行业趋势。

此外，环保行业的发展趋势已经从过去以某一市场为切入点、解决个别单一的环保问题，变成了现在的针对某一区域或某一城市环境问题出具系统化解决方案。

六、关键要点

1.结合金旅环保面临的宏观环境，从财务视角识别并分析其面临的瓶颈。

2.识别金旅环保突破上述瓶颈的新发展路径，并分析其转型后的企业战略布局。

3.从经营杠杆的角度分析金旅环保加大设备板块投入可能产生的经营风险。

4.识别以PPP模式为核心的工程项目模式给金旅环保带来的风险，并思考金旅环保应如何应对。

5.基于创新驱动，思考金旅环保未来的发展路径。

七、参考文献

［1］曹敏，王易东，张曾莲.PPP模式在国内环保工程项目中的风险管理研究［J］.商业会计，2020（19）：20-24.

［2］陈勇星，屠文娟，季萍，等.江苏省实施创新驱动战略的路径选择［J］.科技管理研究，2013，33（04）：103-107.

［3］李娜.城市绿色发展的动力模式研究［J］.西藏发展论坛，2019（01）：51-55.

［4］牛占文，荆树伟，杨福东.基于精益管理的制造型企业管理创新驱动因素分析——四家企业的案例研究［J］.科学学与科学技术管理，2015，36（07）：116-126.

［5］王玉民，刘海波，靳宗振，等.创新驱动发展战略的实施策略研究［J］.中国软科学，2016（04）：1-12.

［6］LIU D，et al. Capital market access and innovation efficiency：A natural experiment from China's pilot VAT reform in 2012［J］. International Review of Economics and Finance，2021，71：549-566.

第七章　并购与重组

案例13　借力产业并购基金，创新外延发展模式

——爱尔眼科的新型扩张之路①

案例导读

爱尔眼科近年来的快速扩张造就了其股票自上市以来股价上涨了近十倍的神话，其市盈率高达100倍，而产业并购基金是其高速成长背后的重要推手。本案例由爱尔眼科的市场绩效导入，分析隐藏在该公司市值高速增长背后的发展战略和并购模式；回顾了该公司如何步步为营，通过设立产业并购基金实现连锁式快速发展的路径与化解风险的策略，进而阐述了产业并购基金设立、运营与退出的一般模式；并针对爱尔眼科成功使用产业并购基金、实现新型扩张的前因后果以及未来的持续性提出问题。本案例的设计目标在于使学生了解一种新型的并购模式，引导学生利用相关理论与方法分析产业并购基金模式的优势与潜在风险，并通过对爱尔眼科经验的总结与理论探讨，提出化解风险、实现该模式有效运营的系统性方案。

关键词

产业并购基金　PE+上市公司　分级连锁　合伙人计划　商誉减值

案例正文

爱尔眼科自2009年上市至今，股价增长近十倍，即便在低迷的熊市中也能逆势上扬，创下了五年内股价由6.79元上涨至47.75元、市盈率高达100倍的神话，以致公司董事长陈邦在2019年9月份的爱尔眼科未来十年战略会上称："我们在眼科医院这一块还只是起步，但是在资本市场，我们的能力绝对一流。"陈邦的自信究竟来源于什么？投资者对爱尔眼科的发展前景如此乐观的依据是什么？让我们在爱尔眼科借力"PE+上市公司"产业并购基金的新型扩张之路中寻找答案。

一、公司简介

2003年，陈邦先生在湖南省长沙市注册成立了爱尔眼科医院集团股份有限公司，开

---

① 本案例由杨艳、王雯雯改编自杨艳、丁慧敏、李悦心、谭艳妮、杨理撰写的入选中国专业学位教学中心会计专业学位案例库的《借力产业并购基金，创新外延发展模式——爱尔眼科的新型扩张之路》。本案例主要适用于"财务管理""公司战略与风险管理""企业并购与重组"等课程的教学。本案例属于描述型案例。

启了眼科连锁医院的经营战略。2009年，爱尔眼科成功地在深交所创业板上市，作为创业板唯一一家也是国内首家“医疗机构型”上市公司，爱尔眼科首次发行股票共募集资金9.38亿元，是原定计划3.4亿元的2.76倍，成为创业板超募资金比例最高的公司。爱尔眼科在成立至今不到二十年的时间里先后书写了和公立医院的眼科部门合作、自立门户寻求扩张、加速产业整合以求完善服务网络的奋斗历程，现已成为我国医疗卫生行业最大规模的眼科医疗连锁机构。截至2019年，其已在全国建立300余家专业连锁眼科医院，覆盖全国超过70%的医保人口，年门诊量超过650万人。此外，爱尔眼科还在美国、欧洲等地区设有80余家眼科医院。

二、主要内容

（一）巍立于楚湘之地，全力登行业巅峰

随着我国经济的快速发展，人们对眼科医疗与保健的需求亦与日俱增，像爱尔眼科这样的私立眼科医院开始涌现并逐渐发展壮大。据统计，2019年私立眼科医院的收入占我国眼科市场总收入的比例达到了19.35%[①]，这一数字虽然不如公立医院80.65%的占比，但近年来政府高度重视卫生事业的发展，实行政府主导与发挥市场机制作用相结合的政策，大力推动了非公立医疗机构的建设，以求增加医疗卫生资源的供给、优化医疗资源的配置。民营眼科企业顺应时代的发展和政策的导向，提高服务水平、创新经营规模，取得了长足的发展。在近年成长起来的私立眼科医院中，爱尔眼科无论是在医院数量还是营业收入上都远远超过了同行业的其他民营医院。其在全国拥有近400家眼科医院，超过了其他民营眼科医院数量总和的2倍。其营业收入几乎是其他民营眼科医院收入总和的40倍。其焕晶白内障手术、微米级精度的飞秒白内障手术等技术和服务能力也远远领先于竞争对手。2018年，爱尔眼科在中国民营眼科诊疗市场的市占率已达三成，同时在服务网络建设、品牌建设、管理体系建设和人才培养等方面也形成了巨大的优势，成为当之无愧的行业领军企业。

（二）连年迎市值高攀，喜得众资本青睐

爱尔眼科与同行业企业相比业绩表现亮眼，而其近年来在资本市场上更表现出了超强的竞争力，赢得了国内外资本的青睐。2017年和2018年年报数据显示，公司这2年的营业利润分别增长59.2%和40.05%，而其市值更是连年攀高，从2017年年末的468.16亿元上涨至2018年年末626.83亿元，在其上市十周年庆典后市值更是突破了1 400亿元人民币，较上年末上涨了一倍多。其市盈率也节节高升，至2019年第三季度末超过100倍。一方面，超高的市盈率使得爱尔眼科受到了部分投资人的质疑；另一方面，作为亚洲地区规模最大的投资基金之一的高瓴资本却积极入股爱尔眼科，同时像安本标准等热衷于长线投资的外资基金也对爱尔眼科进行投资。资本市场投资者对爱尔眼科的青睐反映了其独特的魅力，若要探究原因所在，需要从近年来爱尔眼科实行的“分级连锁”战略和“PE+上市公司”新型扩张模式着手。

---

① 博思数据研究中心．2020—2026年中国眼科医疗行业发展形势分析及投资趋势预测报告［EB/OL］．［2020-03-31］．http：//www.bosidata.com/report/0575049ISI.html.

（三）“分级连锁”布大局，产业基金撑并购

2004年，爱尔眼科针对国内优势医疗资源都集中在大中城市这一特点，开创了“中心城市医院—地级城市医院—县级市医院”分级连锁模式。在“分级连锁”的战略蓝图中，爱尔眼科以位于北上广深的医院为核心技术载体，在为当地消费者提供眼科医疗服务的基础上，负责为各省会和直辖市的服务中心提供技术支持，再由省会和直辖市向地级市乃至县级市发展并扩散，逐步形成一个以患者为中心的基层覆盖式服务网络。在该网络中，由上层医院逐级向下提供技术支持，而基层的重症患者可以逐级向上层医院转移，如图13-1所示。

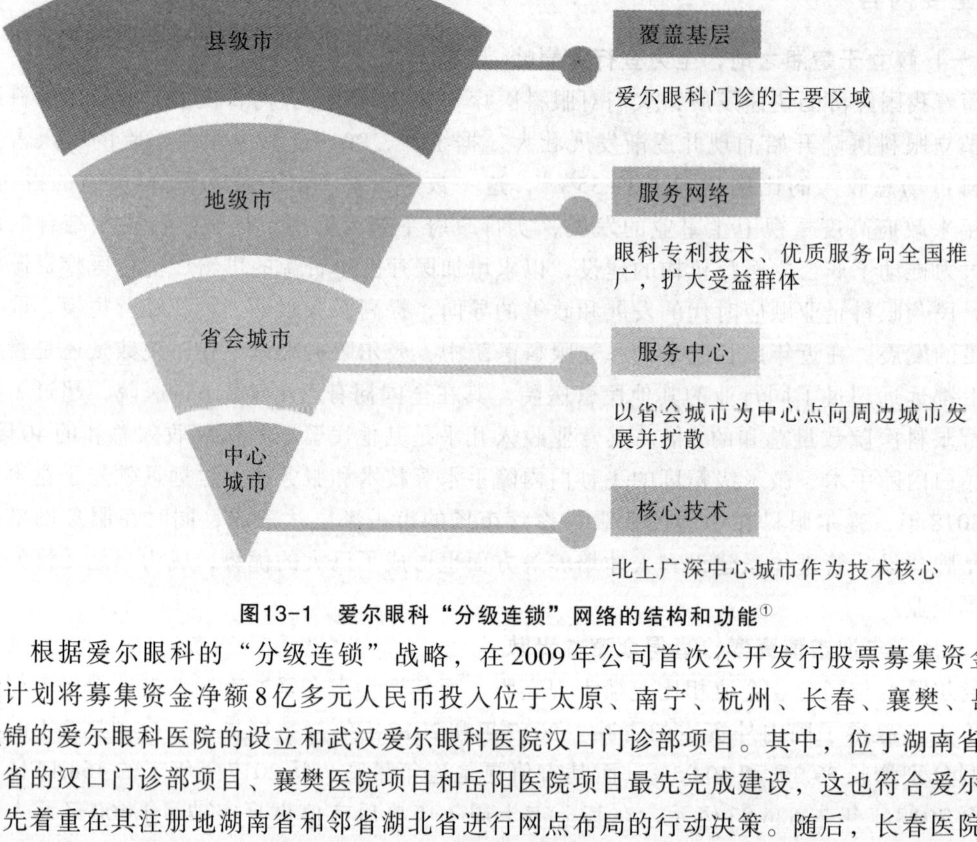

图13-1 爱尔眼科“分级连锁”网络的结构和功能[①]

根据爱尔眼科的“分级连锁”战略，在2009年公司首次公开发行股票募集资金时，便计划将募集资金净额8亿多元人民币投入位于太原、南宁、杭州、长春、襄樊、岳阳、盘锦的爱尔眼科医院的设立和武汉爱尔眼科医院汉口门诊部项目。其中，位于湖南省和湖北省的汉口门诊部项目、襄樊医院项目和岳阳医院项目最先完成建设，这也符合爱尔眼科首先着重在其注册地湖南省和邻省湖北省进行网点布局的行动决策。随后，长春医院项目在2010年完成建设，南宁医院项目在2011年完成建设，爱尔眼科慢慢地走向全国市场。但在2011年8月，爱尔眼科宣布停止使用募集资金兴建盘锦爱尔眼科医院，并在2013年初称停止建设杭州爱尔眼科医院，原计划投资于盘锦和杭州两项目的六千多万元募集资金改为投资设立爱尔眼科医院汉口医院项目。公司称投资决策的变更主要是由于两地医院竞争激烈，市场总体已由供不应求转变为供过于求，各大生产要素成本明显提高，经济发展方式正在由粗放、低水平的数量扩张向集约和质量效益型转变，市场需求增速下降，人们对产品、服务的质量要求提高，若继续实施该项目将无法达到预期效益。此举进一步提升

① 王荣典．爱尔眼科基于“PE+上市公司”基金模式的并购风险研究［D］．郑州：河南大学，2019.

了爱尔眼科在华中地区的竞争力，同时也提醒了爱尔眼科：自主投资存在着很大的不确定性，对预期效益的保障力度也较弱。除了直接投资设立医院存在较大风险，对外收购也并非十全十美。如果直接收购处于亏损状态的标的医院，会直接影响上市公司的业绩，且要承担极大的整合不确定性所引起的风险；如果收购标的是盈利状况好的公司，则需要付出较多收购对价成本，这也将影响公司现金流量表和利润表中的多项财务指标。

2013年，爱尔眼科在湖南、湖北的布局逐渐完善，获得了巨大的收益。在此基础上，公司希望借鉴在湖南、湖北的成功模式，积极在其他省份拓展地市级、县级网络。有了2013年年初因市场原因改变投资决策的经历，爱尔眼科在2014年采取了新的投资方式，即“PE+上市公司”形成产业并购基金，通过产业并购基金进行并购的模式。该模式是指爱尔眼科和投资机构联合设立并购基金，在该基金中，投资机构作为PE方担任普通合伙人，爱尔眼科和外部投资者担任有限合伙人，有限合伙人集体委托普通合伙人负责合伙企业的日常管理，即投资项目的筛选、立项、管理和退出等工作。

（四）多强联手建平台，齐筹资金定决策

2014年，爱尔眼科正式开启其借力产业并购基金进行外延式扩张之路。短短几年内，爱尔眼科便携手各大PE机构先后搭建了若干产业并购平台，分别为：深圳前海东方爱尔医疗服务产业并购基金、华泰瑞联并购基金、爱尔中钰眼科医疗产业并购基金、南京爱尔安星眼科医疗产业投资基金、湖南亮视交银投资合伙企业、湖南亮视交银眼科医疗合伙企业、湖南亮视长星医疗产业管理合伙企业、湖南亮视长银医疗产业管理合伙企业、芜湖远翔天祐投资管理中心以及湖南亮视晨星医疗产业管理合伙企业。所设立的基金平台一览表见二维码13-1。通过这些平台的搭建，爱尔眼科成功地为其在全国区域内布局眼科医疗网络战略的推进开创了一条快车道。通过“PE+上市公司”设立产业并购基金的模式，爱尔眼科借助其与PE合伙搭建的产业基金并购平台，实现了以“低成本、低风险”对集团的“目标子公司”进行收购，并将这些“目标子公司”进行体外孵化，再在合适的时机将它们收入麾下。

13-1 产业基金设立情况及设立时的资金募集信息

在产业基金并购平台搭建的过程中，爱尔眼科的操作流程如下：

首先，精选PE。与爱尔眼科合作的PE均经过精挑细选，具体筛选的条件是具有丰富的产业投资经验和能力，同时还能为“收购—孵化—并入”全过程提供资源支持。如爱尔眼科为最先建立的深圳前海东方爱尔医疗产业并购基金选择的合作方为深圳前海东方创业金融控股有限公司，这是一家在20世纪90年代成立的颇具规模的老牌金融机构，具有丰富的投资、投行业务经验，不但是国务院和中国人民银行批准设立的国有独资金融机构，并且位于国家重要战略开发区——深圳前海开发区，享受前海“先试先行”政策优惠。类似地，爱尔眼科为湖南爱尔中钰基金选择了具有深厚行业背景和市场资源的中钰创投，为湖南亮视交银基金选择了在挖掘提升企业价值方面具有成熟实操能力的锦奥投资等。

然后，爱尔眼科集团与PE共同出资设立合伙制产业并购基金平台。在已有的产业并购基金平台中，均由合作PE担任GP（普通合伙人），爱尔眼科集团担任LP（有限合伙人），承担有限责任。在合伙企业设立过程中，集团与合作PE双方出资通常合计占合伙企业募集金额的10%~20%，其余大部分设立资金由其他LP投入。在2014—2016年间，负责主要出资的LP由合作PE负责向公开市场招募；在2017年及以后期间，爱尔眼科和合作PE直接与各LP协议约定出资，不再通过公开市场招募LP。各基金平台设立时的详细资金募集情况见二维码13-1。资金募集结束后，基金平台便搭建完成。

最后，基金平台搭建完成后的经营方式为：由GP作为管理人，对具体投资业务进行管理。管理人主要负责对项目的筛选、立项、组织实施及监督管理等。与此同时，各LP与GP共同设立投资决策委员会，对基金平台的重大事项进行表决。投资基金成立后，专注于投资、经营、管理眼科专科医院及其供应链服务。

（五）"一次收购"打基础，百家医院踏征途

各个产业并购平台搭建成功之后，就要开始紧锣密鼓的并购活动。这种以并购平台为行动方，使用募集资金来并购标的医院的行为被称为"一次收购"。之后，爱尔眼科从普通合伙人及其他有限合伙人手中购买标的医院的股份并成功接手标的资产的行为被称为"二次收购"。"一次收购"和"二次收购"之间的这段时间被称为"孵化期"，标的医院只有在"孵化期"内成长并达到收购标准，才会被爱尔眼科接手。

虽然爱尔眼科参与创立了若干产业并购平台，但因投资方向和成立时间长短等原因，只有深圳前海东方爱尔医疗服务产业并购基金、湖南爱尔中钰眼科医疗产业并购基金、南京爱尔安星眼科医疗产业投资基金、湖南亮视交银眼科医疗合伙企业、湖南亮视长银医疗产业投资基金合伙企业、湖南亮视长星医疗产业管理合伙企业这几大平台在协助爱尔眼科进行医疗行业标的企业的并购。目前这六大平台共收购或创立医院三百余家，大部分平台的收购数量都在50家以上，详细数据见表13-1。在这三百余家医院中，爱尔眼科先后通过"二次收购"从合伙企业手中收购了18家医院，这18家医院此前在平台的"一次收购"中的对价具体见二维码13-2。

13-2 部分标的医院在基金"一次收购"中的收购信息

表13-1 **产业基金收购情况**

名称	深圳前海东方爱尔医疗服务产业并购基金	湖南爱尔中钰眼科医疗产业并购基金	南京爱尔安星眼科医疗产业投资基金	湖南亮视交银眼科医疗合伙企业	湖南亮视长银医疗产业投资基金合伙企业	湖南亮视长星医疗产业管理合伙企业
孵化医院总数	13	62	49	50	81	59
未并入上市公司	3	58	48	48	80	59
已并入上市公司	10	4	1	2	1	0

（六）雏凤巢中候"孵化"，任人唯贤广纳士

爱尔眼科在用基金完成"一次收购"之后，并没有迅速将其纳入上市公司体内，而是经过一段长时间的"孵化"管理，再选择一个适当时机进行"二次收购"、并入上市公司。为了使并购基金旗下的医院能够尽快地融入上市公司，集团总部派遣了医疗管理中心对并购基金旗下的子公司进行日常培训和技术指导；每一家医院都拥有"爱尔眼科"的品牌，并统一植入一套爱尔眼科成熟的管理体系，如质量检测体系、优质化服务管理体系等，使这些医院在运营模式、日常管理上与爱尔眼科总部保持一致，同时与总部共享客户、技术资源，在一定程度上提高了该医院在当地的知名度。

集团具体通过以下方式对处于“孵化期”的标的医院进行管理和整合。

1.经营管理整合：爱尔眼科集团强化省区管理机制，推动地县一体化管理，探索区域一体化发展。集团直接控制省级、区级医院经营管理过程中的重要环节，而省会中心城市级别的医院直接对下级医院进行管理，并给予下级医院一定的核心资源支持，环环相扣，保证集团整体经营管理的一体化。爱尔眼科集团通过产业基金并购而来的子公司多为处于基层而非中心城市的公司，集团通过上述经营管理一体化流程实现对子公司的经营管理整合。

2.人力资源整合：集团推进省区、市、县人力资源共享机制，实现全平台优秀人才共享。

3.医疗服务和科研能力整合：集团中的组织职能部门的工作之一是对新建的子公司医院进行服务培训与运营指导，并根据对新医院的实际调研报告分析子公司项目的不足之处，以此提高医院的标准化水平。此外，集团还通过整合科研资源，打造爱尔眼科整体科研优势。

4.营销体系整合：集团在投资标的的具体管理中植入集团的标准化优质服务体系、质量检测体系等管理体系，以此提高这些子公司医院的知名度，提升其市场占有率。集团还进一步完善与各部门、各层级医院的常态化沟通机制，及时整合资源，形成营销合力。

5.企业文化整合：基金平台旗下的医院均须冠上爱尔眼科的名字，集团在整个孵化过程中也逐渐把爱尔眼科的企业价值观与企业文化渗透到整个连锁体系。

值得一提的是，在使用产业基金进行并购的同时，爱尔眼科集团创新地开展了“合伙人计划”。该计划分为三个阶段：设立阶段—培育阶段—增值阶段。首先，在设立阶段，爱尔眼科从各大医院中选拔出优秀的核心技术人才与旗下的子公司共同出资建立有限合伙企业，由有限合伙企业与集团、产业并购基金一起投资设立新医院（方式包括新设、并购、扩建）。在设立完成之后，进入培育阶段，该阶段大约会持续3~5年，合伙管理人在适当的时机将合伙企业的份额转让给合伙人，并对其进行实时考核，合伙人在培育阶段除了可以拿到基本工资与奖金外，还可以获得股利分红。医院经营稳定后开始进入增值期，爱尔眼科从第二阶段培育的各个医院中选取经营状况及盈利能力较好的眼科医院并入上市公司，而核心人才既能利用上市公司的融资平台套现，又能获得股价上涨带来的收益。爱尔眼科采用股权激励的方式来提高医生对集团的忠诚度和个人创造力，为企业留住了一批优秀的眼科人才。爱尔眼科“合伙人计划”的实施流程如图13-2所示。此外，爱尔眼科于2013年联合中南大学成立了中南大学爱尔眼科学院，提出并完善“产学研”基地的建设，在为爱尔眼科持续输送优秀的眼科医生资源的同时，支撑集团实施创新发展战略和业务倍增计划。

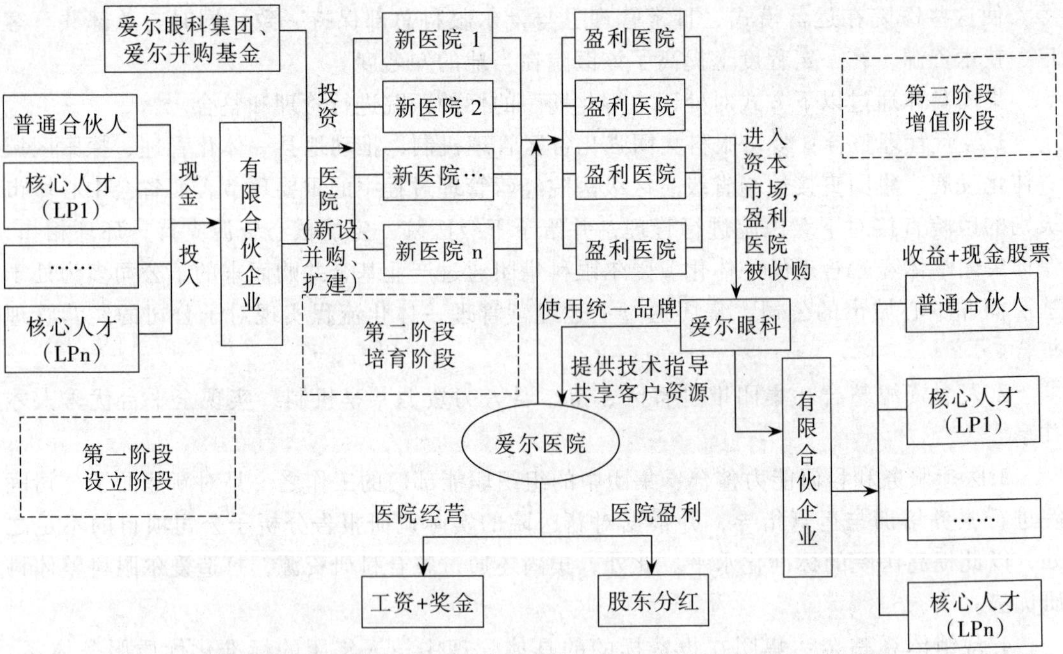

图13-2 爱尔眼科“合伙人计划”实施流程示意图①

(七)“二次收购”终并入，产业布局遍全国

产业并购基金平台自2014年建立以来日趋成熟，爱尔眼科借力产业并购基金，创新外延式扩张模式，通过内生增长和外延并购提升了爱尔眼科的品牌辐射力和市场渗透率，这也为爱尔眼科实现对目标企业的吸收合并创造了更好的条件。对于爱尔眼科来说，标的企业自身价值开始显现或者具有价值提升潜力，是选择标的企业、把握并购时机的重要因素。

以2017年爱尔眼科公告的9家目标公司为例，目标企业在2017年6月前进行体外孵化过程中公司财务状况的变化见表13-2，这9家医院在产业并购基金入驻后，总资产均有小幅上涨，其中滨州沪滨爱尔眼科与东莞爱尔眼科上涨幅度较大，增长了近1.5倍；净利润也均有所上涨，其中东莞爱尔眼科等6家医院在2015年处于亏损状态，至2016年年底已变为盈利状态，滨州沪滨爱尔眼科的净利润由138.76万元涨至2 361.95万元，增长了近17倍。上述现象的产生是由于产业并购基金入驻后对各子公司经营状况进行梳理与帮助，使其经营效果明显改善、盈利能力大幅度增加。此时，爱尔眼科集团苦苦等待的子公司孵化成熟的扩张时机终于来临，集团看准合适的并购时机，出手实现了产业并购。至此，爱尔眼科的产业并购基金模式运作流程到达了终点，产业基金平台在同一时间退出已孵化落地的子公司，转由爱尔眼科集团接手。

在2017年和2019年，爱尔眼科分别从基金平台收购了9家子公司，实现了产业并购基金的运作，具体情况如下。

① 爱尔眼科. 爱尔眼科合伙人，你准备好了吗？[EB/OL]. [2014-09-12]. https: //www.aierchina.com/index.php?a=show&c=index&catid=148&id=2185&m=content.

表13-2　**体外孵化过程中标的医院财务状况的变化**　单位：万元

项目	年份	佛山爱尔眼科医院有限公司	清远爱尔眼科医院有限公司	东莞爱尔眼科医院有限公司	太原市爱尔康明眼科医院有限公司	湖州爱尔眼科医院有限公司	泰安爱尔光明医院有限公司	九江爱尔中山眼科医院有限公司	滨州沪滨爱尔眼科医院有限公司	朝阳眼科医院有限责任公司
总资产	2015	2 421.22	1 444.34	2 753.44	—	1 573.89	2 385.62	964.69	3 860.76	1 605.67
	2016	3 159.31	1 455.11	3 690.25	1 903.25	1 789.68	2 725.58	1 169.06	6 541.09	2 719.46
	2017	3 505.47	1 448.09	4 373.42	2 320.76	1 968.39	2 785.65	1 331.28	5 938.76	2 126.01
净利润	2015	−569.53	−219.52	−270.05	—	−123.97	−199.85	−52.27	138.76	341.46
	2016	27.07	−28.7	651.72	223.16	315.94	−3.09	79.48	2 361.95	630.06
	2017	140.56	26.55	588.23	187.46	201.97	53.56	136.78	1 166.45	427.55

2017年，爱尔眼科从深圳前海东方基金处收购了东莞爱尔、泰安爱尔、太原爱尔康明、佛山爱尔、九江爱尔中山、清远爱尔以及湖州爱尔，从湖南爱尔中钰基金处收购了滨州沪滨爱尔和朝阳眼科，年内合计从产业并购基金方收购了9家眼科公司。开元资产评估有限公司以2016年7月31日为评估基准日出具了价值评估报告，爱尔眼科以此为基础协商转让价格，共支付对价58 012.8万元，对9家公司收购的股权均不低于55%，实际上对它们达到了控制，使其成为集团的子公司。

2019年上半年，爱尔眼科从深圳前海东方基金处收购了无锡爱尔、宜春爱尔以及桂林爱尔，从湖南爱尔中钰基金处收购了蚌埠爱尔和平和普洱爱尔，从湖南亮视交银基金处收购了上海爱尔睛亮、淄博康明爱尔，从湖南亮视长银基金处收购了重庆爱尔儿童眼科，合计从产业并购基金方收购了9家眼科公司，共支付对价35 155.76万元，对9家公司收购的股权均不低于51%，并且事实上达到了控制。详细收购信息见二维码13-3。

13-3 爱尔眼科进行“二次收购”的具体信息

（八）机遇风险共携手，不忘初心展未来

爱尔眼科在启动产业并购基金前后的详细财务数据见二维码13-4。正如上文提到过的，爱尔眼科启动产业基金进行并购扩张以来，集团市值一路飙升，由2014年年末的180.26亿元上涨到2019年中的959.57亿元，截至2019年11月，爱尔眼科的市值突破1 400亿元。上市公司市值管理通常包括三个环节：价值创造、价值经营、价值实现。在价值创造环节，爱尔眼科于2017年以低于自身市盈率的价格收购了产业并购基金旗下的9家孵化成功的医院，大大提升了集团的整体市值。与市值变化相匹配的是，爱尔眼科集团的经营业绩也稳步上升，总资产和净利润在2014—2018年间呈快速上升趋势。其中，2017年业绩表现最为亮眼，总资产和净利润增长幅度远大于其他年份，而2017年正是爱尔眼科第一批产业基金并购子公司孵化落地的年份。被并入的各标的子公司在集团实施并购之前已经具备了独立盈利能力，其融入爱尔眼科集团合并报表之后相应地为爱尔眼科集团的资产和利润产生了积极的贡献。

13-4 实行产业基金并购前后爱尔眼科的财务绩效

在产业基金计划开展的同时，爱尔眼科集团的盈利性、成长性也有所变化，相关指标的变动均与其2017年通过基金并购扩张版图的举动相适配。值得注意的是，由于产业并购基金的实施为集团的营运资金带来的宽裕效应，集团营运性指标中的应收账款周转率与现金流量比率、偿债性指标中的流动比率与现金比率一路走低的势态在2014年以来有所缓和。

通过产业资金并购，爱尔眼科的商誉余额已在2019年第三季度末增加至24.4亿元，占其总资产比例达到21.3%，占净资产比例达37.9%，而在产业并购基金设立之初的2014年，爱尔眼科的商誉余额仅为2.5亿元，占总资产比例为9.8%，占净资产比例为11.9%。通过数据可以看出因为大量合并新医院，爱尔眼科的商誉发生了大幅度的增长。集团董事长陈邦并不担心商誉问题，他曾对媒体称："如果财务上出现商誉减值，根本原因是对于并购项目的整合能力和驾驭水平出现了问题。如果能够持续不断地增长，商誉减值是没问题的，我们还保持一个稳健的发展方式。"

产业并购基金实施以来，爱尔眼科集团逐步扩张，推进各省域内地级、县级医疗纵向网络布局，扩大网络覆盖范围，逐步填补了全国的市场空白，完善了医院网络渠道建设。对于未来的布局，爱尔眼科依旧有自己的展望，即运用"分级连锁"战略，通过"PE+上市公司"双轮驱动打造"横向成片、纵向成网"的国内版图。

产业并购基金能否继续携手爱尔眼科走向更为广阔的市场？这一模式能否持续？爱尔眼科将何去何从？让我们拭目以待。

【政策思考】

《国务院关于进一步优化企业兼并重组市场环境的意见》(〔2014〕14号)明确指出："兼并重组是企业加强资源整合、实现快速发展、提高竞争力的有效措施，是化解产能严重过剩矛盾、调整优化产业结构、提高发展质量效益的重要途径。鼓励各类财务投资主体通过设立并购基金参与兼并重组。①"这体现出国家高度重视并购基金在兼并重组中的作用，并采取一系列措施予以鼓励。

请阅读相关材料并思考：爱尔眼科为何选择使用产业基金进行并购？企业使用产业并购基金进行扩张有何优势与劣势？企业应如何借力产业并购基金进行规模扩张？又会面临怎样的潜在风险？

案例使用说明

一、教学目的

使学生对产业并购基金模式及其风险有全面了解，在此基础上引导学生对如何利用产业并购基金实现快速稳步扩张展开深入的思考。具体包括：

1.使学生更直观地了解利用产业并购基金进行扩张的优势与劣势。

2.引导学生思考影响企业选择产业并购基金模式的因素。

① 国务院. 国务院关于进一步优化企业兼并重组市场环境的意见［EB/OL］.［2014-03-24］. http://www.gov.cn/zhengce/content/2014-03/24/content_8721.htm?&from=androidqq.

3.进一步启发学生思考产业并购基金模式对企业未来经营发展的影响，以及我国企业在使用产业并购基金模式进行扩张时，应如何合理地降低该模式下存在的风险，以实现综合效益最大化。

二、思考题

1.基于对爱尔眼科前期发展情况的分析，讨论其使用产业基金进行并购的动机与目的。

2.在产业并购基金从设立到退出的运作过程中，爱尔眼科存在着哪些潜在风险？

3.在使用产业并购基金孵化未来可能的标的子公司的过程中，爱尔眼科使用的管理模式在哪些方面具有优势？

4.虽然是购买相同股份，爱尔眼科在“二次购买”时支付的对价均高于产业基金在“一次购买”时支付的对价，其中的深层含义是什么？

5.如何理解集团董事长陈邦对爱尔眼科集团商誉减值的言论？如果商誉过高，爱尔眼科将面临何种风险？

6.基于此案例，依据爱尔眼科近年来的发展战略和财务业绩探讨其未来的发展趋势。

三、分析思路

本案例的分析思路如图13-3所示。

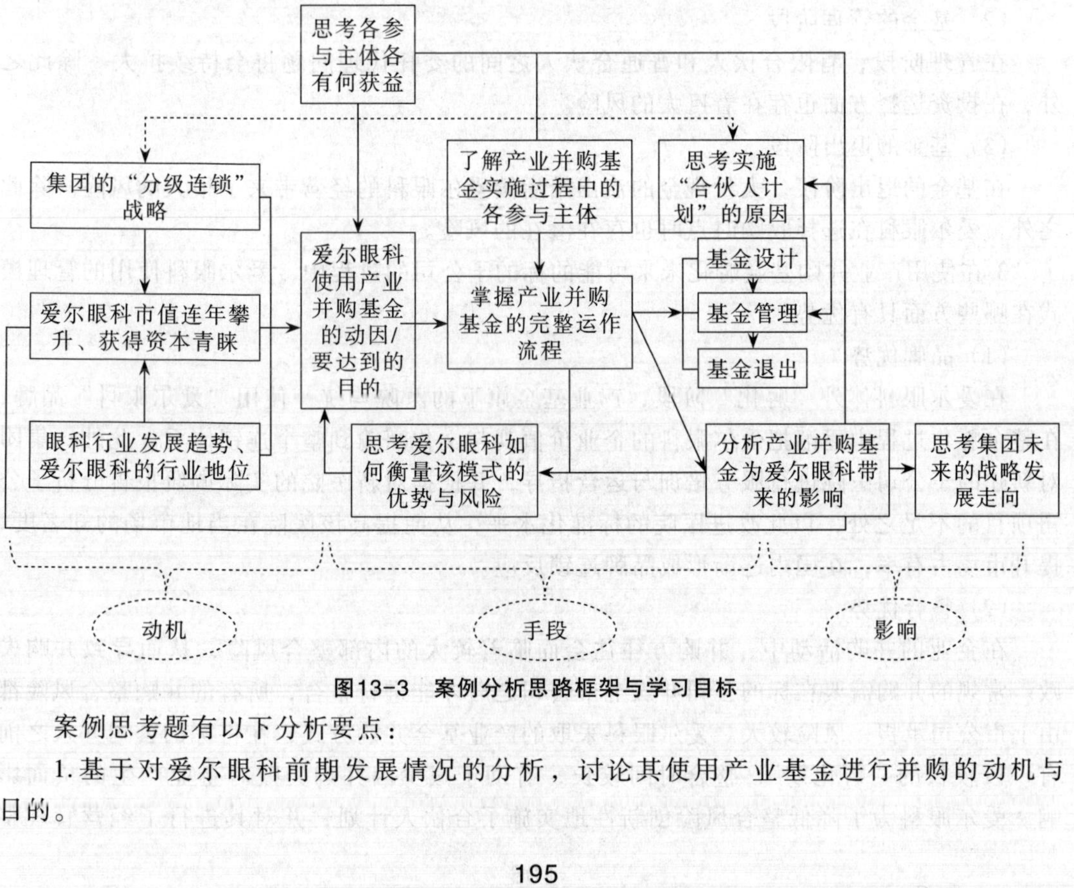

图13-3 案例分析思路框架与学习目标

案例思考题有以下分析要点：

1.基于对爱尔眼科前期发展情况的分析，讨论其使用产业基金进行并购的动机与目的。

(1) 利用杠杆收购募集优质资金

爱尔眼科选择产业并购基金的方式进行并购，是期望通过杠杆收购的方式来募集优质的资金，从而缓解自己在扩张过程中资金短缺的困境。

(2) 产业并购基金更具挑选优质资产的能力

爱尔眼科挑选的PE机构资金雄厚、对医疗产业有独特见解，且拥有专业的管理团队和犀利的市场洞察力，这些优势都可以帮助爱尔眼科在寻找投资标的时减少花费的人力、物力、财力，推动爱尔眼科的收购进程。

(3) 延长并购缓冲期

爱尔眼科首先以部分持股的有限合伙人身份入驻被投资医院，在经过体外孵化之后，将挑选出的优质医院收入囊中。整个流程与企业直接收购的差别就在于存在一个“孵化期”，这个缓冲期大大减少了爱尔眼科的并购风险，提高了爱尔眼科的并购质量，更好地推动了企业布局的完善。[3]

2.在产业并购基金从设立到退出的运作过程中，爱尔眼科存在着哪些潜在风险？

(1) 基金的设立阶段

首先，在挑选产业并购基金方面存在着不小的风险。其次，在挑选成功之后，存在着信息不对称的风险和双方因利益不同而导致的委托代理风险。再次，其余投资者在作为有限合伙人入伙产业并购基金时，其资金认缴的时间和违约的可能性都给爱尔眼科带来了风险。

(2) 基金的管理阶段

在管理阶段，有限合伙人和普通合伙人之间的委托代理问题将会持续扩大。除此之外，在投资选择方面也存在着巨大的风险。

(3) 基金的退出阶段

在基金的退出阶段，大量现金的流出给后续爱尔眼科的经营带来了很大的风险。除此之外，爱尔眼科在选择收购时点时也存在潜在的风险。

3.在使用产业并购基金孵化未来可能的标的子公司的过程中，爱尔眼科使用的管理模式在哪些方面具有优势？

(1) 品牌优势。

在爱尔眼科体外“孵化”阶段，产业基金旗下的医院均统一使用“爱尔眼科”品牌，在整个孵化过程中逐渐把爱尔眼科的企业价值观与文化灌输到整个连锁体系。此外，集团对新建的子公司医院进行服务培训与运营指导，并根据对新医院的实际调研报告分析子公司项目的不足之处，以此改进医院的标准化水平，从而提高该医院在当地市场的知名度，提升市场占有率，在国内逐渐形成品牌连锁反应。

(2) 整合优势。

在企业的并购活动中，并购方往往会面临着较大的内部整合风险，从而导致并购失败。常规的并购需要在标的公司并入上市公司之后才能进行整合，所有的并购整合风险都由上市公司承担，风险较大。爱尔眼科采取的产业基金并购方式，在将标的公司并入之前有一段较长的“孵化期”，整合时间较长，有助于减少因并购失败对企业产生的负面影响。爱尔眼科为了降低整合风险创新性地实施了合伙人计划，并对其进行了经营管理整合、人力资源整合、医疗服务和科研能力整合、营销体系整合以及企业文化整合，这一系列举措都使爱尔眼科具有着独特的整合优势。

（3）人才优势。

爱尔眼科实施的“合伙人计划”不仅在企业并购整合阶段发挥了巨大的作用，同时也为爱尔眼科留住了人才。该计划在设立阶段，爱尔眼科从各大医院中选拔出优秀的核心技术人才作为合伙人。集团对合伙人进行实时考核，合伙人除了可以拿到任职的基本工资外，还可以获得股份分红。医院经营稳定进入增值期后，核心人才既能利用上市公司的融资平台套现，又能获得股价上涨带来的收益。爱尔眼科通过实施“合伙人计划”来达到激励人才、与合伙人共创共赢的目的，从而占据更多行业核心人力资源，为集团实施创新发展战略和业务倍增计划提供强有力的支撑。

（4）扩张优势。

爱尔眼科有一套成熟的可复制的管理体系，可以很快融入产业并购基金旗下的医院，加快了其扩张的速度，如质量检测体系、优质化服务管理体系；集团直接控制省级、区级医院经营管理过程中的重要环节，省会中心城市级别的医院直接对下级医院进行管理，并给予下级医院一定的核心资源支持，环环相扣，保证集团整体经营管理的一体化。

4.虽然是购买相同股份，爱尔眼科在“二次购买”时支付的对价均高于产业基金在“一次购买”时支付的对价，其中的深层含义是什么？

这是一个开放性问题，观点无所谓对错。教师应引导学生进行广泛的讨论，让学生充分表达自己的观点。下面提供一些角度以供参考。

（1）补偿基金平台所承担的风险（类似于使用实物期权）。

（2）稳定基金平台财务资本投入者（其他有限合伙人）的资本投入。

（3）对标的子公司成长性的肯定。

5.如何理解集团董事长陈邦对爱尔眼科集团商誉减值的言论？如果商誉过高，爱尔眼科将面临何种风险？

陈邦认为爱尔眼科在并购过程中出现商誉减值的根本原因是整合能力和驾驭能力不足，而爱尔眼科为了提高整合能力和驾驭能力，采取了一系列措施，如在将产业并购基金旗下的医院并入上市公司前，有一段很长时间的体外“孵化”管理阶段，从而降低了并购整合风险，创新性地实施“合伙人计划”，招揽了一批优秀的人才；拥有一套可复制的成熟的管理体系，规模效益显著。因此，陈邦认为，商誉减值暂时不会影响到爱尔眼科的日常经营。

商誉过高可能造成的风险：

（1）商誉减值风险。

（2）企业利润下滑风险。

（3）股价下跌风险。

6.基于此案例，依据爱尔近年来的发展战略和财务业绩探讨其未来的发展趋势。

作为创业板首批28家公司之一，在上市的10年中，爱尔眼科市值突破千亿元，历史最高涨幅达20倍，市值从69亿元到2019年的超1 400亿元。从这个趋势来看，2019年及以后爱尔眼科的市值将持续走高。

此外，在爱尔眼科市值不断攀升的态势下，其业绩也在高速增长。在过去的5年中，爱尔眼科转增扩股4次，定向增发1次，总股本基数从4.3亿元涨到30亿元，还将继续增加，市盈率创下了108倍的历史新高。据爱尔眼科财报显示，2019年上半年，得益于其经营规模及品牌效应的扩大，以及医疗技术与服务不断升级，爱尔眼科营业收入继续保持稳健，营业收入、净利润年复合增长率均超过30%，成为全球最大的眼科医疗集团。爱尔眼科不仅仅是近期财报表现较好，其自上市以后股价便一直在高速增长的道路上狂奔，我们可以针对爱尔眼科这些年来的发展历程预测其业绩在今后也能持续保持高速增长。

爱尔眼科运用“分级连锁”战略，实现“PE+上市公司”双轮驱动打造的“横向成片、纵向成网”的国内版图，同时，眼科医疗潜在需求不断转化为现实的有效需求，大量基本需求也逐步升级为中高端需求。在需求增加和消费升级的共同作用下，眼科行业的空间不断扩大，爱尔眼科实现了网络覆盖中国大部分城乡县域，市场占有率也相应有了大幅度的提升。此外，实施国际化战略也是爱尔眼科打造全球最大眼科集团的重要途径，未来公司会稳步推进全球化布局，共享全球眼科资源，逐步实现爱尔眼科从国内战略布局到全球化战略布局的转变。

虽然当前爱尔眼科在广阔的行业赛道中实现了业绩和市值的“比翼齐飞”，但其中还是蕴藏了一些潜在风险。

一方面，大量非同一控制下的并购必然导致巨额商誉。截止到2019年6月30日，爱尔眼科的商誉已经高达24.4亿元。巨额商誉意味着爱尔眼科埋下了一个潜在地雷，那就是减值风险。另一方面，爱尔眼科前期布局主要在一二线城市，后期的并购则可能会在三四线城市展开——这些医院所能带来的业绩贡献我们不得而知，如果不及预期，爱尔眼科可能会被市场杀估值。因此，在爱尔眼科在实现市值和业绩齐飞的同时，还需要警惕并购业绩达不到预期估值以及商誉减值所带来的风险。

13-5 参考答案

参考答案见二维码13-5。

四、理论依据

（一）协同效应理论

协同效应主要指企业的多个部门或环节对某一资源的运用达到比单一使用增值的效果，或者是通过并购使双方的整体盈利能力大于单独经营的简单加总，能够增加企业的现金流入、扩大其在市场中的份额。上市公司设立并购基金的行为，能够发挥各投资主体的优势。其中，PE机构丰富的投资并购经验以及专业的管理团队能够增加并购成功的概率，其他有限合伙人的投资能够为并购基金提供资金支持，上市公司自身拥有较高的行业了解度与品牌知名度。在并购基金的运营过程中充分利用这些优势，能够实现各投资主体之间的协同效应。

另外，在“PE+上市公司”并购基金模式的运行环节，上市公司回购的方式减少了相互了解的成本，并且能够对投资项目提前进行整合，一定程度上降低了并购基金的退出风险。爱尔眼科利用PE机构的专业性能够更快获得融资，缓解公司的资金压力。相应地，PE机构能够运用爱尔眼科在医疗健康行业的产业知识，更快为企业寻求合适的投资标的。如果在并购过程中不能实现协同效应，将会大大降低并购的效率。但是爱尔眼科设立并购基金时并没有签订业绩承诺，而且上市公司与PE机构的投资目的不同，如何在限制性条款不够明确的情况下，平衡双方的利益冲突、实现协同效应，需要各环节的共同努力。

（二）风险管理理论

风险管理是指将企业在交易过程中可能产生的风险降到最低，尽力减小风险因素给企业经营带来的消极影响，实现相关投资并购的顺利进行。通过对并购基金运营的各个阶段的风险进行识别与评价，企业可以提出针对性的控制措施，全方位进行风险防范，降低可能产生的成本费用。

"PE+上市公司"并购基金的风险防范可以从多个方面共同进行，对于PE机构选择不当的风险，可以通过提高合作准入条件的方式降低。提高PE机构的资质要求能够在一定程度上降低并购失败的风险，与PE机构合作能够将部分风险转移至相关投资合伙人。对于投资主体之间的利益冲突风险，可以通过约束与激励手段并行来控制，完善并购基金运行过程中的奖励与惩罚机制。对于投资项目选择错误的风险必须从源头进行控制，回避可能导致并购失败的因素。对于退出阶段的风险，上市公司回购的方式能够对投资项目提前进行整合，另外要规范目标企业的价值评估。

（三）价值低估理论

价值低估理论认为企业在确定收购对象时，关键的考量因素是标的企业的价值是否被低估。并购基金通常会选择价值被低估的标的企业，这样才能以更低的成本完成收购，从而获取更大的投资收益。由于标的企业原本的经营管理效率和效果可能存在一定的缺陷，加上市场对企业的信息掌握程度可能相对较低，导致企业价值出现被低估的情况，而在并购基金收购价值被低估的企业后，会直接委派相关的中高级管理人员对投资项目展开经营管理，引入优秀的人才，提高企业的经营效率，进一步提高企业的价值。

（四）市场势力理论

市场势力理论认为，企业进行并购的出发点是通过兼并、收购减少竞争对手，以此加强对市场环境的控制，扩大市场份额，使企业通过占据寡头地位来维持长期收益。也就是说，当企业收购一个竞争对手后，该竞争者被挤出市场，企业可能会在削减现有竞争对手的市场份额的同时，提高其自身市场地位和控制能力，从而提高其产品的价格和市场的垄断程度，获得更多的超额利润即垄断利润。

爱尔眼科的发展战略为"内生增长、外延扩张"，外延扩张的本质是通过并购减少竞争对手、整合行业资源，从而巩固其在眼科医疗行业中的地位。

五、关键要点

本案例需要学生理解和掌握的主要知识点包括：

1.产业并购基金模式的内涵和运作流程。

2.企业并购的成本、收益与风险。

3.投融资项目决策理论。

4.使用产业并购基金模式的原因。

5.商誉减值的影响。

六、参考文献

[1] 陆正华，谢敏婷．“上市公司+PE”型并购基金如何创造价值——基于爱尔眼科的案例 [J]．财会月刊，2018（17）：101-108．

[2] 庞家任，周桦，王玮．上市公司成立并购基金的影响因素及财富效应研究 [J]．金融研究，2018（2）：153-171．

[3] 夏鑫，傅元略，常叶青．上市公司可持续市值管理研究——基于利益相关者视角 [J]．当代会计评论，2012，5（02）：20-31．

案例14　小心驶得万年船？

——基于中联重科与双汇国际海外并购的双案例比较[①]

案例导读

企业能否筹集巨额并购资金在很大程度上决定着企业海外并购的成败，而设计出合理的融资模式则是企业海外并购取得预期绩效的前提和条件。2008年，中联重科股份有限公司收购意大利CIFA公司，是当时中国企业在欧洲缔造的第二大收购案。2013年，双汇国际收购美国史密斯菲尔德食品公司（SFD），再次谱写了我国企业海外并购的神话，成为了迄今为止最大的海外并购案。这些并购目标企业均属全球行业中的领头羊，上述两起并购事件均涉及巨额并购资金，但二者采用了截然不同的融资模式：双汇国际采用了近乎100%的债权融资，而中联重科则采用多种方式组合的复杂融资结构来完成收购。前者激进，后者稳健。同属对海外优质品牌企业的横向并购，为何采用两种截然不同的融资模式？这两种模式分别在风险和收益上表现出哪些特征与差异？它们对于企业的后续经营会产生何种影响？企业如何根据自身条件设计合理的交易结构以保证融资和整个并购进程的有效推进和并购目标的实现？

关键词

海外并购　交易结构　融资方式　融资决策　融资风险

案例正文

俗话说“小心驶得万年船”，可俗话也说“撑死胆大的，饿死胆小的”。对于企业进行海外并购来说，在融资中到底是“胆大”一些更合适，还是“小心”一些更有利于企业发展？以下两个案例值得思考。

2013年9月26日，“胆大大”同学双汇国际以接近100%负债的大胆模式并购了美国的史密斯菲尔德，自此双汇国际成为世界最大的猪肉生产企业；而“万年船”同学中联重科则在2008年9月28日，采用比较谨慎的权益融资模式完成了对CIFA股份的全额收购，这是当时中国企业在欧洲缔造的第二大收购案。

“胆大大”同学双汇国际和“万年船”同学中联重科均是目前国内在各自领域内扛鼎的企业，它们都进行了“巨无霸”式的海外并购，涉及复杂的交易结构和融资模式。交易结构的设计在整个并购中是至关重要的一环，融资模式在交易结构中又扮演了重要的角色，在很大程度上影响着企业海外并购策略和成败。那么在这两则并购中交易结构和融资模式是怎样的？什么样的融资模式更合适呢？

---

① 本案例由杨艳、徐寅盈改编自杨艳、周波、周雅撰写的入选中国专业学位教学中心会计专业学位案例库的《小心驶得万年船？——基于中联重科与双汇国际海外并购的双案例比较》。本案例主要适用于“财务管理”“高级财务管理：并购重组”等课程的教学。

一、公司简介

双汇国际：一家注册在开曼群岛的控股公司，控股双汇集团与双汇发展。其中双汇集团是以肉类加工为主的国内大型知名食品集团，拥有中国最大的肉类加工基地；双汇发展是双汇集团控股的国内A股上市公司。双汇集团与双汇发展均为民营企业。

史密斯菲尔德食品公司（以下简称“SFD”）：美国规模化养猪企业的典型代表，是美国主要的鲜猪肉和包装肉类生产商、经销商，以及全美最大的生猪生产商。

中联重科股份有限公司（以下简称“中联重科”）：国内知名的从事建筑工程、能源工程、环境工程、交通工程等基础设施建设所需重大高新技术装备的研发制造商。中联重科有国有企业背景，曾与国家开发银行多次到海外进行并购。

意大利CIFA公司（以下简称“CIFA”）：全球混凝土机械行业排名第三的老牌企业，仅次于德国的普茨曼斯特和施维茵公司。

二、主要内容

（一）并购过程回顾

1.双汇国际收购SFD

2013年5月29日，美国最大的猪肉制品加工商SFD食品公司宣布，同意被总部设在香港的中国最大猪肉加工商双汇发展的控股公司双汇国际收购。

2013年6月，SFD的大股东之一Starboard首次向SFD董事会发难，指出董事会在与双汇达成收购协议前没有充分接触更多的潜在买家，而Starboard只是双汇在收购SFD进程中的绊脚石之一。双汇与SFD的跨境并购案由于金额庞大、涉及民生产业而引起美方各个层面的诸多关注。中美两国的垄断调查、法律障碍、食品安全等问题都使双汇国际的收购之路充满荆棘。

2013年9月20日，Starboard表示，他已经放弃阻止中国的双汇国际收购SFD的计划，并转为支持。2013年9月26日上午10时，由中国银行牵头的40亿美元银团贷款按时交割，标志着双汇并购案最重要的融资环节顺利完成。随后，双汇国际与SFD正式签署并购交易生效协议，双汇国际并购SFD项目完美收官。

2.中联重科收购意大利CIFA

自2001年以来，中联重科共耗资4亿元，陆续收购了英国宝路捷、湖南机床厂、中标实业等众多企业。通过众多的连环收购，中联重科的业务从最初单纯的混凝土机械拓展到起重机械、环卫机械和路面机械等多个领域，并购成为其实现全球化经营的重要方式。

2002年，持有CIFA的两个家族股东就有意向将公司出售，并曾主动向中联重科询问是否有购买意向，但彼时实力不足的中联重科主动放弃了这一机会。

2006年，CIFA在遭遇资金困境的情况下被意大利一家私募股权投资基金Magenta收购，经过后者的一番整合，CIFA的竞争力得到一些加强。

全球金融危机在2007年8月9日开始浮现。自次级房屋信贷危机爆发后，投资者开始对按揭证券的价值失去信心，引发流动性危机。即使多国中央银行多次向金融市场注入巨额资金，也无法阻止这场金融危机的爆发。

2007年10月，需要现金偿还债务的Magenta和两个持股家族均对外表示希望出售CIFA，中联重科董事长詹纯新当机立断，拍板出手。

在作出收购CIFA的决策后，中联重科董事长兼首席执行官詹纯新迅速约见中联重科第二大股东弘毅投资的董事总经理邱中伟和总裁赵令欢，讨论是否出手并购。接下来，詹、邱、赵三人同赴意大利，约见了CIFA公司的相关人员。中联重科的并购工作小组进行了缜密的调研，从人力资本、制造成本、销售渠道等方面进行了详细评估，从共同投资人的建议出发，中联重科和CIFA很快组建了整合委员会，双方高管都进入了这个共同小组。2008年7月，CIFA的高层团队来到长沙，与中联重科的管理层共同商讨整合事宜。

2008年9月28日，中联重科联合金融投资机构弘毅投资、高盛、曼达林基金与CIFA正式签署整体收购交割协议，以现金收购的方式，正式完成对CIFA股份的全额收购，全球最大规模的混凝土机械制造企业由此诞生，成为迄今中国工程机械企业最大的一桩海外并购案。

（二）并购的实际交易情况

1. 100%负债“小猪吞大猪”——双汇国际

从融资模式上来看，双汇国际收购SFD采用了近乎100%的债务融资，而对比双汇国际和SFD的营业收入可以看出，这是一笔类似“蛇吞象”的交易。根据2012年的财务数据，双汇国际旗下上市公司双汇发展（持股73%）的营业收入为397亿元人民币，而SFD 2012财年的营业收入是131亿美元（约803亿元人民币）。

（1）概况

在此次并购中，双汇国际是收购SFD的直接并购方。双汇国际是由双汇集团和双汇发展为了更好地在全球扩张而发起的。首先，由双汇集团及其关联企业（包括双汇发展）的员工约300人在英属维尔京群岛成立离岸投资公司——兴泰集团（Rise Grand Group Ltd.），然后由其在英属维尔京群岛成立一家全资控股子公司——雄域公司（Heroic Zone Investments Limited.）。雄域公司与双汇集团、双汇发展的关系如图14-1所示。

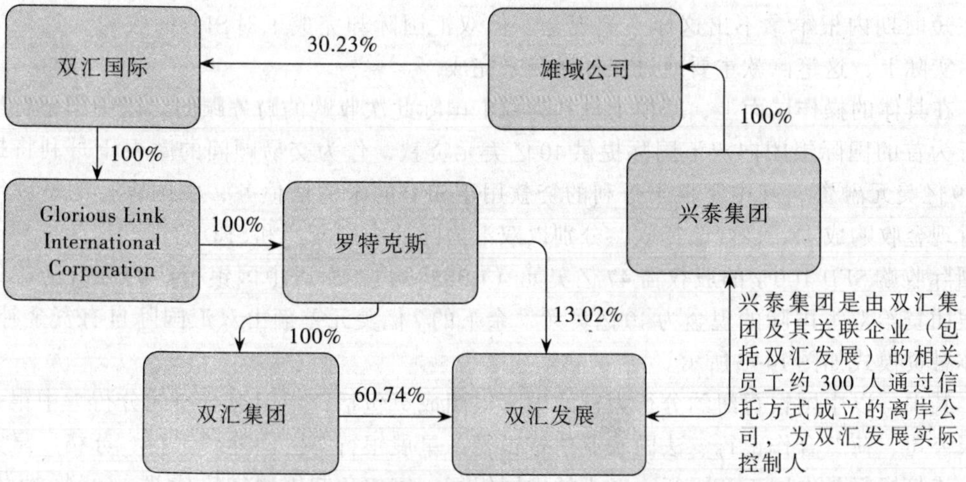

图14-1　雄域公司与双汇集团、双汇发展的关系

随后，雄域公司和共同投资方在开曼群岛合作设立了一家离岸特殊目的公司——双汇国际，用于收购SFD的100%股权，并最终与SFD合并。其中，雄域公司持股30.23%，鼎辉旗下4只私募基金持股33.7%，郭氏集团持股7.4%，运昌公司持股6%，润峰投资持股10.57%，高盛策略投资持股5.18%，新天域旗下两家公司持股4.15%，淡马锡持股2.76%。另外，运昌公司为双汇国际基于员工激励计划通过信托方式设立。双汇国际股东团关系如图14-2所示。

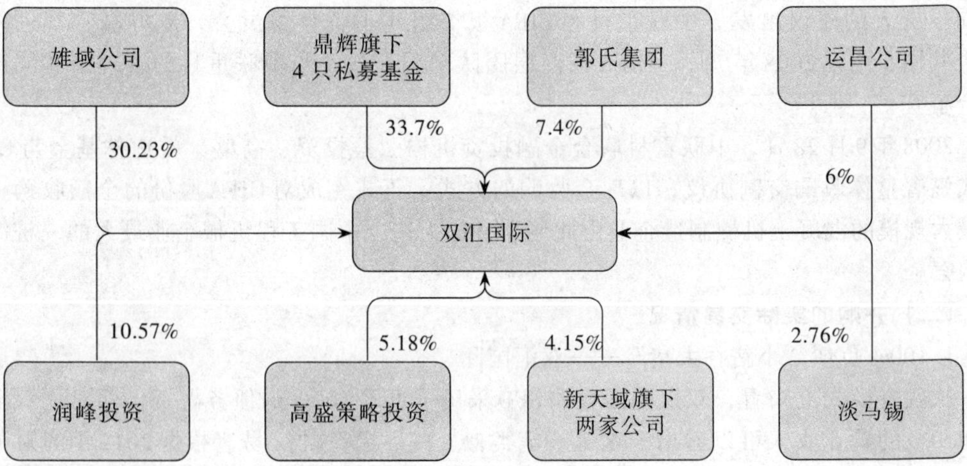

图14-2 双汇国际股东团关系

（2）支付价格

双汇国际以现金方式收购SFD的100%（1.388亿股）股权，此外双汇国际还将承担SFD约24亿美元的债务。最终达成的收购价格为每股34美元，总计47亿美元现金，较前一交易日（5月28日）收盘价溢价约31%，加上SFD的24亿美元的债务，最终成交价为71.2亿美元。

（3）双汇国际并购SFD的融资方式

双汇国际此次收购SFD总计耗资71亿美元。根据双汇国际的财务报表来看，双汇国际在短时期内根本拿不出这样一笔现金。但双汇国际却完成了对SFD的收购，这是为什么？实际上，这笔巨款主要通过杠杆融资来完成。

在具体的操作层面上，摩根士丹利为双汇国际此次收购的财务顾问。以中国银行纽约分行为首的国际银团向双汇国际提供40亿美元贷款，作为交易顾问的摩根士丹利将提供约39亿美元融资，其中摩根士丹利的贷款用于SFD的未清偿债务，中国银行的贷款用于支付现金收购成本。这两笔贷款，分别以双汇国际的中国资产和SFD的资产作为抵押。双汇国际收购SFD 100%的股权需47亿美元（1.388×34），而以中国银行纽约分行为首的国际银团贷给双汇国际的现金为40亿美元，余下的7亿美元差额由双汇国际自有资金补齐。具体融资模式如图14-3所示。

其中，以中国银行纽约分行为首的国际银团成员包括：中国银行纽约分行、中银香港有限公司、荷兰合作银行、法国农业信贷银行、星展银行、法国外贸银行、苏格兰皇家银行、渣打银行与中国工商银行。牵头的中国银行一家担负起银团贷款代理行、抵押代理

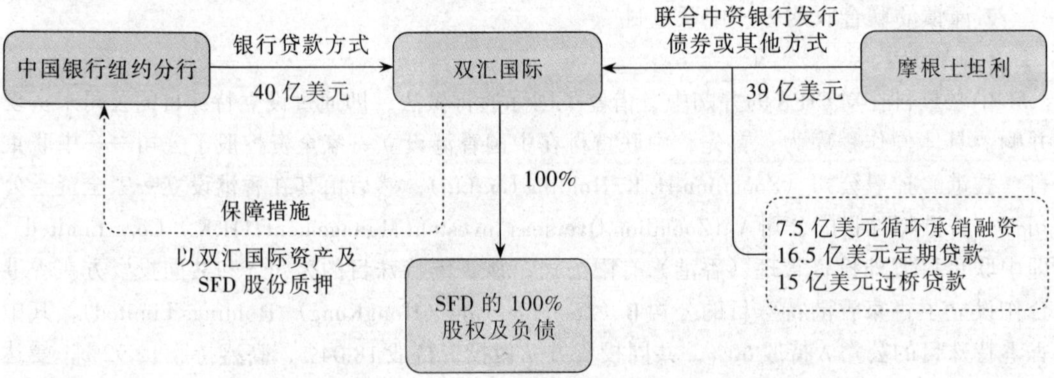

图14-3　双汇国际的融资模式

行、文本代理行、账户监管行等多重角色，自身为双汇提供10亿美元贷款，其他7家银行分别提供4到5亿美元贷款。

高达40亿美元的银团贷款如何偿还？融资契约规定，贷款期限分别为三年期和五年期两种，其中三年期贷款为25亿美元，五年期贷款为15亿美元。对于三年期贷款，双汇国际需在第一年和第二年分别偿还2.5亿美元，余下的20亿美元将在贷款到期时偿还；对于五年期贷款，双汇需在第四年年末偿还4亿美元，到期时偿还剩余的11亿美元。

图14-3中由摩根士丹利提供的15亿美元过桥贷款是一种过渡性贷款，是指金融机构A拿到贷款项目之后，本身由于暂时缺乏资金没有能力运作，于是找金融机构B商量，让它帮忙发放资金，等A金融机构资金到位后，B则退出过桥贷款。双汇国际实际承担的债务只有24亿美元（7.5+16.5）。

在保障措施中，双汇发展直接和间接被抵押的股权达73.26%。为归还贷款，罗特克斯承诺双汇发展将净利润的70%用作分红，即以境内运作企业的利润偿付来自境外的贷款。分析人士指出，这种以境内企业的利润作为境外企业融资保障的形式，在我国企业最近的国际并购活动中被愈发频繁地使用。

另外，由于摩根士丹利提供的贷款主要为SFD之前的贷款，且双汇主要以债券方式进行融资，因此这笔贷款短期还贷压力并不大。

71亿美元支付构成见表14-1。

表14-1　双汇国际收购SFD的资金构成①　单位：亿美元

	现金支付	承担债务
支出现金	34×1.388=47	
短期负债		18.52
长期负债		4.52

① 表14-1中所有数字均为约数；34×1.388表示双汇国际将以每股34美元收购SFD已发行的1.388亿股股份。

2.谨慎的联合收购——中联重科

(1) 概况

中联重科在对CIFA的并购中，借鉴了国际通行做法，即通过设立特殊目的公司来实现并购。具体操作程序为：首先，中联重科在中国香港设立一家全资控股子公司——中联重科（香港）控股公司（Zoomlion H. K. Holding Co. Ltd），然后由其在香港设立一家全资子公司——香港特殊目的公司A（Zoomlion Overseas Investent Management（H.K.）Co., Limited），即中联重科海外投资管理（香港）有限公司，该香港特殊目的公司A和共同投资方在香港合作设立了一家香港特殊目的公司B（Zoomlion Cifa（HongKong） Holdings Limited），其中香港特殊目的公司A持股60%，共同投资方弘毅投资持股18.04%，高盛持股12.92%，曼达林持股9.04%。中联重科邀请弘毅投资作为共同投资方参与本次并购，一方面弘毅投资不仅可作为投资者提供财务方面的支持，还可凭借与中联重科的关联关系和长期良好的合作关系，对中联重科未来与CIFA的整合提供全面支持；另一方面弘毅投资作为具有国际视野的中国本土基金之一，又邀请来具有全球投资管理经验的高盛和意大利本土曼达林基金，作为共同投资方加入中联重科的本次交易中，这样就组成了既熟悉中国国情，又具有国际视野的投资组合，形成了“文化缓冲地带”，从而在中联重科与CIFA融合前期有效地缓冲文化和理念的冲突，保证重组整合顺利进行。曼达林基金的发起人和主要投资人包括中国两家重要的政策银行——国家开发银行和国家进出口银行，以及意大利第二大银行和欧洲最大银行之一的Intesa Sanpaolo S.p.A.银行，因此可以为中联重科收购CIFA提供许多政治、经济、文化上的支持。它们之间的关系如图14-4所示。

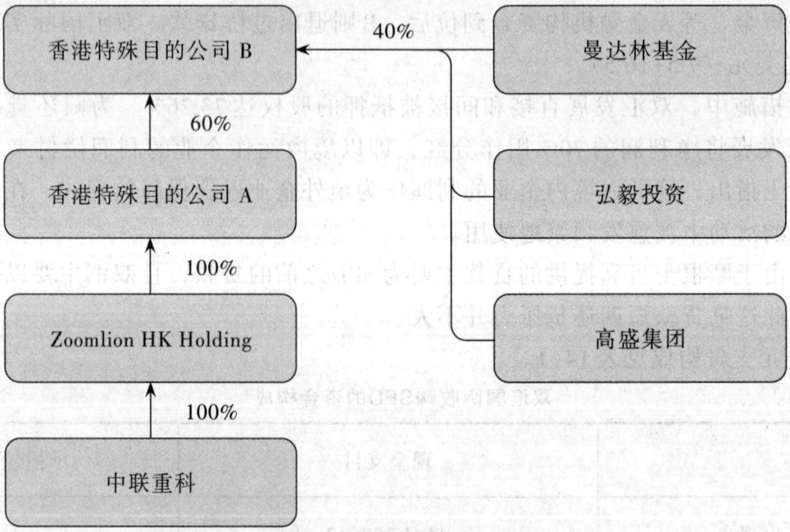

图14-4　中联重科与香港特殊目的公司B的关系

随后，香港特殊目的公司B在卢森堡设立了一家全资子公司——卢森堡公司A（Zoomlioneifa（Luxembourg）Holdings.a.r.l），卢森堡公司A又在卢森堡设立一家全资子公司——卢森堡公司B（Cifa （LuXembourg）Holdingss.a.r.l），卢森堡公司B则在意大利全资设立一家意大利特殊目的公司（Cifa Wordwide S.P.A.），用于收购CIFA的100%股权，并最终与CIFA合并。它们之间的关系如图14-5所示。

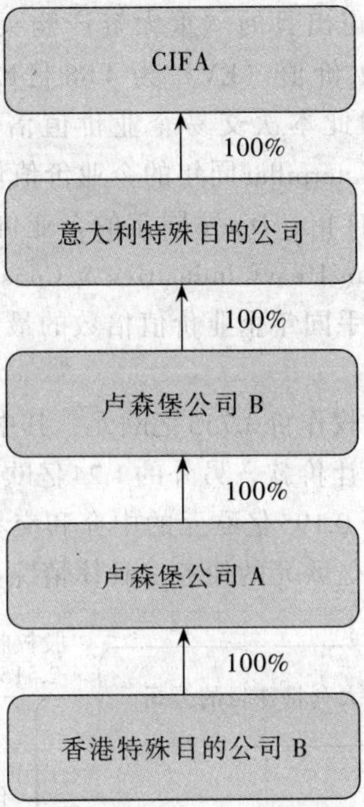

图14-5　香港特殊目的公司B与CIFA的关系[①]

另外，CIFA被收购前后各大股东对它的持股情况变动见表14-2。

表14-2　CIFA被收购前后各大股东持股情况变动

股东名称	股东类型	并购前持股比例	并购后持股比例
Magenta SGR S.p.A.	意大利投资基金	50.72%	0%
Fadorè S.àr.l.	卢森堡公司	10%	0%
Intesa Sanpaolo S.p.A.	意大利银行	10%	0%
Plurifid S.p.A.	代表2006年收购之前的5个股东持有被中联重科收购前CIFA的股权，包括Immobiliare DA.STE.Do.s.r.l（7.18%），Immobiliare Duemila s.r.l（7.18%），Immobiliare Novanta s.r.l（7.18%），Pasquale Di Iorio（2.98%）和Simone Rafael Emdin（2.98%）	27.5%	0%
Maurizio Ferrari	自然人，目前任CIFA董事长	1.78%	0%
曼达林基金	中意合资私募股权投资基金	0%	9.04%
弘毅投资管理顾问有限公司	中国私募股权投资公司	0%	18.04%
高盛集团	美国投资银行和证券公司	0%	12.92%
中联重科	本次并购的主要收购方	0%	60%
合计		100%	100%

① 资料来源：作者通过整理年报、公告信息自行绘制。

（2）支付价格

根据华欧国际证券有限公司出具的《重大资产购买暨关联交易之独立财务顾问报告》，2007年年底CIFA的企业价值（EV）为4.88亿欧元，税息折旧及摊销前利润（EBITDA）为5 075万欧元，因此本次交易企业价值倍数（EV/EBITDA）为9.6倍。在CIFA全球的主要竞争对手中，Caterpillar同年的企业价值倍数为10.8倍，CNH同年的企业价值倍数（EV/EBITDA）为10.41倍，Deere同年的企业价值倍数为16.3倍，Terex同年的企业价值倍数为6.42倍，Doosan Heavy Industries & Construction同年的企业价值倍数为32.36倍。CIFA的这几个竞争对手同年企业价值倍数的最大值为32.36倍，平均值为15.26倍，最小值为6.42倍。

这次交易中目标公司全部股权作价3.755亿欧元，其中2.515亿欧元是中联重科和共同投资方支付给目标公司的股权转让价款，另外的1.24亿欧元由CIFA自身的长期负债解决。中联重科和共同投资方还承担了0.195亿欧元的中介和交易费用。此外，意大利特殊目的公司还需承担CIFA并购前约2.4亿欧元的债务。具体情况如图14-6所示。

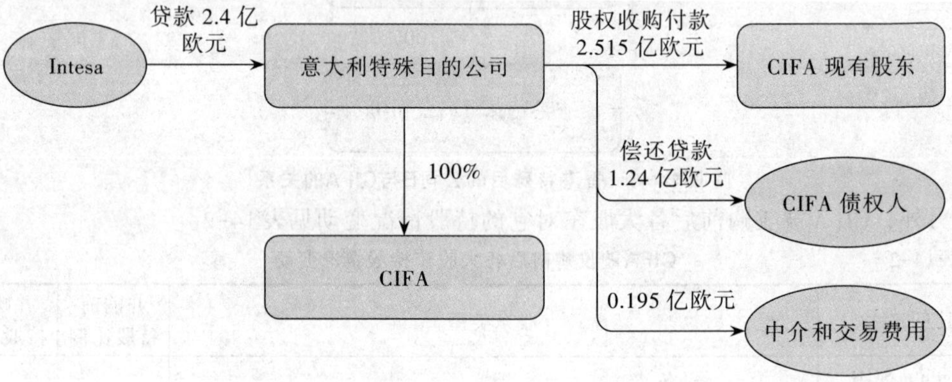

图14-6　中联重科融资结构①

（3）融资方式

中联重科对其融资方式进行了谨慎的设计。

①结构化融资

中联重科和共同投资人共同出资近2.515亿欧元，占本次交易股权作价部分的67%（2.515/3.755）。在该结构中，中联重科控制的股权为60%，即中联重科在总体交易额中实际出资额为1.626亿欧元（2.515×60%+0.195×60%），共同投资方实际出资1.084亿欧元（2.515×40%+0.195×40%）。

②卖方杠杆融资

卖方融资也叫推迟支付、卖方融资方式，是指卖方取得固定的收购者未来偿付义务的承诺。在中联重科案例中，有1.24亿欧元由CIFA自身的长期负债来解决，占本次交易股权作价部分的33%（1.24/3.755）。根据公开信息披露，关于CIFA最终承债的境外借款，中联重科共同投资方已于2008年6月19日获得意大利圣保罗银行的承诺函，并与之签署有关费用函和过渡性贷款协议，在本次收购成交后，中联重科及共同投资方于上述有关融

① 资料来源：作者通过整理年报、公告信息自行绘制。

资安排文件项下的权利、义务均由CIFA境外控股公司（意大利特殊目的公司）承担，中联重科及共同投资方对该笔借款不承担任何还款及担保责任。这种做法套牢了意大利圣保罗银行，间接锁定曼达林基金，再次锁定信息不对称风险。

③再次结构化

本次交易中联重科自身承担的支付金额是股权交易的60%，意味着1.626亿欧元即约14亿元人民币的现金支付（按当时汇率估算），而2007年中联重科的经营现金流只有4.6亿元人民币，必须进行进一步的结构化融资。于是，对于这60%的股权支付，中联重科又采取80%债权、20%自付的结构方式，解决自身现金流量小、体量小所带来的融资和支付风险问题。中联重科的收购资金来源主要有两部分（中联重科获得的贷款为美元）：一是获得中国进出口银行湖南分行提供的2亿美元（约合人民币13.8亿元）融资安排的承诺函；二是剩余的0.5亿美元（约合人民币3.45亿元）将由公司以自有资金支付解决。中联重科2007年的经营现金流量为4.6亿元人民币，除了3.45亿元人民币的收购支付外，还有1亿元人民币的剩余。为了偿还80%的债权，中联重科所安排的收购资金中借款部分的还款来源为：CIFA公司产生的归属本公司的红利；香港控股公司的利润及现金流；中联重科的利润及现金流。

总结起来，中联重科在本次交易中实际出资仅为3.45亿元。其融资支付都通过第三方股权、卖方债权、自身债权等方式结构化了。

【政策思考】

目前，国家有关部门对我国企业海外并购的最新管理政策主要包括国家发展和改革委员会的《境外投资项目核准暂行管理办法》和《关于完善境外投资项目管理有关问题的通知》、商务部的《境外投资管理办法》、国家外汇管理局的《境内机构境外直接投资外汇管理规定》等。总体而言，这些政策为中国企业进行海外并购创造了更加宽松的政策环境。

请阅读相关材料并思考：是什么因素导致双汇国际与中联重科采取案例中的融资模式？它们各自的融资模式会给企业带来什么影响？

案例使用说明

一、教学目的

使学生对企业跨国并购融资模式及其风险有全面了解，引导学生对海外并购融资的合理决策进行深入的思考。具体包括：

1.通过案例使学生更直观地了解各种跨国并购的融资模式及其优劣势；

2.引导学生思考影响企业海外并购融资模式选择的因素；

3.进一步启发学生思考跨国并购融资模式对企业未来经营发展的深入影响，以及我国企业在海外并购时应如何合理地设计融资模式以实现综合效益最大化。

二、思考题

1.双汇国际与中联重科在其海外并购过程中分别采用了何种融资模式？从中显示出怎样的风险偏好？

2.是什么因素导致双汇国际与中联重科采取该种融资模式?

3."胆大"的双汇国际与"谨慎"的中联重科各自的融资模式会给企业带来怎样的影响?

4.进一步关注双汇国际和中联重科并购的后续影响,你认为企业在跨国并购融资时究竟应该谨慎一些,还是胆大一些?

三、分析思路

1.双汇国际与中联重科在其海外并购过程中分别采用了何种融资模式?从中显示出怎样的风险偏好?

并购融资是决定并购成败的基础和关键环节。在双汇国际并购SFD与中联重科并购CIFA这两例并购案中,两家公司的融资方式显示出明显不同的特点。

双汇国际采用了单一的债务融资模式,以中国银行纽约分行为首的国际银团向双汇国际提供40亿美元贷款,作为交易顾问的摩根士丹利提供约39亿美元融资。双汇国际使用全债务融资的方式,具有很大的杠杆作用,但在未来有较大的偿债压力,如果不能及时获得资金偿还债务将面临巨大的财务风险。因此可以看出双汇国际管理层在并购融资上采取了非常胆大的方式,冒着较大的风险。

中联重科则对并购融资进行了精心的设计,将股权融资、债务融资、自有资金融资等各种融资方式进行了有效的组合。中联重科首先通过三家共同投资者曼达林基金、弘毅投资、高盛集团实行联合并购解决部分资金问题,中联重科拥有60%的股权。对于自身承担的60%股权的所需资金,中联重科又采取80%债务、20%自付的方式筹集。中联重科采用联合并购的方式,由于共同投资人同为并购主体,承担了部分风险,起到了风险分散化的作用,因此中联重科面临的风险相对较小。由此可见,中联重科在并购融资上是比较谨慎的。

2.是什么因素导致双汇国际与中联重科采取该种融资模式?

影响企业并购融资模式的因素较多,如融资规模、融资成本、企业现有资本结构、融资能力、控股结构、并购支付方式等。以下是一些可能的影响因素,教师可引导学生进行广泛的讨论,让学生发表自己的见解,鼓励学生从不同的角度来分析问题。

(1)并购时机。不同的并购时机将影响并购企业在谈判中的地位。2008年,正值美国次贷危机向全球蔓延,CIFA控股股东Magenta也因偿还现金债务需要出售CIFA,因此CIFA处于相对弱势的地位。2013年,世界经济已基本摆脱金融危机的影响,同时SFD为美国最大的猪肉生产商,因此SFD在谈判中处于强势地位。从双方对卖方债务的不同处理上可见一斑。

(2)行业特点。不同行业的成长性、现金流、收益率和风险等是不一样的,因此并购融资模式也会产生差异。双汇国际处于传统食品加工行业,成长性不强,利润率不高,但现金流稳定,风险小,适合债务融资。中联重科所处行业成长性较好,利润率高,但现金流不稳定,风险较大,适合权益融资。

(3)企业现有资本结构。由双汇国际和中联重科并购前的财务状况可知,双汇国际的资产负债率较低,仅为7.06%,而中联重科的资产负债率达到了57.47%。双汇国际可以容忍更高的资产负债率，而中联重科如果过多采用债务融资会导致财务弹性不足和流动性风险。

（4）企业融资能力。双汇国际的主要股东均为大型国际金融机构，同时并购还得到了中国银行和摩根士丹利背后的银团的大力支持，具有很强的借债能力。中联重科拥有实力较强的联合投资方，著名私募股权投资基金弘毅投资、曼达林基金和高盛集团都在并购中起了重大作用。

（5）企业的性质。双汇国际为民营企业，而中联重科为国有控股企业，相比于民营企业，国有控股企业能得到较多的政策支持。中联重科并购CIFA得到了中意基金曼达林的大力支持与协助。另外，作为国有企业，在选择并购交易模式时还应确保国有控股的地位，不损害其控制权。

而综合以上两个案例的分析可以看出：公司选择并购融资模式主要根据内外部环境以及自身的资源和能力选择最适合自己的合理的交易结构，从而降低并购者的融资风险和融资成本。

3.“胆大”的双汇国际与“谨慎”的中联重科各自的融资模式会给企业带来怎样的影响?

不同的融资模式将带来不同的并购成本、收益和风险，而且涉及控制权的转移，对于企业未来的经营发展等许多方面都具有非常重要的影响。

双汇国际与中联重科并购案中的收益、成本和风险分析见表14-3。

表14-3　**双汇国际与中联重科并购收益、成本、风险分析表**

契约利益方	收益	成本	风险
双汇国际并购SFD			
双汇国际	SFD创造的全部利润	79亿美元新增债务利息、中介费	未来较大的财务风险和投资无法收回的风险
SFD股东	47亿美元	丧失控制	—
融资中介	中介费、债务利息	79亿美元现金	不能到期收回债务及利息
中联重科并购CIFA			
中联重科	CIFA利润产生的红利	3.45亿元人民币现金、2亿美元新增负债利息、融资发生的交易费用	借债产生的财务风险、多元化主体并购产生后期整合难的风险
CIFA股东	2.515亿欧元现金	丧失控制权	卖方债务融资产生的违约风险
融资中介	中介费0.195亿欧元，未来的投资收益	1.006亿欧元	投资无法收回的风险

从表14-3中可以看出：

（1）双汇国际和中联重科的并购收益都有无限的可能性。若并购后企业经营状况好，则有较大的收益；若并购后未能成功整合，效益下降，则收益状况不太乐观。

（2）双汇国际采用债务融资，主要成本为债务利息；中联重科结构化的融资需要支付大额交易费用，同时需承担3.45亿元人民币的现金支出和2亿美元债务的利息。

（3）双汇国际并购SFD主要面临的是71亿美元巨额债务到期无法偿还的财务风险；而中联重科并购CIFA的债务融资比例相对较小，没有很大的偿债压力，财务风险不大，其面临的主要风险是投资无法收回的经营风险。

4.进一步关注双汇国际和中联重科并购的后续影响，你认为企业在跨国并购融资时究竟应该谨慎一些，还是胆大一些？

这是一个开放性问题，观点无所谓对错，学生可联系实际分析。下面提供一些资料以供参考。

（1）双汇国际在高调收购SFD后不到一年即发布公告称将在香港进行IPO，募集资金主要用于偿还并购SFD所借债务。然而该次尝试在经历了29家投行联合保荐、上市日期推迟、融资额一缩再缩之后，最终还是在资本市场的冷落下止步IPO。大部分评论者认为急于上市偿债或许是双汇国际进行IPO最大的绊脚石。由于负有巨额债务，双汇国际面临着巨大的财务风险，投资者认为其未来的表现有很大的不确定性，因此此次上市因认购不足而失败。

然而3个月后，双汇国际卷土重来，这一次双汇国际将集资规模缩小至20亿美元左右，与之前相比，缩水60%。与此同时，双汇国际的新股发行价格确定为每股6.20港元，这也较原计划最高的11.25港元/股大幅下降了44.89%。上市之后双汇国际会有怎样的市场表现，还需要时间来证明。不可否定的是，因并购SFD所负的债务依然会给双汇国际带来巨大的财务压力和经营的不确定性。

（2）受金融危机影响，对CIFA的并购并没有为中联重科带来预期中的盈利贡献。据收购报告书显示，2006—2008年，CIFA的净利润呈逐年下降趋势，三年的净利润分别为3.95亿元，1.79亿元和1.29亿元。而中联重科预测，CIFA公司2008—2012年的净利润分别为2.51亿元、2.97亿元、3.78亿元、4.42亿元和5.17亿元。实际上，中联重科对CIFA的盈利预测过于乐观，CIFA一度陷入亏损境地。

2008年，中联重科借助CIFA的技术和品牌，在国内市场风生水起，实现了预期的收购协同意图。但其国际市场销售额一直下滑。受2010年下半年政府宏观调控的影响，原有交易结构中的2亿美元负债和三家共同投资者要求的大股东回购条款对中联重科产生的财务压力极大。但幸运的是，中联重科原计划的香港H股上市在2011年年初得以实现，并如愿获得股权融资120亿元人民币，三家共同投资者也借助中联重科H股上市从香港资本市场套现，解决了大股东回购的资金压力。而且，随着CIFA的海外业务大涨，也缓解了中联重科海外业务的财务压力。

四、理论依据

（一）海外并购交易结构理论

1.确定交易结构中的并购主体和收购、支付方式

境内并购、收购主体选择相对简单，一般由有并购需求的企业或其控股子公司担任。跨境并购涉及境外标的，在并购主体的选择上需要考虑的因素更加复杂。一方面，为了保障交易的顺利实施，方便股权或资产的交割，并购方一般会在标的所在国设立SPV

(Special Purpose Vehicle) 作为直接收购主体；另一方面，在标的国对收购主体国别或背景有限制的情况下，并购方需要视情况新设SPV作为并购主体。此外，为了方便在境外融资，并购方也会考虑由境外子公司或新设境外SPV来实施并购。

并购交易的方式大致可分为资产收购和股权收购两种，二者各有利弊。股权收购的谈判和交割相对简便，涉及税种仅为企业所得税和增值税，在实践中被较多采用。资产收购与股权收购相比，标的较为单纯，整合成本较低，但牵涉对资产相关抵押权和债务的处置。除企业所得税外，不动产转让还涉及契税、土地增值税等税负，成本相对较高。

并购交易可选择现金支付或非现金支付（股权、资产）。在跨境并购中，根据《外国投资者并购境内企业的规定》，跨境换股需要商务部审批，且境外公司须为上市公司，境内、外股权的估值定价和交割亦较为复杂，实践中成功案例较少。因此，目前中资企业在跨境并购交易中仍以现金方式支付为主。

2.考虑各国税收特点

跨境并购交易完成后，境外实现的收入需要以分红等方式汇回国内，资金跨境划转过程涉及境、内外所得税和增值税等税种的征收和缴纳。由于各国税制不同，国家、地区间税收协定不同，不同交易结构下，企业需要承担的税收成本有着极大的差别。通过交易结构设计进行税收筹划、帮助企业降低税收成本，在跨境并购交易中显得至关重要。

（二）海外并购融资渠道分类

1.现金融资支付

现金融资支付是指并购方按照并购价格，向目标公司资产所有人一次性或分期偿付现金的方式。就我国企业的并购支付方式来看，现金收购仍然是最主要的支付手段。现金收购虽然具有防止股权稀释和控制权转移的优点，但是其缺陷也是显而易见的：现金支付会给并购方带来沉重的现金负担，也无法使目标公司的原股东拥有新公司的股权，这不仅将导致并购前并购方巨大的融资压力和财务风险，也将导致并购后的整合面临资金匮乏的财务风险，并使人员、经营及管理等各个方面无法顺利整合。

2.换股融资支付

换股融资支付是指并购方通过增发本公司普通股，以新发行的股票换取目标公司的资产或者股票。它的优点是可避免短期内现金的大量流出带来的压力，减少财务风险，使企业的并购活动不受并购规模的限制并取得节水效应。其缺点是会造成并购方股权的稀释，甚至可能使并购方控股股东失去控制权；此外，股本扩张会造成每股收益稀释，股票价格下降；且股票发行手续烦琐，使竞购对手有时间组织竞购，也使不愿被并购的目标公司有时间部署反收购措施。

3.混合支付

混合支付是指收购公司对目标公司提出收购要约时，出价不仅有现金、股票，还有认股权证、可转换债券等多种形式。

（三）海外并购融资风险因素

1.并购前融资风险

（1）融资额度确定风险

确定融资额度的风险也源于对目标企业价值的评估。如果评估价值过高，会增加并购融资成本和经营风险，甚至导致公司的破产；如果评估价值过低，会导致企业无法筹集足额资金，影响并购活动的顺利进行[3]。所以，并购企业需要在正式融资前就对并购情况进行了解，防止在融资额度确定上出现偏差，不能因为急于实施并购而忽略并购前的尽职调查。

（2）融资方式选择风险

供企业选择的融资方式有很多，主要包括自有资金融资、发行股票的权益性融资、银行贷款和发行债券的债务性融资等。内源融资是以牺牲企业的流动资金为代价进行并购，可能使企业陷入营业周转困境。股权融资的办理手续烦琐，筹集资金过程较长，成本较高。债务融资可能使企业负债比例过高，造成偿债危机。无论采用何种融资方式都会给企业带来一定的融资风险，但可以通过将多种融资方式组合在一起减轻融资风险。不同的融资结构存在着不同的融资风险，融资风险将对并购的效率产生影响，增加企业的负担。

2.并购进行时融资风险

（1）宏观环境风险

企业在并购活动中，可能会受到政策、法律、经济等宏观环境因素的影响，从而增加并购融资风险，使企业陷入财务困境。

（2）支付风险

在企业进行并购时，主要采用现金支付、股份支付、混合支付三种支付方式，它们分别引入不同的支付风险，包括资金链破裂的风险、企业控制权转移的风险以及杠杆结构不合理导致的偿债风险。现金支付是我国企业跨国并购采用的主要支付手段。但是，现金支付带来的融资风险较大，在并购方内部货币资金有限或筹资能力不足时，现金支付使企业偿还贷款的负担加重，影响其日常经营和发展。

（3）汇率风险

在跨国并购中，因并购企业和目标企业来自不同的国家，在支付并购款项时往往使用的是外币，使并购企业面临汇率波动带来的风险。

3.并购后融资风险

（1）偿债能力风险

并购企业的偿债能力就是偿还其长期债务与短期债务的能力。在融资过程中，企业需要全面考虑融资额度、融资结构、融资时机等因素，以免增加偿债负担、出现支付困难的情形。

（2）流动性风险

流动性风险是指企业内部资产无法正常周转、流动性低导致其日常运营活动受到影响而产生的风险。实施并购需要大量资金，并购企业自有资金不足时会向外部融资，但当债务过重时，短期偿债能力不足，资金链可能会出现断裂。这种情形更多地出现在选择现金支付的并购企业中。

（3）控制权风险

不同的融资方式在一定程度上会影响控股股东的控制权。企业并购所需资金额一般较大，仅仅通过自有资金难以足额筹集，所以并购方还会向外部借取资金。发行股票等权益性融资方式将直接分散控股股东的控制权，减弱投资者的影响力。发放债券等债务性融资方式会间接对企业的控制权产生影响。

（四）海外并购融资模式设计的基本原则

跨境并购属于资本密集型收购，通常交易金额较大且主要采用现金支付，杠杆收购是较为普遍的方式。因此，交易结构设计中需要考虑如何满足企业对融资地点、比例、币种、成本的要求，为匹配合理的融资方案打好基础[4]。

如果并购方倾向在境内融资，贷款融资比例控制在60%以下，且能够履行资金出境手续，那么可直接采用境内并购方作为借款人向境内银行申请并购贷款的方式。有竞标、规避汇率风险需求的企业，还可申请办理贷款承诺函、掉期交易等相关业务。如果并购方有融入低成本外币资金、规避资金出境、提高融资比例等要求，实施离岸融资则为更好的选择。如果境外融资主体资质较好，可考虑在境外直接进行双边或银团贷款融资；如果实力较弱需依托境内母公司，可采用内保外贷、风险参与等境内外联动方式融资，但须就对外担保事项向外管局履行相关登记手续。

五、背景信息

（一）双汇国际与中联重科股权结构

1.双汇国际股权结构

截至并购前一年即2012年年末，鼎晖投资是双汇国际的最大股东，持股33.7%；雄域公司为第二大股东，持股30.23%；润峰投资为第三大股东，持股10.57%；马来西亚郭氏集团持股7.4%；因双汇国际员工激励计划而设立的运昌公司持股6%；高盛策略投资公司持股5.18%；新加坡主权财富基金淡马锡完全控股的Duneam Iinvestment持股2.76%；股权投资公司新天域通过旗下两家子公司共控股4.15%。其中，鼎晖投资于7年前便投资双汇国际，其他股东（包括雄域、高盛集团、淡马锡控股等）于2006—2009年进入。

从以上股权结构可以看出潜伏在双汇国际背后的均是国际金融大家，有助于双汇国际巨额并购资金的筹集。从其收购结果来看，选择拥有全球并购顾问领域王者地位的高盛、中国PE大佬鼎晖，可谓筹谋深远。更为巧合的是，高盛同时也是SFD的股东。这样的双重身份，被业界看作双汇国际收购SFD最重要的推手之一。因此，此次并购可以说是国内外金融资本与产业资本联合推动下的一次国际产业整合。倘若成功，相关资本方和产业方将从中获得巨大的收益。

2.中联重科股权结构

长沙建设机械研究院有限责任公司（以下简称建机院）持有中联重科42%的股份，为中联重科的控股股东。湖南省国资委持有建机院59.7%的股份，为其第一大股东。因此，湖南省国资委为中联重科的实际控制人。

在并购CIFA时，国务院国有资产监督管理委员会正在对建机院进行清算注销。根据相关文件，建机院注销后，中联重科总股本仍为152 100万股，原建机院持有的公司63 671.1894万股中的38 011.7万股将由湖南省国资委持有，占总股本的24.99%。湖南省国资委仍为中联重科的控股股东。

由以上股权关系可知，中联重科的实际控制人为湖南省国资委。

第二大股东佳卓集团有限公司，持有中联重科11.1479%的股份，系联想控股全资子公司弘毅投资的控股子公司。在本次并购中，弘毅投资参与了联合并购，为共同投资人之一。

（二）双汇国际和中联重科的财务状况

1.双汇国际财务状况

双汇国际的总部位于香港，主要从事投资、国际贸易及多元化业务，是中国最大的肉类加工企业和中国最大的肉类上市公司双汇发展的控股股东，也是双汇发展第一大股东双汇集团的控股股东。

双汇国际本身并不具备任何实体业务，其控股公司双汇发展在2012年实现销售收入393亿元人民币，利润总额38亿元人民币。双汇国际2011年和2012年的净利润分别为1.88亿美元和4.68亿美元；2013年，集团贷款由2012年年底的1.94亿美元上升至74.32亿美元，占总资产的52.5%。贷款剧增的主要原因即收购SFD。在74.32亿美元的债务中，有49.5亿美元为三年至五年期；有7.6亿美元为当年内就到期。

2.中联重科2007年财务状况

截至2007年12月31日，中联重科总资产约为853 216.17万元，其中净资产约为375 075.89万元，负债约为478 140.28万元，资产负债率达到56%。2007年中联重科经营现金流为4.7亿元，远远小于并购所需资金。

在本次并购交易中，中联重科承担还款责任的负债为2亿美元，本次交易存在引起公司资产负债率上升的风险。假设本次交易已经于2007年1月1日按照设计的交易结构完成，则截至2007年12月31日，公司合并报表的资产负债率将从本次交易前的56%上升到67%。

六、关键要点

1.海外并购交易结构内涵及其设计原则。

2.海外并购中各种融资契约主体关系以及各主体承担的成本、收益与风险；海外并购融资中发挥重要作用的中介机构及其职能。

3.影响海外并购融资模式选择的内外部因素；海外并购融资模式的合理选择机制。

七、参考文献

［1］张智. 跨境并购交易结构设计研究［D］. 南京：东南大学，2019：12-15.

［2］潘颖，聂建平. 我国企业海外并购融资问题研究［J］. 开发研究，2010（01）：127-129.

［3］张帆. 浅析跨境并购中的交易结构设计［J］. 中国银行业，2020（01）：76-78.

［4］张建红，卫新江，艾伯斯. 决定中国企业海外收购成败的因素分析［J］. 管理世界，2010（03）：97-107.

第八章 并购商誉

案例15 高溢价背后的推力

——天舟文化并购游爱网络案例[①]

案例导读

企业并购是资源战略整合的常见方式，现有并购多为溢价并购。在轻资产并购案例中，高溢价成为受人瞩目的焦点。资产评估公司新来的员工小峰对天舟文化并购游爱网络的高溢价产生疑惑，随后开始了寻找溢价驱动因素的过程，主要包括从宏观环境、行业角度进行分析，从主并购方、被并购方的战略以及业务角度进行阐述。本案例的设计目标在于使学生对并购溢价原因的探究形成逻辑清晰的思路，形成并购风险意识，从而解决实际中企业潜在的并购高溢价问题。

关键词

并购溢价　游戏公司　对赌协议　溢价风险

案例正文

小峰这周刚刚进入A评估公司的业务部上班，他看到大家脸上洋溢着灿烂的笑容，经过询问，才知道原来是公司负责评估的天舟文化并购游爱网络的项目成功了。为了更好地熟悉公司业务，他开始着手了解此次并购的过程。

小峰根据评估报告得知游爱网络是一家游戏公司，在2015年的净资产只有12 191.05万元，归属于母公司所有者权益10 360.29万元。然而，游爱网络的股东全部权益价值按市场价值估值为162 245.51万元，较归属于母公司所有者权益评估增资额为151 885.22万元，增值率竟然达到了1 466.03%。小峰感到疑惑：这么高的溢价是合理的吗？高溢价背后又有哪些驱动因素呢？小峰决定彻底研究一下原因。

一、公司背景

天舟文化属于文化企业，近年来我国对文化企业有诸多利好政策。2013年，文化企业就发生了96起并购事件，并购金额高达500亿元，2013年被认为是文化企业的“并购元年”。2014年，我国相继推出了《文化产业振兴规划》等众多加快文化领域事业发展的优惠方针政策，企业并购数量和并购规模都取得飞跃性的突破，传媒业发生并购交易数量达到

---

① 本案例由杨艳、汪品君改编自杨艳、李洁撰写的入选中国专业学位教学中心会计专业学位案例库的《高溢价背后的推力——基于天舟文化并购游爱网络高溢价案例研究》。本案例主要适用于“企业并购与重组”等章节课程的教学。

169起，数额约为1 605亿元。2013年传媒业企业并购标的以影视业、游戏业企业数量最多。天舟文化并购游爱网络成功的年份——2016年——则是“十三五”规划的开局之年，也是供给侧结构性改革的深化之年。在宏观经济下行压力加大的背景下，中国文化产业逆势增长，不仅保持快速增长，而且“文化+”融入相关产业的发展，使得经济发展质量提升，促进了经济转型升级。

游爱网络属于游戏行业，主要研发手游产品。游戏行业这些年的发展速度很快，从端游到手游的产品都十分火爆。根据中国音数协游戏工委、伽马数据国际公司出具的《2016年中国游戏产业报告》截取的部分数据如图15-1所示。

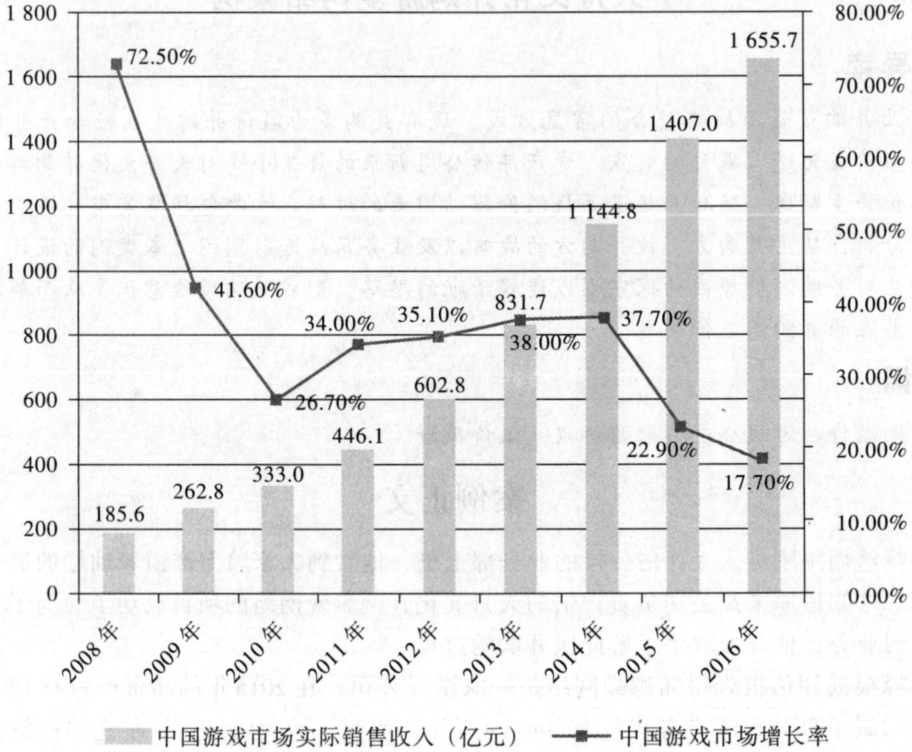

图15-1 中国游戏市场实际销售收入[①]

近几年中国游戏市场处于高速增长阶段，在2016年，增长率相对上年有所放缓，但销售收入增量保持稳定。

移动游戏处于增长状态，由于基数扩大等原因，2016年增速有所下降，但仍然不可小觑。

游戏行业从现有数据观察，正处于蓬勃发展的阶段，不过移动游戏市场竞争激烈，进入门槛低，产品格局变动较大，游戏产品时效性不长，一款游戏今年很流行，可能明年用户就寥寥无几了，所以有“快餐”之称。中国移动游戏市场实际销售收入如图15-2所示。

① 中国音数协游戏工委（GPC），伽马数据（CNG中新游戏研究），国际数据公司（IDC）. 2016年中国游戏产业报告［EB/OL］.［2022-08-18］. https：//www.cgigc.com.cn/details.html?id=08da8100-13f3-4903-82f3-503acca10699&tp=report.

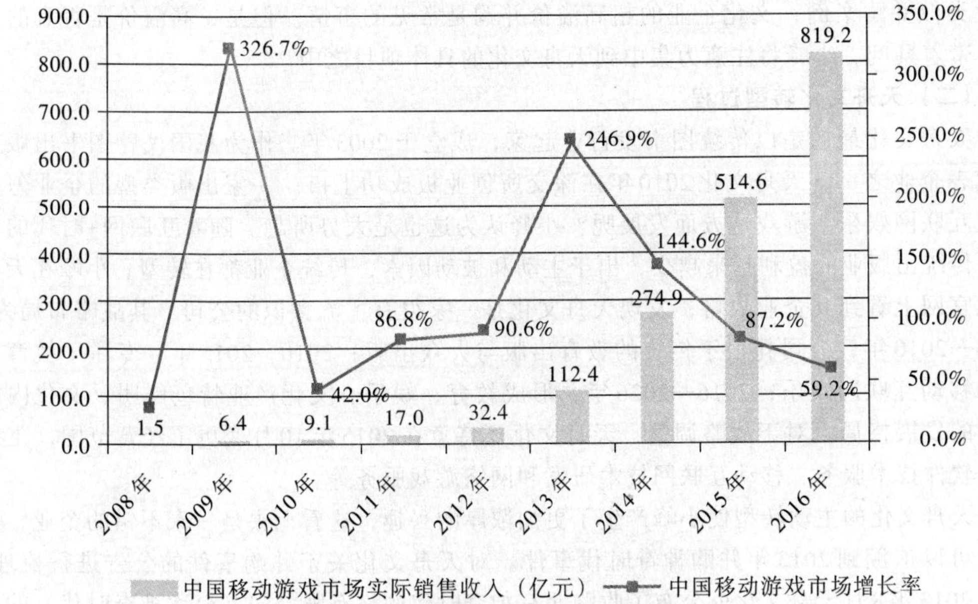

图15-2　中国移动游戏市场实际销售收入①

纵观本并购案例相关行业整体趋势，文化企业受到政策的优待，游戏行业又有如此迅速的发展，那么高溢价并购是不是普遍存在呢？

二、主要内容

（一）相似的文化企业并购案例

小峰搜索和整理了近年来的文化企业并购案例，将游爱网络归入轻资产公司类型，通过筛选并购方和被并购方的行业，针对性地寻找与天舟文化并购游爱网络相似的案例。文化企业近年来类似的同业并购活动见表15-1。

表15-1　**同类并购表**②　金额单位：万元

并购方	被并购方	评估价值	基准日账面净资产	评估增值率
掌趣科技	动网先锋	81 009.00	5 240.62	14.46
博瑞传播	漫游谷	106 190.00	14 175.36	6.49
天舟文化	神奇时代	125 413.31	5 697.70	21.01
浙报传媒	边锋浩方	319 994.78	17 648.90	17.13
华闻传媒	掌视亿通	130 525.33	15 809.41	7.26
中文传媒	智明星通	266 000.00	9 118.72	28.17
慈文传媒	赞成科技	110 078.63	5 131.64	20.45
天舟文化	游爱网络	162 245.51	10 360.29	14.66

对比溢价率，小峰发现，市场上已经普遍接受了溢价并购这种典型的并购模式，根据

① 中国音数协游戏工委（GPC），伽马数据（CNG中新游戏研究），国际数据公司（IDC）. 2016年中国游戏产业报告［EB/OL］.［2022-08-18］. https: //www.cgigc.com.cn/details.html?id=08da8100-13f3-4903-82f3-503acca10699&tp=report.

② 中国音数协游戏工委（GPC），伽马数据（CNG中新游戏研究），国际数据公司（IDC）. 2016年中国游戏产业报告［EB/OL］.［2022-08-18］. https: //www.cgigc.com.cn/details.html? id=08da8100-13f3-4903-82f3-503acca10699&tp=report.

行业类似并购案例，文化企业的超高溢价并购是常见的事情。但是，高溢价是否真的合理？带着疑问，小峰将注意力集中到天舟文化的具体项目之中。

（二）天舟文化转型过程

天舟文化最初是以传统图书发行业起家，成立于2003年。作为我国民营图书出版业的代表企业之一，天舟文化2010年在深交所创业板成功上市。一家出版类型的企业怎么会往互联网娱乐、游戏这方面发展呢？小峰认为这也是大势所趋。随着互联网+时代的到来，传统出版业的盈利越来越少，出于主动和被动因素，传统企业都在转型。小峰在天舟文化官网上看到其企业战略，发现天舟文化是一家很有主流意识的公司。其战略布局为：2003—2010年，公司扎根于传统的教育出版与大众出版；2010—2015年，专注于教育出版和移动互联网娱乐；2016—2026年，形成教育、娱乐、文化产业特色鲜明、文化内涵深厚的发展格局。对于战略调整，天舟文化还特意在2015年10月变更了经营范围，主要增添软件技术服务、移动互联网技术研发和网络游戏服务等。

天舟文化的主动转型使小峰产生了更加浓厚的兴趣，这看上去是一家不错的企业，其转型可以追溯到2013年并购神奇时代事件。对天舟文化关于并购事件的公告进行梳理，可知2013年8月天舟文化就公布了收购北京神奇时代网络有限公司（简称神奇时代）的消息，2014年5月完成对神奇时代的收购，神奇时代100%股权的交易价格为125 400.00万元，交易对价构成：天舟文化通过非公开发行股份支付对价89 180.00万元，采取现金支付对价36 220.00万元。

天舟文化并购神奇时代与并购游爱网络是同一类型的并购事件，小峰联想到溢价的相似性。对神奇时代的评估报告表明，神奇时代在2013年净资产账面价值仅为5 697.70万元，并购溢价率达到20倍以上。另外，细心的小峰看到双方签有对赌协议，神奇时代在承诺期（即标的资产交割后其净利润实现目标所承诺的3个年度期间），即标的资产经审计机构专项审计的2014年度、2015年度与2016年度净利润分别不低于12 010.11万元、15 014.92万元和16 572.34万元。如果在承诺期内，神奇时代各年度实际实现的净利润低于业绩承诺，则业绩补偿义务人可以选择以下两种方式中的一种向天舟文化进行补偿：业绩补偿义务人以其本次交易获得的天舟文化股份补偿，不足补偿部分由其以现金方式向天舟文化进行补偿；以现金方式向天舟文化补偿，不足补偿部分由其以本次交易获得的天舟文化股份向天舟文化进行补偿。收购神奇时代是天舟文化转型的一个标志。

神奇时代在被收购前的部分财务数据见表15-2。

表15-2　**神奇时代财务数据**①　（单位：万元）

项目＼年份	2011年	2012年	2013年
营业收入	343.58	6 575.33	18 989.80
净利润	−755.43	3 037.89	8 767.80
归属于母公司净利润	−760.00	3 042.66	8 831.34

神奇时代在被收购后财务数据纳入天舟文化的合并财务报表中，通过公告可知其

① 数据来源于通过内部调研获得的神奇时代2011—2013年财务报表。

2014年、2015年及2016年的业绩实现情况如下：

2014年度神奇时代经审计后实现净利润12 772.07万元，扣除非经常性损益后归属母公司净利润为12 286.32万元，超额完成承诺业绩276.21万元，计提奖励金额现值77.55万元。2015年度神奇时代经审计后实现净利润15 362.72万元，扣除非经常性损益后净利润为14 827.17万元（不含冲回奖励金），本年未完成承诺业绩187.75万元。神奇时代2014年、2015年、2016年累计承诺扣非后净利润43 597.37万元，累计实现扣非后净利润43 161.97万元，累计未完成承诺业绩435.40万元，经计算需要对天舟文化进行业绩补偿，根据利润补偿方案计算，业绩承诺人需向天舟文化赔偿股份148.0319万股，折算现金金额1 252.35万元。小峰算了一下，承诺期神奇时代业绩完成度竟然高达99%，这不是意味着业绩差额都可以忽略不计了吗？不过神奇时代后期能否可持续发展，是一个值得商榷的问题。

在看过天舟文化2013年的并购案之后，小峰心中已有几分明朗，并购游爱网络的项目在并购神奇时代之后，这属于战略的延续，明眼一看就是天舟文化在游戏方面的深度布局。神奇时代在溢价方面很高，但是这个并购项目成功了，这是否会直接促进了天舟文化对游爱网络的并购以及接受如此高的增值率？细细一想，天舟文化初尝甜果之后肯定想进一步发展。另外，有业内评价如下：神奇时代被天舟文化并购后继续保持良好的发展态势，表明天舟文化拥有优质的手游业务运营和管理基因，此次收购游爱网络有望使公司业绩继续保持高速增长。

（三）天舟文化并购游爱网络

小峰对主并购方天舟文化进行深入了解之后，开始研究被并购方游爱网络。游爱网络全名为广州游爱网络有限公司，是2011年崛起的新秀，是一家集游戏研发与市场运营于一体的手机游戏公司。自成立以来，公司拥有55个知识产权，推出的《风云天下OL》《风云天下·重燃》《比武招亲》《五虎将》《塔王之王》等游戏在市场上深受广大玩家的喜爱及好评，并且多款游戏的流水量已达千万级别，公司处于快速成长期。2016年其被天舟文化并购，同年十月申请成为高新技术企业，2015年入选中国互联网百强企业。

虽然戴着很多光环，但游爱网络被收购前近两年的业绩表现却让人担忧。游爱网络2014年与2015年的收入情况见表15-3。

表15-3　　**游爱网络2014年与2015年的收入情况**[①]　　单位：万元

项目＼年份	2014年	2015年	增长率
营业收入	15 591.46	15 746.40	1%
净利润	2 202.29	4 030.68	83%
归属于母公司净利润	2 261.65	4 060.67	80%

掌握并购双方的信息后，小峰整理了天舟文化并购游爱网络的具体过程。

2015年9月1日，天舟文化停牌，表明筹划重大资产重组事项，标的资产主要从事互联网广告的推广与服务，以及网页游戏、移动游戏的发行与运营，是国内知名网络游戏资

① 数据来源于通过内部调研获得的游爱网络2014—2015年财务报表。

讯媒体的运营商。

2015年12月17日，天舟文化首次公布重组标的公司为游爱网络，披露收购进展。

2016年2月25日，天舟文化披露以2015年12月31日为基准日对游爱网络进行的资产评估结论，评估方法为市场法与收益法结合。

2016年3月21日，天舟文化召开第二届董事会第四十六次会议，审议通过了《天舟文化有限公司发行股份及支付现金购买资产并募集配套资金报告书（草案）的议案》及其他相关议案。

2016年4月8日，天舟文化临时股东大会通过此议案。

2016年5月18日，天舟文化第二届董事会第五十次会议审议通过了盈利预测补偿的议案。

2016年7月18日，天舟文化并购游爱网络获得中国证监会批准。

2016年8月15日，并购完成。本次并购交易金额为162 000万元，其中以现金形式支付538 902 846.64元，以股份形式支付1 081 097 153.36元，按照发行价格14.78元/股计算，本次拟发行股份用于购买资产的股数为73 145 950股。

此次天舟文化并购游爱网络也签订了对赌协议。协议约定，游爱网络2016年、2017年、2018年实现扣除非经常性损益后归属于母公司所有者的净利润分别不低于12 000.00万元、15 000.00万元、18 750.00万元。如果在承诺期内，游爱网络实际实现的净利润低于承诺业绩，则业绩补偿义务人可以选择以下方式向天舟文化进行补偿：

（1）以其本次交易获得的上市公司股份补偿，不足补偿部分由其以现金方式向上市公司进行补偿。

（2）以现金方式向天舟文化补偿，不足补偿部分由其以本次交易获得的天舟文化股份向天舟文化进行补偿。

2016年度，广州游爱网络扣除非经常性损益后归属于母公司股东的净利润为12 157.19万元，超额完成承诺业绩157.19万元，经计算不需要对天舟文化进行业绩补偿。

天舟文化两次并购都签订了对赌协议，可是小峰并不明白其作用，于是上网搜索了对赌协议的具体含义。对赌协议是私募股权投资经常使用的一种契约工具，又称为估值调整协议。它是投资者与融资方在达成协议时对未来不确定情况的一种约定。如果约定的条件出现，投资方可以行使一种估值调整协议权利；如约定的条件不出现，融资方行使另一种权利。通常形式是，当企业业绩出色时，投资者支付更多的对价；当企业经营状况不理想时，投资者要求股权转换、回购或者补偿。一般来说，实际业绩达到承诺数的90%以上可以称为成功，按照现有重大资产重组管理办法，只有当低于承诺数的80%才要求作出公开解释说明。原来这个对赌是与风险相关的，根据报告，游爱网络在2016年实现了业绩承诺。

小峰想到，游爱网络评估值如此高，那具体评估流程绝对不是一个简单的事情。他直接找到资深评估员小刘咨询，了解评估游爱网络的大体流程。他了解到，评估不仅要分析行业发展、公司资本构成、自身优劣势等，还要分析各种风险。

小峰在查看评估报告时，特别注意到并购前期游爱网络发生过股权变化，最近的变化时间发生于2015年3月。2015年3月26日，游爱网络与乾亨投资、詹庆光签订《投资协议》，约定由乾亨投资出资1 564.00万元，认购游爱网络新增注册资本23万元；由詹庆光出资476.00万元，认购游爱网络新增注册资本7万元（见二维码15-1）。

根据资产评估报告内容，评估游爱网络采用市场法得出的估值为161 597.15属于母公司所有者权益评估增值额为151 236.86万元，增值率为1 459.77%。采用收益法评估的价值为162 245.51万元，较归属于母公司所有者权益评估增值额为151 885.22万元，增值率为1 466.03%。最终，评估结论以收益法的结果为准。

15-1 2015年游爱网络合并资产负债表（简化表）

为了全面追踪并购事件，小峰还调查了与并购相关的股价效应，天舟文化宣布并购神奇时代后，接连涨停。天舟文化在公司发行股份及支付现金收购游爱网络并募集配套资金的非公开发行股票方案获证监会审核通过之后，6月8日公司股票复牌即出现涨停，如图15-3所示。

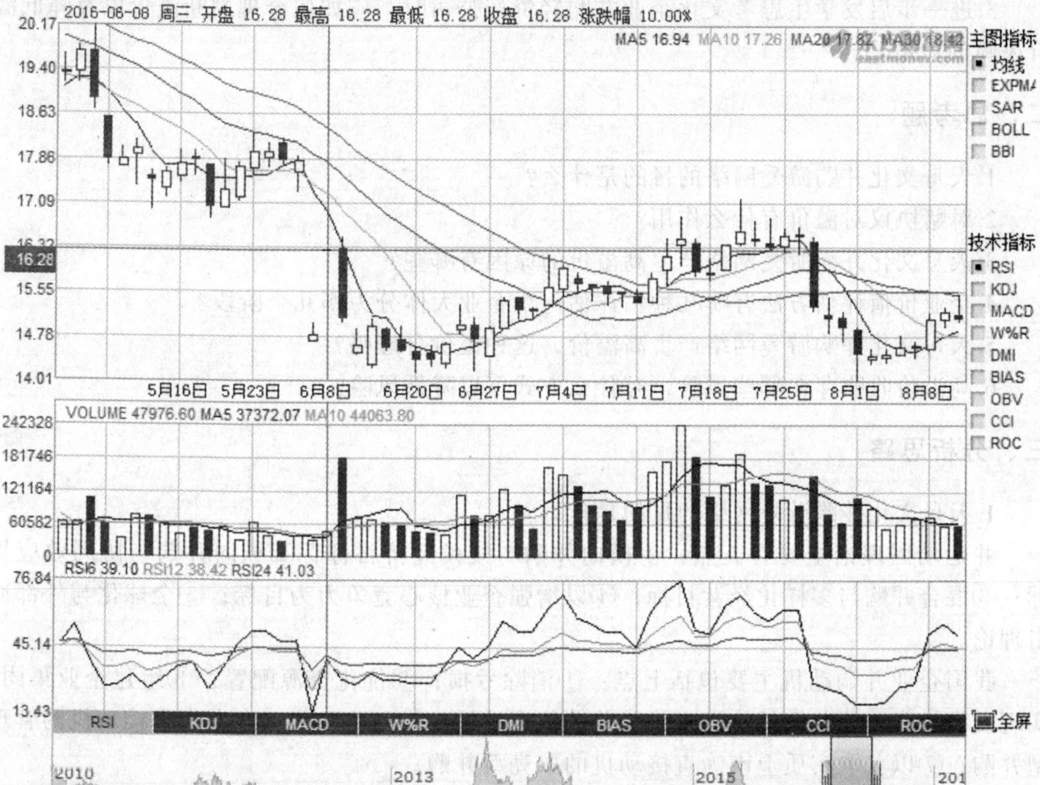

图15-3　2016年6月8日天舟文化公司股票情况①

【政策思考】

2021年6月，文化和旅游部发布《“十四五”文化产业发展规划》，强调：规划作出“十四五”时期我国文化产业仍处于大有可为的重要战略机遇期的综合判断，提出以推动文化产业高质量发展为主题，以深化供给侧结构性改革为主线，以文化创意、科技创新、产业融合催生新发展动能，提升产业链现代化水平和创新链效能，不断健全现代文化产业体系和市场体系，促进满足人民文化需求和增强人民精神力量相统一，为社会主义文化强

① 东方财富网. 天舟文化行情［EB/OL］.［2016-06-08］. http://quote.eastmoney.com/sz300148.html#.

国建设奠定坚实基础。[①]

请阅读相关材料并思考：天舟文化并购游爱网络产生高溢价的原因是什么？文化企业并购轻资产公司时，应如何判断溢价是否合理？降低并购溢价风险的对策又有哪些？

案例使用说明

一、教学目的

1.通过案例使学生了解并购相关理论知识；

2.引导学生从不同角度思考产生溢价原因；

3.进一步启发学生思考文化企业并购轻资产公司时，应如何合理判断溢价以及降低溢价风险的对策。

二、思考题

1.天舟文化并购游爱网络的目的是什么？

2.对赌协议对溢价有什么作用？

3.天舟文化并购游爱网络产生高溢价的原因有哪些？

4.企业价值评估方法有哪几种？评估一个企业大体分为哪几个阶段？

5.天舟文化并购游爱网络产生高溢价，这种溢价合理吗？

6.高溢价收购存在哪些风险，有什么方式可以降低风险？

三、分析思路

1.天舟文化并购游爱网络的目的是什么？

并购动因理论主要有五点：①横向并购与规模经济目标；②纵向并购与协同效应目标；③混合并购与多样化经营目标；④以增强企业核心竞争力为目标；⑤全球化与外部冲击理论。

我国企业并购动机主要包括七点：①消除亏损；②优化资源配置；③组建企业集团、实现规模扩张；④获取低价资产；⑤获取优惠政策；⑥以获取代理成本为直接动机的管理型并购；⑦以获取实质上市为直接动机的取壳型并购。

天舟文化并购游爱网络的目的：

（1）从战略角度看，天舟文化2010—2015年专注于教育出版和移动互联网娱乐，2016—2026年要形成教育、娱乐、文化产业特色鲜明、文化内涵深厚的发展格局。文化企业并购是市场趋势。天舟文化正处于深度发展移动互联网业务阶段，并购重组是一种快速有效的资源整合与战略转型的方式。游爱网络是发展迅速、有实力的游戏公司，在战略上符合天舟文化的扩张方向。

（2）从经营角度看，天舟文化属于传统出版企业，目前出版业务盈利空间在逐渐缩小，天舟文化原有业务的盈利能力在下降，多元化发展甚至转型发展是天舟文化增强盈利

① 文化和旅游部．“十四五”文化产业发展规划［EB/OL］．［2021-06-08］．https：//www.mct.gov.cn/whzx/whyw/202106/t20210608_925081.htm.

能力的有效手段。另外，由于2013年天舟文化成功并购了神奇时代并且在并购后经营良好，使其积累了并购经验及经营游戏公司的经验，这无疑增强了天舟文化并购游爱网络的信心。

（3）从并购方式来看，天舟文化并购游爱网络属于横向并购，并购存在协同效应（财务协同和管理协同）。

2.对赌协议对溢价有什么作用？

第一，了解对赌协议的内涵以及目的。对赌协议是投资者与融资方在达成协议时对未来不确定情况的一种约定。如果约定的条件出现，投资方可以行使一种估值调整协议权利，如不出现则行使另一种权利。通过条款的设计，对赌协议可以有效保护投资人的利益。

第二，分析对赌协议在并购中的作用。在企业并购的过程中，对被收购方的估值是必不可少的环节。由于收购方难以对未来作出准确预测，因此产生了这种根据被收购方未来发展情况对收购进行价格调整的方法。对赌产生的基本目的就是规避收购风险，双方以利益最大化为目的签订对赌协议。主并购方以溢价进行收购，而溢价的合理性难以判断，则采用对赌协议来降低主并购方对被并购方未来判断的不确定性，使得主并购方更加容易接受溢价的存在。

第三，分析对赌协议对溢价产生的作用。对赌协议因风险而存在，主并购方风险承受度增强，相应地会间接推动溢价提高。另外，对于被并购方，对赌协议在激励被并购方的同时会增加其经营压力，因为一旦完不成承诺业绩，就要对投资方进行补偿，这种压力反之又会提高并购溢价。

3.天舟文化并购游爱网络产生高溢价的原因有哪些？

根据案例给出的材料，可分为三个层次分析高溢价产生的原因。

（1）宏观政策以及行业层面

天舟文化属于文化行业，游爱网络属于游戏行业。根据案例正文以及相关资料可以发现，并购双方所处的行业均受到优惠政策的影响，在两类公司并购重组方面也有政策利好，这无疑会使高溢价并购频发。

游戏行业的高速发展以及游戏公司的轻资产属性，使其成长性、未来盈利性受到积极的预估判断。因未来发展被看好，从而产生高溢价并购。

（2）主并购方天舟文化的角度

天舟文化对游戏业务深度布局。在2013年天舟文化就有意向互联网娱乐领域发展，在并购神奇时代成功后，天舟文化再次并购游戏公司，其协同效应是很大的，因此催生高溢价。

天舟文化成功并购神奇时代后经营良好，拥有经营游戏公司的经验，业内人士也十分看好其在互联网娱乐领域的发展，使其自信心提升，也会更加容易接受高溢价。

（3）被并购方游爱网络的角度

游爱网络作为“轻资产”游戏公司，其账面仅包括了少量的固定资产、货币资金以及可辨认无形资产，而承载公司主要价值的无形资产并不能完全在资产负债表中体现。游爱网络是一家集游戏研发与市场运营于一体的手机游戏公司，自成立以来，公司拥有55个知识产权，多款游戏的流水量已达千万级别。这表明游爱网络存在固定黏性客户，管理运营团队也有着丰富的游戏开发、运营和营销经验。游爱网络内在价值所形成的综合性协同效应对企业价值能产生贡献，所以使用收益法评估出来的增值率更高。

市场上游戏行业并购溢价都很高，说明游戏行业受到青睐和看好，游戏公司作为标的公司，其在并购谈判中的地位也会随之增高，从而提高溢价。

4.企业价值评估方法有哪几种？评估一个公司大体分为哪几个阶段？

（1）企业价值评估的基本方法主要有收益法、市场法和资产基础法。

①收益法是指将预期收益资本化或者折现，以确定评估对象价值的评估方法。具体方法包括股利折现法和现金流量折现法。

②市场法是指将评估对象与可比上市公司或者可比交易案例进行比较，以确定评估对象价值的方法。具体方法包括上市公司比较法和交易案例比较法。

③资产基础法是指以被评估企业评估基准日的资产负债表为基础，合理评估企业表内表外各项资产、负债价值，以确定评估对象价值的评估方法。

企业可以根据评估目的、评估对象、价值类型、资料收集情况等相关条件，以及三种评估方法的适用条件，选取最适合的评估方法。

（2）评估程序分四个阶段进行。

①评估准备阶段：明确评估项目基本事项、编制评估计划；提供资料清单；辅导填表。

②现场工作阶段：了解企业历史及现状；审阅核对资料；现场勘察与重点清查；调查访谈；确定评估途径及评估方法。

③评定汇总阶段：对初步工作结果进行汇总、分析；对评估结果进行必要调整、修正和完善；确定资产评估初步结论，并起草评估报告书，提交公司内部复核。

④提交评估报告书。

5.天舟文化并购游爱网络产生高溢价，这种溢价合理吗？

这道题没有统一的标准，说明理由即可，鼓励学生发表不同意见。判断合理的因素主要从以下几点来看：

①市场普遍规律，从类似典型案例来看，本案例研究的并购高溢价有其合理性。

②评估方法，对游爱网络的评估方法是市场法和收益法，它们适合轻资产属性的游戏公司。根据评估报告，游爱网络通过两种评估方法得出的结果差别不大，因此提高了评估价值的准确性。

③股价效应，天舟文化在公布收购消息后，股票复牌即出现涨停。股价的大幅上涨，一方面存在着系统性原因，但另一方面更多地反映了资本市场对其并购方案的认同。无独有偶，在该时期，网游板块一直是市场的热门板块，投资者对网游行业的前景十分看好。市场并没有因为天舟文化的高溢价收购而质疑其未来的高成长性，因此溢价有其合理性。

④被并购方处于游戏行业，而游戏行业规模增速明显减缓，且竞争大，所以游戏行业未来的局势和盈利可持续性如何均是很不确定的。从被并购方的财务数据来看，游爱网络2014年和2015年的平均收入增长率仅为1%，未来发展不确定性极大，发展空间有可能受限。虽然被并购方净利润增长率十分可观，可是如何继续提高利润是一个很棘手的问题。

高溢价是对游爰网络的高度肯定，但未来存在诸多不利因素，由此溢价程度过高看起来也有不合理的地方。

6.高溢价收购存在哪些风险，有什么方式可以降低风险？

高溢价收购存在的风险有：收购公司股东财富的转移、对协同效应的抵消作用、财务杠杆的反作用、商誉减值风险、对赌失败风险等。

影响收购价格的直接因素有两个：目标公司的资产价值和潜在价值。因此，合理定价、规避溢价风险的主要措施就是准确评估目标公司的现有价值，合理预测其未来可能产生的收益。

第一，并购前收购方应对目标公司的资产情况和经营状况进行详尽的调查，具体包括会计报表的分析、全部资产的盘点、所有可能影响企业未来经营的或有事项以及与企业经营有关的政策条款等，及时发现其财务缺陷。对目标公司进行风险分析后，应以稳健的态度对待目标公司潜在的各项风险，设计好风险应对措施。收购方还应了解与目标公司有业务往来的企业的基本情况，以及企业所属行业的其他相关企业的情况，减少信息不对称带来的价值评估误差。

第二，协同效应的高估是导致超额溢价产生的主要原因之一，客观全面地分析并购所处的环境因素，是合理确定协同效应的关键。

四、理论依据

（一）企业并购价值评估方法

企业价值评估是将企业作为一个有机整体，以企业自身拥有或控制的资产为依据，以实现企业价值最大化为管理目标，利用科学的方法，在充分考虑影响企业未来经营期间获利能力因素的前提下，对企业在未来某时点上的整体经济价值作出综合性的预算评价与估计[1]。企业价值评估方法主要包括资产价值评估法、市场比较法、收益折现法三种。

1.资产价值评估法

资产价值评估法指通过分析、评价和估测目标企业所拥有的资产，获得其整体价值的评估方法。该方法按照不同的资产价值标准，以目标企业的资产为对象，主要分为净资产账面价值法、重置成本法、市场价值法、清算价值法。

2.市场比较法

市场比较法，是指在并购市场上，通过选取可比公司或可比交易作为参照对象，来确定评估模型中的相关参数，从而得到目标企业的价值。此方法不仅可用于上市公司的价值评估，还可用于非上市公司的价值评估。根据参照对象的不同，市场比较法可分为：可比公司法、可比交易法。

3.收益折现法

收益折现法是在对企业自身获利潜质及外界经营环境因素的影响进行综合考虑的前提下，基于企业历史数据，对企业的未来收益进行估计，并根据未来经营风险及投资期望报酬率确定折现率，在此基础上，通过计算收益现值从而得到企业价值。实务中比较常用的有现金流量折现法与经济增加值法。

（二）企业并购动因理论

1.效率理论

效率理论是从经济学的角度阐述企业并购，指出企业从事并购的目的就是增加企业价值，提高管理效应或财务效应，达到协同效应。

2.市场势力理论

市场势力理论是指在市场中，由于企业控制某种资源或者具有某种手段而能够影响甚至是控制市场。它认为借助于并购提高经营效率的企业能够减少竞争对手、扩大生产规模、延伸产业链、有力地控制市场，并且采取不同的并购方式会对企业控制市场的方式和程度产生很大的影响。

3.企业发展理论

该理论认为，企业在市场竞争中，只有通过不断地持续发展才能够增加对市场的控制力。而持续发展需要通过两种方式：一是进行并购以实现外部成长；二是进行内部积累以扩大生产能力。两种方式相比之下，往往并购具有更高的效率。

4.价值低估理论

价值低估理论指出企业寻求并购的动因之一是如果其他企业的价值存在低估，那么并购就会发生。企业价值被低估的原因一般包括：企业没有为管理层提供展现其经营能力的舞台；被并购企业价值的内部信息为并购企业所拥有而外部市场所没有；企业资产重置价值被低估，与市场价值之间存在差异。

（三）并购风险管理理论

并购风险管理是指并购企业为实现企业并购目标，对并购中的各种风险因素所采取的一系列专门的措施和方法，包括制定并购风险管理目标、选择并购风险管理技术和开展并购风险管理活动等[3]。企业并购风险管理的主要目的就是规避和控制损失，力求获取稳定的价值回报。

（四）并购与重组理论

企业通过兼并另外一家企业的全部或部分资产或股权，扩大了企业自身的经营规模、资产规模，改变了企业自身资产结构，而另一家企业保留或被取消法人资格[4]。收购是保留被收购企业的法人资格，通过收购改变了被收购企业的资本结构和股东结构，达到收购标的企业的优质资产的目的。重组是指两家以上企业在一定经济范围内的各种资源的重新整合，发挥协同效应。在并购的相关概念中，重组的涉及面与范围更广，只要是涉及企业之间包括债权债务、人员业务、经营模式等要素的重新组合都可称为重组，因此，重组较之并购的含义更为宽泛，包括了兼并、联合、收购、接管等概念。

（五）并购协同效应

并购的协同效应一般是指并购双方可以通过资源共享、能力和知识的转移来实现企业竞争能力的增强，从而增加企业价值[5]。对协同效应的追逐是大多数并购活动的主要动机，并购产生的协同效应是并购溢价形成的主要价值基础。

根据实现途径的不同，协同效应可以分为经营协同效应、管理协同效应和财务协同效应。经营协同效应是指并购后企业经营效率的提高所产生的价值增加，并购企业可以通过实现规模经济、纵向一体化、降低生产成本、提高市场份额、实现垄断利润等途径实现经营协同效应。管理协同效应是指合并后管理效率低下的企业受益于拥有先进管理水平的企业，使其管理效率的总体水平得到提高。财务协同效应是指合并给公司财务方面带来的协同收益，包括提高资金利用效率、降低破产风险、合理避税等。

五、关键要点

本案例需要学生理解和掌握的主要知识点包括：企业战略与风险管理；并购与重组理论；并购协同效应；并购溢价的原因；企业价值评估方法。

以案例思考题为主要分析方向，识别出问题中包含的理论知识，做到理论与实践相结合。

六、参考文献

［1］王景升．企业价值评估的理论与方法研究［J］．理论界，2005（12）：228-230.

［2］李计坤．企业并购动机理论分析［J］．商场现代化，2005（27）：77.

［3］肖永建．跨国并购风险管理及其对中国的借鉴［D］．长春：吉林大学，2004.

［4］刘宇华．国有控股企业并购动因理论分析［J］．现代管理科学，2017（12）：57-59.

［5］苏敬勤，刘静．中国企业并购潮动机研究——基于西方理论与中国企业的对比［J］．南开管理评论，2013，16（02）：57-63.

案例16　金财互联：巨额商誉的“前世今生”①

案例导读

长期以来，会计界对商誉的处理一直存在着争议。随着经济环境的不断回暖、各种利好政策的出台，越来越多的企业通过并购谋求进一步发展的空间，我国并购市场随即出现许多高溢价并购，上市公司由此形成巨额并购商誉。然而，在业绩承诺期过后，被并购方盈利骤减的情况屡见不鲜，导致母公司计提巨额商誉减值，给利益相关者带来了很大的负面影响，干扰了资本市场的应有秩序。由此，高商誉、巨额商誉减值的原因及其后果被越来越多的利益相关者所关注。本案例以金财互联控股股份有限公司为研究对象，解析金财互联的并购高商誉是怎样形成的以及计提巨额商誉减值的原因，以期为同类型企业提供借鉴与参考。

关键词

高溢价　并购　商誉减值

案例正文

2021年1月30日，金财互联控股股份有限公司（以下简称金财互联）公布了2020年度业绩预告，该上市公司计划对互联网财税板块计提8亿至8.5亿元的商誉减值。张鸣和王涵看到消息后感到十分疑惑，在2020年金财互联已经对方欣科技计提了8.45亿元的巨额商誉减值，为何今年还要继续计提？是并购后子公司方欣科技的经营业绩不佳，还是管理层盈余管理的体现，抑或是其他原因？想到这，张鸣和王涵两人立刻找出了近年来金财互联的年报，查找金财互联并购方欣科技后的经营情况数据，想要通过分析来解答心中的疑惑。

一、公司简介

上市公司金财互联②，系中外合资公司，以销售热处理设备、热处理加工件起家。2010年12月31日登陆深交所上市，而后过了5年营收变化不大但净利润却逐年下降的“混吃混喝”的日子。2011年至2013年，其营业收入从3.2亿元增长到3.8亿元，但净利润从5 100万元降至4 400万元。扣非净利润也同步下降：2014年扣非净利润降至2 506万元，净利润降至3 490万元，创上市以来最低纪录。为了摆脱这种经营窘境，金财互联将目光转向了其他地方——跨界并购。

上海东洲以2015年12月31日为评估基准日，对方欣科技的全部股权价值进行评估，

① 本案例由华南理工大学工商管理学院王荣昌、黄钰洁撰写。本案例主要适用于“财务管理”“企业并购与价值评估”等课程的学习。本案例属于描述型案例。

② 2017年5月，江苏丰东热技术股份有限公司（简称“丰东股份”）变更为金财互联控股股份有限公司。

见二维码16-1。并购双方协商确定，本次并购的最终交易对价为180 000万元，溢价1 139.45%，2016年10月18日，金财互联重大重组事项获证监会批准，由此形成并购商誉151 842.38万元。

2016年至2018年是方欣科技的业绩承诺期，2018年，即业绩承诺期最后一年，方欣科技未完成目标净利润，金财互联对方欣科技计提商誉减值800万元。2019年，方欣科技的营业收入同比下降约3个百分点，归母净利润较上年降低7成，根据上海东洲评估机构商誉减值测试的结果，金财互联对方欣科技计提商誉减值准备8.45亿元。2020年，方欣科技的营业收入同比下降近30%，归母净利润为-63 868.54万元，较上年降幅高达939%。因此，金财互联对其计提商誉减值准备7.98亿元。

16-1 方欣科技有限公司股东全部权益评估报告

二、主要内容

（一）并购方欣科技形成高商誉

1.并购前诡异的股权交易

2015年6月7日晚间，金财互联发布股价异动自查停牌公告，一周后发布公告称筹划重大事项继续停牌。同年7月25日，金财互联发布公告称拟通过发行股份的方式收购标的公司60%以上的股权。王涵发现，从2015年6月8日到2016年1月24日停牌期间，方欣科技股东完成了两次股权交易。

第一次为2015年7月16日，方欣科技原股东陈乐强、姚昀分别将其各自持有的方欣科技620万元出资额、260万元出资额转让给漆园方（方欣科技实控人徐正军配偶），转让价格为5 725万元和2 401万元。完成交易后，受让方漆园方持有方欣科技14.96%的股权。据此测算，此时方欣科技的100%估值为5.43亿元。

第二次为2015年9月28日，漆园方将其持有的方欣科技14.96%的股权转让给三家机构：北京众诚、苏州松禾、广州西域，转让的股权比例分别是6.96%、4%、4%，转让价格分别为4 635万元、2 664万元和2 664万元，合计9 963万元。据此测算，方欣科技的100%估值已涨至6.66亿元，涨幅达22.7%。

2016年1月11日，根据金财互联披露的并购预案，金财互联将以18亿元的价格收购方欣科技有限公司100%的股权，全部股份对价，即以12.13元/股的价格向方欣科技原股东合计发行1.48亿股。与第二轮股权转让相比，方欣科技估值增加11.34亿元，涨幅达到70.27%。

从2015年7月16日至2016年1月11日短短五个月，方欣科技的估值在两轮的股权交易中不断抬升，从5.43亿元飙升至18亿元，涨幅高达231.49%。而在这两次股权交易之前，方欣科技的股权转让还是发生在2011年4月，也就是4年前。

接着，张鸣整理出了受让股权的三家机构的基本情况（见表16-1）：北京众诚与广州西域两只私募基金成立时间仅仅相差2天，且在受让方欣科技股权之前有明显增资行为。北京众诚、广州西域、苏州松禾在3个多月的时间内投资收益率高达170%，而在三家机构受让股权的三个多月后，金财互联就披露了并购预案，短时间内高溢价的股权转让不免令张鸣产生疑虑。

表16-1　　**2015年9月28日方欣科技股权受让方基本情况**

公司名称	成立时间	注册资本（人民币）	管理人
北京众诚方圆投资中心（有限合伙）	2015年5月28日	最初为100万元；2015年7月8日增资至6 000万元，新增8名投资者（机构）	深圳前海恒瑞方圆投资管理有限公司
广州西域洪昌互联网创业投资合伙企业（有限合伙）	2015年5月26日	最初为3 000万元；2015年8月3日增资至17 500万元，新增27名自然人投资者	深圳前海西域洪昌创业投资基金管理有限公司
苏州松禾成长二号创业投资中心（有限合伙）	2011年4月15日	150 000万元	深圳市松禾资本管理合伙企业（有限合伙）

2.收益法与股份支付暗藏玄机

王涵以12.13元/股的价格向方欣科技原股东合计发行1.48亿股，见表16-2。方欣科技的股权转让方为徐正军、王金根、北京众诚、深圳金蝶、苏州松禾、广州西域、曹锋、邓国庭。其中，徐正军为方欣科技的实控人，其与第二大股东王金根系连襟关系，为一致行动人。

表16-2　　**方欣科技的股权变化情况**

序号	交易对方	出资（万元）	持股比例	交易对价（万元）	取得股份（股）
1	徐正军	3 175.00	54.00%	97 193.88	80 126 857
2	王金根	1 350.00	22.96%	41 326.53	34 069 687
3	北京众诚	409.40	6.96%	12 532.65	10 331 948
4	深圳金蝶	250.00	4.25%	7 653.06	6 309 201
5	苏州松禾	235.30	4.00%	7 203.06	5 938 220
6	广州西域	235.30	4.00%	7 203.06	5 938 220
7	曹峰	150.00	2.55%	4 591.84	3 785 520
8	邓国庭	75.00	1.28%	2 295.92	1 892 760
合计		588 000.00	100.00%	180 000.00	148 392 413

此外，金财互联再向朱文明、束昱辉等5位投资者（机构）以16.14元/股的价格发行7 435万股，募集了12亿元的配套资金，包括3亿元流动资金、8.5亿元项目资金，见表16-3。

表16-3　　**金财互联募集配套资金情况**

序号	特定对象	认购股份数量（股）	募集配套资金金额（万元）
1	朱文明	40 272 614	65 000
2	束昱辉	26 641 883	43 000
3	民生方欣1号计划	4 434 944	7 158
4	谢兵	2 727 385	4 402
5	徐锦宏	272 614	440
合计		74 349 440	120 000

王涵发现，此次的并购预案意味着，上市公司金财互联对方欣科技上总投资接近30亿元，占此时上市公司总资产43.6亿元的66%。2016年10月18日，重组方案获批，10天后双方完成股权交割，方欣科技成为金财互联的全资子公司。

在估值方法方面，金财互联毫不犹豫地采用了最有利于轻资产行业的收益法的估值结果。上海东洲资产评估有限公司以2015年12月31日为评估基准日，按照资产基础法，方欣科技股东全部权益价值评估值为214 267 413.75元。同账面价值相比，评估增值额为48 567 874.53元，增值率为29.31%。而按照收益法，方欣科技股东全部权益价值评估值为1 801 000 000元，比审计后母公司单体报表账面净资产增值1 635 300 500元，增值率为986.91%；比审计后合并报表账面净资产增值1 655 693 500元，增值率为1 139.45%。两种方法的评估值相差158 673.26万元，差异率为740.54%。在报告中，评估机构提到，在资产基础法下，仅对方欣科技各单项有形资产和可确指的无形资产进行了评估，不能完全体现标的资产的价值；而收益法衡量了公司所有环境因素和内部条件的共同作用，所以评估结果比资产基础法高。但在这份报告中，机构采用的关键参数是否合理，并没有明确答案。这种“迎合式评估”方式在互联网行业的并购中屡见不鲜，评估的三方——标的资产、并购方、评估机构——也都从中受益。

仔细观察可以看出，金财互联购买资产及募集配套资金都采用了股份支付的方式。由于股票变现的不稳定性以及有关股票锁定期的规定等因素，会使得股票流动性受到限制，要求股份支付比现金支付有更高的溢价。有研究表明，当并购方对未来发展情况及价值不确定时，更容易采用股份支付的方式。而选择股份支付时，被并购方往往会要求更高的风险溢价，这也助推了并购高商誉的形成。

3.不切实际的高业绩承诺

业绩承诺设计的初衷在于防范标的资产估值虚高与保证交易公平合理以保护重组交易中上市公司及中小投资者的利益。在收益法评估模式下，业绩承诺直接与标的资产的估值挂钩，也使得评估增值率不断提升。金财互联在并购方欣科技时，被并购方也存在着业绩承诺：2016年1.2亿元，2017年1.68亿元，2018年2.35亿元（见二维码16-2）。然而，在并购发生之前的两年，方欣科技的业绩并不起眼。2014年，方欣科技的净利润仅为0.07亿元；2015年业绩暴增，净利润达到0.9亿元。方欣科技业绩承诺的同比增长率分别为33%、40%、40%。

16-2 方欣科技有限公 2014—2016.3 审计报告

王涵沉思：为何方欣科技有勇气许下如此高的业绩承诺？是对行业和自身未来前景有自信？还是出于想要推高并购估值的目的，刺激二级市场股价以实现利益输送？

（二）商誉爆雷

业绩承诺期刚过，方欣科技业绩立刻“变脸”，2019年度，金财互联合并营业收入为12.62亿元，归母净利润1.66亿元。其中，来源于互联网业务（主要是由方欣科技贡献）的营业收入为6.7亿元，占全部营业收入的53%，归母公司净利润为6 902万元，占全部净利润（剔除商誉减值影响）的42%。当期，金财互联就对方欣科技名下的16.51亿元商誉计提8.45亿元的减值，计提比例超一半。

1.过高的并购交易价格

由于金财互联高溢价并购方欣科技，最终并购对价达到方欣科技净资产的11倍，远超自身经审计的净资产价值，让金财互联的此次并购形成了高商誉，进而使其在并购后面临更大的商誉减值风险。方欣科技并购前进行两次高溢价的股权转让、股东作出的高业绩承诺、收益法的估值结果不够谨慎以及跨界并购的高增值率——种种原因共同导致金财互联在并购后形成了15亿元的巨额商誉。

2.商誉减值测试的影响

（1）商誉减值测试不及时

张鸣仔细翻阅了金财互联2018年年报以及对于证监会问询函的回复，发现2018年金财互联对方欣科技计提商誉减值800万元，但在年报中并未充分披露该减值的具体情况，也没有说明商誉减值测试的具体过程。金财互联在2018年业绩就呈现颓势，净利润较2017年大幅下滑，但公司却“不以为意”。方欣科技2017—2019年减值测试统计表见表16-4。

表16-4　　方欣科技2017—2019年减值测试统计表

项目		2020年预测	2021年预测	2022年预测
利润总额（百万元）	2017年减值测试	367.06	392.51	421.01
	2018年减值测试	294.53	339.54	373.25
	2019年减值测试	56.26	110.90	181.38
毛利率	2017年减值测试	60.99%	61.45%	61.78%
	2018年减值测试	60.43%	61.08%	61.48%
	2019年减值测试	34.59%	39.62%	44.90%
折现率	2017年减值测试	14.20%	14.20%	14.20%
	2018年减值测试	14.70%	14.80%	14.80%
	2019年减值测试	14.70%	14.37%	14.20%

张鸣从商誉减值测试的情况看出，2018年与2017年相比，方欣科技的利润总额和毛利率的减值测试结果虽有一定下降，但还较为相近。随后在2019年的减值测试中，方欣科技对下年的利润总额预测还不到上年预测的两成，毛利率也骤降，仅达到上年预测的56%。在短短一年的时间内，方欣科技对未来利润及毛利率的预测就有如此大的差别，其下降速度之快也反映出上市公司金财互联对方欣科技商誉减值测试的不及时与不谨慎。

具体来看，金财互联公告称2019年财税板块业绩下滑，主要是受到《国家税务总局关于坚决查处第三方借减税降费服务巧立名目乱收费行为的通知》的影响。通过查阅得知，该文件的发布时间是2019年3月29日，因此张鸣分季度对金财互联的相关数据进行了分析，如图16-1所示。

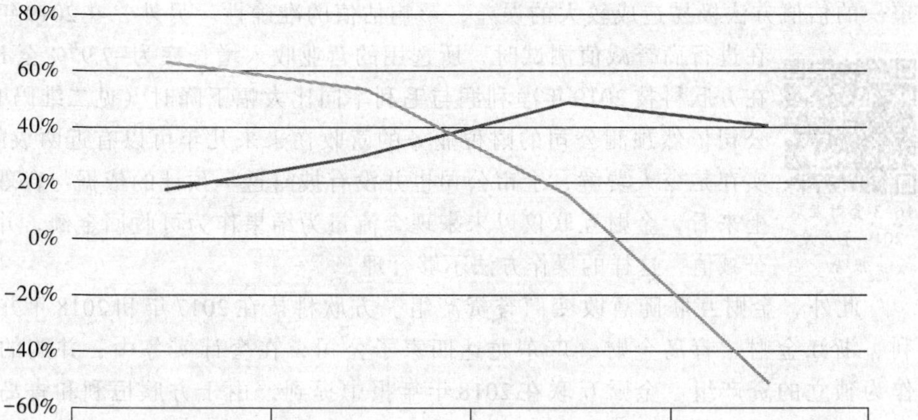

	Q1	Q2	Q3	Q4
2018年	18.14%	29.72%	48.29%	40.27%
2019年	63.27%	53.43%	15.46%	-51.61%

——2018年　——2019年

图16-1　方欣科技2018—2019年营业收入各季度同比增长率趋势图①

2018年方欣科技从第一季度到第四季度，营业收入较上年一直在上升，说明公司经营规模还在扩大，而2019年在第三季度和第四季度出现了业绩的大滑坡。这充分表明在国家相关文件颁布后，方欣科技的业务已经受到了冲击，管理层需要注意商誉减值的迹象。但此时，金财互联并未对子公司方欣科技进行减值测试，而是直到2019年末才进行。

另外，张鸣认为，2019年由于受该文件的影响，金财互联的金财管家业务收费暂缓或延后，从而使得该业务收入较上年下降约三成，2019年的经营业绩也较上年末预计的未来净利润有较大偏差。按道理来说，该文件只是延缓金财互联的收费，并不会造成上市公司下年收入的大幅下降，而实际情况却是2020年金财互联的财税板块营收同比下降30%，降幅巨大。由此看来，国家相关监管文件的出台只是方欣科技的盈利能力下降的“导火索”，其背后更深层的原因在于上市公司想要借此机会洗去合并所形成的巨额商誉，因此其在2019年进行商誉减值测试不够及时，在2019年年末计提巨额商誉减值也不够谨慎。

（2）商誉减值测试流程不规范

张鸣还发现，金财互联在进行商誉减值测试时，直接将未来现金流量现值作为可收回金额。按照企业会计准则的规定，上市公司应当比较预计未来现金流量现值和公允价值减去处置费用后的净额，将其中更高的一方作为资产组可收回金额。金财互联在进行商誉减值时采用单一的处理方式，且没有给出充分的理由与合理的解释。尽管在会计实务当中，预计资产组的公允价值与处置费用会给管理层和财务人员带来一定的困难，比如获取资产组的市场价值难度较大，相比之下，直接采用未来现金流量的处理方式更为简便易行，但

① 数据来源于方欣科技2018—2019年财务报表。

单一的估值方法极易造成较大的误差，影响估值的准确性。另外，在2019年，金财互联在进行商誉减值测试时，所选用的营业收入增长率为-7.97%至17.78%不等，在方欣科技2019年净利润与毛利率同比大幅下降时（见二维码16-3），上市公司依然预测公司的财税业务的营收在未来几年可以有近两成的增长能力，实在是令人费解，上市公司也并没有披露这一预计的依据与合理性。综合以上来看，金财互联仅以未来现金流量为结果作为可收回金额，并以此计提商誉减值，这样的操作方法不够合理。

16-3 金财互联2019年年度报告

此外，金财互联随意改变商誉资产组。方欣科技在2017年和2018年并购了方欣恒利、浙江金财、青岛金财、广东龙达四家子公司，在会计实务中，并购的子公司通常作为独立的资产组。金财互联在2018年年报中提到，由于方欣恒利和青岛金财的主要业务已经转移到了方欣科技，因此将两公司纳入方欣科技资产组，进行商誉减值测试，然而此时金财互联并没有将其商誉账面价值增加到方欣科技资产组中。根据金财互联2019年年报，2019年上述划分才真正完成。由此可以看出，金财互联在对资产组划分的判断以及划分时间的确定上，具有随意性、自主性，管理层很可能想要借此对利润进行操纵。

方欣科技及其子公司资产组的减值情况见表16-5。2019年，广东龙达和浙江金财的归母净利润共计2 039万元，对母公司方欣科技的净利润贡献很大。如果剔除这两个子公司，方欣科技净利润仅为5 574万元，同比降幅较大。方欣科技并购子公司后，被并购方依靠方欣科技的影响力与资源平台扩大经营，但金财互联却只对方欣科技资产组计提减值，这样的计提方式不够准确。另外，金财互联部分资产组的商誉可收回金额与账面值极其接近，这样的减值测试结果难免不使人怀疑其真实性与可信度，进而影响企业的真实估值，不利于中小股东作出更符合企业真实经营状况的投资决策。

表16-5　**2019年度金财互联部分资产组商誉减值情况统计表**　单位：百万元

名称	方欣科技资产组	广东龙达资产组	浙江金财资产组
资产组账面价值	2 144.84	128.33	143.15
资产组可收回金额	1 301.00	213.00	144.00
资产组商誉减值	843.84	0.00	0.00
金财互联本年商誉减值	845.00	0.00	0.00

3.管理层的盈余管理

王涵提出，管理层的盈余管理动机也是金财互联计提巨额商誉减值的重要原因。管理层盈余管理的动机一般包括平滑利润、“大清洗”、债务契约等。从上市公司的角度来看，如果公司在计提商誉减值前就已亏损，那么管理层很可能借此机会进行“大清洗”；从标的资产的角度来看，如果自身经营业绩出现下降，表明该部分的商誉也已经有了减值的征兆，若上市公司此时不计提或延迟计提商誉减值准备，则说明管理层很可能存在盈余管理动机。

如表16-6所示，金财互联仅计提过3次商誉减值，分别是2018年计提800万元，2019年计提8.45亿元，2020年计提8.36亿元（其中对方欣科技计提7.98亿元），后两次减值规模极大。在减值之前，商誉是金财互联长期资产的重要组成部分，一旦金财互联计提巨额商誉减值，公司的利润将会受到严重不利影响（见表16-7）。金财互联2020年年度报告见二维码16-4。

16-4 金财互联2020年年度报告

表16-6　**2016—2020年金财互联资产与商誉情况统计表**　单位：百万元

项目	2016年	2017年	2018年	2019年	2020年
资产总额	4 277.11	4 793.42	5 187.98	4 284.54	3 328.82
长期资产总额	2 056.43	2 338.31	2 959.45	2 320.37	1 548.69
商誉总额	1 524.98	1 687.09	1 816.73	971.73	135.60
商誉减值	0.00	0.00	8.00	845.00	836.13

表16-7　**2016—2020年金财互联净利润与商誉减值对比表**　单位：百万元

项目	2016年	2017年	2018年	2019年	2020年
营业利润	44.74	267.28	344.29	−636.40	−1 292.81
利润总额	56.92	272.34	347.03	−628.45	−1 260.28
净利润	44.93	240.73	314.83	−655.58	−1 223.40
商誉减值	0	0	8.00	845	836
扣除商誉减值后净利润	44.93	240.73	322.83	189.42	−387.4

金财互联的净利润从2016年的0.45亿元增长到2018年的3.15亿元，达到近年来最高。在业绩承诺期最后一年，即2018年，上市公司因子公司方欣科技没有达到承诺归母净利润，从而计提了800万元的商誉减值。2016—2018年方欣科技承诺业绩完成情况见表16-8。

表16-8　**2016—2018年方欣科技承诺业绩完成情况统计表**　单位：百万元

年度	承诺业绩	合并口径归母净利润	完成率
2016年	120.00	121.28	101.06%
2017年	168.00	169.14	100.68%
2018年	235.00	219.39	93.36%
合计	523.00	509.81	97.48%

2019年与2018年相比，金财互联整体盈利能力明显下行，净利润降至−6.56亿元，该年度金财互联计提商誉减值8.45亿元，如果剔除此次的商誉减值，金财互联在2019年实现的净利润应为1.89亿元，较上年同比大幅下降41%。由此可见，金财互联的盈利能力的下降趋势已经不可阻挡，2019年仅是因为计提巨额商誉减值导致净利润更加“难看”，以

掩盖业绩巨幅下滑的"真面目"。根据盈余管理理论，如果公司在不考虑商誉减值的情况下，经营业绩依然很差，那么管理层往往会对商誉进行"清洗"，计提更多减值。因此金财互联选择在原本净利润较上年下滑41%的年度计提巨额商誉减值进行"大清洗"的目的比较明显。

4.经营环境的变化

目前，我国财税业务正处于由传统向数字化转型的关键阶段，网络办税越来越受到机构和企业的关注和青睐。从财税业务的需求角度来看，我国金税三期工程2017年进入全面推广阶段，金税四期于2021年9月正式启动，在此背景下，纳税人的"合规、降负"需求迫切。方欣科技的主要产品分为金财业务和金税业务两大系列。其中，金财业务以服务中小企业和个人用户为主，金税业务的服务对象则侧重于税务机构和行政单位。方欣科技的金财管家产品受到国家出台的减税降费政策的影响，收入出现一定的下降，但原有用户还在使用公司的产品，需要公司持续提供互联网和人工服务，营业成本居高不下，这也导致净利润和毛利率的大幅下降。公司的金税业务则因2018年省级和省级以下国税、地税机构合并，税务机关总数大幅减少，市场空间不足，行业内竞争程度迅速加大，进而受到一定的冲击。

行业环境的变化，也对金财互联募集配套资金的建设进度造成了一定影响。金财互联在并购方欣科技的同时募集了12亿元的配套资金，计划在智慧财税服务互联平台项目、企业大数据创新服务平台上分别投资5.5亿元和3亿元。但是直到2020年年底，这两个项目的建设并没有达到其预期。

如表16-9和表16-10所示，方欣科技的智慧财税项目的累计收益仅为1 401万元，实际收益率为2.95%，并且在2020年已经入不敷出，当年项目亏损约1.2亿元，同比大幅下降。企业创新平台项目到2020年年底，进度还没有达到计划的一半，实际收益率仅为8.84%。最终在2021年4月6日，金财互联股东大会审议决定终止两项目的推进，将剩余的配套融资用于补充方欣科技的流动资金。

表16-9　**2020年方欣科技部分项目建设情况表**　金额单位：百万元

项目名称	计划投入	累计投入	进度	累计收益
智慧财税服务互联平台	550	474.55	86.28%	14.01
企业大数据创新服务平台	300	144.74	48.25%	12.79

表16-10　**2019—2020年方欣科技部分项目建设情况表**　单位：百万元

项目名称	2019年投入	2019年收益	2020年投入	2020年收益
智慧财税服务互联平台	118.87	58.39	103.15	−119.78
企业大数据创新服务平台	54.55	10.42	45.74	−1.97

随着5G、人工智能等技术的兴起，加之新冠疫情的影响，各行业的业务模式都逐渐从线下转移到线上，方欣科技的业务模式也正处于转型期；同时，《网络安全法》《数据安全管理办法》等新政策的陆续发布，对财税行业内的数据安全与隐私保护提出了更严格的

要求，这也使得方欣科技的传统的金税业务和金财业务具有一定的不确定性；另外，由于近些年互联网行业的飞速发展，各类基于互联网的服务业务也呈现蓬勃发展的态势，在我国财税服务空间有限的背景之下，行业内竞争加剧，方欣科技的竞争优势不够显著，较难从行业中脱颖而出。

（三）未来的挑战

张鸣和王涵在分析完金财互联高商誉的形成原因及减值原因之后，都皱起了眉头。虽然金财互联已将并购形成的巨额商誉全部计提完毕，公司最艰难的时期看似已经度过，但现在还不是可以完全放松的时候，未来仍然有很大变数。近年来互联网服务行业瞬息万变，而适应能力才是生存的核心。善战者胜于未战，金财互联又应当如何继续调整以应对未来的挑战呢？

【政策思考】

2019年3月，财政部监督检查局发布了《关于进一步加强商誉减值监管的通知》，要求加强对会计师事务所商誉减值审计业务的监管。其中，加强对资产评估机构商誉价值评估业务的监管的主要要求如下：

（一）评估机构对企业宏观环境、行业环境、实际经营状况及未来经营规划、遵循会计准则关于商誉减值的相关规定等因素是否充分关注，并合理判断对商誉减值的影响。

（二）评估机构是否与委托方就商誉减值评估事项约定评估基准日、评估对象、评估范围和价值类型等关键要素，并按照约定开展评估。

（三）评估机构是否合理判断相关资产组或资产组合独立产生现金流的能力，与初始确认是否一致；是否恰当选择评估方法，对初始计量和后续计量方法发生变化的项目是否有充分理由。

（四）评估机构是否结合外部环境和内部经营等有关信息，分析考虑出现商誉减值的迹象，是否合理选取评估模型和参数。

（五）出具的评估报告是否充分披露关键信息、重大期后事项的影响等内容。

请在阅读以上监管通知的基础上，结合本案例内容分析并购过程中商誉特别是高商誉形成的原因。

案例使用说明

一、教学目的

引导学生运用相关理论对案例进行分解和剖析，探讨和研究金财互联高商誉的形成以及后续计提巨额商誉减值的原因，为同类企业的并购行为提供一定的参考。

二、思考题

1.金财互联并购高商誉的形成原因有哪些？

2.方欣科技使用收益法和资产基础法估值的结果相差多少？

3.金财互联在2019年、2020年计提巨额商誉减值的原因是什么？

4.此次并购对同行企业有何参考意义？

三、分析思路

1.从2015年到方欣科技被金财互联并购前，其股权转让价格是怎样变化的？

2015年7月16日，方欣科技的100%股权估值为5.43亿元。2015年9月28日，方欣科技的100%股权估值已涨至6.66亿元，涨幅达22.7%。2016年1月11日，金财互联以18亿元收购方欣科技有限公司的100%股权，方欣科技估值较上轮股权变更增加11.34亿元，涨幅达170.27%。从2015年7月16日至2016年1月11日，方欣科技的估值在两轮股权交易中增高，涨幅达230.49%。

2.方欣科技使用收益法和资产基础法估值的结果相差多少？

以2015年12月31日为评估基准日，按照资产基础法，方欣科技股东全部权益价值评估值为214 267 413.75元。同账面价值相比，评估增值额为48 567 874.53元，增值率为29.31%。按照收益法，方欣科技股东全部权益价值评估值为1 801 000 000元，比审计后母公司单体报表账面净资产增值1 635 300 500元，增值率为986.91%；比审计后合并报表账面净资产增值1 655 693 500元，增值率为1 139.45%。两种方法的评估值相差近158 673万元，差异率为740.54%。

3.金财互联在2019年、2020年计提巨额商誉减值的原因是什么？

在并购形成了高商誉的前提下，金财互联在2018年年末并没有合理预估方欣科技的未来发展情况，对其发展依然保持乐观，没有及时进行减值测试和合理计提商誉减值，也没有进行相关披露。因此，2019年，随着管理层出现盈余管理的动机以及经营环境的急剧变化，方欣科技的商誉爆雷，金财互联连续两年共对其计提16.43亿元的巨额商誉减值。

4.此次并购对同行企业有何参考意义？

首先，在并购时应当合理评估标的资产价值，确定估值关键参数，全面考虑信息，保持客观公正，同时做好应对风险的准备。其次，上市公司应根据自身和被并购方的特点，选择合理的支付方式，如多元化的支付方式，尽量避免由单一的股权支付并购形成过高的商誉，可以同时结合现金支付、可转债等方式支付并购对价，减少高溢价对并购后公司的正常经营发展的影响。再次，并购后应规范商誉减值测试流程，及时谨慎地计提减值，合理确定关键估值参数，高额商誉的资产组合应该谨慎地重估价值，从而避免出现一次计提大额商誉减值的现象。

四、理论依据

（一）盈余管理理论

目前有关盈余管理的研究众多且研究成果丰富，可总结为“经济收益观”和“信息观”这两种。基于经济收益观对盈余管理的定义，认为盈余管理行为是管理层从自身利益角度出发，对财务报告的披露进行干预，即公司高管借助“披露管理”来获取私利；而从信息观这一角度来看，则认为投资者并非以企业的盈利指标作为决策标准，而是将考察的重点着眼于会计数据信息含量这一属性，忽略了计量偏差问题。

管理层的盈余管理动机主要体现在以下三方面：资本市场动机、政治成本动机和契约动机。公司高管利用商誉减值操纵盈余的行为则属于资本市场动机，通常表现为通过上市、增发等途径获得更多的融资，或者减少退市风险。在我国，管理层在业绩压力的驱动下，为避免引起监管机构的关注以及受到退市惩罚，通常有一定的盈余管理倾向。商誉减值过程中存在的盈余管理动机一般体现在平滑利润和“大清洗”两方面。平滑利润主要表现在企业未扣除商誉减值时的会计业绩处于较高盈余水平时，其管理者会选择在该年度计提更多的商誉减值，进而实现盈余平滑的目的。“大清洗”动机主要表现在企业未扣除商誉减值的会计业绩处于较低盈余水平时，其管理者会选择计提更多的商誉减值来对财务业绩进行“大清洗”。

企业管理者进行盈余管理的方法有以下两种：一是应计盈余管理，二是真实盈余管理。前者主要借助于准则弹性进行盈余管理，通过改变会计估计来调整公司盈利情况。其主要方法有：计提或转回资产减值损失、研发支出资本化以及对固定资产计提折旧等。此外，对于已发生亏损的企业，其管理层倾向于延迟或提前确认企业各项非经常性损益项目，目的是为未来扭亏为盈预留空间。管理层对商誉减值进行操控则是应计盈余管理的表现形式。在对商誉进行估值的过程中，管理层具有较大的自主判断空间，而外界对这些信息的获取难度较高，因此公司管理者对商誉减值金额和商誉减值时点的选择有较大的自主性，其很可能借助商誉减值进行盈余操纵。另一种方法为真实盈余管理方法，该方法是指公司高管通过对企业的正常经营活动进行操控，最终影响会计盈余的一系列行为，通常包含对销售的操控，对研发、广告、维修等裁决性支出的操控，进而避免因上述支出的费用化而降低公司盈余。

（二）信号传递理论

该理论认为，当公司尽可能多地向外部传递自身经营相关信息时，利益相关者可以根据这些信号尽可能准确地对企业价值进行评估并作出最优选择，进而有效避免由信息不对称所带来的投资者逆向选择行为。一般情况下，企业越是详细、准确地对有关信息进行披露，表现出的信号传递效用就越强，而在二级市场上的投资者与其他外部利益相关者会根据这些信息作出相应的决策，最终反映在企业的股价中。

信号传递理论对于本案例研究具有重要意义，企业将商誉减值的相关信息充分对外披露，包括商誉减值测试的流程、计提商誉减值的原因等，资本市场中的利益相关方可以根据这些信息合理地对企业获利能力进行评估，并作出恰当的投资决策。一般而言，商誉减值信息传递出的信号是公司未来获利能力的减弱，那么投资者会降低对公司的预期，反映在资本市场上就是公司股票价格的降低。

（三）高商誉的成因

1.高估值、高溢价并购：并购时对标的资产的估值过高往往会导致并购形成高商誉，这也会影响到并购以后对被并购方计提商誉减值。

2.潜在利益输送：如果企业在并购重组时无法充分、透明地进行交易，会大大增加利益输送、内幕交易等问题发生的概率。

3.高业绩承诺：在并购重组中，企业间的业绩承诺是一种普遍现象，双方都希望通过这种方式对标的资产的价值评估达成一致。并购交易中作出业绩承诺的标的公司具有更高的估值溢价率，远远高于未设置业绩承诺的公司。

4.对价支付方式：由于股份支付有流动性限制，导致标的企业的估值不真实，从而使得并购商誉显著增加，上市公司对于高溢价并购交易的接受能力也比较强，会支付过多的并购溢价，最终产生巨额商誉。

（四）商誉减值的影响因素

1.盈余管理因素：管理层对是否计提、计提多少商誉减值有一定的自由裁量权，商誉减值的影响因素有盈余平滑、“大清洗”等。上市公司管理层进行盈余管理的动机与其持有公司的股份数量有紧密联系。

2.公司治理因素：主要包括董事会治理、管理层更换等。

3.宏观经济环境因素：如果一个国家拥有更合理的公司治理结构与更完善的法律体系，那么公司计提的商誉减值通常会更多。另外，公司往往更愿意在发生经济危机时，先计提较多的商誉减值，以便为未来业绩预留增长的空间。

五、背景信息

（一）金财互联行业背景

金财互联在此次并购之前，主营业务为热处理设备的研发、生产和销售，所属证监会行业为通用设备制造业。根据国家统计局数据，通用设备制造业有明显的周期性，通过分析2013年到2015年的行业数据，发现金财互联下半年营业收入明显高于上半年，且第四季度高于第三季度。

表16-11　　2013—2015年通用设备制造业相关财务数据统计表

年份	企业数量（个）	主营业务收入		主营业务成本		毛利率（%）	利润总额同比（%）
		金额（亿元）	同比（%）	金额（亿元）	同比（%）		
2013年	22 495	42 789	11.5	35 844	12.51	16.23	16.88
2014年	23 301	46 255	8.34	39 012	9.05	15.66	5.28
2015年	24 208	47 051	0.32	39 808	0.45	15.39	0.81

由表16-11可以清楚地看出，虽然2013年到2015年间通用设备制造行业的主营业务收入在增加，但其增幅却越来越慢，且均低于主营业务成本的增幅，行业整体发展缓慢，天花板明显，未来趋势不容乐观。行业毛利率呈现逐年递减的趋势，与此同时，各项成本费用却是逐年增加，因此致使利润总额的增幅大幅下降。在此期间，该行业的企业数量却不断增多，2015年较2013年增长7.62%。在行业成本逐年增加、盈利空间狭小等因素的影响下，金财互联的热处理相关业务也开始逐渐面临一些生产与销售困境。另外，热处理业务通常与下游汽车制造、机械制造、新能源等行业关系密切，如果下游行业由于经济周期或者国家政策而发展受阻，也会给热处理业务的生产经营带来消极影响。

（二）方欣科技行业背景

2015年7月，我国的“互联网+”计划将互联网与工业、商业、金融业等多个行业全面整合，这也使得互联网财税企业的服务内容得以丰富。此时，我国正大力推行金税三期工程，推动税务服务电子化，方便各类群体办理涉税业务。在“营改增”以及国地税机构合并的关键节点上，互联网财税的行业前景尚不明朗，此时亟待核心竞争力强的企业脱颖而出。

与此同时，传统劳动密集型行业的整体表现较为低迷，而互联网技术等新兴产业的发展速度极快，势头正盛。随着劳动力成本的不断上升，这些新兴产业可以用技术代替劳动力，再加上国家有对高新技术企业实施税收优惠等利好政策，使得此类企业有更好的未来成长预期。这符合国家推行的税收变革趋势，财税行业未来发展前景广阔。

六、关键要点

（一）明确金财互联并购高商誉形成的原因

方欣科技在并购前两次高溢价的股权转让使其短期内股价飙升，金财互联对跨界并购又有过多的幻想，推动并购时形成高溢价。方欣科技自身经营业绩的真实性存疑，很可能存在虚构业绩的行为，股东又许下不切实际的高业绩承诺，并且借助估值溢价普遍较高的收益法来进行估值，使用单一的股份支付方式，最终使得方欣科技的净资产得到更高的估值结果。这些原因共同导致了金财互联并购方欣科技形成了15亿元的巨额商誉，也为后续金财互联商誉爆雷埋下伏笔。

（二）明确金财互联在并购后计提巨额商誉减值的原因

金财互联计提巨额商誉减值是有迹可循的。在“精准”度过了业绩承诺期的前两年后，方欣科技在承诺期第三年仅完成承诺业绩的93%，承诺期一过，2019年公司业绩立刻下滑。在并购形成了高商誉的前提下，上市公司没有及时进行减值测试和合理计提商誉减值。到了2019年，由于方欣科技的虚假业绩繁荣、管理层的盈余管理动机以及经营环境的急剧变化，金财互联连续两年对其计提巨额商誉减值。

七、参考文献

［1］韩宏稳．商誉减值研究述评及中国情境下研究展望［J］．北京工商大学学报（社会科学版），2022，37（01）：65-76.

［2］黄虹，仲致鸣．并购溢价、对赌协议与商誉减值［J］．会计之友，2020（10）：78-84.

［3］隋辉．并购商誉减值的原因、影响及对策分析［J］．财经界，2021（27）：49-50.

［4］卢煜，曲晓辉．商誉减值的盈余管理动机——基于中国A股上市公司的经验证据［J］．山西财经大学学报，2016（07）：87-99.

［5］傅超，王靖懿，傅代国．从无到有，并购商誉是否夸大其实？——基于A股上市公司的经验证据［J］．中国经济问题，2016（06）：109-123.

［6］丰东股份，丰东股份：2016年年度报告［EB/OL］．［2017-03-16］．https：//vip.stock.finance.sina.com.cn/corp/view/vCB_AllBulletinDetail.php?stockid=002530&id=3111627.

［7］金财互联，金财互联：2017年年度报告［EB/OL］．［2018-04-23］．https：//vip.stock.finance.sina.com.cn/corp/view/vCB_AllBulletinDetail.php?stockid=002530&id=4294374.

［8］金财互联，金财互联：2018年年度报告［EB/OL］．［2019-04-23］．https：//vip.stock.finance.sina.com.cn/corp/view/vCB_AllBulletinDetail.php?stockid=002530&id=5226590.

[9] 金财互联，金财互联：2019年年度报告［EB/OL］.［2020-04-28］. https: //vip.stock.finance.sina.com.cn/corp/view/vCB_AllBulletinDetail.php?stockid=002530&id=6144193.

[10] 金财互联，金财互联：2020年年度报告［EB/OL］.［2021-04-28］. https: //vip.stock.finance.sina.com.cn/corp/view/vCB_AllBulletinDetail.php?stockid=002530&id=6144193.

第九章 风险管理

案例17 Z公司海外市场经营模式遴选决策①

案例导读

随着国际经济一体化，我国越来越多的企业选择以海外并购、海外建设生产基地、海外贸易等模式走出国门，扩大企业整体规模、提升国际知名度，获取诸多外向性红利。而在企业在走出去的同时，也面临着难以控制的海外法律风险、政治风险、财务风险、税务管理风险等。因此，企业在进军海外市场时，将面临以何种经营模式进入的决策，以实现投资、收益与风险的平衡。本案例以工程机械行业的龙头企业Z公司为例，介绍其在当前国际化发展中采用的经营模式、各经营模式下存在的风险以及风险管理情况，探讨如何选择海外市场经营模式才能达到风险与收益的平衡，为我国企业走上国际化经营道路、高效经营海外业务以实现企业价值增加提供参考案例。通过本案例的学习与讨论，使学生了解海外经营的模式及特点，引导学生思考选择海外经营模式时的考虑因素，深入理解海外经营风险与收益的关系与平衡机制。

关键词

海外市场　风险控制　经营模式

案例正文

当国民经济发展到一定程度时，国内市场和产能趋于饱和，因此资本输出成为企业走出去的必然选择。企业通过开辟新的市场以期获得业绩增长和超额利润，具体包括对外出口和对外投资两个方面。自2008年金融危机以来，国际市场资产缩水严重，中国企业迎来海外并购的绝佳机会，因此，随着经济全球化与国家“一带一路”倡议的提出，我国企业逐渐加大海外市场投资力度。开展海外业务既是将国内成功的经营管理经验应用于国外以缓解国内行业与资源激烈竞争的一种方式，亦是顺应国家政策号召、提高中国企业国际竞争力、展现中国企业实力的体现。

在此背景下，Z公司作为工程机械行业的龙头企业，持续以“走出去、走进去”的海外布局思路打开海外市场的新格局，并将“持续深耕细作新兴市场，整合全球研发资源，坚持全球发展视野，全面提升企业在全球市场的地位和影响力”作为战略规划的一部分。

① 本案例由刘桂良改编自刘桂良、秦修宏、刘思乐、张慧贤、赵欣源、张雨佳、符慧敏撰写的入选“全国百篇优秀管理案例”的《“风”起“营”引时，利润几多愁?》。本案例主要适用于“高级财务管理”“公司战略与风险管理”等课程的教学。

根据目前海外市场的开拓情况，Z公司拟在未来进军土耳其市场。然而，海外经营活动几乎是机遇与挑战的赌局。

一、公司简介

Z公司始创于20世纪90年代初，是工程机械行业首家A+H股上市公司。Z公司主营各类工程机械、重型车辆、能源装置的研发制造。目前，Z公司的起重机械产品对收入的贡献最大，其中建筑起重机械销售规模在全球更是处于领先地位。秉承国家科研元素的创新技艺，经过近三十年的执着追求和改革发展，Z公司取得了令人瞩目的经营成果，其资产规模已近千亿元人民币，在国内工程机械行业位居前三名，全球排名第五。

（一）行业市场基本情况

Z公司在中国市场、北美洲市场等五大主要市场占据的市场份额情况如图17-1所示。在工程机械行业全球市场中，Z公司在北美洲市场占据21%的市场份额，在所有市场中居首位。随着近几年中国建设事业的发展，对于工程机械的需求也不断上升，Z公司在中国的市场份额上升，占比达到18%，随后分别是欧洲（17%）、日本（11%）、印度（8%）等。

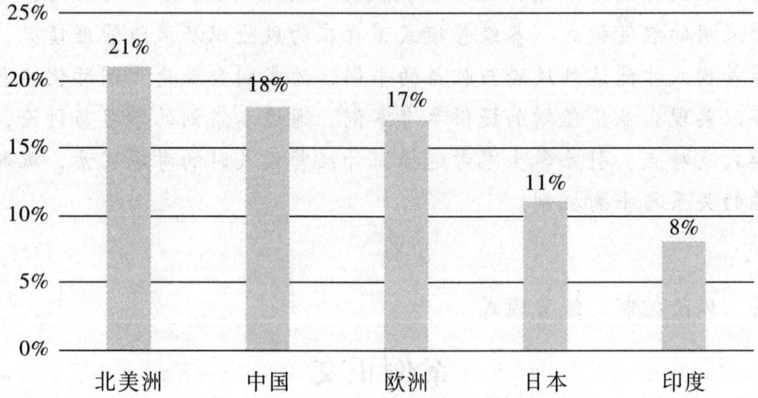

图17-1　Z公司在五大市场占据的市场份额①

通过比较Z公司在中外市场所占份额，可以发现其主要海外市场占其全球市场份额的比例是国内市场占全球市场份额比例的3倍，可见其海外市场广阔，具备更多销售、盈利空间。但Z公司来源于境外的收入占比相对不高（如图17-2所示），说明其对海外市场的开拓空间大。

Z公司看中了海外市场巨大的发展空间，决心大力发展海外市场业务，深入贯彻“走出去，走进去”的国际发展战略。自开拓海外市场以来，Z公司在全球100余个国家和地区、在“一带一路”沿线均有市场布局。Z公司在全球近20个国家建有子公司，在意大利、德国、巴西、印度、白俄罗斯投资建有工业园，并在全球设立50多个常驻机构。Z公司以阿联酋、巴西为中心，正逐步建立全球物流网络和零配件供应体系。经过多年在海外市场的耕耘，Z公司在国际上的实力与知名度显著提高，在2020年全球工程机械行业排行榜（Yellow Table）上更是以超出50亿美元的销售总额位列全球前十。

① 数据来源：现场调研（见二维码17-1）。

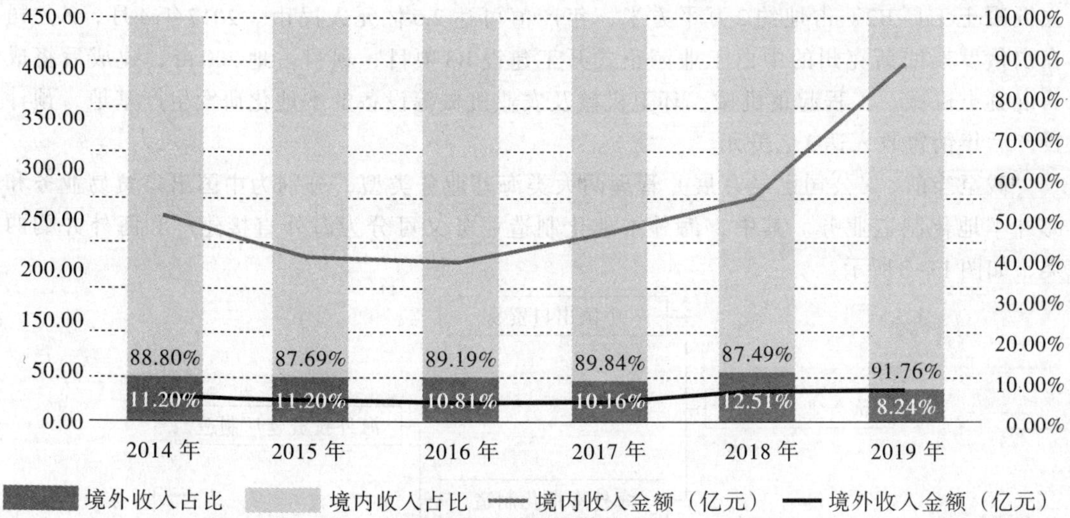

图17-2 2014—2019年Z公司境内外营业收入

（二）公司海外市场的经营模式情况

Z公司进入海外市场的时间较早，上世纪末以向埃及出口道路清扫车为标志开启了进军海外市场的征程，以出口贸易方式推开国际市场的大门。

进入21世纪后，Z公司认为收购比直接建厂更有效，因此并购成为其早期实施国际化战略的重要方式。Z公司借助并购多家海外机械行业知名企业，迅速布局海外市场（详情见表17-1）。2001年11月，Z公司与BLJ公司正式签署并购协议，以1 000万美元的价格整体并购BLJ公司，海外子公司A1宣告成立并取代英国BLJ公司。2008年9月，Z公司联合弘毅资本、高盛、曼达林基金与意大利CF公司正式签署收购交割协议，以2.7亿欧元现金收购CF全部股份，获得海外子公司A2。2013年12月，Z公司正式收购德国M公司100%股权，并于2014年4月完成股权交割，获得海外子公司A3。2014年8月，Z公司与荷兰Ra公司签订并购协议，以现金收购Ra公司35%的股权，获得海外子公司A4。2019年6月，Z公司收购德国W公司100%股权，获得海外子公司A5。

表17-1 Z公司并购的海外公司情况表

市场并购对象	所属细分行业类型	市场分布
BLJ公司	非开挖机械制造	英国
CF公司	混凝土机械制造	包括意大利在内的欧洲、非洲和中东地区
M公司	干混砂浆设备制造	德国等全球55个国家和地区
Ra公司	升降机制造	荷兰
W公司	变幅式动臂塔机制造与塔机租赁	德国等欧洲国家和地区

随着扩张海外市场版图进程的推进，Z公司还开启了另一种方式——建立海外生产基地。2012年8月，Z公司与印度E公司签署在印合资建厂的协议，正式成立印度子公司B1，进一步扩大在海外直接投资建厂的规模。2013年3月，Z公司在巴西圣保罗州I市建

立混凝土工厂B2，占地约2万平方米，年产值可达2.5亿元人民币。2017年4月，Z公司在白俄罗斯明斯克州的中白工业园正式开工建设B3项目，项目占地200亩，建成后将成为混凝土机械、工程起重机械、环卫机械及农业机械等设备的本地化研发生产基地，预计投产后年销售收入达3亿美元。

截至当前，Z公司已经开展并管理两大类海外业务类型，分别为中国出口贸易业务和海外本地化制造业务。其中，海外本地化制造业务又可分为海外直接建厂和海外并购两类，如图17-3所示。

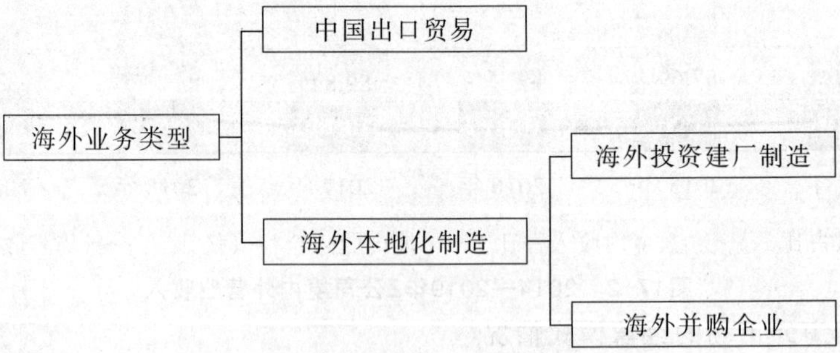

图17-3　Z公司海外市场基本业务类型

对于海外市场业务，在集团总部的统一领导下，Z公司设立集团总部职能部门——国际业务管理部、海外贸易公司和金融服务公司，由集团总部进行管控，同时授权其自主经营与管理。海外市场的组织结构具体如图17-4所示。

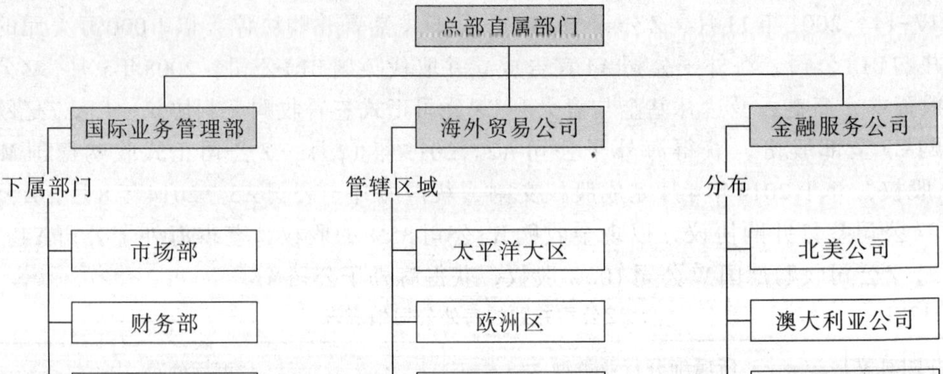

图17-4　海外市场总体部门设置情况

其中，国际业务管理部是集团海外线承办部门，对海外业务进行总规划、总协调、总管控。海外贸易公司是Z公司对外出口贸易平台，同时管理境外各贸易分公司、子公司平台，承担着以自主品牌拓展国际市场的重任，主要负责海外各区域的销售业务。本地化贸易公司的贸易路径、财务核算、境外区域管理、子公司管理等也由海外贸易公司负责。金融服务公司在北美、澳大利亚、南非等六个地区或国家成立了公司，负责海外市场的融资租赁业务。

对于并购获得的子公司，Z公司在从中方派管理人员统筹并购整合工作的基础上，保留当地原有经营管理团队，沿用原公司的规章制度，实现本地化管理。同时，特设“协同办公室”，下设采购组、生产组、市场组、技术组和综合管理组，力求在整合的方方面面均有中外双方经理对接，开展联席工作。

二、主要内容

为响应“一带一路”倡议号召，Z公司决心继续推进其国际化进程，开拓新的海外市场。考虑到当前Z公司未深入涉足中东和非洲地区的市场，而土耳其的地理区位优越，横跨欧洲和亚洲、毗邻北非，可以作为深化中东与非洲市场的跳板。为了选择最适合进军土耳其市场的方式，减少融入与适应当地市场的时间与资本成本，使公司快速步入盈利期，Z公司决定召开会议讨论土耳其公司的经营模式选择。在网络会议上，郑董事长说明本次会议主题——分析当前土耳其市场的基本情况，并探讨在土耳市场经营模式的选择。

（一）土耳其市场的基本情况

机械制造业是土耳其吸引外国直接投资的重要领域，是其拉动经济增长的主要动力之一。土耳其经济发展水平较高，政治风险较小。但土耳其仍有一些潜在危险，若赴土耳其投资就需要做好安全防范工作。

在经济方面，土耳其以高附加值产业为重点，以提升出口和长期生产制造能力并增加就业为目的进行经济转型。2019年土耳其经济增长率为0.9%，较2018年2.6%的增速大幅放缓，主因是金融危机引发投资和消费放缓，日常消费品和能源价格大涨。通胀率不断攀升也随之而来，土耳其2019年的通货膨胀率为11.84%。此外，近三年土耳其里拉对美元和欧元汇率不断走低。

与此同时，土耳其与全球多个经济组织有密切联系，如经济合作与发展组织、欧洲理事会、东南欧合作进程以及西欧联盟等，不仅是欧盟候选国和美洲国家组织观察员，与欧盟签署了关税同盟协定，还与25个国家和地区签订了自由贸易协定。土耳其独特的地理位置，使其成为欧亚两大洲商品集散地和海陆空交通枢纽，是周边地区货物、服务、人员、资金、技术的重要集散地，因此土耳其人力资源相对丰富、便宜、优质。

在融资方面，外国投资者可从土耳其当地市场获得信贷，然而借款成本偏高，投资者可能会更多地寻找国际融资。土耳其也鼓励金融资源的自由流动，中国企业和土耳其业主合作项目时可选择从中国融资。例如，中国在海外兴建的第一条高铁就是由中国进出口银行提供的融资。

在法律与财会制度方面，土耳其法律和财会体系透明度较高，并且与国际标准一致，不存在外汇管制问题。中国企业目前可以使用人民币在土耳其开展跨境贸易和投资合作。

个别中国企业逐步尝试在土耳其开展并购业务，遇到的障碍较少。

综上，进军土耳其市场对Z公司来说是一个不错的选择。

（二）经营模式选择

方案一：继续选择出口模式，在原有基础上加大出口的广度与深度，即增加向土耳其出口产品的种类与数量。一方面，选择出口模式各项风险相对较低，所需的前期投入更低；另一方面，虽然土耳其地理位置独特，是欧亚两大洲商品集散地和海陆空交通枢纽，但公司前期已在白俄罗斯建设生产基地，能够利用白俄罗斯的地理区位优势向欧洲辐射，没必要再耗费资金在土耳其建厂。

方案二：选择自建模式进入土耳其市场。方案一看似风险更小，但获利空间也较小。土耳其海关对于货物到港规定严格：一是货物到港后，如未收到收货人的正式“拒绝收货通知”，海关不允许出口商将货物拉回或转运；二是货物放在海关45天后，海关将作无货主处理，有权拍卖该批货物；三是货物被拍卖时，原进口商为第一购买人。在以往经贸往来中，曾多次出现信誉不佳的土耳其商人利用中国企业不了解该法规设陷行骗的情况。除此之外，土耳其码头费用昂贵，滞期费用相当高。货物到港后，如原进口商拒收，货物转售提单时，提单必须有第一收货人的背书，如收货人不肯背书，只有通知银行退回提单到国内更改提单。这对我们的出口来说也存在一定的风险。

土耳其有着良好的工业基础，机械制造业以研发密集著称，机械制造人才基础夯实，每年工程师毕业生超过45万，非常适合自建基地，选择自建模式进入土耳其市场既可以将利益最大化，也可以提高公司海外业务的利润。

但是，目前土耳其对外籍人员工作许可证的审批非常严格，且有申请人在等待6个月后被拒发工作许可的情况。如果中国常驻员工无法及时、合法地取得长期居住及工作许可，可能被控非法务工，遭到拘押和遣返。自建模式需要派驻较多的中国员工，土耳其的审批制度对自建影响很大。另外，土耳其政府严格保护本地人就业，企业雇用一个外籍工人时就必须雇用五个当地工人，这对公司的管理也形成了很大的挑战。

方案三：选择并购模式，直接在当地收购一家工程机械企业。这样既可以利用其原有的基础设备与人员架构，节省公司在当地建设基地所需花费的人力、物力与时间，加速公司在当地“走进去”的进程，也可以利用他们在当地经营的宝贵经验，帮助公司迅速融入当地市场，且目前中国企业在土耳其的并购业务遇到阻碍较少。土耳其本就是一个工程机械行业相对发达的国家，在当地找寻一家符合收购标准的企业不难。但是，选择合适的被收购企业实际上过程十分繁杂，从尽职调查、谈判到收购合同的拟定，再到并购后的管理协同均是一道道难题。

（三）Z公司海外市场各经营模式下的风险与盈利情况总结

总结Z公司开拓海外市场的经验，分析各经营模式下的风险与盈利情况，再以此为基础选择其在土耳其市场的经营模式。根据世界经济发展状况以及海外各业务的具体情况，对风险进行分类，风险框架见二维码17-1。各种经营模式下的管理方式不同，从风险的影响程度及发生的可能性两个维度，运用定性与定量相结合的评估方法，发现各经营模式下的风险不尽相同。

17-1 问卷调查

1.各种经营模式下的风险情况

（1）出口贸易模式下的风险情况

出口贸易过程中有关价款回收的法律纠纷问题时常出现（见二维码17-2），可能存在以下几种风险因素：

①发货后，进口方不支付或不能按时支付货款；

②发货后，进口方向Z公司提出索赔或者拒收货物；

③在发货与收款之间，出口产品的计价货币或者出口国货币突然发生大幅度贬值。

17-2 出口贸易模式下具体风险情况

前两种情况会导致法律纠纷，若公司未能正确、及时地运用诉讼或仲裁手段，将产生法律纠纷风险，无法合理保障公司权益，进而面临经济利益损失。在第三种情况下，汇率波动会造成汇兑损失，如果外汇管理不当，就会产生汇率风险，导致财务损失，影响企业经营状况。

除此之外，由于出口贸易业务从合同签订、订单确认到发货流程均通过海外贸易平台统一处理，因此还存在销售管理风险、质量风险、公司治理风险、价格波动风险、物流管理风险、资金安全风险等其他风险。

（2）并购模式下的风险情况

海外并购过程中也存在诸多风险因素（见二维码17-3）。

第一，Z公司当前的并购方向主要集中在发达国家，而发达国家对于外来资本通常有诸多限制，大多数国家制定了投资安全审查制度与反腐败审查制度等监管法律法规。同时，各国的市场政策也不尽相同。在并购后的数年里，公司势必会面临海外子公司所在国的政策与法律法规的变化，造成市场波动，引发战略风险和市场风险等。

17-3 海外并购模式下具体风险情况

第二，不同国家的文化、价值观与管理理念不同，也易引发战略风险等。

第三，中国与海外其他国家存在时间和空间的差异，存在延时管理与监督问题，易产生生产管理风险等运营风险。

第四，公司的海外经营、投融资等活动还会伴随着税收问题，海外经营的税收政策等纳税环境的变化会影响到公司的税收管理，进而增大公司的税务管理风险。

第五，英国与欧盟国家都高度重视知识产权保护问题，但中国在这方面制度还不够完善，因此可能面临知识产权风险。

（3）自建模式下的风险情况

海外自建的子公司面临着战略管理风险、政策风险、投资风险与法律风险等等级较高的风险，这些风险都是由海外建厂的跨国性质决定的（见二维码17-4）。引发上述风险的因素主要包括：第一，海外建厂的投资额巨大，并且投资环境与中国存在差异；第二，对当地政策、经济等宏观环境变化的敏感性不够；第三，对目标国市场的外资进入和行业准入法律，以及对本土企业的保护不熟悉。除上述风险外，海外自建子公司还将面临着其他等级较低的风险，而且不同地区的风险等级有所差别。

17-4 自建模式下具体风险情况

2. Z公司海外市场风险管理情况

（1）风险管理目标

对Z公司来说，风险与收益往往相伴相生，高收益必然带来高风险，正确处理好业务发展和公司风险承受能力之间的关系，在风险可控、使企业的利益最大化的同时，实现风险程度和风险控制成本最小化是风险管理部门的职责。基于此，Z公司风控部设立了如下风险管理目标：①通过风险成本最小化实现企业或组织价值最大化；②尽快实现企业和组织稳定的收益。

（2）风险管理的具体手段

关于海外市场风险的控制，Z公司坚持遵循集团整体“以事前防范、事中控制为主，以事后救济为辅”的风险应对原则，严格贯彻“全员控制、全流程控制及闭环控制”的风险管控思路。在沿用国内市场风险防范制度的基础上，Z公司结合海外市场目前面临的风险状况，从三方面建立了风险防范机制，即长效、基础性风险防范机制，突发性风险防范机制，以及不可预测、不可抗力的风险防范机制，试图从全方位对海外市场各种经营模式下的风险进行管控。在日常风险管理工作中，Z公司海外市场风控部会对风险进行定期全面评估和不定期专项评估，即风控部每年组织一次全业务流程的拉网式风险识别与评估，对公司实行全面的“风险体检”。同时，风控部还对日常监管到的重大风险和较大风险及时深入调研和评估，确保及时发现重大风险（见二维码17-5）。

17-5 调研提纲

3. 各种经营模式下的盈利情况

在各经营模式下，盈利情况也有所不同。具体来说，出口模式由于投入资本少，起步早，主要依靠产量大的国内各生产制造基地，是境外收入占比最高的模式，但同时也因为高额运输成本、当地代理商的佣金费用、关税与非关税壁垒等阻碍导致难以留下大部分的利润。自建模式是Z公司起步最晚的一种经营模式，投入资金多，建造时间长，导致需要较长一段时间的持续资金投入方能进入盈利期，同时对于当地情况的不完全了解也带来了经验短板，给自建公司的良好运营造成了一定阻碍。但自建模式下Z公司对于其有完全的话语权与控制权，因而能获取销售过程中的绝大部分利润。处于两者之间的并购模式，则在收入与毛利率的表现上均介于两者之间。Z公司2019年与2020年度各经营模式下的盈利情况见表17-2。

表17-2　Z公司2019年与2020年度各经营模式下的盈利情况

年度	项目	境内	境外			
		合计	出口	海外并购	海外自建	合计
2019年	收入（亿元）	433.07	21.33	11.17	3.19	35.69
	毛利率（%）	31.24	14.42	16.91	25.84	16.22
2020年	收入（亿元）	651.09	23.65	12.30	2.37	38.32
	毛利率（%）	29.42	14.14	16.26	23.51	15.40

（四）后记

进军土耳其市场到底应该选择何种经营模式？在进入海外市场时，是选择控制风险，还是选择更高的收益？应如何平衡跨国经营的风险与收益？海外市场风云莫测，Z公司该如何在众多风险中“脱身”？Z公司未来的发展道路上要解决的问题还有很多……其后续发展见二维码17-6。

17-6 案例的后续发展

【政策思考】

在我国政府以完善制度为先导，以优化服务为基础，以规范管理为保障，致力于创造企业对外投资良好环境。2022年，商务部正式对外发布《对外投资合作国别（地区）指南（2021）》（以下简称《指南》），为企业提供正规投资资讯信息，目的是让企业在“走出去”时少交学费、少走弯路。2021年版《指南》覆盖了162个国家和地区，全面介绍了投资合作目的国（地区）的基本情况、经济形势、政策法规、投资机遇和风险等内容，以更好地引领企业开展跨国投资，优化对外投资结构，引导企业在防范风险方面开展更多的工作，不断提升企业防范风险的能力和水平，更好地开展跨国经营，实现互利共赢、共同发展。通过本案例的学习，学生应结合上述政策，思考分析公司跨国经营过程中的风险管理等问题。

案例使用说明

一、教学目的

引导学生了解我国企业在海外市场的经营模式，掌握在选择海外市场经营模式时需要考虑的因素，以及不同经营模式下面临的风险和管控的要点与方法，同时思考如何在风险控制和经营收益间进行权衡。具体如下：

1.通过了解Z公司的全球化战略目标、海外市场经营情况以及相应业务下的经营模式特点，思考进军海外市场时企业选择经营模式应该考虑的因素；

2.结合各种经营模式的经营特点，分别从公司市场发展战略以及风险管理目标两个角度分析，进行土耳其市场经营模式的选择；

3.通过理解经营收益与风险控制的平衡思想，进一步思考在企业运营中如何取舍风险与收益。

二、思考题

1.请结合相关方法与理论，从风险的角度思考选择海外市场经营模式时应该考虑哪些因素？

2.基于Z公司的市场发展战略，你认为其在土耳其市场应选择何种经营模式？理由是什么？

3.基于Z公司的风险管理目标，你认为其在土耳其市场应选择何种经营模式？理由是什么？

4.基于经营效益与风险控制的平衡机理，在土耳其市场应该选择何种经营模式？

三、分析思路

本案例的分析思路如图17-5所示。

首先，结合案例正文部分描述的Z公司海外市场各类经营模式的基本情况，引导学生思考选择经营模式的影响因素，尤其是在开展海外业务时，从风险的角度分析不同经营模式下应重点考虑的因素。

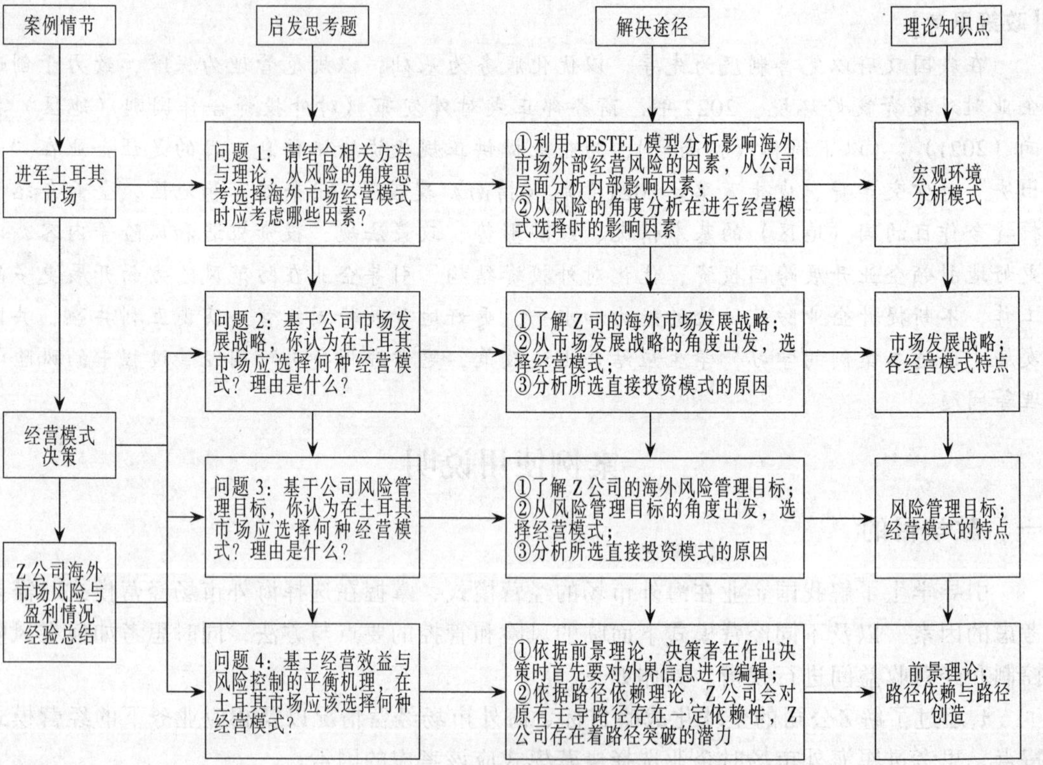

图17-5　案例分析思路

其次，引导学生了解土耳其的政治、文化、经济发展等情况，并展开分析，从发展战略和风险管理目标两个角度进行经营模式的选择。

最后，引导学生理解何为经营收益与风险控制的平衡，并在此基础上思考，在公司进入海外市场的经营过程中应该如何平衡风险与收益。

1.请结合相关方法与理论，从风险的角度思考选择海外市场经营模式时应该考虑哪些因素？

首先，利用PESTEL模型分析影响海外市场经营风险的因素，见表17-3。其次，从公司层面分析影响内部风险的因素，见表17-4。最后，从风险的角度分析在进行经营模式选择时的影响因素。

表17-3　　**外部环境对经营模式选择的影响因素**

风险类别	考虑因素
政治方面	政府采购规模和政策、财政和货币政策的变化、进出口限制
经济方面	经济政策、经济基础结构、人均收入、自然资源
文化方面	语言与沟通方式差异、种族与民族差异、管理风格差异
技术方面	技术研发、技术替代、技术的社会适应性
环境方面	自然环境、当地环境保护的相关法规
法律方面	立法完备性、法律制度健全性、执法公平性、合同管理
市场方面	产品或服务的价格及供需、物资供应充足稳定性、税收政策和汇率、利率的变化、潜在竞争者与替代品的竞争

表17-4　内部环境对经营模式选择的影响因素

影响类别	考虑因素
战略方面	战略环境、战略管理能力、战略资源、战略定位、企业文化
运营方面	产品结构与新产品研发、企业新市场开发与市场营销策略、企业组织效能、生产管理、物流管理、采购管理、产品质量与安全、信息安全、业务流程
财务方面	资金结构与安全、税务管理、资产管理、外汇管理、预算管理、应收账款管理

2.基于Z公司的市场发展战略，你认为在土耳其市场应选择何种经营模式？理由是什么？

首先，了解Z公司的海外市场发展战略——“走进去”和“深耕本土”；其次，从市场发展战略的角度出发，必然是以提高战略实施效率为目的，因此，直接投资模式比较适合；最后，分析选择直接投资模式的原因。

3.基于Z公司的风险管理目标，你认为在土耳其市场应选择何种经营模式？理由是什么？

首先，了解Z公司的海外风险管理目标——在风险可控的情况下实现企业利益；其次，从风险管理目标的角度出发，选择并购模式比较合适；最后，分析选择直接投资模式的原因。

4.基于经营效益与风险控制的平衡机理，在土耳其市场应该选择何种经营模式？

思路一：结合前景理论与公司实际情况。Z公司对于海外市场的倾向性在收益端，为了实现公司国际化战略，会偏向于高收益的进入模式，并通过管理手段平衡收益与风险。

思路二：结合路径依赖理论与公司实际情况。Z公司出口贸易模式实施时间最长，海外收入占比最高，业务覆盖面最广，具有较强的路径依赖性，因此会偏向于已实施的出口贸易模式，通过低风险的经营模式来平衡收益与风险。

思路三：结合路径突破理论与公司实际情况。Z公司具备较好的路径突破条件，从主体意识上来说，企业家精神较为活跃，支持路径突破，控制路径延伸；从外在环境上来说，企业信息交互沟通渠道较为有效，保障了信息灵活性。因此Z公司会偏向于自建模式，并通过管理手段平衡收益与风险。

17-7 参考答案

参考答案见二维码17-7。

四、理论依据及分析

（一）宏观环境分析模型

PESTEL为一种企业所处宏观环境的分析模型，不仅能够分析外部环境，而且能够识别一切对组织有冲击作用的力量。所谓PESTEL，即Politics（政治）、Economy（经济）、Society（社会）、Technology（技术）、Environment（环境）和Legal（法律）。它们是企业的外部环境，一般不受企业掌控，可以利用宏观环境分析模型来识别企业进行海外经营面临的外部环境风险，并从这些风险中分析影响经营模式的因素。

（二）市场发展战略

市场发展战略又称市场开发战略，是由现有产品和新市场组合而产生的战略，即企业用现有的产品开辟新市场的战略。它是发展现有产品的新顾客群，从而扩大产品销售量的战略。实施这一战略可以使企业得到新的、可靠的、经济的和高质量的销售渠道，对于企业的生存发展具有重要的意义。

市场发展战略是企业在原有市场的基础上，选择新的目标市场，并研究和制定占领新目标市场的营销规划。在一般情况下，市场发展战略是根据市场发展趋势和产品革新方向两个因素来制定的。

市场开发战略的途径可以是：（1）发掘潜在顾客，进入新的细分市场；（2）开辟新的营销渠道，包括雇用新类型的中间商和增加传统类型中间商的数目；（3）开拓外部市场。

实施措施：（1）将原有产品打入从未进入过的新市场；（2）在新市场寻找潜在用户，激发其购买欲望，扩大新市场的占有率；（3）增加新的销售渠道，灵活运用各种中间商的销售途径，开发新的市场。

（三）经营模式的特点

在进入国际市场时，企业有多种经营模式可以选择，各种经营模式都有其优缺点，企业的选择不同，其承担的风险不同，与公司战略的契合度也会不同。企业通常选择的跨国经营模式有四种，包括贸易模式、契约模式、直接投资模式与国际战略联盟。

1.贸易模式：直接出口和代理出口

贸易模式是各种跨国经营模式中风险最小的，是企业跨国经营活动的初级形式，分为代理出口和直接出口，见表17-5。

表17-5　**代理出口与直接出口特点对比**

表现形式	代理出口	直接出口
资源投入	少	多
企业控制力	小	大
经营风险	小	大
与海外市场联系	间接	直接
国际化人才培养	弱	强

贸易模式省去了企业在海外投资建设制造设施的高昂成本，有助于企业试销特定产品、迅速提升海外市场的产品销量，但是也会遇到国内生产产品运输成本高、受出口国贸易壁垒的限制、代理管理经营不善等问题。

2.契约模式：许可证协议与特许经营

契约模式是指企业与目标国的法人实体签订长期的非权益性合同，把企业的技术或人力从本国转移到外国。它包括许可证协议、特许经营、合同制造、交钥匙工程、管理合同等，许可证协议与特许经营是契约模式的主要类型。

3.直接投资模式

直接投资模式是指公司在目标市场上设立本地业务分部或公司，自行承担在国际市场上开展所需的价值链活动的责任。这一模式是各种跨国经营模式中风险最大的，可细分为并购与新建投资两种模式，见表17-6。

表17-6　**并购与新建投资的优缺点**

方式	优点	缺点
并购	①筹建工作量小 ②进入新行业的壁垒较低 ③可以使企业迅速进入目标国 ④有利于扩大企业产品种类和获得适用技术 ⑤有利于利用原有的管理制度和管理人员 ⑥有利于利用被收购企业的销售渠道、商标以扩大市场份额 ⑦消除竞争者 ⑧从被并购企业的资产价值低估中获取好处	①需一次性投入大量外汇现金 ②对被收购企业的价值评估存在困难 ③在企业规模和选址上陷于被动 ④受原有契约或传统关系和管理差异的束缚，导致企业面临经营控制不灵的风险 ⑤失败率较高 ⑥东道国政府对并购的干涉与限制较多
新建投资	①可自主选择适当的规模和地点 ②母公司可按长远发展规划来妥善安排工厂布局 ③对资本投入和支出具有完全的控制力 ④能够设置自己熟悉的生产工序和生产设备 ⑤业务选择的主动性强 ⑥成功率较高	①筹建工作量大，投资回收期较长 ②进入新行业的壁垒较高 ③引起新的竞争 ④投资风险较大

直接投资模式适用于资金充足且海外管理经验丰富的企业。该模式的优点包括企业可以完全控制国外市场的经营管理、保护企业对其核心技术的有效控制，但是投入成本大，运营风险也较高。

4.国际战略联盟

国际战略联盟就是指两个或两个以上企业为了相互需要、分担风险并实现共同目的而建立的一种合作关系。

（四）风险管理目标

以最小的风险管理成本获得最大的安全保障，从而实现经济单位价值最大化。风险管理的目标是保存组织生存的能力，并对客户提供产品和服务，以保护公司的人力与物力，保障企业的综合盈利能力。

风险管理目标包括以下几个方面：

（1）企业与组织及成员的生存和发展。企业和组织在面临风险和意外事故的情形下能够维持生存，风险管理方案应使企业和组织能够在面临损失的情况下得到持续发展。实现这一目标，意味着通过风险管理的种种努力，能够使经济单位、家庭、个人乃至社会避免受到灾害损失的打击。因此，维持组织及成员的生存是损失后风险管理的首要目标。

（2）保证组织的各项活动恢复正常运转。风险事故的出现会给人们带来不同程度的损失和危害，进而影响或打破组织的正常状态和人们的正常生活秩序，甚至可能会使组织陷于瘫痪。实施风险管理有助于组织迅速恢复正常运转，帮助人们尽快从无序走向有序。实现这一目标要求企业在损失控制保险及其他风险管理工具中选择合适的平衡点，实现有效的风险管理绩效。

（3）尽快实现企业和组织稳定的收益。企业和经济单位在面临风险事故后，借助于风险管理，一方面可以通过经济补偿使生产经营得以及时恢复，尽最大可能保证企业经营的稳定性；另一方面，可以为企业提供其他方面的帮助，使其尽快恢复到损失前的水平，并促使企业尽快实现持续增长的计划。

（4）减少忧虑和恐惧，提供安全保障。风险事故的发生不但会导致物质损毁和人身伤亡，而且会给人们带来严重的忧虑和恐惧心理。实施风险管理能够尽可能地减少人们心理上的忧虑，增加安全感，创造宽松的生产和生活环境，或通过心理疏导减少人们因意外灾害事故导致的心理压力。因此，它也是风险管理的一个重要目标。

（5）通过风险成本最小化实现企业或组织价值最大化。总体而言，由于风险的存在而导致企业价值的减少，这就构成了风险成本。纯粹风险成本包括：期望损失成本，损失控制成本，损失融资成本，内部风险控制成本。通过全面系统的风险管理，可以减少企业的风险成本，进而减少灾害损失的发生和企业的现金流出。通过风险成本最小化而实现企业价值的最大化，是现代企业风险管理的一个非常重要的目标。

（五）前景理论

前景理论诞生于不确定性的背景，决策者对不确定源越敏感，则偏向性越明显。其有三个基本原理：一是既得利益的保守性，“见好就收”；二是已有损失的冒险性，“破釜沉舟”；三是损失的心理感受，“损失厌恶”。决策者需要经过两个阶段：第一阶段为编辑阶段，分为编码、合并、分解、取消，这一阶段的重点在于对外界信息的吸收，从而得出决策的参考点；第二阶段为估值阶段，即决策者对于决策的总价值估计。

（六）路径依赖与路径创造

路径依赖强调“惯性”，指的是组织未来的决策带着过去的烙印。同时，组织的惯性存在自我强化，会削弱企业其他路径的备选性，呈现“组织近视”。当组织起初的轨道是合理的，良性循环就得以建立起来；反之，则会掉入效率损失的陷阱。然而，路径也不是一成不变的。路径突破最重要的因素便是主体意识，也可以称之为企业家精神。在可能突破的技术基础上，企业家有意识地偏离原有路径，持续性地进行路径延伸，充分地交互信息，有效地控制路径，最终达到新路径的建立。

五、关键要点

本案例旨在引导学生思考经营模式的本质，分别从市场发展战略和风险管理目标两个角度对经营模式的选择进行思考，为企业在拓展海外业务时平衡经营收益与风险控制提供参考，并使学生掌握以下三个关键知识点：

1.从风险的角度考虑选择经营模式时的影响因素；

2.从不同的角度（市场发展战略和风险管理目标）出发，对经营模式进行选择；

3.跨国经营中风险与收益的平衡与选择。

六、参考文献

[1] 李婧丹. PESTEL分析模型和平衡计分卡在A集团企业战略管理中的应用 [J]. 财务与会计, 2020, 616 (16): 35-37.

[2] 张继德, 郑丽娜. 集团企业财务风险管理框架探讨 [J]. 会计研究, 2012, 302 (12): 50-54+95.

[3] 樊治平, 刘洋, 沈荣鉴. 基于前景理论的突发事件应急响应的风险决策方法 [J]. 系统工程理论与实践, 2012, 32 (05): 977-984.

[4] DAVID P A. Clio and the economics of QWERTY [J]. American Economic Review, 1985, 75 (2): 332-337.

案例18　跨境并购的风险控制：海信视像收购东芝TVS[①]

案例导读

随着海信集团国际化战略布局的发展，其电视业务子公司——海信视像——的全球化布局也全面加速推进。通过跨境并购，海信视像进一步掌握了技术纵深，扩大了市场规模，提升了品牌影响力，并实现产品高端化和品牌全球化。本案例以海信视像并购日本老牌家电企业东芝集团旗下的电视板块子公司TVS为主线，详细描述了海信视像在跨境并购各阶段所面临的风险，重点阐述了海信视像在跨境并购中是如何应对和控制风险的。本案例旨在引导使用者思考企业如何在跨境并购过程中识别出关键风险，并采取有效措施控制风险，从而给其他实施跨境并购的企业提供借鉴。

关键词

海信视像　TVS　跨境并购

案例正文

2020年8月24日晚间，海信视像（600060）正式披露了更名后的首个半年报。2020年上半年，海信视像营业收入为159亿元，同比增长528%，净利润为3.66亿元，同比提升488%。其中，公司所拥有的东芝电视产品在日本市场的占有率持续提升，在6月份达到18.5%，是东芝品牌自2018年海信视像收购东芝TVS以来的最高销售水平，东芝及海信电视品牌量占有率合计26.6%，居日本市场第一。

在经济发展日新月异和新科技革命的局势下，全球市场竞争日益激烈，技术创新进入快车道，跨境并购正成为中国企业提高公司核心竞争力和国际市场占有率的重要投资形式。但由于跨境并购涉及其他国家，在并购过程中企业需要面临许多国内并购甚少面临的风险。如何进行有效的风险控制就成了跨境并购成功的关键。那么，此次跨境并购的背后，海信视像到底是如何控制并购过程中的种种风险来保证并购成功实施的呢？

一、公司简介

1969年9月，“青岛无线电二厂”（海信前身）成立。1997年4月，海信集团将其电视业务板块剥离出来，成立了规模最大的控股子公司——海信电器。2019年7月，海信集团进行混改，并于12月将海信电器更名为海信视像。

海信视像被称为“彩电大王”，主要从事显示及上下游产业链产品的研发、生产与销售。海信视像掌握了国际领先的ULED背光源技术、激光电视技术等一系列行业领先的技术，并不断坚持自主研发，引领电视显示技术的迭代升级。

---

① 本案例由刘端、袁语馨、左涛改编自刘端、朱茜、张婧撰写的《跨境并购的风险控制：海信视像收购东芝TVS》。本案例主要适用于“高级财务理论与实务”“公司理财”课程中“企业并购”和“风险管理”等章节的教学。

二、主要内容

（一）海信视像的全球化突破

1.海信视像全球化战略

截至2017年第三季度，海信视像已将电视业务拓展到全球130个国家和地区，产品渠道机构覆盖全球主要市场七成以上的国家、超过65亿的人口，在南非和澳大利亚市场更是跻身行业第一。数据显示，2017年第三季度，海信视像以383万台的出货量名列全球第四，相比第二季度增长了58%。2017年第一季度，海信视像产品均价达到431美元，位居全球第三，出货平均尺寸接近47英寸，跃居全球第一。海信视像正加速扩展全球化布局，实现产品高端化、品牌全球化。

表18-1　**2017年第二至第三季度电视品牌厂商全球出货排名**　单位：百万台①

品牌厂商	第三季度		第二季度		季度增长率
	排名	出货量	排名	出货量	
三星电子	1	10.45	1	9.45	10.6%
乐金电子	2	6.80	2	6.20	9.7%
TCL	3	4.10	3	3.44	19.2%
海信	4	3.83	6	2.43	57.6%
索尼	5	3.25	5	2.48	31.0%
其他	24.47		20.85		17.40%
出货总量	55.00		47.37		16.1%

海信视像的国内、国外双发展要归功于其全面推进的国际化战略。它制定了在“机构走出去”的同时，高端合作走出去、研发走出去、战略营销走出去的“企业发展升级之路”。总体而言，海信视像对外扩张与对内竞争深化双管齐下。

在对外扩张方面，海信视像曾在2015年并购夏普墨西哥工厂，获得夏普品牌在美洲市场的使用权，推动海信视像在美洲市场的快速成长，助力海信视像跃居全球第三大电视品牌厂商。

对内竞争深化则从全球研发与营销两个方面发力。海信视像相继在美国、欧洲和中国深圳建立了三大研发中心，构建全球研发体系，为自主创新提供坚实基础。此外，海信视像还加大了全球营销力度。2015年在美国纽约时代广场发布品牌独有的新一代ULED电视产品，在美国CES展会上发布最新激光电视产品。在2018年世界杯期间，海信视像还与福克斯公司开展战略合作，助力推进海信视像成长为全球高端品牌。

2.日本市场或成短板

截止到2017年11月，海信视像电视业务的全球化版图已经扩张到美洲、欧洲、非洲、

① 集邦咨询.光电研究中心（WitsView）研究报告［EB/OL］.［2022-07-1］. https://xueqiu.com/u/5870904687.

澳大利亚等市场，远销16国。但是相对于其他海外市场，海信视像在日本市场的发展进程较为缓慢。

海信视像曾经对日本市场进行深入调研，发现和其他的海外市场相比，日本市场非常排外，当时热销的日本品牌是日本几代消费者的首选和骄傲。当外国品牌进入日本时，消费者会下意识地拒绝，并与日本品牌进行对比。由于受民族文化的影响，日本用户的忠诚度非常高。这些用户的家里可能会有两台甚至三台同一品牌的电视，而且他们的后代在结婚、更新换代或迁新居时，还会选择父辈所使用的品牌。“我接触到的客户，有的人是结婚需要购买彩电，有的是更新换代，他们选择同一品牌的理由主要是家里一直使用该品牌的彩电，甚至是从爷爷那一代人就一直使用同一品牌。当然，他们并非遵从家长的意思，而是东芝这样的日本品牌陪伴着他们长大，其中包含着更多的感情。”东京银座彩电实体销售店的员工曾经对海信视像的市场调研员这样说。日本消费者对本土品牌的钟爱，成就了日本诸多百年以上的精工制造企业。因此，想要打入日本市场，海信视像需要耗费大量的资源重新获取用户的信任和忠诚，这也是大多数外资彩电品牌在日本市场举步维艰的主要原因。

另外，市场调研还发现日本作为最大的家电制造国，索尼、松下、夏普、三洋、三菱等企业的生产、研发、销售能力都非常强；而海信视像在日本没有生产基地与研发中心，这主要是因为日本各地的电视信号效果不一，同一标准生产出的电视产品在各地的信号效果差异显著，产品制造成为一大难题。

虽然，海信视像的电视产品于2011年3月就已进军日本市场，但直到2016年，全年销量在日本市场的占有率也不到4%。2017年上半年，海信视像的市场占有率有所上升，但仍仅为4.56%，在日本的市场份额还有很大的增长空间。

（二）并购准备蓄势待发：标的选择风险控制

为了推进国际化战略、打开日本市场，海信视像的首要目标就是保证将该海外市场渠道完全置于企业管理之下，能够直接贯彻海信视像的经营方针与策略。海信视像的高层认为通过并购来拓展日本市场是具有可行性的，并制定了此次海外收购的原则：企业有品牌；有生产基地；必须掌握专业技术，且这些产品的技术与海信视像的产品重叠或高度相关。

恰逢当时日本东芝集团陷入资不抵债的困境，决定弃车保帅，在2017年4月宣布出售其电视板块子公司TVS。海信视像得知此消息后，立刻对TVS公司进行了研究。

东芝集团的电视板块全资子公司TVS成立于1973年10月，全称为东芝映像解决方案公司（Toshiba Visual Solutions Corporation）。2016年，东芝电视的零售量达到294万台，其全球市场份额为1.3%。截止到2017年11月，东芝TVS的电视业务远销全球28国，与海信视像全球化版图的重合仅存在于日本、阿联酋、以色列、马来西亚、澳大利亚、南非、沙特7国市场。海信视像收购TVS后，将获得东芝电视40年全球品牌授权，并拥有东芝电视产品、运营服务等一揽子业务。

但是，海信视像并购东芝TVS也面临着巨大的标的选择风险。东芝TVS已经连续多年无法实现盈利。2017年上半年的财务数据显示，东芝TVS的资产总额为7.37亿元，负债总额高达16.27亿元，亏损额达到2.47亿元。因此，东芝TVS债务巨大，陷入亏损泥潭，未来可能无法实现预期收益。

为此，海信视像在与东芝方初步协商的同时，通过各种渠道的中介机构充分了解TVS的经营情况、人才储备、核心技术等信息。通过调查和分析，海信视像发现TVS独有的OLED画质引擎技术在日本彩电市场位列前茅，在电视显示方面有丰富的技术积累。海信视像认为，如果能够成功并购TVS，虽然可能会带来债务负担加大和企业亏损增加的风险，但是公司可以在拓展日本市场和补足关键技术两个方面获得巨大收益。

首先，海信视像管理层相信，并购TVS能够帮助公司突破在日本市场的营销推广瓶颈，带来更多的渠道资源，增强海信视像的议价能力，提高在日本市场的品牌优势。

其次，海信视像管理层认为，通过本次并购能够弥补公司在OLED电视技术上的短板。海信视像2017年净利润较2016年大跌，一个主要原因是液晶电视面板价格的上涨增加了电视的成本。海信视像多年深耕"ULED液晶电视+激光电视"的战略，ULED与LED使用的都是液晶面板，而液晶面板的价格占据一台液晶电视成本的70%。因此，海信视像要想改变自己的不利局面，就要推出不依赖于液晶面板、利润率较高的产品，如OLED电视。要满足OLED的技术门槛，海信视像就要在核心技术上发力，弥补自己的技术短板，而OLED画质引擎技术正是TVS所独有的技术优势。全球彩电市场主流电视分类见表18-2。

表18-2　　全球彩电市场主流电视分类

电视分类	优势	主要厂商
OLED电视	响应速度更快，色彩饱和度更高，更轻薄，更节能	东芝TVS、夏普、LG、三星
ULED电视	是更高、更好的LED	海信视像
激光面板电视	色域更广、使用寿命长、投影亮度更高	海信视像、夏普、长虹、康佳
LED电视	良好的图像色彩饱和度及对比度	索尼、TCL、三星

经过初步协商，海信视像与东芝集团达成共识，协议双方在并购后致力于两个方面的战略性工作，从而谋求协同效应：其一，东芝TVS与海信视像在电视画质、核心芯片等方面均有深厚的技术积累，收购后双方应强强联合，互补短板；其二，收购后海信视像与东芝电视共享渠道和供应链资源，带来成本降低和规模提升的效应，提高双方电视产品的市场竞争力和盈利能力。

海信视像最终获得东芝集团的同意，达成受让TVS股权的相关事宜，并签署转让协议。

（三）并购实施步步为营：估值、支付和汇率风险控制

1.目标企业估值风险及控制

虽然一个想买，一个想卖，但并购的协商谈判过程总是困难的。据海信集团投资与产业发展部副总经理夏峰描述，整个谈判沉闷漫长，"日本人认死理，很难说动，并不直接表达诉求，总是绕一个大圈子"。东芝方在谈判时也有所遮掩，在尽职调查阶段没有给足资料信息。由于信息不对称的存在，海信视像对TVS的价值估计一开始存在偏差，对所并

购的目标企业的估值风险不断加大。

海信视像首先对东芝集团此前的资产出让情况进行了较为深入的了解。东芝曾向其他公司出售过旗下盈利情况较好、资产规模较大的半导体业务，但在整个竞购谈判过程中，东芝和日本官方丝毫没有在收购价上让步，其间东芝集团还有过抬价的尝试。虽然最终东芝的资产出售溢价不高，但从其出售半导体业务与各大收购方旷日持久的谈判来看，东芝在出售资产时价格谈判的余地太小。因此海信视像认为，东芝虽然急缺钱，但也不甘贱卖自己，日本政府的相关产业救济基金、产经省在洽谈过程中也是锱铢必较，并购报价过低反而会拉高时间上和沟通上的成本，构成并购实现的障碍。

因此，在预报价中，海信视像采用现金流量折现法确定TVS的价值，全面考虑了收购后TVS与海信视像共享研发和供应链资源所带来的采购和制造的成本优势和规模效应，同时充分考虑了东芝电视40年全球品牌授权所带来的预期收益。

根据TVS的财务报表数据，海信视像结合未来可能发生的资本支出、市场收益率、重大经营计划，采用现有数据的自由现金流预测计算TVS公司未来可能产生的现金量，将企业未来经营现金流折现后确定了TVS的企业价值，并最终由双方充分协商谈判确定购买价格。海信视像初步确定了TVS的价值，于2017年11月14日发布公告表示，拟以129.16亿日元（约人民币7.98亿元）的价格受让日本东芝集团所持有的TVS公司95%的股权。

但是，海信视像是留了后手的，其对并购标的交割价格采取了弹性调整机制，即随着并购过程的推进，允许海信视像根据TVS随后披露和更新的财务数据予以价格调整。因此，根据与东芝达成的股权转让协议相关约定，收购资金129.16亿日元其实并非最终交割价格。该收购价格是根据TVS 2017年度一季度财务报表初步确定的购买价格，协议中双方约定最终交割价格将根据交割日的TVS财务报表数据进行确定。

在谈判推进的同时，海信视像对TVS的研发部门、生产基地等加大力度进行深入的实地考察，尽量减少双方的信息不对称。调查发现，东芝出售的电视业务子公司TVS虽然包括了技术研发试验室和电视机系统集成、组装、调校部门，但并没有包含其他完整的工厂实体部门。

在后续的调查中，海信视像还发现TVS的财务状况比先前公告的情况更不理想且持续恶化。截至2017年6月30日，TVS的资产总额为7.37亿元人民币，负债总额却高达16.27亿元人民币，陷入了资不抵债的困境。此外，TVS每年还在巨额亏损。2017年的数据显示，TVS仅仅上半年的亏损额就达到2.47亿元，财务状况依然未见好转。迫于债权人的压力，TVS为了偿还债务急于出售，在并购谈判过程中不得不给了海信视像更多的空间。海信视像对东芝方提出，在收购后公司还需要承担TVS总额16.27亿元人民币的债务，会增加财务风险。因此，以上述调查结果为由，海信视像成功地将原定的收购价格砍掉一半左右，这是并购价格谈判中，海信视像首次成功获得东芝方降价。

2018年2月28日，海信视像完成了此次并购的所有相关手续，通过了中国商务部的反垄断审查，获得TVS 95%的股权和东芝电视40年的全球品牌使用权，交割金额暂定为76.82亿日元（约人民币4.53亿元）。

TVS主要财务数据见表18-3。

表18-3　**TVS主要财务数据表**　单位：亿元人民币

项目	2016财年（经审计）	2017财年上半年（未经审计）
资产总额	13.94	7.37
负债总额	21.23	16.27
净资产	−7.29	−8.90
营业收入	27.02	11.95
净利润	−5.68	−2.47
扣除非经常性损益后的净利润	−5.22	−1.99

但是，海信视像的努力并没有就此结束，其继续对TVS及其所在市场进行深度调查和分析研判，进一步在并购谈判桌上列出了东芝方无力辩驳的理由，为压低价格提供了基础。海信视像指出：首先，东芝电视业务的预期业绩趋势不佳，根据新获得的Euromonitor 2017年数据，TVS的主要销售区域为日本、美国和德国。TVS公司在日本国内市场份额为14.8%，同比下降1.3个百分点，位列日本市场电视行业第三。其次，在技术上，除了OLED，东芝在QLED和Mirco LED技术上基本没有主导权。最终，双方在2018年7月25日进行了第二次并购降价，以不到原定价格一半的价格完成了收购交易的谈判，交割价格为59.85亿日元（约人民币3.55亿元）。海信视像与TVS的定价谈判历程回顾如图18-1所示。

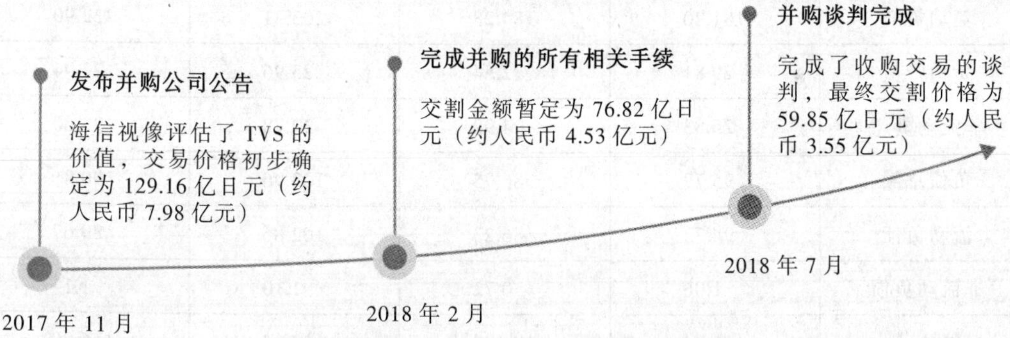

图18-1　海信视像与TVS的定价谈判历程回顾

2.支付风险及控制

在选择并购价格的支付方式时，海信视像选择了以现金支付为主、承担标的企业债务为辅的支付方式。在并购实施的过程中，海信视像管理层对支付方式进行了激烈的讨论，焦点在于很多人认为这种支付方式需要支付大量现金并承担债务，会使公司面临较大的流动性风险。

对此，海信视像就自身财务状况进行了深入研究和评估。首先，海信视像认为其有充足的现金储备，能为并购价格的现金支付提供较好的财力支持。海信视像的货币资金在2014—2017年一直维持在25亿元人民币以上，在行业中属于中高水平。因此，海信视像拥有足够的货币资金储备，能够维持其经营活动和投资活动的正常运转。大量的现金储备主要来源于高额利润。海信视像在2014—2017年的净利润都超过10亿元人民币（见表18-4），并且在2014—2016年连续增长，年均增长率达到7.44%。因此，其具备应对支付方式所带来的流动性风险的资金条件。

表18-4 **并购前4年海信视像营业状况** 单位：亿元人民币

报告期	营业收入	营业成本	净利润
2014年	290.07	241.24	14.43
2015年	301.90	250.50	15.40
2016年	318.32	265.54	17.90
2017年	328.70	283.70	10.30

其次，随着海信视像的并购进程进一步加快，产品结构不断升级，企业资产规模也在不断扩大。年报显示，海信视像的2016年年末账面资产总额达到226亿元人民币（见表18-5），资产负债率为45.82%。2017年，海信视像在总资产上升的同时，资产负债率进一步下降。因此，海信视像分析后认为，即使将TVS纳入报表合并范围，承担TVS公司16.27亿元人民币的债务，给海信视像带来的财务风险也是可控的。

表18-5 **并购前4年海信视像资产负债情况** 单位：亿元人民币

项目	2014年报	2015年报	2016年报	2017年报
资产总额	207.03	209.21	226.91	245.67
流动资产	181.20	184.28	203.31	222.90
货币资金	29.81	32.54	25.96	27.94
非流动资产	25.83	24.92	22.78	23.60
负债总额	95.79	86.95	103.96	90.8
流动负债	94.73	86.23	102.86	89.67
非流动负债	1.06	0.72	1.10	1.13
净资产	111.24	122.26	122.95	156.00

此外，为了更大限度地控制支付风险，海信视像还规划了固定的支付时间，制定支付流程，并根据预计支付交易价款编制和及时调整现金预算，以此来降低企业的流动性风险。其具体支付过程是：在进行股权转让手续前，海信视像与东芝TVS为并购资金设立共管账户，于交割日将暂定的购买价款以电汇方式支付至共管账户，与东芝TVS共同监督管理并购资金。海信视像还将这笔并购价款作为企业其他非流动资产核算，确保专款专用，不影响对日常流动资金的管理。2018年7月25日，海信视像和东芝TVS最终交割价格确定后，经过双方的共同许可，银行将共管账户的款项支付至东芝TVS指定账户。至此，所有支付程序履行完毕，海信视像完成了对东芝TVS收购价款的支付工作。

3.汇率风险及控制

海信视像与东芝TVS在协议中约定使用日元作为结算货币，因此汇率波动所带来的风险也成为海信视像管理层重点考虑的因素之一。从签订协议到支付价款中间有八个月的间隔期，在此期间，人民币对日元的汇率处于不断波动的状态，完成结算时的汇率存在不确定性，可能会增加交易成本。

自2017年11月至2018年7月，日元对人民币汇率虽出现短暂下滑，但汇率变化幅度大（如图18-2所示），增加了海信视像并购东芝TVS的汇率风险。

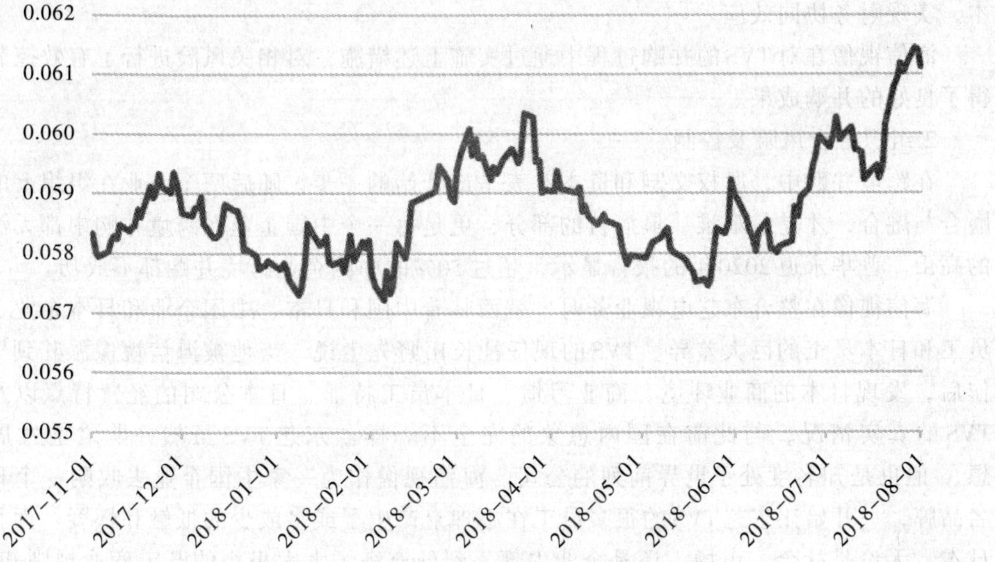

图18-2　日元对人民币汇率走势

对此，海信视像充分利用有效的金融衍生工具，合理防范可能出现的汇率风险。在支付日2018年7月25日，日元对人民币汇率处于较高点。由于海信视像提前购入行权日为预计支付日的看涨期权，在日元对人民币汇率上升时以期权约定价格购买日元，抵消了日元对人民币汇率上升给海信视像带来的支付损失，有效减少了汇率风险。

（四）并购整合凝心聚力：财务与组织融合风险控制

海信视像完成并购TVS、进入整合阶段以后，首先要面临的风险就是财务会计体系整合的风险和中日企业组织融合的风险。

1.财务整合风险及控制

海信视像在上海证券交易所上市，而东芝在东京证券交易所上市，两方分别采用中国会计准则和日本会计准则。由于双方公司的财务组织管理架构、财务部门的职责范围以及所需要遵循的国际会计准则等因素存在明显差异，因此首先需要解决财务分析、资产清算、财务结算上的差异化问题。海信视像并购整合开始后的首要内容就是控制财务整合风险。海信视像以往的并购经验表明，如果在财务管理制度上不能协调统一，执行过程将会产生严重偏差，导致被并购方产生误解，甚至消极对待，最终致使并购失败。因此，协调双方的财务管理制度是海信视像在并购整合期间面临的最主要的风险之一。

海信视像的管理层在并购完成后通过一系列措施对TVS进行了财务整合，以应对并购后期产生的财务整合风险。具体措施有以下几个方面：首先，由于东芝TVS的财务人员基本上是日本人，对中国的企业文化、财务制度、会计体系等方面了解甚少，因此，海信视像在这次并购之前已经培养了一批专业的财务人员，并让双方财务人员积极接洽，互相学习对方企业的财务制度和会计核算体系；其次，海信视像与TVS统一了财务制度、资金管理制度和预算控制制度，在此基础上两者执行统一的财务标准，从而将TVS的财务管理系统快速融入海信视像的日常财务管理活动当中；最后，海信视像与TVS充分共享供应链资源和信息，通过其本身在系统效率等财务管理能力上的优势，大大降低了TVS的财务成本，实现财务协同效应。

海信视像在对TVS的并购过程中通过实施上述措施，对相关风险进行了有效控制，取得了良好的并购成果。

2.组织融合风险及控制

在跨境并购中，股权交割和资本并表是最开始的一步，随后两个企业在组织上的全面磨合与融合，才是最艰难、最痛苦的部分，更是每一个中国企业在跨境并购中都无法绕过的高山。普华永道2020年的报告显示，超过50%的中国企业跨境并购都不成功。

海信视像在整合东芝电视业务时，就面临着中国和日本、中国企业和日本企业、中国员工和日本员工的巨大差异。TVS的现任社长田野先生说，当他被海信视像派驻到TVS工作后，发现日本的商业环境、商业习惯、日本员工特征、日本公司的经营特点以及东芝TVS的真实情况，与此前在国内想象的完全不一样。东芝TVS虽然并购之前发展不理想，但也是知名度处于世界前列的公司。海信视像作为一家中国企业去收购一个日本知名品牌，一开始让东芝TVS的很多员工在心理上产生了或多或少的抵触和怀疑。而且，在日本，无论是社会、市场、还是企业内部，到处充满了大大小小的既定商业规则和惯例，正因如此，任何企图改变现状的措施都推动得无比艰难。

海信派驻TVS的人资部负责人戴静发现，日本企业实施终身雇佣制，管理思路和中国企业差异巨大，尤其是像东芝这样的老牌大企业，大多采用的是"年功序列制"，也就是主要以员工个人资历、工作年限而非绩效和其他特征等作为员工报酬和晋升的评价标准，年龄对职位层级的高低有绝对影响力，对薪酬也是。在日本大企业里，要想做到中层的职位，至少在45岁以上才有机会。所以，海信视像刚接手东芝TVS时，发现东芝TVS的所有部长们都是年龄超过50岁的男性。

改革势在必行，然而，当海信视像站在企业经营和生死存亡的角度，对存在一定弊端的制度进行改变时，一些TVS员工本来就有的抵触的情绪、文化和语言的巨大差异、沟通的不够顺畅——种种因素产生了误解、时间浪费等巨大的无形成本。

田野说："在整合过程中，中国总部领导的支持至关重要。"海信视像的周厚健董事长三次到东芝TVS调研和工作，与干部、员工交流海信管理理念、激励机制以及对技术的追求。海信集团总裁贾少谦，针对东芝TVS的中外员工融合问题，安排TVS中层、骨干员工到青岛总部学习交流，参观展厅、工厂，与总部相关或对口专业部门负责人进行面对面沟通交流。在这个过程中，东芝TVS的员工进一步认识了海信视像。

海信视像的管理层还意识到，如果让外派东芝TVS的中国干部担任职能部门负责人，他们可能会习惯于用国内思维方式去管理。于是，海信视像对东芝TVS的人事任用遵循了一个基本原则，即本土化管理：所有部门正职均聘任日籍管理者，一名副职由总部外派干部担任，并给年轻骨干创造大展身手、发挥才干的机会，给了更多年轻人希望，也正向激发整个员工队伍的工作。

（五）后记

东芝及海信电视品牌量占有率合计占据日本市场第一，只是海信的日本拓展计划的冰山一角，属于海信视像和TVS的未来并不止于此。海信视像还计划收回中国国内东芝品牌授权并自主经营，并在中国市场推出应用了日本东芝画质芯片、火箭炮音响技术、OLED优化技术、8K技术的东芝电视高端产品。与此同时，针对中国台湾地区和东南亚市场的东芝电视品牌和运营的收回工作也已经启动。

正如海信集团董事长周厚健就海信视像收购东芝TVS接受日本记者采访时所说："我相信海信一定会把东芝映像做好，东芝是一个好的品牌，曾经也是一个好的企业，海信不会把东芝映像的经营范围仅仅落在日本。东芝电视在亚洲、美洲，甚至在欧洲的一些地方都有不错的基础，有很多消费者喜欢，我们会尽快把一切可能挖掘出来的市场尽可能早挖掘。"海信全球品牌矩阵的国际化征途，比想象中更加辽远而壮阔。正文附录见二维码18-1。

18-1 正文附录

【政策思考】

习近平总书记在世界经济论坛"达沃斯议程"对话会上的特别致辞中强调："中国始终支持经济全球化，坚定实施对外开放基本国策。中国将继续促进贸易投资自由化、便利化，持续打造市场化、法治化、国际化营商环境，发挥超大市场优势和内需潜力，为各国合作提供更多机遇，为世界经济复苏和增长注入更多动力。"

请阅读相关材料并思考：海信视像为何选择收购东芝TVS？在企业跨境收购的过程中，各阶段会存在哪些并购风险？企业又应当如何进行跨境并购的风险管理？

案例使用说明

一、教学目的

引导学生学习企业跨境并购中各环节的风险识别及风险控制。具体包括：

1.使学生深入了解和全面识别跨境并购各个阶段的特定风险，掌握风险管理的理论和应用。

2.针对所识别出的不同跨境并购风险，学习如何采取相对应的风险抑制、风险保留和风险分散转移等方法来进行有效的风险控制，确保并购顺利完成，并实现并购效益的最大化。

3.加深学生对企业跨国并购动因、并购过程和并购整合相关概念和理论的理解。

二、思考题

1.海信视像为什么收购东芝TVS？

2.海信视像在收购东芝TVS的各阶段分别识别出了哪些并购风险？

3. 在并购东芝TVS的准备过程和实施过程中，海信视像采取了什么措施控制和应对可能出现的风险？

4. 在并购东芝TVS的整合过程中，海信视像采取了什么措施控制和应对可能出现的风险？如果你是海信视像的管理人员，对此你还有哪些建议？

5. 风险管理包含哪几个重要环节？海信视像跨境收购东芝TVS的并购风险管理给予我们什么启示？

三、分析思路

案例分析思路如图18-3所示，仅供参考。

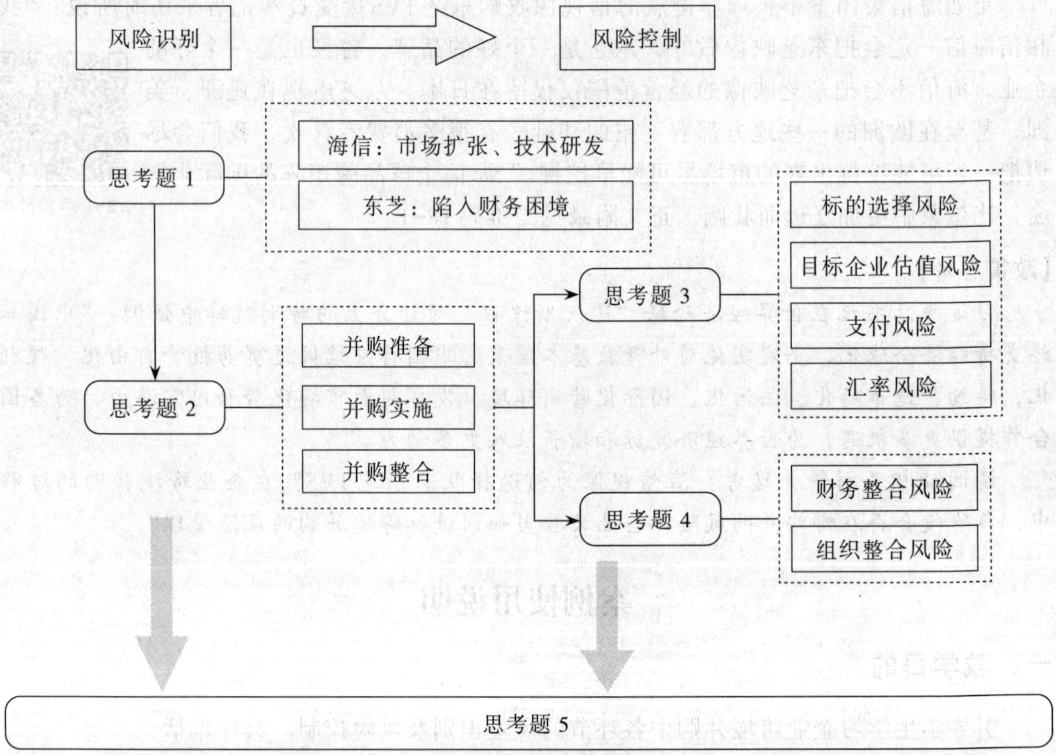

图18-3 案例分析思路

案例思考题有以下分析要点：

1. 海信视像为什么收购东芝TVS?

根据并购动因理论，从企业合并的规模经济、市场势力、协同效应、多样化经营、潜在价值低估及外部冲击六个方面出发，重点分析海信视像与东芝TVS并购前的市场分布、主要产品以及产品优势，结合双方并购的迫切性和可行性对案例进行判断，分析如下：

（1）有利于推进海信视像的国际化战略。

外部冲击理论认为并购的发生是由于全球竞争的加剧，跨国并购能够给企业创造无形资产优势。

国际市场对于海信视像来说还有很大的拓展空间。通过收购东芝TVS，海信视像可以进一步完善其全球化布局，对于其进军日本、欧洲等市场，具有重要的战略意义。

另外，根据海信视像的企业战略，东芝TVS完全满足海信视像跨国收购的原则。因此，海信视像选择东芝TVS作为目标企业。

（2）有利于推进技术互补，实现共赢。

海信视像并购东芝TVS属于横向并购，完成并购可以实现技术互补、扩大经营规模，有助于海信视像进军OLED电视领域，同时有利于缩短东芝TVS产品上市的周期并降低研发成本，对企业长远发展具有重要意义。

（3）东芝TVS陷入财务困境。

东芝TVS自2014年起连续出现净亏损，品牌形象遭受重创，市场及消费者对其不信任感陡增。此时的东芝TVS急需资金偿还债务，否则将面临破产的危机，这使得海信视像在收购定价的谈判过程中更容易掌握主导权。

2.海信视像在收购东芝TVS的各阶段分别识别出了哪些并购风险？

海信视像对东芝TVS的收购历经了三个阶段：并购准备，并购实施，并购整合。可基于绘制的鱼骨图进行因素分析，识别出各阶段的并购风险。

（1）并购准备阶段的风险识别：标的选择风险。

在跨境并购中，企业在准备阶段需要识别的并购风险在于选择何种境外企业实行并购，选择的目标企业是否符合企业的发展战略、能否实现预期收益。海信视像此次并购标的选择风险在于：东芝TVS债务金额巨大且亏损严重，未来可能无法实现预期收益。

（2）并购实施阶段的风险识别：目标企业估值风险、支付风险以及汇率风险。

①目标企业估值风险。由于地域因素以及东芝TVS在尽职调查阶段没有给足资料信息，出现信息不对称，海信视像面临目标企业估值风险。

②支付风险。海信视像选择了以现金支付为主、承担标的企业债务为辅的支付方式。一方面，这种支付方式可能会给海信视像带来流动性风险；另一方面，将TVS纳入报表合并范围后，海信视像将承担TVS公司的债务，带来财务风险。

③汇率风险。海信视像与东芝TVS在协议中约定使用日元作为结算货币。从签订协议到支付价款期间，人民币对日元的汇率处于不断波动的状态，存在汇率波动风险。

（3）并购整合阶段的风险识别：财务整合风险与组织融合风险。

①财务整合风险。双方的财务组织管理架构、财务部门的职责范围以及所需要遵循的会计准则存在明显差异，需要进行财务整合。

②组织融合风险。第一，文化差异导致的融合风险。第二，组织管理制度导致的融合风险。

3.在并购东芝TVS的准备过程和实施过程中，海信视像采取了什么措施控制和应对可能出现的风险？

结合风险控制的四种方法，分析跨境并购中的风险动态控制，即全流程风险控制。首先，风险控制必须在识别出并购各环节特定风险的基础上进行，针对性地使用四种不同的风险控制方法。其次，所采取的风险应对措施应当贯穿于并购准备、并购实施、并购整合三个阶段，以此实现动态控制过程。最后，必须以信息传递为基础，并根据双方的实际情况具体问题具体分析，不断调整风险控制方案，实现动态决策控制。

本案例中并购准备和并购实施两个阶段的风险控制措施分析和归类总结见表18-6。

表18-6　　并购准备和并购实施阶段风险控制

阶段	识别的风险	风险控制方法类型	风险控制的具体措施
并购准备	标的选择风险	风险抑制——降低风险概率	实地考察 聘请专业机构调研
		风险抑制——损失控制	签订事前战略协议
并购实施	目标企业估值风险	风险抑制——降低风险概率	深入调研，多次谈判
		风险抑制——损失控制	标的价格采取弹性调整机制
	支付风险	风险抑制——降低风险概率	制订详细的支付方案与支付流程
		风险保留	选择现金支付，承担相应风险
	汇率风险	风险分散和转移	套期保值

（注：本案例中并购风险控制未体现明显的风险回避方法）

（1）并购准备阶段的标的选择风险控制。海信视像控制标的选择风险的主要方法为风险抑制，主要体现在以下两个控制机制上。

①降低风险概率。海信视像在选择东芝TVS作为并购标的之前，对东芝TVS进行了深入的实地考察，充分了解其所处的政治、经济、文化环境，力图降低标的选择风险发生的概率。

②损失控制。并购初始，双方协议在并购后致力于两个方面的战略性工作。由此，海信视像可以在日本通过市场份额拓展和关键技术补足两个方面获得收益，间接弥补和降低标的选择风险。

（2）并购实施阶段的目标企业估值风险控制。海信视像控制目标企业估值风险的主要方法为风险抑制，通过以下两个风险控制机制完成了对东芝TVS报价的两次降价。

①降低风险概率。海信视像对东芝TVS进行了持续深入的实地调研，利用东芝急于出售的心理一步步在谈判中压低价格。通过实地考察，尽量减少并购过程中的信息不对称。

②损失控制。海信视像在并购标的交割价格上要求采取弹性调整机制，并根据不断获得的新信息，采用该弹性调整机制争取降价，有效降低了并购实施中的估值风险。

（3）并购实施阶段的支付风险控制。海信视像控制支付风险的主要方法为风险抑制和风险保留。

①风险抑制。海信视像对支付方式进行了严密的设计，规划了固定的支付时间，制定支付流程，并根据预计支付交易价款编制和及时调整现金预算，以此来降低企业的流动性风险。

②风险保留。选择现金支付作为结算的方式并没有在资金方面造成海信视像的重大压力。另外，采用现金支付可以最快速地获得目标企业的控制权，不稀释海信视像股权。

（4）并购实施阶段的汇率风险控制。海信视像控制汇率风险的主要方法为风险分散和转移，采用套期保值的方法来对冲日元波动所带来的汇率风险。

4.在并购东芝TVS的整合过程中，海信视像采取了什么措施控制和应对可能出现的风险？如果你是海信视像的管理人员，对此你还有哪些建议？

类似地，根据并购风险动态控制的四大方法类型，本案例中并购整合阶段的风险控制措施分析和归类总结见表18-7。该阶段所识别出来的财务整合风险和组织融合风险的控制主要采用风险抑制的方法。

表18-7　**并购整合阶段风险控制**

阶段	识别的风险	风险控制方法类型	风险控制的具体措施
并购整合	财务整合风险	风险抑制	1.提前培养专业财务人员 2.统一财务制度和标准 3.共享财务信息管理系统
	组织整合风险	风险抑制	1.加强组织交流 2.本土化管理

注：本案例中并购风险控制未体现明显的风险回避方法。

（1）财务整合风险控制。第一，培养专业财务人员，并让双方财务人员积极接洽，降低双方财务人员的沟通成本、提升财务管理效率。第二，统一财务制度、资金管理制度和预算控制制度，使TVS的财务管理系统快速融入海信视像的财务管理系统。第三，充分共享供应链资源和信息资源，降低财务成本，实现财务协同效应。

（2）组织整合风险控制。第一，加强中日双方的组织交流，有助于促进TVS对海信视像管理理念、激励机制以及技术追求的共同理解。第二，对TVS实行本土化管理，以有效突破中日管理文化巨大差异所带来的整合障碍。

（3）整合风险控制的其他建议。这里可以从战略整合、组织机构整合、组织制度整合、市场资源整合、技术研发整合、供应链、生产链整合等方面进行简要补充阐述。

5.风险管理包含哪几个重要环节？海信视像跨境收购东芝TVS的并购风险管理给予我们什么启示？

风险管理的三个重要环节为风险识别、风险评价和风险控制。在分别识别出并购准备、并购实施和并购整合阶段的风险后，海信视像均采取了合理有效的措施来进行风险控制。

本案例跨境并购的风险管理启示如下：

第一，并购目标的选择应与企业发展战略相匹配。跨国并购更侧重于对企业全球经营战略方面的考虑，企业应厘清并购动机，确定跨国并购的基本原则与方向，选择与公司发展战略相匹配的并购目标。

第二，降低信息不对称所带来的估值风险。主并企业可以对目标企业进行实地考察，并充分地了解目标公司各项信息，以此来减少信息不对称造成的风险。

第三，保留调整并购交割价格的权利。面对地域因素增加的信息不对称风险，企业在进行跨国并购时可以借鉴海信视像的做法，保留调整协议中并购交割价格的权利，降低信息不对称风险带来的损失。

第四，企业应该结合自身的财务状况，对现有支付方式的利弊进行全面分析，制订最有利于企业发展的支付方案。

第五，利用金融工具规避汇率风险。汇率变动会直接影响主并企业的交易成本，在确定支付计划的时候就要注意规避相关风险。

第六，管理境外企业时要转变思维方式，深入了解当地的既定商业规则和惯例，进行“本土化管理”，加快促进双方的财务管理与组织结构整合。

18-2 参考答案

参考答案见二维码18-2。

四、理论依据

为了更有效地达到本次案例研究的目标，学生在参加讨论之前应掌握如下知识并能做到综合运用，如图18-4所示。

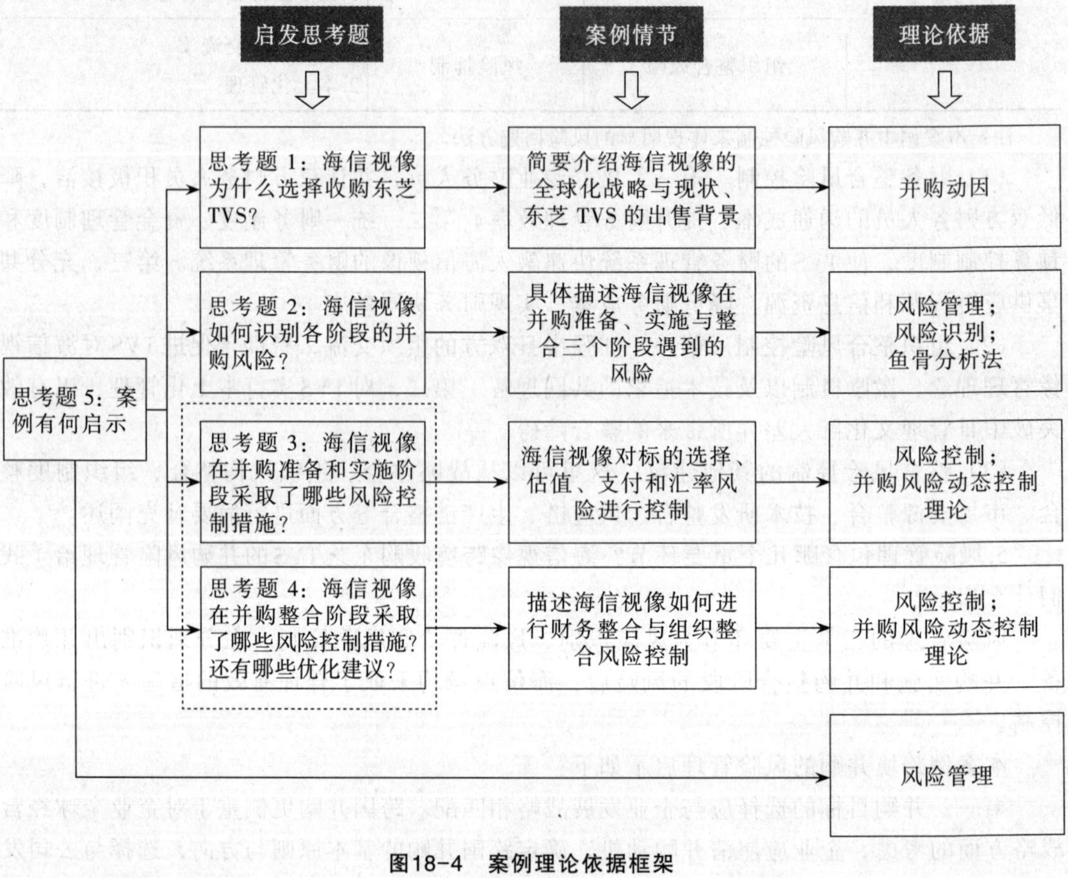

图18-4 案例理论依据框架

（一）并购动因

1.规模经济。并购能够扩大企业的生产规模，降低单位产品成本，产生规模效应[1]。

2.市场势力。通过并购减少竞争者，对市场进行强化掌控，进而帮助企业占有更多市场份额。

3.协同效应。企业完成并购以后，通过资源整合，可以使企业绩效的增长大于并购前两家企业的综合增长，即通常所说的“1+1>2”效应[2]。

4.多样化经营。企业可能仅仅是由于缺少必要的资源或其潜力已超过了行业容量而缺少内部发展的机会，因此以风险化解为立足点，通过并购能够快速实现多样化经营。

5.潜在价值低估。在不考虑资本利得税的条件下，当企业证券市场价值低于其重置资本成本时，并购将更可能发生。

6.外部冲击。经济全球化和信息技术革命导致全球竞争的加剧，给跨国并购带来了内部压力和较有利的外部环境[3]。

（二）风险管理的概念

风险管理是指如何在项目或者企业肯定有风险的环境里把风险可能造成的不良影响减至最低的管理过程[4]，即首先进行风险识别和评价，然后在此基础上选择与优化组合各种风险控制技术，对风险实施有效控制并妥善处理风险所致损失的后果，从而以最小的成本收获最大的安全保障。

风险识别和风险控制是风险管理中的两大重要环节。

（三）风险识别与鱼骨分析法

风险识别是指在风险事故发生之前，人们运用各种方法系统地、连续地认识所面临的各种风险以及分析风险事故发生的潜在原因。

鱼骨分析法是一种发现问题根本原因的分析方法，也是风险识别环节中的常用方法[5]。问题的特性会受到一些因素的影响，首先找出这些因素，并将它们与特性值一起按相互关联性整理成层次分明、条理清楚、标出重要因素的图形，这就叫特性要因图，又名鱼骨图。鱼骨分析法分为原因型、问题型及对策型。

它的分析结构主要包括：①针对问题点，选择层别方法；②通过头脑风暴分别对各层别找出所有可能原因（因素）；③将找出的各要素进行归类、整理，明确其从属关系；④分析选取重要因素。

（四）并购风险动态控制

风险控制是指风险管理者采取各种措施和方法，消灭或减少风险事件发生的各种可能性，或风险控制者减少风险事件发生时造成的损失。

风险控制的四类基本方法是：风险抑制、风险分散和转移、风险保留、风险回避[4]。

风险抑制是制订计划和采取措施降低损失的可能性或者减少实际损失，包括损失控制和降低风险概率。风险分散和转移是指通过契约将让渡人的风险分散或转移给其他人承担的行为。风险保留就是对风险和损失的直接承担。风险回避是投资主体有意识地放弃风险行为，完全避免特定的损失风险。

并购风险动态控制是对上述四种风险控制方法的综合应用。它是指，随着外部环境的改变，风险也会随之改变，企业通常无法拥有全面的市场信息，所以为了适应瞬息万变的市场，在并购持续的过程中企业综合利用上述四种风险控制方法来有效防范和应对整个并购过程中风险的管理过程。

并购风险动态控制有两层含义：一是从并购流程上看，动态风险控制必须贯穿于并购规划设计、交易执行、并购整合三个阶段，尤其是要贯穿于并购定价、融资和支付等交易执行阶段的三个环节，以此实现动态控制过程；二是从交易决策上看，动态风险控制必须以信息传递为基础，根据双方的行为信号来不断调整自己的行动战略，实现动态决策控制。动态风险控制既体现在过程中，又体现在决策上，是动态控制与动态决策控制的统一。

五、背景信息

（一）行业背景

2017年，全球电视市场需求不振，国际市场调研机构IHS Markit发布的数据显示，2017年全球电视的出货量同比下降了3.4%。根据中怡康时代市场研究有限公司的数据，2017年国内电视零售量同比下降了8.1%。海信视像紧紧围绕“主动变革创新，优化人才结构，聚焦精品战略，建立质量优势，提高制造效率，提升全球份额”的经营方针，开展各项经营工作，实现营业收入330.09亿元，同比增加3.69%。但受电视市场低迷以及面板价格大幅上涨的影响，归属于上市公司股东的净利润为9.42亿元，每股收益0.72元。与此同时，海信视像持续加大创新投入，全面提升产品的用户体验水平，通过技术创新尤其是显示画质技术、互联网技术、人工智能技术的创新，不断推出新产品。同时，海信视像持续加大全球品牌建设投入，通过跨国并购和资本运营，加速国际化进程。

（二）制度背景

2011年年底，日本政府为吸引外资在本国进行投资，从国家战略高度的层面提出了“投资日本（INVEST JAPAN）”这一发展战略。2014年，日本为了实现对外贸易的扩张，使更多国际投资流向日本，制定了具体的规划和部署：2020年实现日本吸收海外直接投资余额的翻倍，即达到35万亿日元。该政策的出台代表着日本政府欢迎其他国家对其进行直接投资，也促进了此次海信视像对东芝TVS的并购。

另外可参考的相关制度规定有：中日企业会计准则关于企业合并及其会计处理方法的现行规范；公司法等有关法规对企业合并的相关规定。

六、关键要点

1.了解企业跨境并购的动因和并购的三个主要阶段。

2.掌握风险识别的主要方法，结合海信视像的案例，识别和分析跨境并购各阶段的特定风险。

3.掌握风险控制的主要方法，针对所识别出的海信视像跨境并购的不同风险，分析如何综合使用相对应的风险抑制、风险保留和风险分散转移等方法来进行动态风险控制。

4.了解风险管理的概念和内涵，分析其在企业跨境并购过程中的重要性和经验启示。

七、参考文献

［1］ARROW K. Vertical integration and communication［J］. Bell Journal of Economies, 1975, 6: 173-183.

［2］MYERS S C, Majluf N S. Corporate financing and investment decisions when firms have information that investors do not have it［J］. Journal of Financial Economics, 1984, 13 (2): 187-221.

［3］GHOSH A. Does operating performance really improve following corporate acquisitions

[J]. Journal of Corporate Finance, 2001, 7 (2): 151-178.

[4] CROUHY M. Risk Management [M]. New York: McGraw-Hill, 2000.

[5] ISHIKAWA K. Reliability and quality control [J]. Journal of the Society of Mechanical Engineers, 1971, 74 (633): 1279-1284.

[6] PERRY J S, Herd T J. Reducing M&A risk through improved due diligence [J]. Strategy & Leadership, 2004 (2): 103-120.

[7] 海信视像，青岛海信电器股份有限公司年报 [EB/OL]. [2015-04-25]. https: //vip.stock.finance.sina.com.cn/corp/view/vCB_AllBulletinDetail.php?stockid=600060&id=1747571.

[8] 海信视像，海信电器2015年年度报告 [EB/OL]. [2016-04-07]. https: //vip.stock.finance.sina.com.cn/corp/view/vCB_AllBulletinDetail.php?stockid=600060&id=2419902.

[9] 海信视像，海信电器2016年年度报告 [EB/OL]. [2017-03-03].https: //vip.stock.finance.sina.com.cn/corp/view/vCB_AllBulletinDetail.php?stockid=600060&id=3085703.

[10] 海信视像，海信电器2017年年度报告 [EB/OL]. [2018-03-29].https: //vip.stock.finance.sina.com.cn/corp/view/vCB_AllBulletinDetail.php?stockid=600060&id=4162627.

第十章　股权激励

案例 19　股权激励方案之关键①

案例导读

股权激励作为一种长期激励制度，能有效缓解现代企业的委托代理问题，而股权激励的时机选择以及业绩条件设计、行权价格设定、激励标的选择等是股权激励的关键。A公司为国内工程机械行业的龙头企业，面对2017年的经济回暖趋势，A公司汲取第一次股权激励计划失败的经验教训，再次提出股权激励计划。随着第一期行权期满，股民的争议声此起彼伏，那么，第二次股权激励计划是否合理，它又是否达到了预期的激励效果？

关键词

股权激励　盈余管理　业绩条件

案例正文

2010—2012年，工程机械行业进入产能与信用快速扩张时期，受到“四万亿计划”的刺激，房地产和基础设施建设进入高峰，作为工程机械供应商的A公司，从稳定盈利期进入疯狂扩张态势，市场需求飞速增长。高盈利和下游需求激增使得包括A公司在内的各大厂商大幅提升生产量，并通过降低信用销售首付比例或延长还款期来吸引客户。在两者的共同作用下，工程机械行业在短期内实现了爆发式的增长。公司趁势筹划股权激励，以调动员工积极性、强化员工的公司荣誉感，促进公司业绩稳定增长。2013年3月，A公司宣布股权激励计划（见二维码19-1），激励对象名单是人力资源部在薪酬委员会的领导下制定的，共计1 543名员工，占当时员工总数的4.42%，其中高级管理人员20人，核心技术人员以及中级管理人员1 523人。激励计划的激励标的由股票期权和限制性股票组成，合计占当时公司总股本的3%，均来自公司的定向发行，在比例上以股权期权为主、限制性股票为辅，高级管理人员获得了17.7%的股权期权以及58.2%的限制性股票。但是由于2012年年末国内工程机械行业的销售增速开始大幅回落，行业整体下行的压力太大，公司业绩考核指标无法完成，股权激励无法兑现，最后公司第一次股权激励计划于2014年3月被撤销。

19-1 A公司第一次股权激励方案

2016年下半年，工程机械行业拐点出现、行业回暖（如图19-1所示），制造业开始升级改造，公司的智能制造、绿色制造需要投入大量资金，同时更需要抢占人才、激励人才，公司关键人员股权激励计划被再次提出。

① 本案例由刘桂良改编自王宇峰、刘桂良、邱张妍、郭启琳、周帼玲撰写的入选“全国百篇优秀管理案例”的《股权激励再起航，得偿所愿未可知》。本案例适用于“财务管理”“管理学”等课程中有关长期绩效、股权激励、盈余管理等内容的教学。

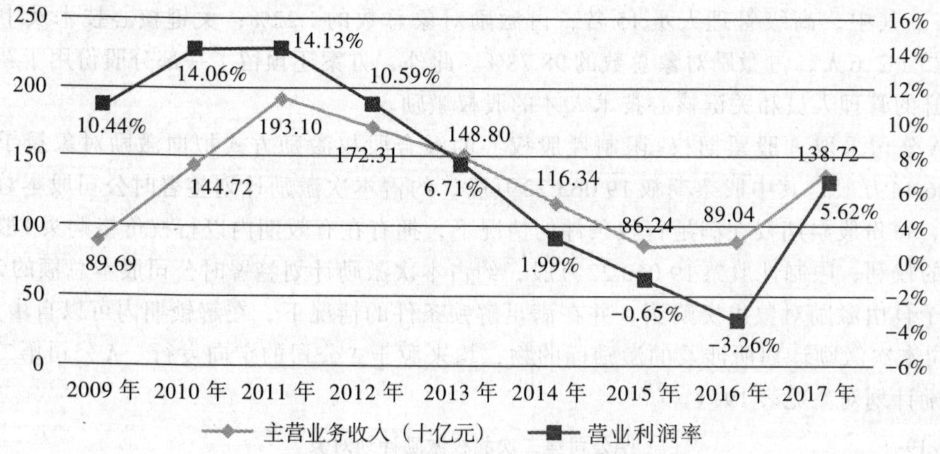

图19-1 工程机械行业发展走势[①]

一、公司简介

A公司成立于1992年，2017年总资产为1 315亿元，位居全球工程机械企业前5位，主要从事工程机械、农业机械等高新技术装备的研发制造，于2000年和2010年先后在深交所以及联交所成功上市，成为业内首家A+H股上市公司。A公司是从国家级研究院孵化而来的上市公司，也是行业标准的制定者。A公司拥有6大国家级科研创新平台，2次荣获国家科技进步奖，3次荣获国家专利金奖，累计申请专利11 880件，有效发明专利数量位居机械设备行业第一，专利综合实力位居工程机械行业第一。其先后主导、参与制修订17项国际标准、400多项国家和行业标准，站上全球技术的制高点。2012年以来，受行业下行的影响，A公司的经营业绩已经连续四年出现下滑，而2016年下半年，行业出现了复苏的迹象，各大主机厂商的营收和利润率均出现一定幅度的上扬，为了抓住此次历史机遇，A公司董事会决定重启股权激励计划。

二、主要内容

（一）股权激励方案再造

公司总结了第一次股权激励计划失败的原因，对激励标的整体数量、股票期权和限制性股票的比例、行权价格、激励期限、业绩考核条件等重要方面做了充分调研与论证。2017年9月30日，A公司公布了《2017年股票期权与限制性股票激励计划（草案）》，宣布实施第二次股权激励计划，2017年11月1日召开2017年度第一次临时股东大会，审议通过了上述草案，向激励对象授予股票期权和限制性股票。A公司在股权激励方案中明确指出，本次实施股权激励计划的目的是进一步完善A公司的法人治理结构，将股东利益、公司利益和管理团队、核心骨干个人利益实现有效的结合，增强公司管理团队和核心骨干对实现公司持续、健康发展的责任感、使命感，为企业健康持续发展奠定核心人才基础。

1.激励对象

A公司第二次股权激励计划的激励对象共计1 231人，占公司2017年度员工总数的

① 数据来源于Wind，根据工程机械行业各上市公司年报数据整理得到。

8.95%。其中，高级管理人员15名，占激励对象总数的1.22%；关键核心技术及中级管理人员1 216人，占激励对象总数的98.78%。此外，方案还预留了一部分股份用于新引进及晋升的管理人员和关键核心技术人才的股权激励。

A公司采取“股票期权+限制性股权”的混合股权激励方式拟向激励对象授予总计38 126.44万股，其中股票期权19 063.22万股，约占本次激励计划签署时公司股本总额的2.5%，每份股票期权在满足行权条件的情况下，拥有在有效期内以行权价格购买1股公司股票的权利；限制性股票19 063.22万股，约占本次激励计划签署时公司股本总额的2.5%，在授予日由激励对象出资购买，并在满足解锁条件的情况下，在解锁期内可以自由交易。A公司本次激励计划所涉及的激励标的物，均来源于A公司的定向发行。A公司第二次股权激励计划对象见表19-1。

表19-1　**A公司第二次股权激励计划对象**

序号	职务	股票期权			限制性股票			合计占目前总股本的比例
		获授的期权激励（万股）	占授予期权总数的比例	占目前总股本的比例	获授的限制性股票数量（万股）	占授予限制性股票总数的比例	占目前总股本的比例	
1	高级管理人员（15人）	3 236.35	16.98%	0.42%	3 236.35	16.98%	0.42%	0.84%
2	核心骨干（1 216人）	13 920.55	73.02%	1.83%	13 920.55	73.02%	1.83%	3.66%
3	预留部分	1 906.32	10.00%	0.25%	1 906.32	10.00%	0.25%	0.50%
	合计（1 231人）	19 063.22	100.00%	2.50%	19 063.22	100.00%	2.50%	5.00%

2.激励有效期

A公司本次股权激励计划的有效期自股票期权授予之日起至所有股票期权行权完毕或注销完毕之日止，自限制性股票授予之日起至所有限制性股票解除限售或回购注销完毕之日止，最长不超过48个月。

授权日：A公司于2017年11月7日召开第五届董事会2017年度第七次临时会议，确定2017年11月7日为本次激励计划的首次授予日。

等待期/锁定期：A公司第二次股权激励对象获授的股票期权适用不同的等待期。首次授予的股票期权的等待期分别为12个月、24个月和36个月。激励对象获授的限制性股票也适用不同的锁定期，首次授予的限制性股票的锁定期分别为12个月、24个月和36个月，均自授予之日起计算。

行权期/解锁期：A公司第二次股权激励计划自授予日起满12个月后分3期行权/解锁，激励对象在行权期/解锁期内，如果达到规定的行权/解锁条件，即可按规定的行权比例分期行权，可行权日必须为交易日，且不得为公司业绩预告/快报、重大交易事项决定及公告前后期间。本次授予股票期权和限制性股票的行权期/解锁期见表19-2。

表19-2　**A公司第二次股权激励计划行权期/解锁期**

行权期/解锁期	行权/解锁时间	可行权/解锁数量占获授期权/限制性股票数量比例
第一个行权期/解锁期	自首次授予日起12个月后的首个交易日起至首次授予日起24个月内的最后一个交易日当日止	40%
第二个行权期/解锁期	自首次授予日起24个月后的首个交易日起至首次授予日起36个月内的最后一个交易日当日止	30%
第三个行权期/解锁期	自首次授予日起36个月后的首个交易日起至首次授予日起48个月内的最后一个交易日当日止	30%

3.禁售期

A公司第二次激励计划的禁售规定按照《公司法》《证券法》等相关法律、法规、规范性文件和《公司章程》执行，激励对象为公司董事和高级管理人员的，其在任职期间每年转让的股份不得超过其所持有公司股份总数的25%，在离职后半年内，不得转让其所持有的公司股份；若将其持有的公司股票在买入后6个月内卖出，或者在卖出后6个月内又买入，由此所得收益归公司所有，公司董事会将收回其所得收益。

4.行权价格

按照《上市公司股权激励管理办法（试行）》的相关要求，股权激励计划首次授予的股票期权的行权价格不可低于股票票面金额，也不可低于下列价格较高者：激励计划公告前1个交易日公司股票交易均价，激励计划公告前20个交易日公司股票交易均价。所以，A公司首次授予的股票期权的行权价格为4.57元/股。

同样按照要求，限制性股票的授予价格不可低于股票票面金额，也不可低于下列价格较高者：激励计划公告前1个交易日公司股票交易均价的50%，激励计划公告前20个交易日公司股票交易均价的50%。因此，首次授予的限制性股票的价格为2.29元/股。

5.考核指标

（1）公司业绩考核指标

A公司第二次股权激励计划的行权考核年度为2017—2019年三个会计年度，每个会计年度考核一次，公司达到业绩考核指标时，激励对象首次获授的股票期权方可行权，考核标准见表19-3。

表19-3　**A公司第二次股权激励计划公司业绩考核指标**

行权期/解锁期	业绩考核目标
第一个行权期/解锁期	公司2017年度净利润为正，且不低于2017年度同行业可比公司平均净利润
第二个行权期/解锁期	公司2018年度净利润为正，且较2017年度增长10%或以上
第三个行权期/解锁期	公司2019年度净利润为正，且较2018年度增长10%或以上

上述各年度净利润指归属于母公司所有者的净利润；同行业指公司所处的工程机械行业；可比公司平均净利润指工程机械行业上市公司公开披露的2017年年度报告中，归属于母公司所有者的净利润排名前五名的公司（不含本公司）的净利润的简单算术平均值。

（2）个人业绩考核指标

公司按照相关制度，从业绩、效能等方面对激励对象个人年度绩效进行综合考核，综合考核结果分类见表19-4。

表19-4　**A公司第二次股权激励计划个人业绩考核指标**

考核等级	定义	系数
优秀	年度考核得分≥90	100%
良好	80≤年度考核得分<90	100%
称职	70≤年度考核得分<80	70%（股票期权） 100%（限制性股票）
待改进	年度考核得分<70	0

若各年度公司层面业绩考核达标，激励对象个人当年实际可行权额度=系数×激励对象个人在该行权期内全部可行权额度。

（二）股权激励初显成效

2018年11月6日，A公司第五届董事会第八次临时会议审议通过了《关于公司2017年股票期权与限制性股票激励计划首次授予部分权益第一次行权并解除限售相关事项的议案》，公告A公司第二次股权激励计划第一个行权期顺利行权。

1.市场反应

A公司第二次股权激励计划公告日2017年9月30日为非交易日，9月29日为距离公告日最近的前一个交易日。A公司公布第二次股权激励计划的短期市场反应如图19-2所示，其股价在9月29日之后约半个月的时间内持续上扬，之后虽有所波动，但也一直高于9月29日当日的收盘价4.48元/股，直至2017年11月1日股东大会审议通过股权激励计划当天，收盘价为4.61元/股。

如图19-3所示，在首次授予部分权益第一次行权并解除限售的公告日，A公司股价仅为每股3.44元，一定程度上受到了宏观经济以及股市大盘的消极影响，直到2019年4月，A公司2018年度财务报告披露之后，A公司的股价才稳定在每股4.5元以上。也就是说，在第一个等待期期满当日，被激励对象行使期权获得公司股票的价格高于直接从二级市场购入的价格。

2.人力资源变化

在人力资源方面，2017年度A公司剥离环境板块，不再将其纳入合并报表范围，因此A公司2017年合并报表中披露的员工数量较2016年有大幅下滑。2018年，公司员工总数以及各学历层次的员工数量都有所增加，A公司的员工团队不断壮大，见表19-5。

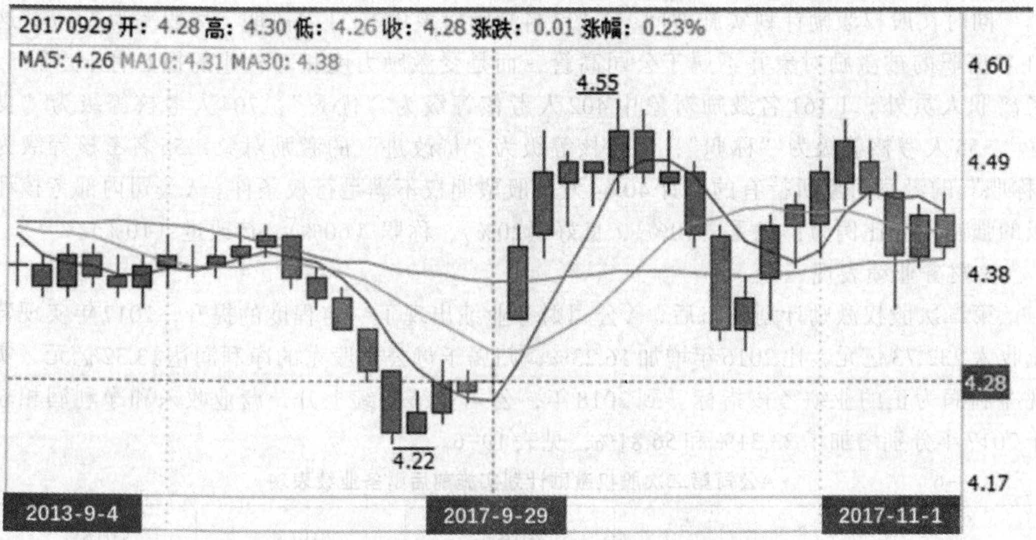

图19-2　A公司第二次股权激励计划公布前后短期市场反应①

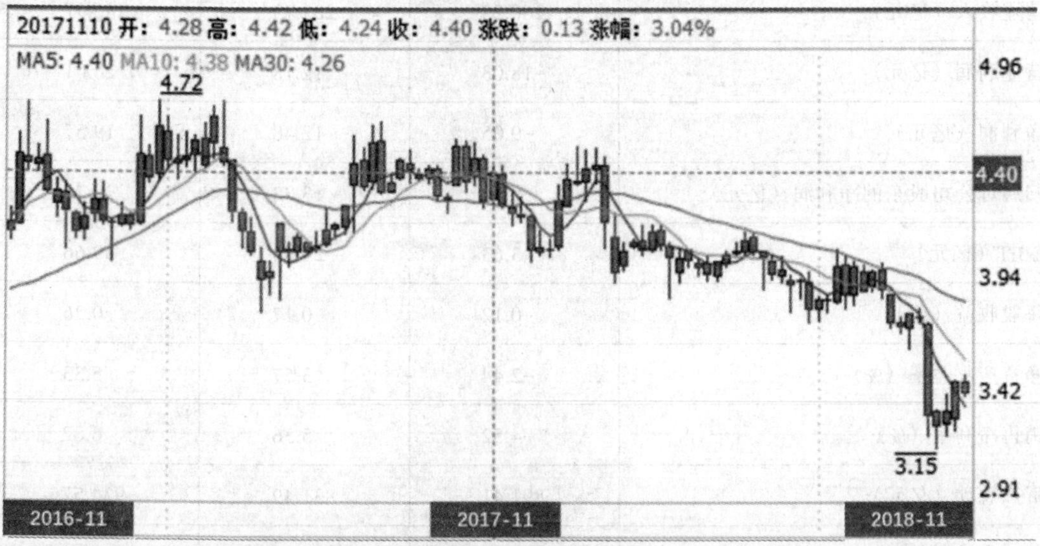

图19-3　A公司第二次股权激励计划实施前后长期市场反应②

表19-5　A公司第二次股权激励计划实施前后人力资源结构变化

学历	2016年	2017年	2018年
研究生	807人	674人	849人
本科生	4 639人	4 048人	4 764人
专科生	4 282人	3 667人	4 122人
其他学历	5 426人	5 072人	5 386人

① 数据来源于同花顺。
② 数据来源于同花顺。

同时在股权激励计划实施期间，1 192名激励对象中有31名离职，离职率为2.6%。这31名离职的被激励对象并不属于公司高管，而是受激励力度相对较小的核心骨干。除31名离职人员外，1 161名激励对象中402人考核等级为“优秀”，704人考核等级为“良好”，55人考核等级为“称职”，无考核等级为“待改进”的激励对象，55名考核等级为“称职”的激励对象所持有的合计40.64万份股票期权不满足行权条件。A公司内部考核评级的强制划分比例为：优秀（10%）、良好（20%）、称职（60%）、待改进（10%）。

3.财务业绩表现

第二次股权激励计划发布后，A公司财务业绩出现了一定程度的提升，2017年实现营业收入232.73亿元，比2016年增加16.23%；归属于母公司股东的净利润达13.32亿元，实现净利润为正的业绩考核指标。到2018年，公司业绩持续上升，营业收入和净利润相较于2017年分别增加了23.31%和56.81%，见表19-6。

表19-6　**A公司第二次股权激励计划实施前后财务业绩表现**

	2016年	2017年	2018年
营业收入（亿元）	200.23	232.73	286.97
营业利润（亿元）	−18.03	12.18	26.01
净利润（亿元）	−9.05	12.48	19.57
归属母公司股东的净利润（亿元）	−9.34	13.32	20.20
EBIT（亿元）	3.63	24.63	39.66
每股收益（元）	−0.12	0.17	0.26
净资产收益率（%）	−2.44	3.57	5.33
销售净利率（%）	−4.52	5.36	6.82
资产总计（亿元）	891.41	831.49	934.57
负债合计（亿元）	513.46	449.22	546.88
经营活动产生的现金流量（亿元）	21.69	28.51	50.64

19-2 2017年度工程机械行业前六公司财务指标

与同行业相比，B公司等同行业可比公司2017年归属于母公司所有者净利润的简单算术平均值为7.7亿元（见二维码19-2），A公司归属于母公司股东的净利润远高于行业排名前五的公司的平均值，见表19-7。基于此，股权激励计划的第一个行权期的业绩考核条件“公司2017年度净利润为正，且不低于2017年度同行业可比公司平均净利润”已达成。

值得关注的是，2017年A公司进行了重大战略调整，聚焦工程机械板块，于2017年5月20日发布《关于出售A公司环境产业有限公司控股权暨关联交易的公告》，宣布以116亿元现金的价格出让环境板块，该项交易为A公司实现了91.31亿元税前利

表19-7　　2017年度A公司与工程机械行业排名前五的公司规模和利润数据表　　单位：亿元

公司名	归属于母公司所有者的净利润	资产总计	净资产
A公司	13.32	831.49	371.04
B公司	20.92	582.38	207.48
C公司	10.21	497.70	194.76
D公司	3.23	216.58	88.21
E公司	2.41	135.79	62.69
F公司	1.62	122.88	46.02

润。2017年8月31日，A公司发布了《A公司关于2017年半年度计提资产减值准备的公告》，公告中披露2017年上半年A公司共计提各项减值准备87.93亿元（见表19-8），较往年大幅度提升，剔除外币报表折算差异影响，本年发生的资产减值准备影响当期损益（税前）共计87.33亿元。管理层的这两次举动均对公司财务业绩产生了较大的影响（见二维码19-3、19-4）。

表19-8　　2016—2018年度A公司资产减值损失分项目明细表　　单位：万元

项目	2016年度发生额	2017年度发生额	2018年度发生额
坏账损失	77 222	600 574	—
存货跌价损失	37 967	181 274	3 309
长期股权投资减值损失	—	—	—
固定资产减值损失	19	14 901	57
无形资产减值损失	—	87	230
商誉减值损失	—	2 784	5 022
其他	11 970	79 632	—
合计	127 177	879 252	8 657

19-3 A公司2016—2018年度资产负债表（简表）

19-4 A公司2016—2018年度利润表（简表）

（三）后记

2018年11月9日，A公司第二次股权激励计划第一个行权期已满，激励计划设定的考核指标已经达到，激励对象顺利获得激励标的。公告发布后的周一，董秘像往常一样打开股吧，却发现股民们对于股权激励的争议此起彼伏。

“激励计划第一期的业绩考核针对的是公司2017年的业绩，为何年报披露半年之后股价还是表现一般？这样拿到激励标的的员工也不能获利。”

“2017年业绩提升分明靠的是出售环境资产带来的106亿的投资收益，管理层还趁机计提减值损失给以后年度清理盈利空间，这很明显是盈余管理。”

“业绩提升根本不是他们努力工作的结果，这样的奖励无异于给高管发福利。”

【政策思考】

随我国市场化改革的不断深入，现代企业治理制度不断完善，人才激励机制也随之改善，个人价值的实现、公司价值的创造，以及社会价值的统一成为企业发展的一个新的重要命题。企业在发展的过程中，如何坚守契约精神、提升公司文化、夯实制度自信和文化自信，也是值得思考的问题。

请结合案例资料，深入分析企业如何在当前经济社会发展的大趋势下，对高管和员工进行激励，以实现企业价值的提升。

案例使用说明

一、教学目的

帮助学生在学习、理解股权激励原理的基础上，从激励目的出发评价股权激励计划设计和实施的效果；培养学生运用管理会计和财务报表分析方法，发现并解决在股权激励计划设计和实施过程中存在的关键问题的能力。

二、思考题

1. 从股权激励计划设计与效果视角分析A公司的第二次股权激励计划是激励还是福利？

2. 比较两次计划的本质差异，股权激励的方案设计应关注哪些前提条件以保证激励效果？

3. 如何从考核指标设计上抑制股权激励过程中的管理层短期行为？

4. 当股权激励计划的行权价与公司股价倒挂时，如何维护激励对象的利益？

三、分析思路

本案例分析思路如图19-4所示。

1. 从股权激励计划设计与效果视角分析A公司的第二次股权激励计划是激励还是福利？

从委托代理理论出发，股权激励能协调管理者与所有者之间的利益冲突，在激励理论中，激励目标的实现依靠股权激励计划的制度设计，但在管理层权力理论下，管理层通过利用其自身权力可以影响股权激励计划的实施，因而通过对第二次股权激励计划及其实施效果进行分析，可以判断A公司的股权激励计划是激励还是福利。

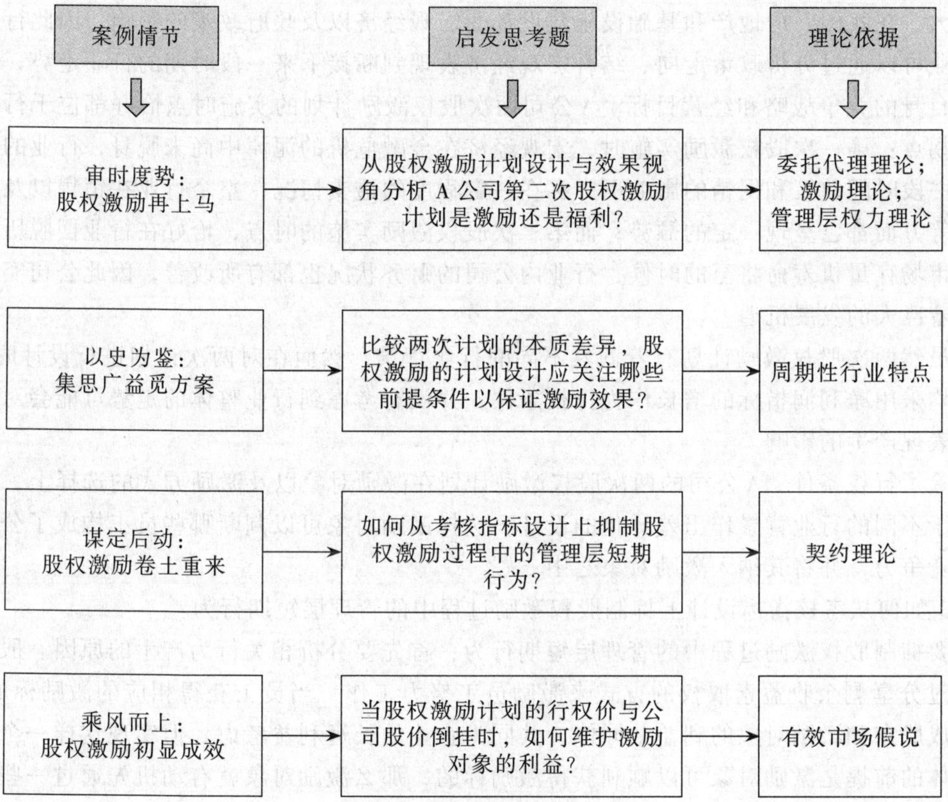

图19-4　案例分析思路

在股权激励方案层面，主要变量为授予价格、激励条件、激励有效期、激励对象和授予数量。(1) 从授予价格来看，证监会严格规定了价格下限，A公司对此变量的决策空间较小；(2) 对于激励条件，分析股权的授予、行使与激励对象的业绩考核结果是否紧密挂钩，激励条件是否流于形式，是否根据A公司自身情况来设置，激励条件是否单一；(3) 对于激励有效期，分析是否在证监会规定的范围内自愿延长激励有效期；(4) 对于激励对象的选择，可以分析A公司激励高管人数和员工人数的比例；(5) 授予股权的数量对于激励或福利的影响是双向的，一方面，授予数量大可能是公司加强激励力度的表现，另一方面，公司也希望扩大授予数量，以便让高管获得更多的福利，因而授予数量与激励型或福利型方案不存在明确的相关性。

在股权激励的实施效果层面，通过分析实施效果，可以佐证股权激励方案带来的是激励还是福利，实施效果包括股票市场反应、人力资源变化、财务业绩表现三个方面。(1) 股票市场反应：分析A公司提出股权激励计划前后是否有操纵股价的行为；(2) 人力资源变化：因为不管是激励还是福利，都能起到留住核心骨干的作用，所以人力资源变化与激励型或福利型方案不存在明确的相关性；(3) 财务业绩表现：分析A公司财务业绩在剔除行业整体走势后是否还保持着良好的态势，以及是否受到管理层行为的影响。

2.比较两次计划的本质差异，股权激励的计划设计应关注哪些前提条件以保证激励效果？

工程机械行业是一个强周期性的行业，其发展走势与房地产、基础设施建设投资的关系较大。在我国，房地产和基础设施建设都受宏观经济以及政府政策的影响，因此行业内的企业可以通过分析政策走向、结合宏观经济表现判断接下来一段时期的行业走势，及时调整自身的竞争战略和经营目标。A公司两次股权激励计划的实施时点恰好都位于行业发展的拐点：第一次股权激励实施时，宏观经济在金融危机的泥淖中尚未脱身，行业的需求在前一段时间政策和促销的影响下，存在一定程度的透支情况，整个行业在销售以及财务状况等方面都已呈现一定的颓势；而第二次股权激励实施的时点，恰好在行业摆脱历史包袱、市场存量机寿命将至的时候，行业内公司的财务状况也都有所改善，因此公司实质上面临着巨大的发展机遇。

虽然两次股权激励计划有着截然不同的行业背景，然而在对两次计划进行设计时，A公司均采用净利润指标的增长作为行权条件，并没有考虑到行业整体的走势可能会对企业财务表现产生的影响。

除了行权条件，A公司的两次股权激励计划在激励对象以及激励方式的选择上，也没有基于不同的行业背景作出差异化的设计。选择激励对象可以判断哪些员工构成了公司的核心竞争力，并将其纳入激励对象之中。

3.如何从考核指标设计上抑制股权激励过程中的管理层短期行为？

要抑制股权激励过程中的管理层短期行为，首先要分析相关行为产生的原因。股权激励通过分享剩余收益索取权的方式来激励员工努力工作，当员工获得相应的激励标的后，会形成股东和激励对象的利益共同体，共同为企业的长远利益考虑。但实现这样一个利益共同体的前提是激励对象可以顺利获得激励标的，那么激励对象就有动机先通过一些短期行为来达成业绩条件，以获得激励标的。因此在对企业业绩提升的幅度作出要求的同时，还可以建立多维指标体系来对激励对象的相关行为进行限制。另外，除了股权激励本身的方案设计，来自外部的监管力量也是抑制管理层短期行为的有效途径。

4.当股权激励计划的行权价与公司股价倒挂时，如何维护激励对象的利益？

分析产生“倒挂”现象的原因，提出解决途径，维护激励对象的利益。一方面，资本市场的弱相关性需要资本市场自身的进一步发展来完善和解决；另一方面，“倒挂”现象的产生与行权价格的确定方法及股权激励计划提出的时点存在很大的关联。

首先，上市公司应当在合理的时点提出股权激励计划。在公司股价过高、严重偏离公司的真实价值的情况下设立股权激励计划是不明智的。因为随着股价泡沫的破裂，股价低于行权价格，这种“倒挂”现象很难通过员工的努力工作扭转。相反，若公司股价接近或低于公司的真实价值时，通过提出股权激励计划激励公司员工努力工作，可以提升公司股价，促进其接近公司价值。

其次，上市公司在设定行权价格时可以借鉴国际上更为成熟的方法。例如，运用国际上广泛流行的指数化行权价格方法，即在设定行权价格时综合考虑上市公司的经营业绩、资本市场中的不确定因素、授予时的股票指数以及当时的股票价格等，同时根据不断变化的市场指数对行权价格作出相应的调整，以将公司员工的经营业绩和股市波动对业绩的影响进行区别，更好地确定股权激励的效果。

参考答案见二维码19-5。

19-5 参考答案

四、理论依据及分析

（一）委托代理理论

在本案例中，A公司的股权激励能够为解决委托代理问题服务，当企业所有者与管理层达成目标一致，股东、高管、员工的利益趋同时，会减少管理者收益与付出的不配套，降低代理成本，同时鼓励员工多劳多得，而非发放普遍性的福利，能够提高企业生产经营效率，并解决委托代理问题可能导致的福利与激励的不配套问题。

（二）激励理论

在本案例中，委托代理理论可能导致A公司激励动机的变异，股权激励可以有效抑制管理层短期行为的发生，但股权激励方案的设计又给了其进行盈余管理的机会，可能让其作出不妥的行为，也可能给投资者带来利益伤害。因此，为达到激励效果，在股权激励方案设计的过程中，对激励时机的选择、激励对象的选择、业绩条件的设定、行权价格的设定、激励标的的选择都要细致考量，在股权激励机制中体现出激励目标的实现路径。

（三）管理层权力理论

在本案例中，A公司管理层在第二次股权激励期间计提了大额的资产减值损失，且通过出售环境产业获得了巨额的投资收益，对公司当年业绩表现产生了较大影响，所以第二次股权激励虽然实现了首次行权，但对于管理层行为对股权激励的实施效果产生了怎样的影响仍需要进一步分析。

（四）周期性行业

在本案例中，A公司所处的工程机械行业周期性强，这对于A公司股权激励方案的激励目标、业绩条件的设定起到关键性的作用。

（五）契约理论

A公司通过股权激励与管理层签订契约可以一定程度上解决委托代理问题，但股权激励的契约要素设计及其实施应该满足以下两个条件：其一，最大程度地将高管薪酬跟公司业绩挂钩，让两者有机结合起来，让高管以股东的利益最大化为行动准则；其二，应对管理者进行严格的监督管理，以达到所有者与管理者利益保持高度一致性的目的。

（六）有效市场假说

由于我国资本市场的弱式有效性，我国资本市场股价和公司业绩相关性不大，股票市价受到市场中非业绩因素的影响非常明显，容易导致上市公司股权激励的行权价格出现“倒挂”现象，激励对象无法正常行权，股权激励没有起到激励作用，反而使员工和激励对象遭受损失。在本案例中，A公司第二次股权激励第一个行权期满时，A公司的股价仍然低于股票期权部分的行权价格，激励对象暂时无法获利。

五、背景信息

股权激励作为一种长期激励制度最早产生于美国，这种激励机制通过向高层管理者分享剩余收益，将高层管理者与企业所有者之间的利益目标有机地结合在一起，有效缓解了现代企业的委托代理问题，也对推动20世纪90年代美国经济的持续高速发展发挥了重要作用。然而，世界通信、施乐公司等财务欺诈事件的爆发也暴露了股权激励制度的潜在问题。美国政府和国会于2002年颁布了《萨班斯-奥克斯利法案》，该项法案在证券市场监管、会计职业监管以及公司治理等方面作出了许多新的规定，旨在通过强化信息披露、加强会计监督进一步推动上市公司治理机制的完善。

我国实施股权激励制度相对较晚，直到2006年我国《公司法》放松了对股票回购制度的限制，特别是股权分置改革这一制度性变革完成，监管部门才陆续出台了有关上市公司股权激励的一系列法律法规，确立了上市公司实施股权激励计划的方式与基本路径。为了防止上市公司高管借股权激励进行利益输送，我国证监会于2008年先后发布了有关上市公司股权激励事项的备忘录，对上市公司股权激励的相关事项进行了规范。

为进一步完善上市公司股权激励实施条件、明确激励对象范围、强化限制性股票和股票期权相关规定及事后信息披露监管，我国证监会在2016年7月13日正式颁布《上市公司股权激励管理办法》，为上市公司实施股权激励制度提供了更多的规范和指导，也提高了上市公司实施股权激励计划的自主性和便利性。

六、关键要点

本案例的关键要点在于通过对A公司两次股权激励计划及其实施效果的分析，发现上市公司在实施股权激励计划时普遍存在的两个主要问题：首先是无法将股权激励与公司战略和经营目标进行有机结合；其次是对于业绩条件考核指标的设计不够全面，往往诱发经营者的盈余管理等机会主义行为。

进一步引导学生设计出合理的股权激励计划，包括在契约要素设计上充分结合行业发展趋势，体现企业的经营目标；选择多维度的业绩考核指标，对经营者的短期行为加以限制。

此外，对于资本市场普遍低迷状态下可能会出现的股权激励的行权价“倒挂”现象，启发学生从源头思考解决路径：一是股权激励计划的提出时点；二是行权价格的确定方法。

七、参考文献

[1] 郑君君，谭旭，范文涛. 基于委托-代理理论的股权激励模型的研究 [J]. 管理科学学报，2005 (01)：24-29.

[2] 吴晓求，应展宇. 激励机制与资本结构：理论与中国实证 [J]. 管理世界，2003 (06)：5-14+155.

[3] 潘琰，辛清泉. 所有权、公司治理结构与会计信息质量——基于契约理论的现实思考 [J]. 会计研究，2004 (04)：19-23.

[4] 徐龙炳，陆蓉. 有效市场理论的前沿研究 [J]. 财经研究，2001 (08)：27-34.

案例20　益丰大药房的股权激励之路①

案例导读

益丰大药房连锁股份有限公司（以下简称“益丰”）从一家小药房成长为医药零售连锁龙头企业，持续的股权激励是成就其辉煌的制度基础。益丰从2008年开启的股权激励之路可谓平地青云，以益丰投资、益之丰和益之堂三大持股平台为载体的股权激励计划有效地激发了人力资本潜能，提升了公司凝聚力，将公司推上了A股主板市场。2018年，公司与时俱进，推出了新的限制性股票激励计划，将平台持股改为个人持股，但因资金未到位而终止。2019年益丰重启该计划，此次激励计划能否顺利执行并推动公司腾飞？本案例通过对公司股权激励计划设计与实施过程中一系列决策的描述与分析，培养学生合理设计股权激励计划以实现其激励目标的能力，并就公司正在推行的股权激励计划展开讨论。

关键词

股权激励　持股平台　个人持股

案例正文

2019年4月13日晚，益丰大药房连锁股份有限公司发布了“2019年限制性股票激励计划（草案）”，拟对高级管理人员、核心管理及核心业务（技术）人员共127人授予限制性股票共计271.30万股，约占激励计划公告时公司股本总额的0.72%。4月19日，益丰又发布了关于“2019年限制性股票激励计划（草案）”的更正公告，对限制性股票在被激励对象中的分配作出了更正，并于当日发布“2019年限制性股票激励计划（草案）（修订版）”。

“这是公司上市以来第二次发布限制性股票激励计划，此次计划能否顺利进行下去？”董事长高毅思绪回到了2018年7月13日。

那是个炎热的日子，益丰发布了“益丰药房2018年限制性股票激励计划（草案）”，希望在公司迈入新的发展阶段时启动新一轮股权激励，以激励上一轮股权激励未覆盖但对公司发展作出了突出贡献的员工。但遗憾的是，在公告发布后不到5个月，即2018年11月24日，公司发布“关于终止实施2018年限制性股票激励计划”的公告，决定终止本次限制性股票激励计划。

“益丰的高速发展是高管团队共同努力和辛勤付出的结果。一直以来，公司都在探索一种更好的方式回馈人才。稳定的管理团队是公司持续发展的基础，在人才流动性如此大的市场环境下，益丰能够保持较低的人才流失率，很大程度上源于我们高效的股权激励。10年前我们开始探索股权激励，虽然也是摸着石头过河，但现在看来成效显然。而今，公司的规模与10年前相比已是天渊之别，员工的数量也翻了数倍，此时理当是启动新一轮股权激励计划的最佳时机，可2018年股市一直萎靡不振，阻碍了公司股权激励计划的实施。但是，作为一家现代企业，我们一定要将股权激励机制持续下去，让我们的员工都

① 本案例由杨艳、庄娟娟、王雯雯、徐寅盈、汪品君、赵倩改编自杨艳、方江艳和隆卫撰写的《益锁人心：益丰药房的股权激励之路》。

能分享公司成长的成果，因此，我们一定会择时重启。”

一、公司简介

2001年6月9日，中南五省第一家“开架自选，平价销售”的药品超市“益丰大药房常德滨湖店”横空出世。一时间，“到益丰买药，打的也划算”的口号在民众之间口口相传。凭借“平价药房”创新经营模式带来的经营理念的先发优势，2001年6月至2004年8月，益丰以常德为起点，进军长沙，走遍湘北，迈步全省。2003年，益丰从改变供应链利益分配模式着手，说服厂商缩短营销环节，节省巨额广告、营销费用，让利消费者，实现顾客、厂商、益丰三方共赢。益丰“三得利”的模式又为其规模的快速扩张和持续的市场拓展注入了新的活力。2004—2008年，益丰相继进入上海、湖北、江苏、江西市场，为“医药湘军”引领全国医药连锁行业奠定了基础。

2008年，在全球金融危机的背景下，凭借着成熟的盈利模式，务实的企业文化和创始人独特的个人魅力，益丰成功获得今日资本的青睐，成为今日资本在电商大潮下投资的唯一一家传统零售业企业，顺利渡过金融危机带来的资金紧缺期。2011年，益丰正式改制设立股份有限公司，开启A股上市之旅。2015年2月17日，益丰在上海证券交易所挂牌上市，中国第一家沪市主板上市连锁药房荣誉诞生。2016年，益丰再启融资，完成两次增发。上市之后，益丰借助资金优势，坚持“区域聚焦，稳健扩张”的发展战略和“重点渗透，深度营销”的经营方针，通过门店布局深度和广度的均衡、高效的门店拓展和精细化的运营管理，进行了一系列高质量的并购，进入了广东、河北和北京市场，不断扩大其市场版图。如图20-1所示，2012—2018年，益丰门店总数复合年均增长率为24.99%，新建门店占比分别为30%、11%、24%、25%、27%、23%、27%，平均新建门店占比高达24%，并且并购门店占比持续高速增长，2018年高达47%。

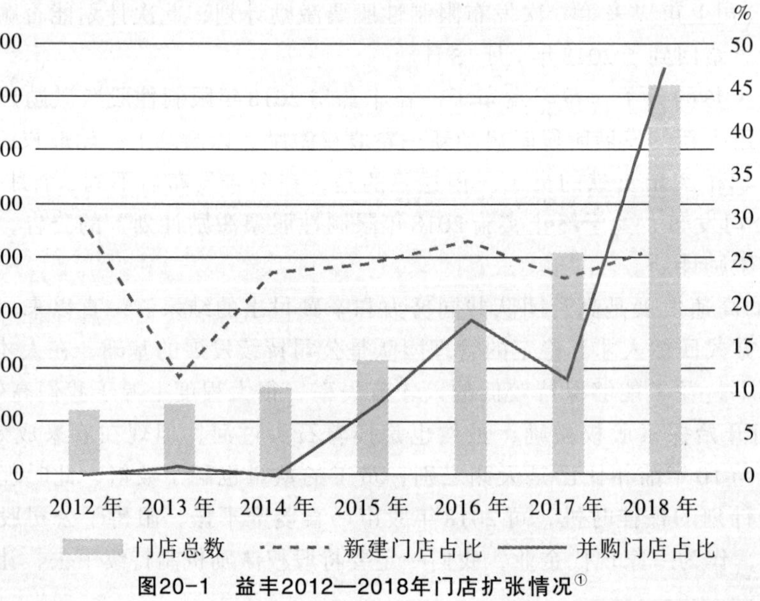

图20-1 益丰2012—2018年门店扩张情况[①]

① 数据来源于企业调研。

益丰创办至今，外抓拓展，内强管理，锐意创新，披荆斩棘，所向披靡。现如今，益丰在湖南、江苏、湖北、河北、上海、江西的医药零售市场都占有数一数二的市场份额，母公司和子公司均实现盈利，多次荣获“中国药品零售企业运营力冠军和成长力冠军”。如图20-2所示，公司营业收入与净利润均保持稳步增长，2012—2018年营业收入复合年均增长率为28.45%，归母公司净利润复合年均增长率达36.28%。图20-3与图20-4的数据表明，在四大上市连锁药房中，益丰的净利率远高于老百姓（大药房），与一心堂和大参林基本持平。截至2018年12月31日，益丰资产规模达到78.68亿元，实现营业收入69.13亿元、归母公司净利润4.16亿元。

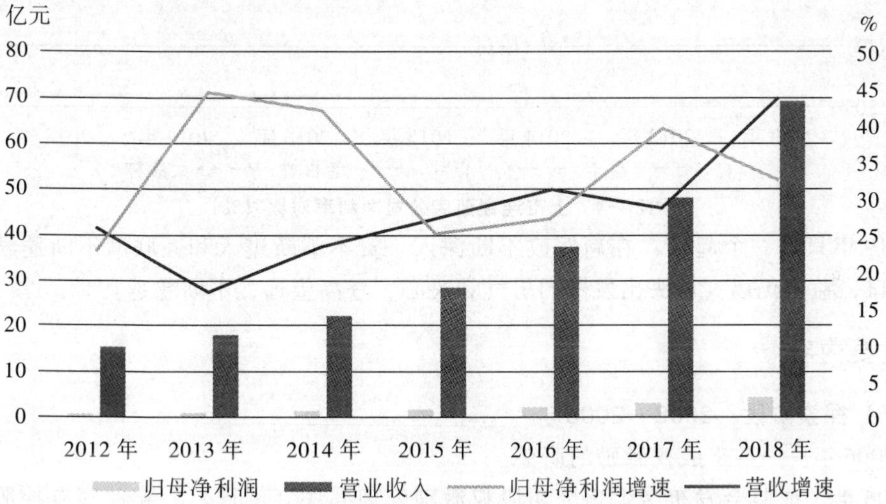

图20-2　益丰营业收入、净利润及增长率

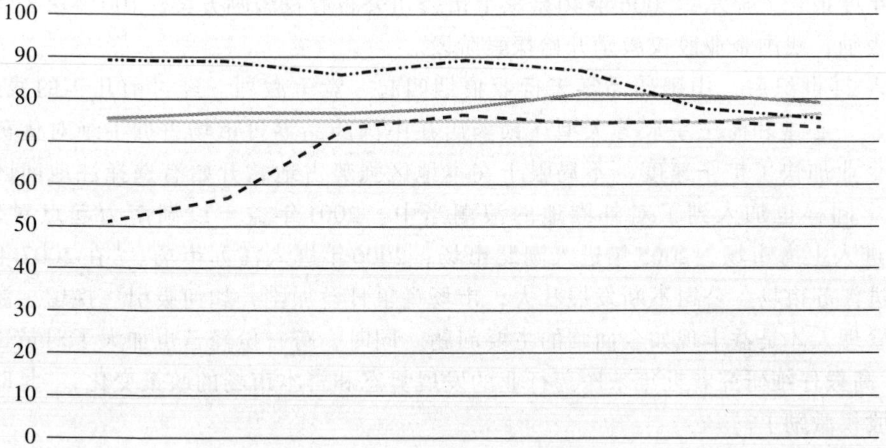

图20-3　上市连锁药店公司毛利率对比（%）

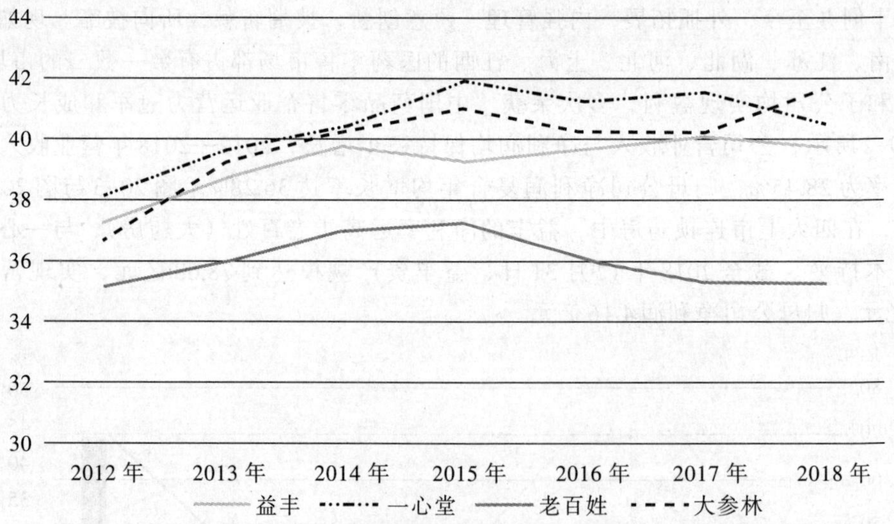

图20-4 上市连锁药店公司净利率对比（%）

2019年只是一个起点，在新医改不断深入、资本不断进入和互联网不断蓬勃发展的时代风口，益丰仍以"从头出发"的勇气和决心，登高望远，不断超越。

二、主要内容

（一）探索阶段：2006—2008年

1.2006年——益丰股权激励的萌芽

2006年，证监会发布《上市公司股权激励管理办法（试行）》和《国有控股上市公司（境内）实施股权激励试行办法》，公司法、证券法相继修订。和君咨询公司《中国股权激励年度报告》显示：2006年40余家上市公司公布股权激励方案，100多家表示将要实施股权激励，我国企业股权激励开始探索阶段。

迈入21世纪后，中国药品零售行业狼烟四起，竞争激烈。经过前几年的残酷竞争，老百姓、一心堂和海王星辰等大型连锁药店在中国药品零售市场占据了绝对优势。2006年这些企业加快了扩张速度，不局限于在本地区强势占地，开始有选择性地向区域外扩张，益丰同样也加入到了对外圈地的浪潮当中。2001年益丰以湖南为起点对外扩张，2004年进入上海市场，2005年进入湖北市场，2006年进入江苏市场。"在2007年，益丰将要挺进江苏市场。公司不断发展壮大，市场竞争日益加剧，如何吸引、挽留、激励关键岗位的管理人才是益丰现如今面临的主要问题。同时，跨省份经营也加大了对员工管理的难度。"高毅仔细研究着近年来医药行业的发展势态和资本市场的政策变化，"是时候要着手规划股权激励了。"

2.2008年——益丰股权激励的契机

2008年，医药零售行业暗流涌动，强者恒强、弱者恒弱的发展态势在这一年进一步显现，国家新医改政策的出台更加速了医药零售行业的重新洗牌，"弯道超车"的最佳时机呈现在勇者的面前。但也正是这一年，金融危机席卷全球，导致全球经济断崖式下滑，益丰开始面临资金紧张的局面。"如何助公司度过严冬？"高毅双眉紧蹙，"我们一方面需要引入外部资本，另一方面需要创新薪酬制度稳定人才。”

今日资本的出现给益丰带来了新的希望，新资本的注入不仅解决了公司资金不足的局面，同时也带来了现代企业的管理理念。“现代企业要想实现高效的发展，必须建立一套管理层薪酬激励机制。”徐总的话进一步坚定了高毅实施股权激励计划的决心。

2008年6月13日10时，上午的阳光洒进益丰重大事项决议会议室，会议室内启元律师事务所谢律师、天健会计师事务所合伙人魏总，还有董事长高毅和几位创始人正激烈地讨论着。“公司从成立至今已经平稳地度过了初创期，开始进入成长期。对于医药连锁行业而言，正值从分散向集中的转变时期，对我们来说，也是机遇与挑战并存的时期，在这个时期推出股权激励计划有特殊的战略意义。因此，本次股权激励计划成功与否事关公司未来发展，我们希望通过对中高层管理人员进行股权激励，在稳定管理团队的同时广纳英才，大家协同一致，抓住机会，迎接挑战，共创佳绩。希望大家畅所欲言，共同制订出一个完善的股权激励计划。”高毅率先发言。

“股权激励计划设计中重要的环节是选择合适的持股方式，这关系到税负、控制权、股权转让或退出等一系列问题。考虑到益丰目前正处于成长的初期，保持控制权、稳定创始团队和降低减持风险是此阶段要考虑的重点。一些公司选择将员工持有的股权以信托方式委托给一家信托投资有限责任公司代为持有和管理。鉴于益丰的实际情况，我认为益丰也可以采取类似的通过持股平台间接持股的模式，创始人可以通过控制这个平台对股权的转让和退出进行有效的约束。由于信托持股要支付给信托机构较高的管理费用，益丰可自建持股平台自我管理。”魏总随后发表了自己的观点。

数日之后，经过公司决策层的反复研究和分析，在与被激励的核心人员做了充分的交流之后，2008年股权激励方案终于问世。公司先后设立益丰投资、益之丰、益之堂三家有限公司作为持股平台。与益之丰、益之堂不同，益丰投资一开始不是专为员工持股而设的，但是从2008年2月7日开始，益丰投资开始进行增资和股权转让，逐步引进核心员工入股。

（二）实施阶段：2008—2016年

1.持股平台公司

（1）湖南益丰医药投资管理有限公司

湖南益丰医药投资管理有限公司（以下简称“益丰投资”）成立于2006年9月，由董事长高毅和高峰分别以现金667万元、333万元出资，注册资本1 000万元。2008年其进行了三次增资和一次股权转让，形成由高毅、高峰、高佑成、张波和罗迎辉等25人组成的持股平台，截止到2008年9月，益丰投资股权结构见二维码20-1。2009年益丰投资又进行第二次与第三次股权转让，2013年进行第四次股权转让，2014年进行了一次股东变更，持股人数由25名降至23名，持股人员与比例也略有调整。截止到2014年，高毅持股57.51%，高峰持股28%，高宏发持股1.28%，其他19名自然人持股13.21%，均为益丰大药房的中高层管理者或其子公司的股东、前董事，如高佑成为董事、常务副总裁，陈斌为监事会主席、拓展总监，罗迎辉为董事、财务总监。益丰投资2014年股权结构见二维码20-2。

20-1 2008年益丰投资股权结构

20-2 2014年益丰投资股权结构

（2）湖南益之丰医药咨询管理有限公司

湖南益之丰医药咨询管理有限公司（以下简称“益之丰”）成立于2008年8月19日，由高毅出资395万元设立，经营范围为健康及医药信息咨询服务。2013年1月、9月以及2014年1月，吴小智等7位股东将其所持益之丰股份转让给高董事长。截至2014年12月31日，益之丰总资产为441.04万元，净资产为440.70万元，2014年度实现净利润161.10万元。其股权结构见二维码20-3。

20-3 2014年益之丰股权结构

（3）长沙益之堂健康咨询有限公司

长沙益之堂健康咨询有限公司（以下简称“益之堂”）成立于2011年6月15日，由高毅、管长福分别出资183万元和0.40万元设立，其经营范围为健康信息咨询服务。2011年12月，高毅将其所持益之堂的部分股权转让给公司部分员工，转让价格为2.86元/每元出资额，以益丰股份2011年6月30日为评估基准日的评估净资产2.86元/股（高于每股净资产）为作价依据。2013年1月和9月，股东潘尾等3人将其所持益之堂股份转让给高毅。截至2014年12月31日，益之堂总资产为195.73万元，净资产为195.60万元，2014年度实现净利润74.51万元。益之堂的股权结构见二维码20-4。

20-4 2014年益之堂股权结构

截至2014年12月31日，益丰投资共计22位出资人，以董事、监事，总监等高管为主；益之丰共有34名出资人，以总监、分部总经理、副总经理、总经理助理、部长、高级软件工程师等为主；而益之堂的出资人共37名，以部长、片区主任等中层管理者为主。益丰发行上市之前，益丰投资、益之丰、益之堂分别持有益丰44.23%、3.29%、1.53%的股权，益丰上市之后，三者的股权比例被稀释至33.17%、2.47%、1.15%。董事长高毅分别持有益丰投资57.51%、益之丰43.00%和益之堂34.59%的股份，是三家持股平台的第一大股东和实际控制人。所以，高毅通过直接或间接持股，成为益丰的实际控制人。

对于这三家持股平台中离职的高管，其所持的益丰投资的权益可以根据当时股票的市场行情平价或溢价转让给其他股东或实际控制人高毅。例如，在2009年8月18日，高毅就以13.3万元平价回购了原长沙分部总经理助理于洪持有的益丰投资的股份；同年12月15日以36.3万元平价回购原益丰医药总经理刘中华持有的益丰投资价值36.3万元的股份；而2012年12月23日，对于原江西益丰新店部部长莫永红持有的益丰投资价值7.3万元的股份，则用29.368万元的溢价进行了回购，溢价率高达302.30%。

截至2016年12月31日，益丰与实际控制人之间的产权及控制关系如图20-5所示。

2.股权激励方案

（1）背景

湖南益丰大药房医药连锁有限公司（以下简称“目标公司”）计划设立湖南益之丰医药咨询管理有限公司、长沙益之堂健康咨询有限公司（以下简称“持股平台”）作为公司员工持股平台。目标公司拟由控股股东湖南益丰医药投资管理有限公司通过股权转让的方式用于实施股权激励，由持股平台受让本次股权转让份额，转让价格为人民币1元/股。股权转让后，持股平台将持有公司股权不超过5%。

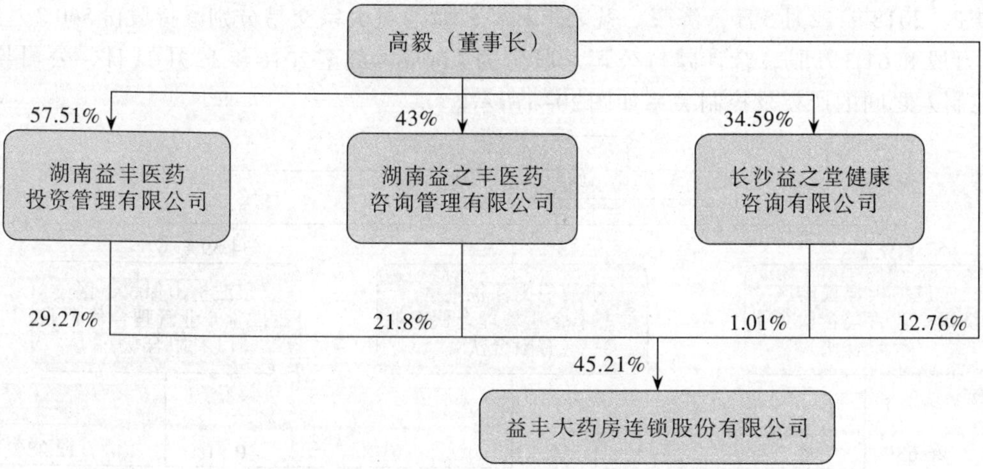

图20-5　2016年益丰与实际控制人之间的产权及控制关系

（2）激励对象

本计划涉及的激励对象包括：公司的董事、监事、高级管理人员；公司中层管理人员；公司主要业务（技术）人员；董事会认为对公司有特殊贡献的其他人员；预留激励对象，即激励计划获得股东会批准时尚未确定但后续经董事会批准后纳入激励计划的激励对象。

（3）股权来源

持股平台受让的湖南益丰医药投资管理有限公司持有的公司5%的股权（占人民币25万元注册资本）作为本计划股权的来源。激励对象通过持有持股平台的份额，间接享有公司股权权益。

（4）禁售期与限售期

禁售期为激励对象获得持股平台份额之日起至新三板挂牌或IPO完成之日止。在该期间内，激励对象已持有的持股平台份额不得转让。新三板挂牌或IPO后，激励对象持有的持股平台份额按照相关禁售规则解除限制。

《公司法》和监管机构对公司董事、监事、高级管理人员的股份限售要求严于本计划规定的，从其规定。

持股平台公司章程另有约定的，从其约定。

（5）激励计划的变更、终止及其他事项

激励对象个人情况发生变化，按照持股平台公司章程相关规定处理。

公司因各种原因收回激励对象持有的持股平台份额，可作为预留份额，以便当时或后续实施激励计划。

（三）完善阶段：2016—2018年

随着2016年财税101号《关于完善股权激励和技术入股有关所得税政策的通知》的颁布，益丰公司注册地由湖南长沙变更为宁波梅山保税港区，三家持股平台的名称分别变更为“济康”“益之丰”“益仁堂”。不久之后，济康、益之丰和益仁堂的企业合伙人因个人资金需求，都计划减持其所持有的公司股份，分别不超公司总股本的2.22%、0.52%和

0.24%。2018年12月5日，济康、益之丰和益仁堂通过大宗交易分别减持股份560.2万股、132万股和61.3万股，合计减持公司总股份的2.00%。截至2018年12月31日，公司与实际控制人之间的产权及控制关系如图20-6所示。

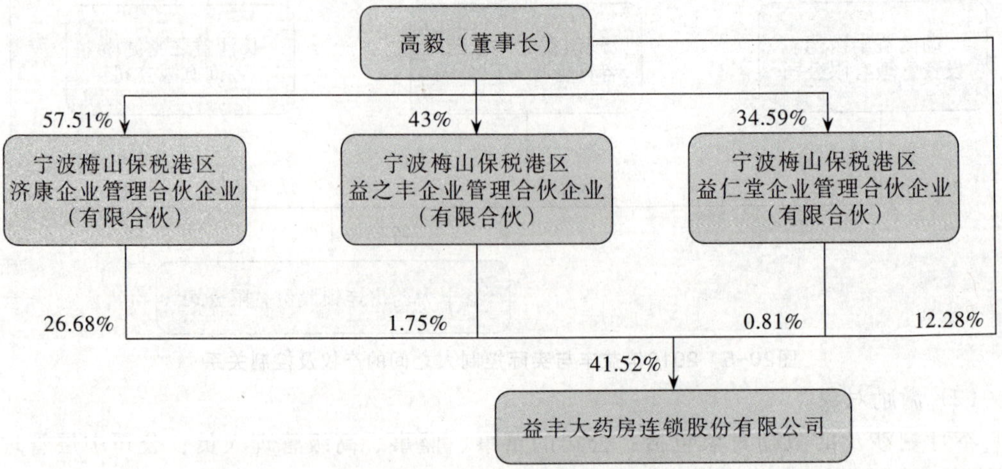

图20-6　2018年益丰与实际控制人之间的产权及控制关系

（四）转变阶段：2018—2019年

2018年4月3日上午9时，高毅在会议室内宣布："现在开始我们的董事会会议。"

"公司自上市以来，凭借IPO和融资保持快速的自建和并购扩张，2015—2017年营业收入和扣非净利润复合年均增长率达到29.2%和31.4%，公司毛利率和净利率呈持续提升趋势，湘、苏、冀、鄂、沪、赣市场份额领先。公司取得如此辉煌的成就，离不开大家的努力。但是2018年又是一个新征程，公司并购进程加快，版图不断扩大，公司员工人数激增，管理的难度加大，出于稳定人才和吸引人才的需要，应进一步强化公司的激励机制，让股权激励覆盖面更广，我决定实施新一轮的股权激励计划。"高毅直入主题。

"我们的持股平台已经做了超过十年，其激励效果大家也是有目共睹的，我建议还是坚持使用间接持股的方式。"董事A首先发言。

董事C提议："我有不一样的看法，尽管间接持股的践行是成功的，但现今益丰所处的环境在发生变化，且随着益丰规模的扩大，截至2017年12月31日，公司在湖南、湖北、上海、江苏、浙江、江西、广东共开设了2 059家连锁门店，员工人数从2011年的5 856人增长到2017年的12 693人，需要纳入股权激励的人数不断增加。持股平台股权激励人数有限，所以直接持股的方式可能更加适合现阶段的益丰，我们可以选择限制性股票这一激励工具。"会议室里随即又开始了激烈的讨论，最终董事会决定采用直接持股的方式，并选择了限制性股票作为激励工具。

于是，益丰在2018年7月13日公布了"益丰药房2018年限制性股票激励计划（草案）"，拟以29.91元的价格向117位激励对象发行177.6万股，预留30万股，合计占股本总额的0.57%。公司对新一轮激励设置了较高的业绩考核指标，即2018—2020年净利润相对于2017年净利润分别增长不低于25%、50%、75%，对应三年业绩复合年均增长率R为20.5%，具体见表20-1。

表20-1　　**益丰药房2018年限制性股票计划（草案）概览**

激励方式	限制性股票
股份来源	定向增发
权益数量	共计207.6万股，占公司总股本的0.57%；首次授予177.6万股，占公司总股本的0.49%；预留30万股，占公司总股本的0.08%
授予对象	共计117人。高级管理人员：副总裁王永辉、肖再祥，共2人；核心管理人员：101人；核心业务（技术）人员：14人
授予价格	29.91元/股
公司业绩考核指标	以2017年净利润为基数，2018—2020年净利润增长分别不低于25%、50%、75%（同比增速分别为25%、20%、17%）
个人绩效考核要求	年度考核完成率≥80%，合格；年度考核完成率<80%，不合格
限售期	首次授予的限制性股票限售期为自首次授予的限制性股票授予登记完成之日起12个月、24个月、36个月；预留限制性股票限售期为自预留授予的限制性股票授予登记完成之日起12个月、24个月
解除限售安排	首次授予股份以12个月为间隔分3期解锁，解锁比例分别为33%、33%、34%；预留30万股以12个月为间隔分2期解锁，解锁比例分别为50%、50%
费用摊销	假设2019年5月授予限制性股票，则摊销费用合计5 312.02万元，分4年摊销，2019年摊销费用最高仅为2 647.15万元

根据《上市公司股权激励管理办法》的有关规定，益丰承诺不为激励对象依本计划获取标的股票提供贷款以及其他任何形式的财务资助，激励对象认购限制性股票及缴纳个人所得税的资金全部自筹。

但在2018年11月24日，益丰发布“关于终止实施2018年限制性股票激励计划的公告”，称在本次激励计划推进中，由于激励对象自有资金有限，虽通过多种渠道自行筹款，但在目前融资环境的大背景下，向银行等金融机构融资难度提升，激励对象仍无法在规定时间内缴纳相应的认购款项，导致公司无法继续实施本次股权激励计划。为保护公司及广大投资者的合法权益，结合公司未来发展计划，经审慎研究，决定终止实施本次限制性股票激励计划，相关文件等一并终止。

“公司无论在什么样的发展阶段，我们都不忘初心，牢记人才是决定公司发展的关键。因此，我们心怀感恩，期待美好，在公司步入一个新的发展阶段时推出了2018年股权激励计划，这是公司战略发展史上的重要里程碑，可惜因所选时机不太好而终止，但股权激励的机制在公司一定会持续下去，我们可以吸取这次的教训，择良时重启该计划。”

2018年11月27日，益丰发布“益丰药房股东减持股份计划公告”，截至2018年12月5日，济康、益之丰、益仁堂由于其他原因，通过大宗交易方式合计减持公司股份753.5万股，占公司总股本的2.00%，减持计划实施过半。2019年4月13日，益丰重启限制性股票激励计划。2019年4月19日，益丰发布“2019年限制性股票激励计划（草案）

（修订版）”，内容见表20-2。

表20-2　益丰药房2019年限制性股票激励计划（草案）（修订版）概览

激励方式	限制性股票
股份来源	定向增发
权益数量	共计271.30万股，占公司总股本的0.72%。首次授予217.05万股，占公司总股本的0.58%；预留54.25万股，占公司总股本的0.14%
授予对象	共计127人。高级管理人员：副总裁王永辉、肖再祥，共2人；核心管理人员：109人；核心业务（技术）人员：16人
授予价格	28.90元/股
公司业绩考核指标	以2018年净利润为基数，2019—2021年净利润增长分别不低于25%、40%、65%（同比增速分别为25%、12%、18%）
个人绩效考核要求	年度考核完成率≥80%，合格；年度考核完成率<80%，不合格
限售期	首次授予的限制性股票限售期为自首次授予的限制性股票授予登记完成之日起12个月、24个月、36个月；预留限制性股票限售期为自预留授予的限制性股票授予登记完成之日起12个月、24个月
解除限售安排	首次授予股份以12个月为间隔分3期解锁，解锁比例分别为33%、33%、34%；预留54.25万股以12个月为间隔分2期解锁，解锁比例分别为50%、50%
费用摊销	假设2019年5月授予限制性股票，则摊销费用合计4 704.56万元，分4年摊销，2020年摊销费用最高仅为1 960.23万元

（五）后记

益丰总部大楼下，常务副总裁佑总和拓展总监陈总出差一周后回来，还来不及回家放下行李，就赶忙向高董事长汇报情况。他们远远地看到高董事长站在办公室窗前，大力地挥了挥手，高董事长从回忆中缓过神来，会心一笑，连忙招手表示欢迎他们的归来。“他们是跟我干了一辈子的伙伴，未来还有更多的‘他们’会与我并肩作战。胜利的果实应该由他们共享。”高总暗暗下定决心，无论是股权激励还是其他更好的模式，益丰一定不会亏待任何为益丰美好未来奋斗的伙伴们。

“赶快，去告诉高总这个好消息……”佑总和陈总迈着急匆匆的脚步，带着脸上掩饰不住的兴奋向办公楼走去。

【政策思考】

2005年发布的《上市公司股权激励办法（试行）》标志着我国股权激励制度正式实施。2006—2016年，我国上市公司股权激励制度先后经历了高速发展、暴露问题和不断完善的阶段。2018年8月，证监会修订了《上市公司股权激励管理办法》[①]，其总体原则是以信息披露为中心，根据宽进严管的监管理念，放松管制、加强监管，逐步形成公司自

① 中国证券监督管理委员会. 上市公司股权激励管理办法［EB/OL］.［2016-07-13］. http: //www.csrc.gov.cn/csrc/c106256/c1654022/content.shtml.

主决定的、市场约束有效的上市公司股权激励制度。

请阅读相关材料并思考：益丰在何种背景下选择进行股权激励？其实施的时机是否合适？企业使用不同的持股方式有何优势与劣势？企业应如何进行股权激励方案的设计？又会面临怎样的潜在风险？

案例使用说明

一、教学目的

通过对本案例公司股权激励探索历程的回顾、分析与讨论，学生能够加深对股权激励的相关理论、法律和法规的理解，探明公司对股权激励时机、持股方式、激励对象、激励载体的决策综合作用于激励绩效的机理与路径，进而根据公司战略目标和内外部环境合理设计股权激励计划。

二、思考题

1.企业为何要实施股权激励计划？益丰的股权激励计划是在何种背景之下推出的？

2.企业在什么时机推出股权激励计划更能达到激励效应？益丰选择在2008年推出股权激励计划的理由是什么？

3.在开展股权激励计划时，采用平台间接持股与个人直接持股各有何优势和劣势？请分析益丰的几次股权激励计划所采用的组织形式的合理性及其影响。

4.请分析益丰2018年股权激励计划与2008年股权激励计划在方案设计、战略动机、组织形式等方面的异同，以及这一次股权激励计划未能顺利推行的原因。

5.请分析2019年益丰推出的限制性股票激励计划的可行性和可能存在的障碍，并针对可能的障碍因素，提出相应的解决措施。

三、分析思路

本案例的整体分析思路是从萌芽、实施、完善与转变四个不同阶段对益丰股权激励历程进行梳理，加深学生对案例的了解，提高学生解决实际问题的能力。本案例分析思路如图20-7所示，仅供参考。

案例思考题有以下分析要点：

1.企业为何要实施股权激励计划？益丰的股权激励计划是在何种背景之下推出的？

（1）企业实施股权激励计划的动因大致可以分为以下六种：解决委托代理问题；避免短期行为；人力资本升值；提高员工凝聚力；合理避税；融资需要。

（2）益丰实施股权激励计划的背景。

20世纪90年代伴随我国国有企业的深化改革，股权激励制度被引入，而2006年至2009年属于我国企业实施股权激励制度的探索试验发展阶段。

2006年，随着《上市公司股权激励管理办法（试行）》《国有控股上市公司（境内）实施股权激励试行办法》的发布，以及我国《公司法》和《证券法》的修订，我国的股权激励制度开始规范实施。

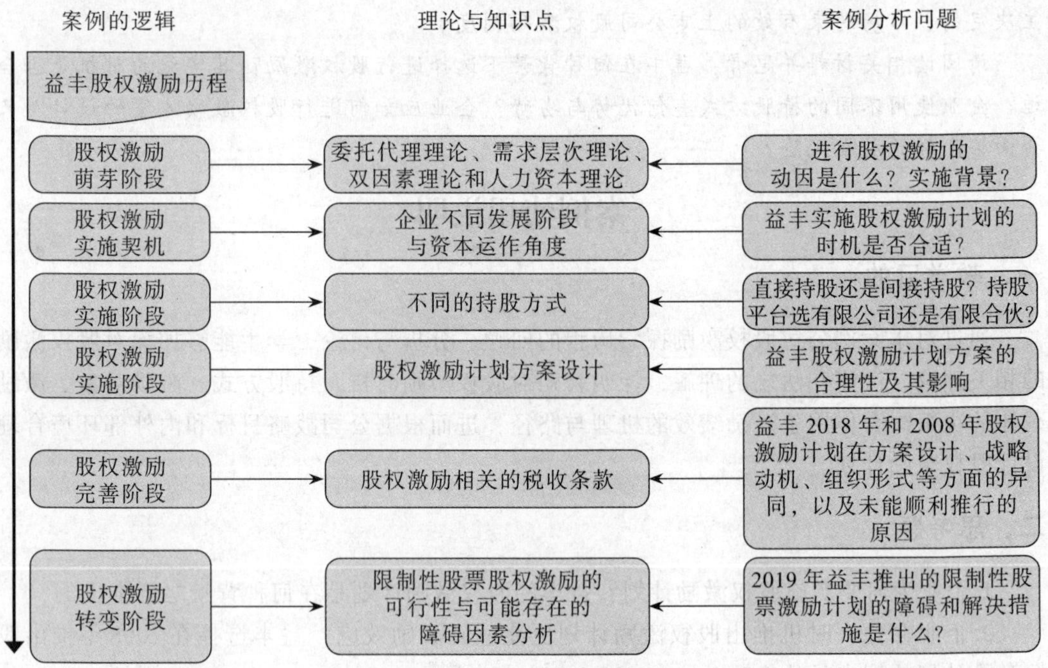

图20-7　案例分析思路图

2007年，随着《关于国有控股上市公司规范实施股权激励有关问题的通知（征求意见稿）》以及各项配套文件和通知条例的发布，我国开始进行上市公司专项治理，股权激励的相关内容得到了进一步的细化，我国股权激励的发展也进入了一个“慢行期”。

2008年，在上市公司治理专项活动、资本市场和人才市场的双重拉动下，沪深两市共60家企业公布股权激励方案，成为我国股权激励制度发展的“井喷期”。但受全球金融危机影响，股市低迷导致部分企业股价大幅度下跌，超过20家企业被迫终止实施股权激励方案。随着股权激励制度逐步健全和全球金融危机的影响，各界回归对股权激励的理性思考。

2006年益丰开始加快扩张速度，在深耕湖南本地市场的同时开始有选择性地向区域外扩张，而快速扩张需要大量资金的支持，2008年全球金融危机导致全国经济下滑，资金紧张问题愈加严重，在这种情况下益丰开始寻求资金支持。与此同时，其“以人为本”的理念也受到冲击，正遭遇人才瓶颈。今日资本的加入对公司管理团队激励提出了要求。

2. 企业在什么时机推出股权激励计划更能达到激励效应？益丰选择在2008年推出股权激励计划的理由是什么？

股权激励通常可以实现稳定人才、激发人才潜能和获取资金的三重功能，企业在不同的发展阶段对股权激励有不同的需求，因此需要实施不同的股权激励计划，同时股权激励需要良好的市场条件作为支持。

企业推出股权激励计划的时机可以分别从企业发展的四个阶段（创业初期、成长期、成熟期、衰退期）以及企业资本运作角度（如融资前、IPO前、业绩暴涨时）来分析。

益丰选择在2008年推出股权激励计划的理由如下：2008年，资金紧张的益丰正在寻求融资，以擅长投资零售行业著称的今日资本也在这个时候瞄准了连锁药店市场。今日资本徐新曾表示在接触益丰药房之前，其已先后考察了20多家连锁药店。当时的益丰药房尽管发展迅速，但仅有70多家门店，在行业内排名第19位，即便在湖南，也不是今日资本的首选标的。益丰选择在今日资本进入之前的时机实施股权激励，不仅满足今日资本对于其股权激励的要求，而且可以提高员工的工作积极性，增强员工归属感，提高企业凝聚力，在一定程度上解决益丰的人才瓶颈问题。

经过几番洽谈，今日资本确定了投资益丰的意向。2008年10月，今日资本出资2亿元入股益丰，占其上市前总股本的31.67%，今日资本的进入点燃了益丰药房的爆发式增长。

3.在开展股权激励计划时，采用平台间接持股与个人直接持股各有何优势和劣势？请分析益丰的几次股权激励计划所采用的组织形式的合理性及其影响。

股权激励意味着让员工持股，在企业根据自身所处的发展阶段确定其实施时机之后，就需对员工持股方式进行合理选择，员工持股方式一般有三种：自然人直接持股、有限责任公司持股和有限合伙企业持股。不同的持股方式具有不同的特点，见表20-3。

表20-3　**自然人直接持股、有限公司及有限合伙企业间接持股比较**

项目	自然人直接持股	自然人通过有限公司间接持股	自然人通过有限合伙企业间接持股
转让和流通	锁定期后，股份可以直接流通	锁定期后，只有有限公司持有的股份可以直接流通，自然人只能转让中间公司股权	锁定期后，只有有限合伙企业持有的股份可以直接流通，自然人只能转让有限合伙企业股权
分红的税务成本	个人需缴纳10%的个人所得税	上市公司分红，有限公司平台不需要缴纳企业所得税，但如果有限公司将分红分配到自然人则需要缴纳20%的个人所得税	个人需缴纳10%的个人所得税
上市后溢价转让股份的税务成本	自然人按转让收入扣除限售股原值及合理税费后，缴纳20%的个人所得税	有限公司按转让收入扣除原值及相关税费后，缴纳25%的企业所得税（如有限公司亏损，则不需要缴纳）；有限公司再分配到自然人时则需要缴纳20%的个人所得税。也就是说，个人负担的总税率为40%	自然人按转让收入扣除限售股原值及合理税费后，缴纳20%的个人所得税
对上市公司控制力	只能根据股权数量和比例控制股份公司	通过控股有限公司可以控制上市公司的更多股份	通过控股有限合伙企业可以控制上市公司的更多股份
运作成本和效率	不涉及中间平台的运作成本；但是涉及自然人较多时，签署文件较麻烦	通过控股有限公司进行运作，其维系需要成本，但签署文件很方便	通过控股有限合伙企业进行运作，其维系需要成本，但签署文件很方便

通过表20-3的对比分析，可以看出自然人直接持股、有限责任公司持股和有限合伙企业持股这三种不同的持股方式各具优劣势，总结见表20-4。

表20-4　　三种持股方式优劣势比较

方式	优点	缺点
员工直接持股	三种方式中税负最低的	①对员工长期持股约束不足
		②若员工在企业向证监会上报材料后辞职，公司大股东不能回购其股权
通过有限公司间接持股	①相对于员工个人持股，更容易将员工与企业的利益捆绑在一起	①税负最高，但如果税收筹划合理，实际税负可能会低于员工通过有限合伙企业持股的税负
	②相对于有限合伙企业，有限公司的相关法律法规更健全，未来政策风险较小	②由于是通过有限公司转让限售股，所有股东只能同步转让股权
通过有限合伙企业间接持股	①相对于员工个人持股，更容易将员工与企业的利益捆绑在一起，且在企业需要股东作出决策时操作更简便，大多数决议只需要普通合伙人作出即可	①由于是通过有限合伙企业转让限售股，所有合伙人只能同步转让股权
	②相比有限公司，在税收方面有优势，且在实际操作中，有限公司的纳税时间一般延后，而有限合伙企业的纳税时间较早	②如果按个体工商户税率缴纳个人所得税，边际税率较高（35%）
	③由于有限合伙企业的特点，若公司实际控制人担任唯一普通合伙人，可以少量的出资完全控制合伙企业	③目前国内合伙企业的相关法律法规仍不健全，在实践中，不同地区在关于“先分后税”的解释、纳税时点等方面存在区别，未来面临政策规范的风险

企业对员工持股方式的选择需要根据自身的实际情况以及实施股权激励计划的目的去判断。这三种方式有各自的特点与优劣势，应选择符合企业现今发展阶段和激励目的的最优方式。

4.请分析益丰2018年股权激励计划与2008年股权激励计划在方案设计、战略动机、组织形式等方面的异同，以及2018年股权激励计划未能顺利推行的原因。

首先，益丰作为深耕中南、华南地区市场的医药零售龙头企业，在精细化管理方面一直是行业典范。精细化管理需要依靠“人才”，2018年7月益丰“2018年限制性股票激励计划（草案）”发布，从原来的持股平台持股转换为直接持股，而新一批的激励对象中仅王永辉和肖再祥两位副总裁属于高管，剩余115位激励对象均为总部和各分支机构的中层管理人员及核心技术人员，相比之前的覆盖面有所扩大。

其次，需要注意的是这次股权激励方案的实施背景——监管趋严、政策鼓励连锁整合——均显示药店行业正进入强者恒强、优胜劣汰的大整合时代。益丰近年来高速扩张，门店数量快速增长，并且在2018年上半年发行股份，以138 358.71万元的价格现金购买新兴药房86.31%的股权，一时之间轰动全国。

综上所述，这一批覆盖面更广泛的激励对象作为现今益丰经营的核心力量，是公司加快外延整合、实施外省扩张的关键；并且股权激励计划的实施有利于益丰维持较好的外延扩张的整合速度和力度，有利于益丰做好老店盈利和新店扭亏等工作。因此，“2018年限制性股权激励计划（草案）”实施的战略动机可以归纳为以下两点：一是激发新进员工的工作积极性；二是维持公司经营的稳定性和快速扩张的节奏。

但这一股权激励计划却未能顺利推行，鉴于自有资金有限，在当时的大背景下，融资难度提升，激励对象无法在规定时间内缴纳相应的认购款项，导致公司无法继续实施股权激励计划。益丰决定终止实施该限制性股票激励计划。

首先，此次股权激励计划的授予价格为29.91元，尽管为其计划草案公布前1个交易日的公司股票交易均价的50%，但价格还是偏高，并不是所有的激励对象都可以通过自筹资金来获得股票，而益丰未能在实施激励计划的同时通过多种方式（如股东借款、赠送以及奖励基金等）帮助部分自有资金不足的激励对象筹集资金，也是此次股权激励计划未能顺利推行的原因之一。

其次，益丰股价从2015年刚上市时的19.47元/股已经上升至此次激励计划草案公布前1个交易日时的59.81元/股，股票价值翻了三倍。现今在行业政策驱动、资本介入、规模化竞争等因素的影响下，行业集中度持续提升。全国性和区域龙头企业借助资本力量加速整合，连锁药店成为行业发展的主流，未来益丰股价是否能够延续以前的辉煌，这在激励对象心中依旧是不明确的，而限制性股票激励有一定的限售期，在解除限售之后激励对象又是否能够获得期望的收益也是未知数。因此，不能忽视激励对象对公司未来发展的信心这一影响激励计划推行的重要因素。

5.请分析2019年益丰推出的限制性股票激励计划的可行性和可能存在的障碍，并针对可能的障碍因素提出相应的解决措施。

可行性：

（1）员工出资压力缓解。截至2018年12月5日，济康、益之丰、益仁堂由于其他原因，通过大宗交易方式合计减持公司股份753.5万股，占公司总股本的2.00%，减持计划实施过半，一定程度上缓解了激励对象的资金压力，有助于保障本次激励计划的顺利实施。

（2）业绩指标制定较为合理。本次业绩考核既有公司层面的业绩考核，也有个人绩效完成率考核，考核方案合理有效，能够充分调动授予对象的积极性。

（3）股份支付对利润影响不大。假设2019年5月授予限制性股票，则摊销费用合计4 704.56万元，分4年摊销，2020年摊销费用最高仅为1 960.23万元，每年摊销费用对公司业绩影响有限。

（4）符合企业战略需要。相比2018年的激励计划，纳入激励对象名单的人员进一步增加，这与企业近年来“并购+新建”的对外扩张战略分不开，其市场版图的不断扩大、员工规模的不断扩大，要求激励对象的人数也不断增加。

障碍因素：

（1）行权价格太高，激励效果不足。益丰目前的市价估值与其他4家医药零售上市公司相比偏高，待之后投资者回归理性，市值会回归内在价值，而按目前市价的一半所确定的行权价格可能太高，起不到激励作用。此外，尽管通过股权减持，激励对象可以缓解部分资金压力，但是还是没有彻底解决筹资难的问题。

（2）公司层业绩考核评价指标单一。目前益丰正处于成长期，行业竞争压力大，除了利润增长指标以外，市场占有率与顾客保有率和吸引率实则更为有效。

（3）股权激励时机选择不恰当。上市公司实施股权激励的最好时机是三重机遇的叠加，涉及资本市场环境、公司股权和业绩增长空间。具体而言，当资本市场低迷时，公司股价较低，员工出资压力比较小，再加上公司有增长的空间，通过股权激励可以有效刺激业绩增长，推动公司市值增长，员工实现收益退出。很显然在目前这个时点，益丰的业绩增长速度开始趋于平稳，且市场估值明显偏高，市值增长空间不大，甚至会有所下降，员工套利空间小。

解决措施：

（1）提供多种资金筹集方式。由于激励对象的经济状况不同，并不是所有的员工都可以通过自筹资金来获得股份，因此，在资金来源上企业应当通过多种方式帮助激励对象筹集资金，如自筹、股东借款、赠送以及奖励基金等方式。

（2）建立全面的业绩考核指标。益丰选择的公司业绩评价指标非常单一，只选择了净利润增长率这一指标，并没有反映股东回报和企业收益质量的指标，而且目前已有的指标都是与财务信息有关的，而与财务信息有关的评估及时性无法得到保障；同时还应该设置市场占有率、顾客保持率和吸引率等非财务指标；此外，应针对不同职位的员工设置不一样的业绩考核指标，这样可以充分结合每个岗位职责的特点对员工进行激励。

（3）选择合适的时机。资本市场环境低迷、公司股权价格低、业绩增长空间大这三重机遇的叠加是最佳的时机，但是现实中企业有可能并不一定处于这一最佳时机，此时企业就需要结合自身当前状况和实施股权激励计划的目的，合理选择实施的时机。

20-5 参考答案

参考答案见二维码20-5。

四、理论依据

（一）股权激励

股权激励起源于美国20世纪50年代，是激励的主体（公司或股东）授予激励对象（经营者或员工）以股份形式的现实权益或是潜在权益的一种中长期激励机制。股权激励通过授予一定份额的公司股权给经营者或员工，使他们能够分享企业的利润、参与企业的经营决策并承担企业的风险，而股权激励的主要目的是解决委托代理问题，激发经营者或员工的工作积极性，实现企业的价值最大化和股东利益最大化。

（二）委托代理理论

委托代理理论是在20世纪30年代由美国经济学家伯利和米恩斯提出的，他们认为公司所有者兼具经营者的身份将会对公司的长期发展产生不利影响，提倡将公司所有权与经营权分离，不同的人承担不同的权利，所有者仅享有剩余索取权，而将经营权利委托给职业经理人，从而使两权分离，也由此产生了委托人与代理人之间的委托代理关系[1]。但是委托人和代理人始终是两个不同的主体，两方都有各自的目的，利益冲突不可避免，也由此产生委托代理问题，即由于信息不对称造成一些不必要的损失，如监督成本、道德成本等代理成本。而为了降低这些成本，股权激励的实施就势在必行。

（三）需求层次理论

美国心理学家马斯洛在其著作《人类动机理论》中第一次提出“需求层次论”。该理论将人类多样复杂的需求归类为以下五种：生理需求、安全需求、社交需求、尊重需求和自我实现需求。而后马斯洛又将这些需求分为高层次和低层次需求，低层次的需求包括生理需求和安全需求，高层次的需求则包括社会需求、尊重需求和最高级的自我实现需求[2]。人的各种需求是从低层次逐渐上升到高层次的，高层次需求的产生首先建立在满足低层次需求的基础上。低层次需求的满足主要依赖于某些外部因素（如合同、报酬、任职期等），而高层次需求的满足则更取决于如工作本身、社会地位等内部因素。所以，在经济繁荣时期，当员工大部分低层次的需求已经得到满足时，应该通过加强对他们高层次需求的满足来给予激励；在经济萧条时期则相反，由于员工的低层次需求无法得到保障，应该着重满足他们的低层次需求。

（四）双因素理论

美国心理学家赫茨伯格在经过长期调查研究后提出了“双因素理论”，又名为“激励-保健理论”。赫茨伯格认为，只有那些与工作本身相关的因素才能使员工在工作中感到满意，而那些工作环境或工作关系方面的因素往往是员工感到不满意的原因，于是将前者取名为激励因素，将后者取名为保健因素。保健因素通常包括企业的管理模式、工作关系、工作流程、薪酬福利等。当企业员工对保健因素持有异议时，就不会对工作感到满足；但是当员工认可这些因素时，只能消除他们的不满情绪，并不会因此产生某种激励效果[3]。激励因素主要与工作本身（工作内容方面）有关，如具有成就感和挑战性的工作，良好的成长和发展机会等，这些因素可以使员工感到满意，进而产生激励效果。股权激励就是一种典型的激励因素，激励对象可以在赚取薪水的同时额外收获公司股价上升所带来的收益，这也促使他们不断提高公司业绩来拉升公司股价，对公司的长远发展起到帮助。但是，如果股权激励的业绩指标设置得过于简单，极易实现，那么股权激励就沦为了与工资相仿的保健因素而不是激励因素，失去了激励员工的根本作用。所以在设计股权激励方案时，必须设置有足够挑战性的业绩指标，使激励对象能够从中获得达成高难度目标的成就感，这样才能产生预期的激励效果。

（五）人力资本理论

人力资本是人的知识、技能、资历、经验和熟练程度、健康等的总称，代表人的能力和素质[4]。经理人的自信、竞争力、意志力、敬业精神、创新能力以及对潜在机会的敏感捕捉能力和直觉的综合表现即构成经理人的人力资本。企业是一个人力资本和非人力资本共同订立的特殊市场合约。在知识经济下，物质资本的地位相对下降，人力资本的地位相对上升。在这样的环境中，经理人的知识、经验和能力在企业的经营管理中占据了越来越重要的地位。和物质资本相比，人力资本的特殊性在于，它是一种“主动性资产”，天然归个人所有，人力资本一旦受到伤害就会急剧贬值。人力资本与其所有者不可分离的特征决定了对人力资本要进行充分的激励。根据不同的人力资本创造不同的价值而给予其不等值分配，同时建立激励、约束并存的劳动契约关系和体制环境氛围，有利于人力资本能量的释放。

五、背景信息

股权激励制度于1950年左右出现于美国，随后英国、法国、德国等国家陆续实行这一中长期激励机制，并完善了相关的法律法规。至此，股权激励制度开始迅速发展，广泛流行于西方国家。

我国股权激励制度起步较晚，2000年才开始在上市公司中实行试点。我国股权激励制度正式实施的标志是2005年发布的《上市公司股权激励管理办法（试行）》，至此上市公司股权激励在法律上得到了认可。2006年《上市公司股权激励管理办法》颁布后，股权激励制度正式铺展开。2008年，证监会又相继发布三部《关于股权激励备忘录》，帮助我国企业不断解决股权激励过程中出现的问题。2012年《关于我国居民企业实行股权激励计划有关企业所得税处理问题的公告》发布，我国对上市公司实施股权激励计划有关企业所得税处理问题越来越规范。2016年7月，我国证监会重新发布了《上市公司股权激励管理办法》，上市公司的股权激励从此实现了有法可依。

有关非上市公司股权激励的规定非常有限，目前能够搜索到的最早的文件是《国务院办公厅转发财政部、科技部关于国有高新技术企业开展股权激励试点工作指导意见的通知》（国办发〔2002〕48号，已失效），该文件没有对股权激励进行特别界定，仅是提到了开展股权激励试点的企业需要具备的条件、股权激励的对象、试点企业股权激励的方式。财税〔2016〕101号《财政部国家税务总局关于完善股权激励和技术入股有关所得税政策的通知》不仅对上市公司的股权激励进行了进一步的规范，而且对非上市公司的股票期权、限制性股票和股权奖励等实行递延纳税政策进行了系统规范。

但是，非上市公司的股权激励没有相关的法律法规可供参照，其复杂程度相对较高，司法实践中非上市公司的股权激励纠纷也较为常见。在更多情况下，非上市公司与激励对象之间无法达成一致意见时只能参照《中华人民共和国劳动合同法》《中华人民共和国公司法》来处理。法律对非上市公司股权激励规制的不完善情况，也从另外一个侧面反映了公司与激励对象之间要有更加细致的约定，更体现其自治原则。

六、关键要点

案例分析关键点：根据股权激励的萌芽、实施契机、正式实施、完善以及转换来了解益丰探索实施股权激励计划的过程，分析益丰股权激励计划持股方式改变的背后原因，讨论探究益丰2018年限制性股票股权激励计划与之前2008年的股权激励计划有何不同、2018年的股权激励计划终止的原因，以及如何使益丰2019年的股权激励计划顺利推行。

关键知识点：股权激励的概念、实施股权激励计划的动因、不同持股方式的异同点与优缺点以及影响股权激励计划有效实施的因素。

能力点：通过梳理益丰股权激励计划实施的历程，掌握股权激励计划不同阶段需要考虑的因素，增强学生的综合分析能力和解决实际问题的能力。

七、参考文献

[1] 刘有贵，蒋年云. 委托代理理论述评 [J]. 学术界，2006 (01)：69-78.

[2] 晋铭铭，罗迅. 马斯洛需求层次理论浅析 [J]. 管理观察，2019 (16)：77-79.

[3] 杨俊卿，于丽贤. 赫兹伯格双因素激励理论与企业管理 [J]. 辽宁师范大学学报（自然科学版），2004 (03)：285-287.

[4] 王明杰，郑一山. 西方人力资本理论研究综述 [J]. 中国行政管理，2006 (08)：92-95.

[5] 益丰药房. 益丰大药房连锁股份有限公司2013年度报告企业基本信息 [EB/OL]. [2017-04-25]. https：//nianbao.tianyancha.com/439597903/2013.

[6] 益丰药房. 益丰大药房连锁股份有限公司2014年度报告企业基本信息 [EB/OL]. [2017-04-25]. https：//nianbao.tianyancha.com/439597903/2014.

[7] 益丰药房. 益丰药房年报 [EB/OL]. [2016-03-08]. https：//vip.stock.finance.sina.com.cn/corp/view/vCB_AllBulletinDetail.php?stockid=603939&id=2234198.

[8] 益丰药房. 益丰药房2016年年度报告 [EB/OL]. [2017-04-25]. https：//vip.stock.finance.sina.com.cn/corp/view/vCB_AllBulletinDetail.php?stockid=603939&id=3298966.

[9] 益丰药房. 益丰药房2017年年度报告 [EB/OL]. [2018-03-26]. https：//vip.stock.finance.sina.com.cn/corp/view/vCB_AllBulletinDetail.php?stockid=603939&id=4148964.

[10] 益丰药房. 益丰药房2018年年度报告 [EB/OL]. [2019-04-10]. https：//vip.stock.finance.sina.com.cn/corp/view/vCB_AllBulletinDetail.php?stockid=603939&id=5165217.